本 书 获 得

河北大学"中西部大学综合实力提升计划工程"

资 助

/ 第二版 /

传播学研究方法
——讨论与评价

〔美〕董庆文　主编

赵树旺　　　译
栗文达

南京大学出版社

图书在版编目(CIP)数据

传播学研究方法:讨论与评价／(美)董庆文主编;
赵树旺,栗文达译.—南京:南京大学出版社,
2015.12
书名原文:Reading in Communication Research
Methods:Articles for Discussion and Evaluation
(second edition)
ISBN 978 - 7 - 305 - 16304 - 3

Ⅰ.①传⋯　Ⅱ.①董⋯②赵⋯③栗⋯　Ⅲ.①传播学
—研究方法—文集　Ⅳ.①G206 - 3

中国版本图书馆 CIP 数据核字(2015)第 314038 号

出版发行　南京大学出版社
社　　　址　南京市汉口路 22 号　　邮　编　210093
出 版 人　金鑫荣

书　　　名　传播学研究方法——讨论与评价
主　　　编　[美]董庆文
译　　　者　赵树旺　栗文达
责任编辑　卢文婷　田　雁

照　　　排　南京紫藤制版印务中心
印　　　刷　江苏凤凰通达印刷有限公司
开　　　本　787×960　1/16　印张 25　字数 396 千
版　　　次　2015 年 12 月第 1 版　2015 年 12 月第 1 次印刷
ISBN　978 - 7 - 305 - 16304 - 3
定　　　价　70.00 元

网　　　址:http://www.njupco.com
官方微博:http://weibo.com/njupco
官方微信:njupress
销售咨询热线:025 - 83594756

前　言

董庆文

本论文集用于帮助学习者通过完成习题、评价和批评传播学研究论文来进一步锻炼研究技能。本书用 20 篇传播学研究论文为这一领域的学习者、研究者和实证研究写作者提供了更多的学习材料。

如何使用本书

这 20 篇论文包括传播学研究的 11 个主题。要求学习者在每次相关课程后阅读相应的文章,完成所有的练习,并在下一次课堂上进行讨论。学习者在学习过程中应更多地关注研究的合理性、文献综述、研究问题的理论框架和假设以及实证研究报告的组织。这些论文有助于学习者有效理解研究概念并完成自己的研究项目。

如何回答各章问题

每篇文章后都附有三类问题。第一类是与研究主题及文章内容相关的具体问题。回答了这些问题,学习者能够更好地理解该篇论文及研究概念。

第二类问题集中在讨论问题。这些问题有助于学习者通过小组讨论学习关键的研究概念。回答这些问题能使学习者更好地理解研究概念并将这些概念应用于不同的研究语境中。

第三类问题是对文章的评价和解释。要求学习者对评价陈述进行同意度的选择来对研究进行评估。此外学习者还需要对选择进行解释。回答这些问题能帮助学习者形成对传播学实证研究的评价进行批评的能力。

另外,每项练习都有一到两个题目要学习者来完成。学习者需要通过经验学习来习得研究概念,掌握研究技能。学习者应当遵从教师的要求和建议来完成各项练习。

致　谢

首先要感谢过去这些年选修了传播学研究方法课程的传播学的学生们。正是这些学生激励我寻求途径,使得课程能够贴合他们的兴趣和热情,同时又能在教学中达到较高的学术水平。

还要感谢大学读物出版社在出版本书的过程中给予我很多想法和帮助,特别要感谢梅丽莎·阿科内罗、杰西卡·诺特和莫妮卡·隋对我的耐心建议和帮助。没有他们的努力和支持就不会有本书的问世。

目　录

第一单元
传播学研究中的概念

1 MySpace 环境中情商、自尊和自我形象对情感传播的影响①

董庆文,马克·尤里斯塔,杜安·A.刚德拉姆

摘要:一项基于对 240 名 MySpace 个人用户的调查发现:缺乏自尊的年轻人更易进行情感传播(如与异性亲密交流或寻找恋人),而情商较高者则不擅于此。结果还表明,那些自我形象更佳与自我感觉良好者往往乐于参与情感传播。本文亦探讨了此研究的局限性及对未来研究的建议。

引言

MySpace 是一个广受年轻人欢迎的在线社交网站,其用户可以创建一个"主页",其中可以包括他们最喜欢的图片、音乐、电视节目和图书。MySpace 已成为一个全球性的、主要的在线社交网站,目前拥有一亿多名会员,其中大部分都是青少年和年轻人。

情感传播是年轻人使用 MySpace 最重要的一个原因(Parks & Roberts,1998)。情感传播可以界定为一种能够建立活跃的人际关系的传播方式(Branden,1980)。Bradley、Prentice 和 Briggs(1990)提出了一个关于情感传播的具有可操作性的界定,这个界定关注了行为语境的三个组件:诸如爱情留言之类的情感手势、性活动以及获得情感意义的日常行为。在目前的研究中,情感传播关注于通过寻找约会机会和恋人来建立亲密关系。

目前的研究主要集中在影响情感传播的三个关键因素上。情商(EI)是指个人理解、规范自身和他人情感反应的能力(Mayer & Salovery,1993)。和情

---

① 董庆文,马克·尤里斯塔,杜安·A.刚德拉姆:"MySpace 环境中情商、自尊和自我形象对情感传播的影响",《网络心理与行为》,2008 年 10 月,11(5):577—578。再版已获得作者授权。

商较低的人相比,情商较高的人在沟通过程中能更有效地传播他们的目的、思想和意图。Goleman、Boyatzis 和 McKee(2002)指出,情商高的人更容易被信任、被倾听,因此通常能发展出更有意义的和令人满意的关系。

自尊是指个体对自我的感知。有较高自尊心的人更有可能去尊重自己,而缺乏自尊的人会感受到自我厌弃、自我不满和自我轻视(Rosenberg,1990)。此外,Gecas 和 Burke 表示,自尊与个人成功等正面效果高度相关。在这项研究中,自我形象是指个体如何认知他们的外在形象。这些自我形象包括吸引力、美、健康状况和对自己外在的满意程度。本研究将验证两个假设:情商高的人不太可能使用 MySpace 进行情感传播(假设 1);缺乏自尊的人更有可能使用 MySpace 进行情感传播(假设 2)。本研究提出了一个问题:"自我形象在多大程度上会对个体使用 MySpace 进行情感传播产生影响?"

方法

样本

该项研究的初始样本是北加利福尼亚一所大学的 328 名本科生。有效样本 240 名(70 名男性和 140 女性),均为 MySpace 用户,平均年龄为 20 岁。在这 240 例受调查者中,81 人为大三学生,76 人为大四学生,其余为大一和大二学生。

测量方法

此研究使用了多个量表来测量关键的变量。自尊是指个体对于自身的认知,研究用包含 11 对意义截然相反的形容词的语义差异量表来衡量自尊(阿尔法系数=0.83),诸如强大与无力、诚实与不诚实等(Gecas,1971)。情感传播是指寻觅约会对象和建立亲密关系,研究用包含 7 个陈述句的李克特氏量表来衡量情感传播(阿尔法系数=0.88),如"我在 MySpace 上的大多数交谈是亲密的""我用 MySpace 来寻找一个谈情说爱的伙伴""我会与在 MySpace 里遇见的人约会"等。情商是指个人理解、规范自身和他人情感反应的能力(Goleman,1998)。高尔曼把情商定义为自我意识、自我规范、动机、同情心和社交技巧等五个元素(Goleman,1998)。五元素的李克特氏量表(阿尔法系数＝0.88)包括 20 个陈述句(Dong & Howard,2006),如"我非常了解自己""我是一个目标性很强的人""我是一个很好的听众"等。自我形象是指对自身公共形象的自我认知。含有 10 个陈述句的李克特氏量表(阿尔法系数＝0.82)包括:"我相信别人认为我有吸引力""我相信别人认为我身体健康""我对我的外貌感到很满意"等。

数据分析

本文对与量表变量有关的数据进行了分析,首先进行了描述性分析,然后用关联分析和回归分析方法对假设进行了验证。

结果

情商与自尊($r=0.50, p<0.01$)及自我形象($r=0.25, p<0.01$)呈正相关,但和情感传播呈负相关($r=0.19, p<0.01$)。自尊与情感传播呈负相关,但是这个结果并不是很明显。自我形象和情感传播呈正相关($r=0.12, p<0.05$)。

本文把情感传播作为因变量,情商、自尊与自我形象作为自变量,运用多元回归方法来验证这些假设。假设 1 预测,情商高的人不太可能使用 MySpace 进行情感传播。回归分析方法验证了这个假设($Beta=-0.16, t=2.4, p<0.05$),说明情商并非有助于年轻人参与情感传播。假设 2 预测,缺乏自尊的人更有可能利用 MySpace 进行情感传播。回归分析方法验证了这个假设($Beta=-0.18, t=-0.27, p<0.05$),说明缺乏自尊是促使个体使用 MySpace 进行情感传播的一种强烈因素。本文所要研究的问题是"自我形象在多大程度上会对个体通过 MySpace 进行情感传播产生影响"。回归分析表明,自我形象可能促使大学生进行情感传播($Beta=0.24, t=3.9, p<0.01$),那些认为自己有魅力和外表美丽的学生更倾向于利用 MySpace 进行情感传播。

讨论

本研究发现,情商有助于理解为什么有些年轻人不使用 MySpace 进行情感传播,而缺乏自尊的人更倾向于使用 MySpace 寻找情感伴侣和建立新的亲密关系。这项研究结果有望帮助研究人员、父母和个人认识到情感传播和这些变量之间的关系。

　　这项研究也存在一定的局限性。情感传播是人际传播的一个临界区域,但这项研究只关注寻找亲密伴侣和建立亲密关系的行为。其次,研究发现,自我形象会引导人们进行情感传播,但是还需要进行更多的研究来探索自我形象的其他方面,而不仅仅是外貌。再次,样本的规模可能会限制此研究的普遍性。未来的研究应努力探索多样化的研究方法,来更好地理解青少年和年轻人在虚拟社区中的情感传播。

参考文献

［1］Branden，N.（1980）.*The psychology of romantic love*. Los Angeles：J.P. Tarcher.

［2］Bradley，D. W.，Prentice，D. S. & Briggs，N. E.（1990）. Assessing two domains for communicating romance：Behavioral context and mode of interaction. *Communication Research Report*，7（2），94–99.

［3］Dong，Q. & Howard，T.（2006）. Emotional intel-ligence，trust and job satisfaction. *Competition Forum*.

［4］Gecas，V.（1971）. Parental behavior and dimensions of adolescent self-evaluation. *Sociometry*，34，466–482.

［5］Gecas，V. & Burke，P.（1995）. Self and identity. In K. Cook，G. Fine and J. House（Eds），*Sociological Perspectives on Social Psychology*. Needham Heights，MA：Allyn & Bacon.

［6］Goleman，D.（1998）.*Working with Emotional Intelligence*. New York：Bantam Books.

［7］Goleman，D.，Boyatzis，R. & McKee，A.（2002）. *Primal Leadership：Learning to Lead with Emotional Intelligence*. Boston：Harvard Business School Press.

［8］Mayer，J.D. & Salovey，P.（1993）. The intelligence of emotional intelligence. *Intelligence*，17，433–442.

［9］Parks，M. & Roberts，L.（1998）. "Making MOOsic"：The Development of Personal Relationships on Line and a Comparison to their Off-Line Counterparts. *Journal of Social & Personal Relationships*，15(4)，517–538.

［10］Rosenberg，M.（1990）. The self-concept：Social product and social force. *Journal of Social Psychology：Sociological Perspectives*，1，593.

习题

概念与问题

1. 界定社交网络。你是否同意作者的观点："MySpace 已成为一个全球性的主要的在线社交网站。"说说你的理由。

2. 用自己的语言界定一下情感传播。本文中情感传播是如何界定的？界定的焦点是什么（认知焦点、感情焦点及行为焦点）？

3. 用自己的语言界定情商。本文中情商是如何界定的？根据本文,具备高情商的人会发展出更有意义、更令人满意的人际关系吗？说说你的理由。

4. 用自己的语言界定自尊。你是否同意缺乏自尊的人会出现自我厌弃、自我不满和自我轻视的情感？说说你的理由。

5. 用自己的语言界定自我形象。你是如何理解自我形象对个体行为的影响的？

6. 在本研究中情感传播是如何测量的？高尔曼是如何界定情商的？

7. 本研究的主要结论是什么？在 MySpace 环境中情商对情感传播有什么影响？

8. 本研究的意义是什么？有什么局限性？

讨论题

1. 作者是如何证明本研究的？作者是如何解释本研究的目的的？举例说明。

2. 本调查是如何运用研究方法的？举例说明。

3. 调查结果是如何解答两个假设的？举例说明。

作业

1. 通过在线搜索工具找一篇有关情感传播的论文。就本研究的主要结论写一段话。与同学讨论一下情感传播的定义及相关因素。

2. 假定你想研究影响情感传播的因素。你将如何为你的调查研究进行设计？谁将成为你的研究对象？为什么？你预计你的研究结论会是什么？

质量评估及讨论

说明：请从数字1(非常不同意)到数字5(非常同意)中圈出一个来说明你的看法。另附纸写下你每个选择的理由(SA指非常同意，SD指非常不同意)。

a. 介绍部分说明了为什么本研究是一个重要的调查。

SA 5 4 3 2 1 SD

b. 文献综述为本调查提供了语境。

SA 5 4 3 2 1 SD

c. 研究问题或假设都做了恰当陈述。

SA 5 4 3 2 1 SD

d. 研究方法选择恰当。

SA 5 4 3 2 1 SD

e. 对变量进行了充分而良好地测量。

SA 5 4 3 2 1 SD

f. 结果得到清楚地呈现。

SA 5 4 3 2 1 SD

g. 本研究的内涵得以清晰地阐述。

SA 5 4 3 2 1 SD

h. 讨论得以充分恰当地展示。

SA 5 4 3 2 1 SD

i. 本研究对建立传播领域内的知识体有所贡献。

SA 5 4 3 2 1 SD

第二单元
传播学理论与研究

2 青少年社会化中的价值接受：认知功能理论视阈下电视影响力的测试①

亚历克斯·谭,雷·纳尔逊,董庆文,葛顿·谭

摘要:通过对英裔美国人、印第安美国人和西班牙裔青少年的分析研究,我们证实了一些源于认知—功能理论的关于电视的社会化影响的预测。三个不同种族的实验小组都已证实支持这个主要的结果,即对于观察到的价值观进行学习和功能性评价会导致对此价值观的接受。正如该理论的预测,如果青少年对于从电视上看到的价值观能够识别(学习方法),并且评估这些价值观对于在美国获得成功具有重要作用(功能性方法),他们就会接受这些价值观。从电视中感知的真实性和长时间看电视则没有预测价值观的接受。

近来,电视因在青少年中成为一种首要的社会化媒介而备受关注。对于从三岁儿童到青春期少年而言,电视是一个主要的娱乐和信息来源,因此就有了这个假设:电视是一个有力的文化传送者,能把观看者所需要的规范、行为和价值传授给他们,以使他们有效地参与到更大的成人社区中(Gerbner,Gross,Morgan,Signorielli,1987)。电视不仅具有普遍性,同时还能简单而有效地展示主流文化,却不需要人们卖力地加工和学习(Gerbner 等,1987)。电视在规范、价值、行为获得方面的影响在孩子、青少年、新移民等"新手"群体中表现得尤为明显(Chaffee,Nass,Young,1990)。

此报告以认知—功能理论来解释电视在青少年价值接受方面的影响。这些概念和主张来自三个学习和社会化理论,即培养理论(Gerbner 等,1987)、社会认知理论(Bandura,1986)和社会交换理论(Homans,1959,1974)。

---

① 亚历克斯·谭,雷·纳尔逊,董庆文,葛顿·谭:"青少年社会化中的价值接受:认知功能理论视阈下电视影响力的测试",《传播学专论》,1997 年 3 月,64(1):82—97。再版已获得作者授权。

学习和社会化理论

培养理论

格伯纳认为电视展现了被曲解的但描绘统一的社会现实,而这个现实已被那些长时间看电视的观众内化了(Gerbner 等,1987)。电视,主要由于它的普遍性及其信息的统一性,形成"观点和价值的一致",格伯纳把这个影响称为"主流影响"(Gerbner 等,1982)。看电视总时长的方法常被用来预测电视现实在观众中的内化程度。在这一方法中,对培养假设的支持已经掺杂了进来。

收看电视的行为常常可以预测观众对电视所展示的流行现实的理解,比如真实世界中的暴力,甚至还解释了大量可控变量的影响。然而,收看电视的行为整体上很难预测观众的态度和价值观(Hawkins & Pingree,1990;Potter,1993;Shrum,1995)。培养模型的最新来源把观众的动机、认知和信息策略当作培养进程中的中介变量(Gerbner,Gross,Morgan & Signorielli,1994;Shrum,1995)。如果从观众态度和价值观中可以观察到培养理论的影响,这些中介变量就会展示出在确认其条件方面的可能(如 Shrum,1995)。

社会认知理论

班度拉(Bandura,1986)给出了一个图谱来描绘人们通过观察进行学习的进程,其中包括电视。如果行为通过重复、简单、直接或间接的强化,使观众认为自己也能做到时,这些行为就可以通过观察来学习(Bandura,1986)。电视所展示的大部分现实都符合这些标准,因此很容易学习。社会认知理论清晰地定义了通过观察获取行为时所需的认知过程和动机过程。以认知—功能理论解释电视的社会化影响,有特别关联的就是班度拉基于认知理论进行的有关行为激励因素的讨论:

通过对可预测的结果符号化的展示,未来的结果能被转化为对当前行为的指导和激励。在此,行动的激发因素是事先的考虑而不是真正看到了诱因。这结果预期也许是物质的(比如消费品、身体的疼痛),感觉的(比如新颖的、快乐的或不开心的感觉刺激），象征性的（比如地位、金钱）或社会的（积极和消极的人际反应）（p233）。

根据班库拉的观点，这个以"事先的考虑"为基础而诉诸行为的能力是人类所独有的，而这个"事先的考虑"即对将到来的回报的期待。

霍曼斯的社会交换理论

霍曼斯最初是一个结构功能学家，他建立了社会交换理论以区别于当时社会学的流行观点，即大部分人类行为受社会结构的限制，理解社会的关键就是分析这些结构（Homans，1959，1974）。而霍曼斯关注的却是个人在社会系统中的角色，认为理解社会系统的出发点是理解个体的行为。霍曼斯受人类行为的"经济理性"理论的影响，认为人是经济型生物——受目的驱动，利用可获得资源来谋利，并且正如斯金纳行为主义所认为的那样，人会参与到获得回报并避免惩罚的行为之中。

霍曼斯把通过交换行为以获得回报看作简单经济学基本原则的一个表现。他把回报定义为物质的（比如金钱）或是非物质的（比如强化的自尊或他人的尊重）。霍曼斯的批评家指出如果考虑到权力问题，经济交易的比喻就会解体。在经济交易中，交换常常是对称的，也就是说，所买的物品与交换的货币是等值的。然而，大部分现实世界的关系是非对称的，因此应该考虑到权力和权威问题。

霍曼斯（1974）考虑到了现实世界交换中的非对称关系，他提出"最低利益原则"，即在保持社会形势的过程中获得最少利益的人规定着联合的条件。霍曼斯提出了其他用以解释个体为得到回报而进行行为交换的相关原则。"价值原则"指"一个人其行为的结果越有价值，他（原文如此）就越有可能去做这个行为"（p25）。"成功原则"是指"在人们的所有行为之中，一个特定行为获得的回报越多，那么人们就越有可能去实施这一行为"（p.16）。霍曼斯将行为交换的分析扩展到了社会结构领域。他认为社会体系之所以存在是因为其中的个体因是其成员而得到了回报。

电视社会化影响的认知功能理论

我们已经用以上这些理论中的概念和原则构建了一个对电视社会化影响

的认知—功能性解释。我们把社会化定义为"个人(新成员)获得他(她)所在群体的社会规范、价值观、信仰、态度和语言特征的互动过程"(Gecas,1992,p1863)。分析的单位是社会结构中的个人,比如进入新文化的移民,少数民族成员参与更加主流的文化中的经济、社会及政治互动,或者是青少年准备进入成人社会。我们认为此群体的成员拥有共同的基本文化要素,资深成员(比如成人)对这些要素的展现更为有力。而对资历浅的成员(例如:青少年)的期望,则是希望他们通过社会化进程学习并接受该群体的文化。为了解释电视是如何影响了个人的社会化,从而使其融入一个更大的文化群体,我们认为有以下几个必要条件:

1. 对社会化进行学习。为了借助电视进行观察从而学习社会化的要求(该群体的社会规范、价值观、信仰、态度、语言特点),社会个体首先要关心某个事件,然后使用符号对其进行编码。如果观察到的事件反复出现,能够简单而间接地加以强化,对事件的关注和符号编码就会容易些,观察者就会觉得有能力表现该事件(Bandura,1986)。学习是社会化进程的第一步。

2. 对所观察的事件进行评价。个体要评价所观察事件的现实性和功能性。现实性指的是所观察事件距离观察者本人真实生活的偏差程度(Potter&Chang,1990)。如果事件发生的环境与观察者所处的环境相似,表演的男女演员与观察者相似,这样的事件就会被认为是真实的。功能性是指被观察事件在物质方面或非物质方面得以回报的程度(Bandura,1986;Homans,1974)。如果所观察的事件被认为是真实的,而且得到了回报,那么对处在自己所在现实世界的观察者来说,此事件就是发挥了功能。因此,对所观察事件的真实性和功能性进行评价是社会化的第二步。

3. 对所观察事件的功能性评价进行内化。评价可以看作一种远见——期盼对其模仿会在未来得到回报(Bandura,1986)。所观察事件的功能性投射到观察者个人的现实世界中,是社会化进程的第三步。

4. 对社会化的条件进行同化吸收。如果观察者把某一群体的社会规范、价值观、信仰、态度、语言特点的功能性进行了内化,那么也就是对被观察者进行了吸收。同化吸收是社会化进程的产物。

以上四个必要条件构成了电视社会化效果认知功能理论的基础。其关键概念是:对所观察的事件进行学习,评价所观察事件的真实性和功能性,内化所观察事件的功能性,对所观察事件进行吸收;其主要的预测是:一旦人们学习了社会规范、价值观、信仰、态度、语言特点,并且认为这些都发挥了其功能,他们就面临着被内化的处境。此认知功能理论表明了社会化过程中几个步骤的顺序:关注被观察事件(借助电视)导致学习相关知识(如主题认知),学习知识又导致了被观察事件的写实性和功能性评价,这种评价导致了功能性评价在观察者现实世界里的内置,而这又导致了同化作用的产生。

本篇文章主要就理论范式的最初测试进行了论述,关注英裔美国白人青少年、西班牙裔青少年和印第安青少年社会化指数价值观的接受情况。青少年试图参与到美国成人主流文化的世界中去。因此,作为新手,他们很容易受到社会化媒介的影响,包括电视(Chaffee,Nass & Young,1990)。

印第安文化和西班牙文化保留了许多与英裔美国白人文化明显不同的,甚至截然相反的文化形式和价值观。例如,墨西哥裔美国人的价值观重视"传统、宿命论、顺从、牢固的家庭纽带、尊重权威、家长式管理、人际关系、墨守成规、更重视现在而非未来、更关注存在而非作为"(Hernandez,1970,p.11)。尽管在美国众多印第安群体中存在明显的文化差异,它们却有许多相同的价值观,包括尊重自然、与自然和谐相处、重视群体和家庭、重视人际关系、群体内的和谐、共享、合作、重视眼前(Brand,1988)。与此相反,英裔美国白人的价值观重视改变、成就、效率、平等、科学理性、个人行为和自由、更关心作为而非存在、胜利、成功、个人责任和敌对(Ball-Rokeach,Rokeach & Grube,1984;Hernandez,1970;Samovar&Potter,1995;Selnow,1990)。

认知功能理论分析在识别电视的社会化效果上很有用,特别是在美国的西班牙裔和印第安青少年群体当中。因为美国文化的核心价值观深刻地镶嵌在电视节目里,所以电视的社会化效果对少数族群青少年而言具有潜在的深刻意义。英裔美国人文化与印第安美国人和西班牙裔美国人文化之间的差异(Brand,1988;Hernandez,1970),为不同文化间的转移运动提供了机遇,其条件就是我们的理论所说明了的:学习、感知到的现实性和社会化结果的功能性。如果这些条件中有某个或某些未能呈现出来,那么同化(社会化)就不可能发生。例如,如果西班牙裔青少年认为电视内容并不真实,因为大多数电视原型是英裔美国白人,那么他们就不会模仿所观察到的行为和价值观。然而,如果节目展现出其他相似的元素,例如角色刻画、自然环境、行为后果等,少数族群电视观众仍会认为电视节目是真实的。

吸收主流文化或者"同化"并非观看电视节目的唯一可能后果。对第一代成人移民而言，可能会产生"族群认定"或者否定主流文化的结果（Triandis，Kashima，Shimada & Villareal，1986）。对青少年来说，认知功能理论预测观看主流电视节目的最可能结果就是在特定条件下的文化同化；相反，观看少数族群电视节目可能会导致文化认同。

文化同化对美国少数族群的青少年并非必然会起作用。例如，有证据表明，有双重文化背景的孩子——那些保留了本族群中与移入地主流文化不冲突的价值观和行为方式的孩子——具有更强的自尊，而且在学校表现得比那些已经同化了的孩子更好（Hutnik，1986）。我们的目的就是要阐明电视具有社会化效应这一基本理论，并呈现对这种理论的初期的测试情况，而并非要预见社会化（文化同化）所产生的结果。

本研究对此理论的两个核心概念——学习和功能性评价——相关的几个假设进行了测试。

假设 1：一种价值观在电视里被认可的次数越多，这种价值观越可能被接受。

假设 2：一种价值观的功能性评级越高，其被接受的可能性也就越大。

我们分析的第二部分是对这种理论提出的原因范式进行测试，利用路径分析来识别学习（主题识别）、功能性评价（对"成功"的评级）和同化（价值观的接受）之间的因果联系。其中也包括两个外因变体（观看电视和父母亲交流的时间）和一个干扰变体（电视真实性的感知）。这一范式在英裔美国白人、美国印第安人和西班牙裔青少年中进行了对"个人主义"的接受的实验。这种价值观在以前的研究中用于区分这三个族群（在当前的研究中得到了证实，参见表1）。

认知功能理论预测社会化的基本过程对三个族群而言是一致的：学习导致功能性评价，功能性评价引起文化接受（参见图1-3）。然而，我们原以为这种关系对美国印第安人和西班牙裔美国人会更有力些，正如从主题认知到价值接受和从主题认知到功能性评价这些更宽泛的路径系数所表明的那样。少数族群青少年一般与白人直接联系较少（Tan & Fujioka，1955）。因此，在这种情况下，就可以认为电视在他们的社会化过程中具有更大的影响力。

手段和方法

案例和数据搜集

本研究是于 1991 年在西北三镇的中学进行的。选取这些地址是考虑到其众多的西班牙裔人口。本研究涉及的三所中学中，西班牙裔学生占到了学生总数的 60% 以上。

我们在必修的英语、历史和世界文明课上把问卷发给了学生。因此，所有的十年级、十一年级和十二年级的学生，除了缺勤的学生外，都有机会参加这一研究。问卷由学生自行管理，第二作者和任课老师在场回答问题，总共有 415 名学生参加了这次调查。

方法

价值观。我们的社会化指数是价值观接受情况，对鲍尔-罗克奇（Ball-Rokeach）、罗克奇（Rokeach）和格鲁伯（Grube）（1984）来说，价值观一方面是社会需求的认知上的体现，另一方面，它也是个人对能力和道德的需求（p.25）。终极价值观是指所期望的生存终极状态，而工具价值观是指用以实现终极价值的途径（如行为）。尽管相对稳定，价值观还是常会改变。鲍尔-罗克奇（Ball-Rokeach）、罗克奇（Rokeach）和格鲁伯（Grube）通过证据显示，在实验室中，价值观是可以通过自我比较的方法加以改变的，也就是使参与者意识到自我概念与自己行为、认知之间存在的矛盾。

在本研究中，我们使用的是罗克奇价值量表，它包含了终极价值观和工具价值观的列表。我们要求调查对象把各种价值观进行排序，这些价值观都各自被认作互无关联，而非形成一个量表的选项。我们选取了 16 种价值观，要求调查对象分五个标准来"排列每一种价值观对个人的重要程度"："1"为最不重要，"5"为最重要。

其中有些价值观来自于罗克奇价值量表（1968），还有一些则源自于代表民主价值观的政治社会化文献。我们的量表收纳价值观的主要标准是其要代表英裔美国白人文化（Hernandez, 1970；Rokeach, 1974；Selnow, 1990）及/或民主原则。因此,有些价值观就把英裔美国白人和美国印第安人及墨西哥裔美国人进行了区分。

我们价值量表中的价值观是随机排列在调查问卷中的,包括"参与政治体系、宽容地对待其他族群、追求财富、保持独立、享受财富、宽容对待其他人的意见、改变、稳固的家庭关系、所有人平等、自由、保持竞争性、保持个性、对权力机构顺从、保持诚实、努力工作、讨论政治事务"。

这些价值观标志了萨莫瓦尔(Samovar)和波特(Porter)(1995, pp. 84 - 87)所列出的六个"美国主流文化形态",即个人主义、平等、物质主义、科学技术、进步与变化、活动与工作。萨莫瓦尔和波特(1995)将"主流"文化群体定义为"控制和主导着主要社会机构,决定着信息的内容和流通,具有欧洲传统的信奉基督教的男性白人"(p.84)。

排序法(Ball-Rokeach, Rokeach & Grube,1984)一般地比概率法要更为可信和有效,能更好地区分各种价值观的评价。但是,我们运用了概率法,是因为这个方法比排序法更省时,我们的调查问卷很长,至少需要 30 分钟才能完成。价值接受度概率量表中的克隆巴赫系数排列在 0.60 到 0.80 之间,是可接受的。

观看电视的全部时间。花费在看电视上的时间能够影响人们对英裔美国白人的价值观和民主价值观的接受,这是因为这些价值观经常在电视中得以呈现。这个预见性变量通过询问调查对象"圈出你在下列时段看电视的时长:上学前、午饭时、放学后、晚饭时、晚 8 点到 11 点的黄金时间段、周六、周日"来进行测量。这种用于测量看电视总时长的方法比要求调查对象——特别是儿童和青少年——估算每天平均看电视的时长要更为可信和有效。

识别电视节目的价值主题。根据我们的理论模型,学习社会化的要求(例如价值观)是接受这些要求的一个先决条件。我们对学习的第一步识别进行测量的方法是询问受访者:"想想你常看的电视节目,以下这些主题你在电视节目中经常看到吗?"然后把这 16 个价值观随机排列。可能的回应是:1(几乎从不)、2(不经常)、3(有时)、4(时常)和 5(经常)。为了避免问卷敏感,这些价值观的排列顺序与以上讨论的价值观接受量表是不同的。此外,关于家庭交流、政治知识、政治参与、政治效能等方面的问题也区分了两个量表。

对"学习"的测量是观众对于所学价值观的认知描述的一个总结。鉴于调查中价值观的数量，就不可能深入研究观察者给予所描述的价值观的"含义"。我们认为对"价值主题"的回顾式识别就意味着在观看节目时的某种认知过程，这基于观察者对价值观的定义。

价值的功能性。我们的理论范式预测，被认为具有功能性的价值观将会被接受。从概念上来说，我们把功能性定义为在美国取得"成功"的手段。"成功"已经被确定为一个普遍的目标（Hernandez，1970），而且由于我们的受访者都居住在美国，所以我们假设受访者会有动力在这一国家取得成功。受访者被问道："要在美国取得成功，以下这些价值观有多重要？"可能的回答有 1（根本不重要）、2（不太重要）、3（有点重要）、4（很重要）和 5（非常重要的）。这 16 种价值观采取随机排序。

父母对公共事务的交流。父母的影响是我们因果模式中除电视变量之外的一个指标，通过询问与父母进行有关公共事务的交流频率来进行测量。受访者被要求回答下面的问题："我和我的母亲或父亲交谈过国家的问题"及"我与我的母亲或父亲谈论过某个候选人的问题"（研究期间正处于选举年）。可能的回答有"是"（3）、"不知道"（2）或"否"（1）。回答被概括为两项，相关性为0.70。我们测量了公共事务的交流，而不是一般的交流模式，这是因为我们研究的很多价值观是专门与美国民主价值观相关的。

真实性。受访者被要求在一个七分的李克特量表上预测电视在"多大程度上与现实生活相似"。该量表的两极点是"一点也不真实"和"非常真实"。

结果与讨论

描述性数据

在分发的 415 份调查问卷中，有 407 份问卷完成。受访者中，225 人（55.3％）是西班牙裔美国人，134 人（32.9％）分别为英裔美国白人，42 人（10.3％）是美国印第安人。其他 6 人是亚洲裔、非洲裔或"其他"，他们从分析中被删除了。

在英裔美国白人的样本中，53.7％为男性，46.3％为女性，平均年龄为16.58岁，年龄范围 15 至 18 岁。西班牙裔美国人样本中 47.6％为男性，52.4％为女性,平均年龄为 16.76 岁,年龄范围 14 至 19 岁。美国印第安人样本中42.9％为男性,57.1％为女性,平均年龄为 16.54 岁,年龄范围是 15 至 18 岁之间。

表 1 显示的是各族群的价值观重要性评级。与西班牙裔美国人和美国印第安人相比,"独立"和"个人主义"的价值对于英裔美国白人来说更重要,而与英裔美国白人和美国印第安人相比,"平等"对于西班牙裔美国人来说更重要。其他价值观的评级没有种族上的不同。对于所有群体,最重要的价值观都是"自由""诚信""努力工作""平等"和"独立"。

这一分析表明,我们样本中的美国印第安人青少年和西班牙裔青少年已经社会化,接受了大多数的主流文化价值观。如果没有出现社会化,英裔美国白人与西班牙裔及美国印第安人之间的文化差异就可能出现(例如第一代移民及最近才来到新文化中的人)。在我们的社会化调查样本中,我们感兴趣的是识别他们社会化的过程。

看电视的总时间,是我们的因果模式中的一个指标,因族群不同而不同$(F=5.10, P=0.006)$。美国印第安人(15.52 小时)和西班牙裔美国人(14.47小时)比英裔美国白人(12.31 小时)观看电视的时间更多(每日平均时长加上周末)。

家长的交流,是我们的因果模式中的另一个指标,也因族群不同而不同$(F=10.89, P=0.0001)$。西班牙裔(4.17)和美国印第安人(4.10)与父母谈论公共事务比英裔美国白人(3.22)更频繁。

测试假设

在关于电视的社会化影响的认知功能理论基础上,我们对两个假设进行了测试。

假设 1:一个价值观在电视中越频繁地得到识别,就越有可能会被接受。

假设 2:一个价值观的功能性评级越高,就越有可能会被接受。

表1 各种族价值重要性评级平均分

	族 群						
	英裔美国白人		西班牙裔美国人		美国印第安人		
价值	平均值	标准差	平均值	标准差	平均值	标准差	误报
参与政治体系	2.81	1.26	2.76	1.17	2.59	1.25	
对其他种族的容忍度	3.95	1.35	3.80	1.37	3.76	1.32	
追求财富	3.64	1.24	3.52	1.13	3.54	1.13	
独立性	4.53	.78	4.20	1.00	4.16	1.16	5.63,003
享受财富	3.68	1.28	3.63	1.22	3.66	1.02	
宽容	4.05	1.14	3.77	1.21	3.88	1.13	
改变	3.85	1.04	3.76	1.07	3.69	1.29	
牢固的家庭关系	4.18	1.17	4.14	1.14	3.95	1.18	
平等	4.39	1.04	4.60	.80	4.19	1.23	4.57.01
自由	4.76	0.71	4.74	.71	4.73	.58	
竞争	3.92	1.16	4.08	1.07	4.09	1.05	
个人主义	4.21	1.04	4.05	1.04	3.83	1.35	3.90.05
服从权威	3.79	1.19	3.86	1.09	3.59	1.14	
诚实	4.55	.84	4.50	.85	4.42	.96	
努力工作	4.52	.88	4.62	.75	4.59	.70	
讨论政治事件	2.94	1.29	3.14	1.29	2.97	1.2	

注:平均分基于一个五分量表,从1("不重要")到5("非常重要")。F比率根据单因素方差得出。上表仅显示较为显著的F比率。

我们将运用标准回归方程式,分族群依次就上述16项价值,检验假设1和假设2的观点。

价值接受度＝年龄＋性别＋美国出生＋看电视总时间＋电视(主题)中的

价值主题识别＋价值功能性(成功)评级。

将年龄、性别和"美国出生"作为控制变量,是因为此前研究表明,这些因素可能会影响社会化进程(Gecas,1992)。

在这一点上的分析,没有假定因果顺序,因此我们采用了标准回归分析。

表2显示了较为重要的贝塔权数和对各族群而言每一预测参数的重要程度。价值主题识别预测了英裔美国白人中的11项价值观的价值接受情况,以及西班牙裔美国人和美国印第安人中7项价值观各自的接受情况。因此,得出的结论部分支持假设1的观点,尤其是在英裔美国白人的受访者中。

数据强有力地支持了假设2中的观点。功能性评级预测了三个族群成员各自对于全部16项价值观的接受情况。这些结果显示功能性的评级是价值接受中最有影响力的预测参数,紧随其后的是主题识别。观看电视的总时间和性别一样,对于价值接受情况都是弱预测参数。对于西班牙裔美国人来说,年龄和"美国出生"预测了6项价值观的接受情况。因为采用了标准回归分析,关于因果顺序的问题从这些数据中无法得到回答。青少年从哪里学习的这些价值观的功能性?父母和电视在多大程度上影响价值观的功能性评级?为了回答这些问题,我们采用路径分析和层次回归分析来估计以时间顺序为基础的路径系数(Heise,1969)。

因果模式

我们对由我们理论得出的一个因果模式(图1—3)进行了测试,在测试中用价值观接受情况作为最终决定变量。这个模式的测试是针对英裔美国人、西班牙裔美国人和美国印第安人的样本来进行的,还测试了"个人主义"价值观,这在以前的研究中用于区别英裔美国白人文化与美国印第安人及西班牙裔文化(Brand,1988；Hernandez,1970)。传统上,英裔美国白人重视个人主义,而美国印第安人和西班牙裔美国人重视合作和集体团结(Brand,1988；Hernandez,1970；Samovar & Porter,1995)。我们的分析确认了预料中的各民族群体间在评估"个人主义"重要性上的不同。英裔美国白人比西班牙裔和美国印第安人更看重"个人主义"。

对于西班牙裔美国人、美国印第安人和英裔美国白人,最一致、最有力的价值观接受情况预测参数是价值主题识别和价值功能性。在西班牙裔美国人中,主题识别预测了对"个人主义"的接受度(Beta＝.282,p＝.0001)(图1)。因此，在所观看电视节目中识别出此价值观的西班牙裔青少年更有可能接受此价值观。这些重要的路径为我们理论的第一个假设提供了支持，即价值接受是有关社会化要求的知识或学习的一个功能。这些结果表明简单的价值主题认知是一个比对电视观看总量进行粗略测量更有力的价值接受情况的预测参数。

西班牙裔美国人的主题认知也预示了"个人主义"的功能性评级（Beta＝.31,p＝.0001)。这个结果表明当观众认同电视中描绘的个人主义价值观时就会学习"个人主义"的功能性,这支持了我们的第二个假设。

表2　根据人口统计资料、观看电视总时间、主题识别
和价值功能性评级预测价值观接受度

预测参数/族群									
	年龄			性别			美国出生		
价值观	W	H	N.A.	W	H	N.A.	W	H	N.A.
政治参与		2.05						1.71	
		(.04)						(.08)	
								1.80	−2.26
对其他种族的容忍度							(.07)	(.02)	
个人财富	−2.01								
独立	(.04)								
享有财富									
对其他意见的容忍度	2.60			2.57				−2.15	
	(.008)			(.01)				(.03)	
变化	2.19						2.69		
	(.02)						(.007)		

续　表

预测参数/族群									
	年龄			性别			美国出生		
价值观	W	H	N.A.	W	H	N.A.	W	H	N.A.
牢固的家庭关系						1.87			
					(.06)				
平等	2.76								
自由	(.006)						−2.76		
具有竞争力							(.009)		−2.56
个人主义									(.01)
服从权威	2.06								−1.98
	(.04)							(.04)	
					2.40	2.53			−1.95
诚实					(.01)	(.01)			(.05)
	2.60								
努力工作	(.009)								
讨论政治事件	2.45								
	(.01)								

注:所有输入数据均为 Ho 的 T 值;参数＝0,自标准回归模式得出。括号中为 P 值。W＝白种人;H＝西班牙裔;N.A.＝美国印第安人。

表 2　(接上表)

预测参数/族群									
	观看电视			电视主题(价值)识别			价值的成功功能性评级		
价值观	W	H	N.A.	W	H	N.A.	W	H	N.A.
政治参与			−2.45	2.18	2.50	2.70	8.50	7.40	2.35
			(.01)	(.03)	(.01)	(.009)	(.0001)	(.0001)	(.02)

续　表

价值观	观看电视			电视主题（价值）识别			价值的成功功能性评级		
	W	H	N.A.	W	H	N.A.	W	H	N.A.
容忍其他种族					2.70		14.40	16.10	6.17
					(.006)		(.0001)	(.0001)	(.0001)
个人财富				1.95	2.23		10.50	11.60	4.27
				(.05)	(.02)		(.0001)	(.0001)	(.0001)
独立				2.18	2.29	2.24	10.94	12.20	3.25
				(.03)	(.02)	(.03)	(.0001)	(.0001)	(.0001)
享有财富				3.50			11.33	16.20	7.47
				(.006)			(.0001)	(.0001)	(.0001)
对其他意见的容忍度				2.05		2.87	8.70	13.90	3.90
				(.04)		(.006)	(.0001)	(.0001)	(.0004)
变化				3.66	1.67		9.03	9.60	3.73
				(.0004)	(.09)		(.0001)	(.0001)	(.0006)
牢固的家庭关系		−.18			1.80	1.82	8.99	18.70	3.36
		(.07)			(.07)	(.07)	(.0001)	(.0001)	(.001)
平等	−2.03					3.08	10.31	11.50	3.62
	(.04)					(.003)	(.0001)	(.0001)	(.0009)
自由				2.95			5.29	10.60	3.77
				(.005)			(.0001)	(.0001)	(.0006)
具有竞争力				1.82		2.94	13.80	11.84	2.33
				(.06)		(.005)	(.0001)	(.0001)	(.02)
个人主义				2.27			8.90	9.52	4.54
				(.02)			(.0001)	(.0001)	(.0001)

上方表头：预测参数/族群

预测参数/族群									
	观看电视			电视主题(价值)识别			价值的成功功能性评级		
价值观	W	H	N.A.	W	H	N.A.	W	H	N.A.
服从权威	−2.03			2.80			8.90	9.90	4.16
	(.04)			(.005)			(.0001)	(.0001)	(.0001)
				3.89			9.26	9.47	4.60
诚实				(.0002)			(.0001)	(.0001)	(.0001)
				2.50			9.90	10.43	7.06
努力工作				(.01)			(.0001)	(.0001)	(.0001)
讨论 政治事件				2.76			8.73	9.25	2.22
				(.0006)			(.0001)	(.0001)	(.03)

注:所有输入数据均为 Ho 的 T 值;参数=0,自标准回归模式得出。括号中为 P 值。

在西班牙裔美国人中,对"个人主义"进行的功能性评级是价值认同的有力预测参数(Beta=.559,p=.001)。这一重大的路径为第四个假设提供了支持。这一假设提出:价值认同是一种社会化需求中感知回报价值的功能。

在这个因果范式中的所有其他预测变量,包括电视时间、电视的现实性程度和与父母间的交流沟通,都没有预测出西班牙裔美国人的价值认同。有趣的是,看电视的时间既没有预示价值主题识别也没有预示价值的功能性评级(见图1)。这些结果表明,影响社会化的并不是我们看了多少电视,而是我们看了什么。

关于美国印第安人的调查结果与西班牙裔美国人的调查结果相似。如图2所示,主题识别预示着对"个人主义"的接受(Beta=.465,p=.0001)。同样,主题识别还预示着价值的功能性评级(Beta=.669,p=.0001)。正如西班牙裔青少年一样,在电视中能识别出个人主义主题的印第安人青少年认为此价值是具有功能性的,并会对此加以接受。

在美国印第安人中,另一个一贯的价值认同的预测参数是价值的可感知的功能性。如图2所示,功能性评级预示着"个人主义"的认同(Beta=.896,p=.0001)。观看电视和感知电视中的现实性不能预示功能性评级或价值接受。

和西班牙裔不同，美国印第安人受到亲子交流的强烈影响（Beta＝.095，p＝.05），而亲子交流预示了"个人主义"的接受情况。这个结果表明了美国印第安人家长在社会化方面对孩子的重要影响。

对英裔美国白人来讲，这些重要路径的模式是相似的：价值主题识别导致了价值的接受（Beta＝.095，p＝.05），对价值功能性的评价也是如此（见图表3）。电视的现实性和亲子间交流并不能预示价值的接受，主题的识别也不能预测功能性评价。对英裔美国白人来说，将"个人主义"识别为一个电视主题是将个人主义作为个人价值加以接受的充分条件。把"个人主义"认为是"成功"所必需的条件的评价，对价值接受来讲是比主题认知更有力的预测参数。我们的数据显示英裔美国白人青少年不需要电视来使他们确信在美国主流文化中个人主义能使人成功。他们与主流文化有着频繁的接触，因而就有足够的机会在日常生活中来观察这种联系。然而，从电视上学习个人主义有助于其作为个人价值得以接受。电视的作用可能就是将个人主义作为一种文化价值隐含在其中。

我们曾期望在少数民族样本中，关于从电视中学习的这一变量的路径系数会更大（主题识别对价值接受及主题识别对功能性评价）。这个期望被证实了。我们得出的结论是：电视在价值接受和功能性评价（主题的学习）方面的认知影响，对美国印第安人和西班牙裔美国人来说，要大于英裔美国白人。

总结和结论

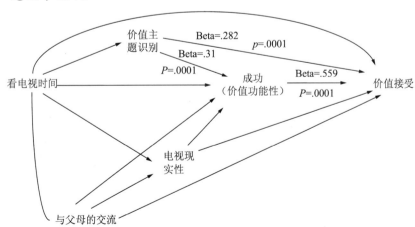

图1　关于"个人主义"价值认同的路径模型：西班牙裔样本
注：仅标注出了重要的系数。

关于英裔美国白人、美国印第安人和西班牙裔美国人的分析,证实了我们基于电视的社会化影响的认知功能性理论假设。这两个主要的预测——对观察到的价值进行学习和功能性评价导致了对价值的接受——在这三个种族群体中都得到了有力的支持。正如这个理论所预测的,如果青少年识别出他们在电视中观察到的价值(一种学习的方法),并且认为在美国这些价值对"取得成功"很重要(一种功能性方法),他们就接受了这些价值。电视的现实性和观看电视的总时间并不能预测价值的接受。

把变量排列在因果模型中来预测个人主义的接受情况时,出现了以下结果:

1. 观看电视的时间和电视的现实性并不能预测价值主题识别、功能性评价或价值的接受。

2. 在这三组样本中都是主题识别直接导致了价值的接受,而在西班牙裔美国人和美国印第安人的样本中,是通过功能性评价的变量间接地导致了价值的接受。

3. 对观察到的价值进行学习(正如通过主题识别加以测量)是价值接受的一个充分条件。对于我们的少数民族样本来说,它还通过导致功能性评价来影响价值接受,而功能性评价反过来也影响价值接受。

4. 对一个价值功能的评价预测了该价值的接受,这是由三个样本中两个变量之间直接、显著的路径所表明的。

我们的路径分析提供了一个简化的理论模型。两个变量——学习(价值主题识别)和功能性评价——预示了社会化的结果(例如价值接受)。简单来讲,一个人看电视多少不会导致对社会化结果的接受,相反,它在于一个人是否识别出(学习)那些结果以及他是否认为那些结果具有功能性。

对这一理论的初步测试有几点局限性需要我们注意。首先,学习、功能性评价和价值接受这几个主要变量的操作可以有所改善。主题识别是学习的一个概括性的测量并且提出了"真正学到的是什么"这个问题。"成功"的评价可能过于笼统;也许功能性是受环境和角色限定的。其次,测量主题识别、功能性评价、价值接受的量表是相似的。虽然这些价值是按随机顺序呈现的,并且这些量表是依据不同调查问卷的条目来区分的,但是还是可能会有答卷人的敏感性和同态性存在(特别是对于功能性和接受性量表来说)。尽管有此可能性,我

们仍然相信,基于下面这些观测数据,各量表测量了不同的观念:

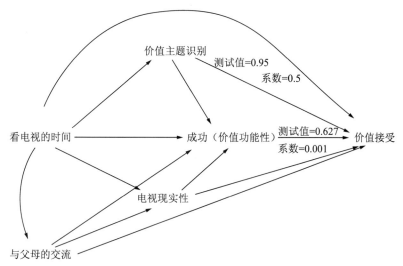

图2 "个人主义"价值接受的路径模型:美国印第安人样本
注:仅标注出了重要的系数。

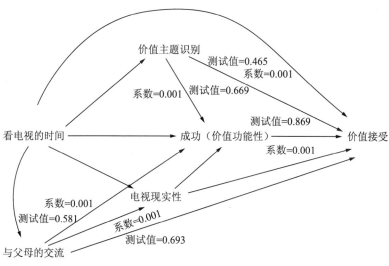

图3 "个人主义"价值接受的路径模型:英裔美国白人样本
注:仅标注出了重要的系数。

5. 主题识别在英裔美国白人样本中比在西班牙裔和美国印第安人样本中

预测出价值接受的概率更大,而功能性评级在所有的样本中都是价值接受的强有力的预测参数。如果这些变量是同构的,那么各族群的结果也许大概是相似的,因为还没有一个理论上的原因能够让我们认为测量方法会在一个群体中是同构的,而在另外一个群体中不同构。

6. 在每个族群中主题识别、功能性评价和价值接受的量表的结构分布都是彼此不同的。通常情况下,价值接受和主题识别的量表更加分散,并且比功能性评级的标准偏差更大。

对电视现实性的感知和与父母沟通不应该从我们的范式中去掉。更加完善的测量方法可以预测出价值的接受,例如,我们可以向调查对象询问他们经常观看的电视节目的现实性的问题,而不是从整体上询问电视节目。我们还可以问他们和父母进行常规交流的频率而不只局限于对于公共事务的交流。

未来的研究应该想办法改善我们的测量方法。我们认为此项研究最主要的贡献是它对一个简单的理论的分析,此理论能够解释电视作为一种社会化的来源的影响,以及用此理论框架的初步测量方法提供了支持性数据。

亚历克斯·谭是美国华盛顿州立大学默罗传播学院教授和主任。董庆文是太平洋大学传播系助理教授。雷·纳尔逊是美国普度大学传播学博士生。葛顿·谭是华盛顿州立大学教育学院助理教授。一个较早的版本已经于1995年5月25—29日递交给了新墨西哥州阿尔伯克基举行的国际传播学会年度大会的大众传播部。信件请寄送美国华盛顿州普尔曼华盛顿州立大学传播学院的亚历克斯·谭,区号是9164-2520。

这项研究已经通过华盛顿州立大学人类学机构审查委员会的审核。

参考文献

[1] Ball-Rokeach, S., Rokeach, M. & Grube, J. W. (1984). *The Great American Values Test*. New York: Free Press.

[2] Bandura, A. (1986). *Social Foundations of Thought & Action: A Social Cognitive Theory*. Englewood Cliffs, NJ: Prentice-Hall.

[3] Brand, S. (1988). Indians and the Countercultural, 1960's—1970's. *Handbook of North American Indians*, 4, 520-547.

[4] Chaffee, S., Nass, C. & Yang, S. (1990). The bridging role of television in immi-

grant political socialization. *Human Communication Research*, 77, 266 - 288.

［5］Erikson, E. H. (1968). *Identity, Youth and Crises*. New York: Norton.

［6］Gecas, V. (1992). Contexts of socialization. In E. F. Borgatta & M. D. Borgatta (Eds.), *Encyclopedia of Sociology* (Vol. 4, pp. 1863 - 1872). New York: MacMillan.

［7］Gerbner, G., Gross, L., Morgan, M., Signorielli, N. (1986). Living with television: The dynam- ics of the cultivation process. In J. Bryant & D. Zillman (Eds.), *Perspectives on Media Effects* (pp.17 - 20). Hillsdale, NJ: Lawrence Erlbaum.

［8］Gerbner, G., Gross, L., Morgan, M. & Signorielli, N. (1982). Charting the mainstream: Television's contributions to political orientations. *Journal of Communication*, 32, 100 - 127.

［9］Gerbner, G., Gross, L., Morgan, M. & Signorielli, N. (1994). Growing up with television: The cultivation perspective. In J. Bryant & D. Zillmann (Eds.), *Media Effects: Advances in Theory and Research* (pp. 17 - 41).Hillsdale, NJ: Lawrence Erlbaum.

［10］Hawkins, R. P. & Pingree, S. (1990). Divergent psychological processes in constructing social reality from mass media content. In N. Signorielli & M. Morgan (Eds.), *Cultivation Analysis: New Directions in Media Effects Research* (pp. 35 - 50). Newbury Park, CA: Sage.

［11］Heise, D. (1969). Problems in path analysis and causal inference. In E. Borgatta & G. Bohrnsted (Eds.), *Sociological Methodology* (pp. 38 - 73). San Francisco: Jossey-Bass.

［12］Hernandez, L. F. (1970). *A Forgotten American: A Resource Unit for Teachers of the Mexican American*. New York: B'nai Birth.

［13］Homans, G. C. (1958). Social behavior as exchange. *The American Journal of Sociology*, 62, 595 - 606.

［14］Homans, G. C. (1974). *Social Behavior: Its Elementary Forms* (rev. ed.), New York: Harcourt Brace Jovanovich.

［15］Hutnik, N. (1986). Patterns of ethnic minority identification and modes of social adaptation. *Ethnic and Racial Studies*, 9, 150 - 167.

［16］Malinowski, B. (1976). Functionalism in anthropology. In L. A. Coser & B. Rosenberg (Eds.), *Sociological Theory: A Book of Readings*, pp. 511 - 524. New York: MacMillan.

［17］Merton, R. K. (1957). *Social Theory and Social Structure*. Glencoe, IL: The Free Press.

［18］Nelson, C. L. & Lang, A. (1993, May). *Attention Exposure and Frequency of Viewing：Do They All Matter?* Paper presented to the Information Systems Division, International Communication Association，Sydney，Australia.

［19］Potter, W.J. (1993). Cultivation theory and research：A conceptual critique. *Human Communication Research*，19，564－601.

［20］Potter，W. J. & Chang, I. K. (1990). Television exposure measures and the cultivation hypoth- esis. *Journal of Broadcasting & Electronic Media*，34，313－333.

［21］Rokeach, M. (1968). *Beliefs，Attitudes and Values*. San Francisco：Jossey-Bass.

［22］Rokeach, M. (1974). Change and stability in American value systems，1968－1971. *Public Opinion Quarterly*，38，222－238.

［23］Samovar, L. & Porter, R. (1995). *Communication between Cultures*. Belmont，CA：Wadsworth.

［24］Selnow，G. W. (1990). Values in prime time television. *Journal of Communication*，40，64－74. Shrum, L. J. (1995). Assessing the social influence of television：A social cognitive perspective on cultivation effects. *Communication Research*，22，397－401.

［25］Tan, A. & Fujioka, Y. (1995, August). *African American Stereotypes，to Portrayals and Personal Contact*. Paper presented to the Association for Education in Journalism and Mass Communication annual convention，Washington，DC.

［26］Triandis，H.，Kashima，Y.，Shimada，E. & Villare- al, M. (1986). Acculturation indices as a means of confirming cultural differences. *International Journal of Psychology*，21，43－68.

读后习题

概念与问题

1. 用自己的语言定义理论与研究。二者之间是什么关系?

2. 培养理论的作者是谁? 培养理论的主要原则是什么? 该理论的主流效果是什么?

3. 社会认知理论的作者是谁? 什么是替代性强化? 什么是观察学习法?

4. 社会交换理论的作者是谁? 什么是人们参与某种行为的动机? 什么是社会交换理论中的"价值原则"? 什么是社会交换理论中的"成功原则"?

5. 定义电视的社会化作用中的认知功能理论。电视的社会化作用中的认知功能理论的四个步骤是什么？

6. 理论与研究中的问题或假设之间的关系是什么？指出本研究中的研究问题或假设，并解释如何运用理论来提出研究问题或假设？

7. 本研究的主要发现是什么？本研究的结论是什么？

8. 本研究有什么含义？本研究有哪些不足？

讨论题

1. 从自己的角度谈谈为什么本研究中应用了三种理论，这些理论是如何帮助提出此项调查的？

2. 根据本研究，美国文化的主要类型有哪些？解释本研究中依赖性变量是如何测量的。

作业

1. 找一篇传播学期刊中的文章来检验理论与研究之间的关系。特别要关注理论是如何用于提出研究问题或假设的（本作业旨在帮助学生形成在研究中运用理论的意识）。

2. 基于本文所讨论的培养理论，提出一个研究问题或假设，向同学们解释自己思考的过程。

质量评估及讨论

说明：请从数字 1（非常不同意）到数字 5（非常同意）中圈出一个来说明你的看法。另附纸写下你每个选择的理由（SA 指非常同意，SD 指非常不同意）。

a. 介绍部分说明了为什么本研究是一个重要的调查。

SA　5　4　3　2　1　SD

b. 文献评述为本调查提供了语境。

SA　5　4　3　2　1　SD

c. 研究问题或假设都做了恰当陈述。

SA　5　4　3　2　1　SD

d. 研究方法的选择恰当。

SA 5 4 3 2 1 SD

e. 对变量进行了充分而良好的测量。

SA 5 4 3 2 1 SD

f. 结果得到清楚地呈现。

SA 5 4 3 2 1 SD

g. 本研究的内涵得以清晰地阐述。

SA 5 4 3 2 1 SD

h. 讨论得以充分恰当地展示。

SA 5 4 3 2 1 SD

i. 本研究对建立传播领域内的知识体有所贡献。

SA 5 4 3 2 1 SD

3 个体的在线自我形象：预期互动、自我展示与预期成功在网络约会中的作用[①]

詹妮弗·L.吉布斯，尼古拉·B.艾利森，蕊贝卡·D.海诺

摘要：本项研究是调查网络约会关系这一新背景下的自我暴露。作者通过对默契网（Match.com）的会员（349 人）进行全国性的随机抽样，分析了网络约会中的关系目标、自我暴露和可感知的成功的模式。作者的调查结果为社会渗透理论、社会信息加工和超人际观点提供了支持，同时也强调了预期未来的面对面互动对网上自我暴露的积极影响。作者的发现，即可感知的网络约会的成功，是以自我暴露的四个方面（诚实、数量、意图和效价）来预测的，尽管诚实有负面影响。而且，网络约会的经历是对网络约会可感知成功的一个非常有力的预测参数。此外，作者确认了策略成功相对于自我展示成功的预测参数。这项研究将现有的电脑中介传播、自我暴露以及关系成功的理论拓展到了日益重要的混合关系的平台，其参与者的交流方式由间接交流转向了面对面交流。

网络约会或通过因特网、万维网同个人交流以寻找恋爱对象和/或性伴侣，构建了一个令人兴奋的新领域，我们可以从中重新审视自我暴露和关系形成这些传统的人际关系理论以及更近期的电脑中介传播（CMC）理论。网络约会这一情况为专家提供了一个全新的机会来研究以网络约会为起点，然后转向离线面对面互动的关系。这些混合型关系（Walther & Parks, 2002）已经成为重新审视已建立的关系发展理论的重要场所，如社会渗透理论（Taylor & Altman, 1987）和不确定性降低理论（Berger & Calabrese, 1975），这些理论大多已经在面对面的情境中得到分析。这些混合关系也是拓展电脑中介传播理论和网上关系发展理论的完美场所，其中许多理论早已在纯粹虚拟的环境中形成。这项

---

① 詹妮弗·L.吉布斯，尼古拉·B.艾利森，蕊贝卡·D.海诺："个体的在线自我形象：预期互动、自我展示与预期成功在网络约会中的作用"，《传播学研究》，2006，33（2）：152—177。再版已获得作者授权。

研究主要是探究网络约会关系中的自我暴露,介于人际传播和电脑中介传播研究之间。

对于那些曾经被戏谑为光棍儿并急切渴望一次约会的人来说,由于更高水平的网络渗透和不断变化的人口趋势,网络约会已经迅速成为主流方式(Baker,2002,2005;St. John,2002)。网恋已经成为关系形成和电脑中介传播研究者的一个重要研究领域(Doring,2002),并且网上恋爱关系的发展已经被越来越多的文献所关注(如 Baker,2002;Bargh,McKenna & Fitzsimons,2002;Clark,1998;Donn & Sherman,2002;Hardey,2002;McKenna,Green & Gleason,2002;Whitty & Gavin,2001)。尽管以前的婚介服务的典型,例如报纸上的个人广告和视频约会,已经成为早期学术研究的课题(如 Lynn & Bolig,1985;Woll & Cozby,1987),但是这种因因特网而更加便利的婚介新形式很独特,因为它有着更为广泛的用户基础,并且为用户提供了完全不同的功能。例如,网络约会的参与者有机会利用各种多媒体内容来展示自己,比如文本描述、照片和视频录像;还可以使用异步的和实时的交流工具来进行互动,如电子邮件、即时信息和聊天室。

利用因特网结识潜在约会对象的方式使个人面临着自我展示和自我暴露行为方面的新挑战。尽管有很多相似的地方,但是这些策略与那些已被应用于传统的面对面初次见面还是存在不同之处,因为早期面对面方式通常不会给参与者的特意自我展示提供同样的机会。电脑中介传播的两个主要特征,即降低的传播线索和潜在的异步传播(Walther,1996),使用户能够进行已被命名为"选择性自我展示"的行为(Walther,1992b;Walther & Burgoon,1992)。首先,电脑中介传播强调更可控的、在没有很多非语言传播线索时的口语和语言线索,这就导致了电脑中介传播比面对面互动"更具选择性、可塑性,更能经受自我审查"的网上自我展示的出现(Walther,1996,p. 20)。其次,电脑中介传播的异步性给了用户更多的时间来有意识地构建传播信息。因此网络约会的间接性给了用户更多的机会去正面地、特意地展现自己。

以往的电脑中介传播研究已经研究了自我展示在其他网络背景下的作用,比如网页(Miller,1995),在线支持群(Turner,Grube & Meyers,2001),多用户虚拟空间游戏(MUDs)(Utz,2000)及电脑多方使用回应系统(MOOs)(Roberts & Parks,1999)。与这些经常保持在线交流的平台不同,网络约会的参与者对面对面的互动有着更显著的期望。这些参与者经常在他们和潜在恋人形成关系的时候，会发生从在线交流向下线交流的方式转移（评论中，Ramirez & Zhang）。目前的这项研究是首个在大量网络约会用户中随机抽样来研究自我暴露策略的研究。我们运用现有的电脑中介传播和人际传播理论去分析网络约会中有关目标、自我暴露和可感知成功的模式。利用对网络约会用户进行的全国抽样在线调查得出的数据，我们来论述两个主要的研究问题：第一，自我暴露和预期的未来互动（面对面交流）的目标之间的关系是什么？第二，自我暴露与网络约会中可感知的成功之间是什么关系？

理论框架和模式

尽管早期的研究认为中介传播实质上对于社会情绪类的内容不如面对面传播合适（Culnan & Markus, 1987；Short, Williams & Christie, 1976），但是更多最近的研究表明，电脑中介传播能够支持人际关系的发展（Baym, 2002；Walther & Parks, 2002）。另外，对早期研究进行的再分析发现，电脑中介传播群比面对面群更少面向社会，并且这种再分析决定了其中的部分原因是电脑中介传播参与者之间的交流速率较慢（Walther, Anderson & Park, 1994）。这个问题已经产生了各种理论支流，其中两个主要理论是社会信息加工理论（SIP）和超人际关系观点。借鉴这些观点，我们提出一个关于关系目标、自我暴露和可感知关系成功的概念模式（图1）。

关系目标和自我暴露

关系目标。在其他电脑中介传播背景下，研究者已经调查了在线行为中长期目标相对于短期目标的作用。社会信息加工理论认为，传播者的动机使他们在通过电脑中介传播获得的相对有限的非语言和身体线索的基础之上形成对他人的印象（Walther, 1992a）。此理论预测在没有非语言线索的情况下，传播者会调整他们的关系行为来适应电脑中介传播中可获得的已有口语和言语线索。社会信息加工理论同时也关注寻求信息策略方面的可预期的未来互动的影响，并且提出这些策略似乎和建立在电脑中介传播用户关系目标基础上的策略有所不同，尤其是他们是否有意和与他们交流的其他人建立长期的互动关系

（Utz，2000；Walther，1994）。人们发现，与处于线下交流状态的人相比，那些期待和他们的电脑中介传播对象进行未来互动的人会询问更多私人问题和自我暴露方面的问题（Tidwell & Walther，2002）。

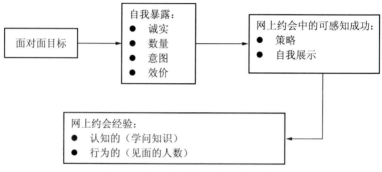

图 1　网络约会中的可感知成功模型

人们发现，与处于线下交流状态的人相比，那些期待和他们的电脑中介传播对象进行未来互动的人会询问更多私人问题和自我暴露方面的问题（Tidwell & Walther，2002）。同样的，人们预计那些期望长期联系或者长期交往的电脑中介传播用户会进行更多的联系和更大程度的自我暴露，而那些预期短期互动的用户会朝更加非个人的、消极的倾向发展。这项调查表明，拥有长期目标的电脑中介传播用户拥有更加强烈的联系动机，会寻求和交流更多的个人信息，在互相评价时会比那些短期互动的人更加积极（Walther，Slovacek & Tidwell，2001，p. 112）。

对网络用户间的展示策略和关系发展进行的研究大多数都有一个重要的特点，就是它是基于从专门的网上电脑中介传播群中所收集来的数据，其参与者在网上会面，但可能从来不会在现实的面对面环境中见面，就像多用户虚拟空间游戏（MUDs）、新闻群和虚拟社区一般（Baym，1998；McLaughlin，Osbourne & Ellison，1997；Parks & Floyd，1996；Utz，2000）。总的来说，这个研究不会确切地去区分预期的网上未来互动和面对面互动。我们把从这个调查中得到的理论和发现扩展到网上个人情境，这个情境下，会支持一种独特的混合型人际关系模式，这种关系从线上开始，然后转为线下，其中的个体更有可能以明确的面对面约会为目标来发展恋爱关系。

我们认为在从线上到线下人际关系中有一个重要的差异，即预期的在线互动和预期的面对面互动之间的差异，而不是单纯的短期互动与长期互动之间的差异。怀特和加文(2001)发现，最终面对面相见的愿望在那些网上人际关系中是一个共同的主题，尽管真正的见面可能有时会很令人失望。这种从线上到线下的转变并不总是网上非恋爱关系中的目标甚或一种期望，但是对于那些寻求传统恋爱关系的人而言则更有意义。例如，一项关于电脑多方使用回应系统(MOOs)中关系发展的研究发现，在电脑多方使用回应系统的人际关系里大约有1/3的人会最终发展成面对面约会，重要的是其中的恋爱关系要多于非恋爱关系(Parks & Roberts，1998)。因此，面对面约会的期望或者是预期未来进行面对面互动有可能在网络约会的参加者之间更常见，并且我们预期这会影响他们的自我展示和自我暴露的策略。

自我展示。自我展示定义为一个人与另一个人交流的任何有关个人的信息(Cozby，1973；Wheeless，1978；Wheeless & Grotz，1976)。自我展示是人际关系发展中一个关键的组成部分，因为它能增进彼此间的亲昵感(Derlega，Winstead，Wong & Greenspan，1987)。它在个体间发展的人际关系的类型方面起着关键作用；例如，展示极隐私的信息是恋爱关系和亲密感的重要部分(Greene，Derlega & Mathews，2006)。自我展示已经被普遍认为在人际关系发展方面具有积极作用，尽管人们已经认识到，伙伴间在展示时可能会在开放和关闭信息之间来回反复，并且在人际关系早期就进行太多的自我展示(特别是消极信息)可能会产生消极的影响(Greene et al.，2006)。

根据传统的人际关系理论，例如社会渗透理论，自我展示是传播的一种类型，通过自我展示个体使自己得以被别人所了解，当别人也会通过分享自己的具有揭示性的信息来作为回报时，就会带来亲密感和人际关系的发展(Taylor & Altman，1987)。增量交换理论(Levinger & Snoek，1972)还假定，随着关系的发展，自我展示会超越时间在深度和广度上取得进展。此外，根据不确定性降低理论，个体不仅寻求信息以减少不确定性，而且会以相似数量的同等亲密的信息进行交换(Berger & Calabrese，1975)，尽管乔伊森(2001)发现，每一个合作伙伴所揭示的信息亲密程度可能是不对等的。同样，个体倾向于通过揭示他们身份的各方面来回应他人的自我展示(Derlega et al.，1987)。

对于自我展示如何在电脑中介传播的环境里起作用的研究一直模糊不清。超人际关系观点提出，在电脑中介传播里有限的线索可能会导致过度归因以及夸张或者是理想化别人的观点,那些通过电脑中介传播来相见和互动的人利用这些有限的线索来进行乐观的或者是有选择性的自我表达(Walther,1996)。因此,由于自我展示和身份操纵的机会增多了,网上的自我展示可能不太诚实(Lea & Spears,1995；Myers,1987)。按照类似的思路,其他的理论家认为,电脑中介传播的匿名性鼓励个体去尝试新的自我展示形式,大大偏离了他们在"现实生活"中的身份。(Stone,1991,1996；Turkle,1995)。

相反,网络的匿名性可能会鼓励更诚实亲密的展示,类似于鲁宾(1975)在对波士顿航空旅客间的自我展示的研究中指出的"过路的陌生人"现象。这项研究发现,由那些外地人参与的自我展示其亲密程度要远远大于那些波士顿本地居民。在公开的长度范围上也是如此,这也许是因为这些外地参与者确信他们不会再与实验者有联系,因此可以"说出私下的想法和感觉以减去心理负担而相对没有什么伤害"(Rubin,1975,p.256)。此外,在网上向别人展示自己一些负面东西的障碍减少了,因为用户不太可能会直面那些他们亲近的人的反对意见,比如朋友或者家人(Bargh et al.,2002)。通过电脑中介传播的参加者比面对面参加者,更能进行更亲密的提问和更深层的自我展示,电脑中介传播的匿名性也被认为能强化亲密程度(Tidwell & Walther,2002)。这再次表明,网上环境能够让个体变得更加开放,更乐意提供自己各方面的信息,而不是相反。

预期的未来互动可能是一个重要的变量,来预测这些自我展示的策略中哪个会被个体在特定的时间来加以采用。正如瓦尔特(1994)所指出的,对电脑中介传播群来说,预期的未来互动扮演着重要的角色。借鉴社会信息加工理论,我们预期,那些带着通过开展预期的面对面互动来建立长期关系的目标的个体,与那些没有预期要建立线下关系的人相比,会与他们在网上遇到的潜在约会对象进行更深层的自我展示。自我公开是一个多维建构,在如诚实、数量、自觉的意图和正效价或负效价等方面有所差异(Wheeless,1978；Wheeless & Grotz,1976)。因此下面我们来一起审视关于自我展示这些不同维度的假设。

首先,我们提出个体是否计划和他人在现实中见面是他们自我描述中诚实度的关键性决定因素。我们假设,那些更重视建立长期交往的目标并且注重与网上的交流对象在现实中见面的个体将会尝试在网络档案和与他人的互动中呈现一种更加诚实的自我描述,从而来避免被谴责或者浪费现实见面的机会。

由此得出:

假设1:那些更重视建立长期现实交往关系这一目标的人,他们在网上的自我展示中更加诚实。

其次,我们也预测,建立面对面交往关系的长期目标将影响网上自我展示的数量,因为带着这样目标的个体有更多的动力在会面之前交换个人信息,以期减少不确定性,并且通过鼓励他人交换信息来过滤掉那些不适合继续发展面对面关系的人。与那些并不希望再次互动的人相比,在预期未来互动的无中介小组中,参与者倾向于获取更多彼此的信息(Walther,1996)。据发现预期的未来互动使得人们进行更多的个人信息交流(Calabrese,1975;Kellermann & Reynolds,1990)。而且,那些认为自己会再次互动的人寻求更多的信息以减少不确定性并且帮助他们预测这种关系的结果是否值得(Sunnafrank,1986; Sunnafrank & Ramirez,2004)。因此,我们预测预期未来面对面互动的个体将会公开更多的信息以诱使潜在的约会伙伴进行信息交换,并且反过来透露更多关于他们自己的信息。通过这种策略收集到的额外信息使得个体可以更好地评估这种关系是否值得发展为线下关系。另一方面,那些带着纯粹网上关系或者短期关系目标的人,很可能对潜在的约会伙伴的评估标准更少,并且觉得通过在网上揭示自己的信息作为对他人的投资的需要更小。因此,我们提出:

假设2:重视长期面对面关系目标的人会进行更多的网上自我展示。

第三,我们预测那些预期未来面对面互动的人将会在网上进行更多刻意而审慎的或有意而为的自我展示。社会信息加工理论和超人际关系观点都承认个体"进行认知上的战略性审慎行为和交际行为来补偿媒介的局限性"(Ramirez,Walther,Burgoon & Sunnafrank,2002,p.215)。和视频约会一样(Woll & Cozby,1987),互联网上的私人广告可以有更多刻意的自我展示,因为参与者通过制作简介、选择照片和异步互动,从而有机会仔细构建和经营与他人进行交流的形象。选择性自我展示的机会(Walther,1996;Walther & Burgoon,1992)让人联想到高夫曼(1959)所描述的离线印象管理行为。虽然说网络约会中的自我展示总体上可能会比离线关系中的自我展示更有弹性和目的性,而那些有长期面对面关系目标的人可能相对而言更是如此(Woll & Cozby,1987),比起那些带有网上的短期目标的人而言,这些人可能会投入更多的时间和精力进行有意识的审慎自我展示。因此,我们提出:

假设 3：把长期的面对面关系目标看得更重要的人会进行更有目的性的网上自我展示。

自我展示的最终方面之一是正效价或负效价，指的是自我展示信息的程度范围是正面的，而不是负面的(Wheeless，1978)。之前的研究把正面的展示和增长的关系中的亲密程度与满足感联系到了一起(Taylor & Altman，1987)。此外，还发现正面的自我归因可以在朋友中而非陌生人中增加自我展示，因为朋友对维持关系有着较高的承诺(Derlega et al.，1987)。这一发现表明预期的未来面对面互动目标(或者对于维持亲密关系有更高承诺)应该和具有正效价的自我展示相关联。在此基础上，我们期望有着更强烈的建立面对面人际关系目标的人会更积极地以正面的形象展示自己，以继续这种关系。因此，我们提出：

假设 4：把长期的面对面人际关系目标看得更重要的人会进行更正面的网上自我展示。

自我展示与感知的成功

成功。对关系形成的研究也与这种人际关系的结局或者成功相关，也就是形成亲密的或持久的关系，或者是取得人际关系上满足感。社会渗透理论把展示的亲密程度看成发展令人满意的人际关系的关键因素之一，并预测自我展示会促成关系上的亲密和满足(Taylor & Altman，1987)。大量的相关研究表明自我展示和关系的满意度有着直接的关系，我们将其看成是关系发展成功的一个关键性指标。研究同时还发现，自我展示会通过伙伴回应这一中介变量来增加关系的亲密程度(Laurenceau，Feldman Barrett & Pietromonaco，1998)，因为分享个人信息会引发伙伴的情感回应，这反过来会使最初的展示者感觉得到了理解和验证(Reis & Patrick，1996)。许多研究都调查了面对面人际关系中满意度的预测指标，比如婚姻(Levinger & Senn，1967；Markman，1981；Mc-Adams & Vaillant，1982)。我们希望去探索自我展示和人际关系的成功(更广泛的定义)之间的关联是否也延伸到了在线环境中。

我们在自我展示的四个维度——诚实、数量、意图和正效价或负效价——与感知到的成功之间检验这种关系(Wheeless，1978；Wheeless & Grotz，1976)。尤其是我们期望更多的自我展示可以产生对成功更鲜明的感知。成功的在线人际关系被定义为继续而不是终结(Baker,2002,2005)。然而,我们认为对于不同的网络约会参与者来说,成功也许意味着不同的东西,并且成功的定义也许和人际关系的目标有着间接的关系。对于有着长期目标的人来说,形成亲密持久的线下人际关系可能是成功的关键。然而,有着短期目标(比如说遇到多位约会对象、获得约会经验或者在线交朋友)的人也许并不把人际关系的亲密或者持续看作成功的象征。此外,因为我们正在研究的个体目前都积极参与网络约会,我们感兴趣的是他们目前对成功的感知,而不是以一种终结状态来定义成功,比如长期的亲密关系(也许他们还没有达到这种人际关系)。

我们聚焦于两种主要的可感知成功的类型:策略成功和自我展示成功。策略成功是一种观念,要考虑到参与网络约会的人会有不同的人际关系目标这样的事实,并要描述他们感觉自己的目标实现得如何(不管这些目标是什么),他们是否觉得他们理解怎样才是成功,他们是否已经制定了网络约会策略。另一种类型是自我展示型成功,是一种情感上的观念,类似于之前电脑中介传播理论对自我展示的研究中所使用的满意度(Walther et al.,2001)。自我展示型成功类似于印象管理(Goffman,1959),也指使用者感觉通过网络约会在多大程度上能够给别人留下良好印象并且实现有利的自我展示。

我们也希望更多的网络约会经验会为网络约会带来更大的成功。我们调查了行为和认知这两种经验类型对于感知成功的影响。已经发现经验可以使网上人际关系得以发展,就网上新闻群里关系发展的一项研究中最强有力的预测指数是参加特定新闻群的持续性和频率(Parks & Floyd,1996)。帕克斯和弗洛伊德(1996)从他们的发现中得出结论,网上人际关系的形成"更多的是简单经验的作用而非人口的或者性格的因素"(p.7)。另一项研究就参与网络支持群体的频率,包括发送私人邮件的人数和面对面交流的人数,检验了经验的作用(Turner et al.,2001)。借鉴这一研究,我们就参与网络约会的频率(相见的人数)来测试行为经验。我们预期,通过与更多的人(通过邮件或者面对面的交流)相见来更频繁参与的人与那些没有此类经验的人相比,会有更多的机会反思自己正面或负面的经验,修正自己的行为,运用策略帮助自己很好地展示自我并实现目标。

我们建议,经验有一个认知尺度,会影响基于学习能力上的对成功的感知。也就是说,那些对自己网络约会经历有更多反省,并且更能从自身错误中吸取教训的个体在网络约会中会更加成功。我们通过一个变量来对此进行检测,这一变量评估了在什么范围内个体会报告说他们明白为什么网络邂逅不成功,并且在什么范围他们在第一次约会后通常会继续网上关系。我们把这种变量称为学习能力,并且预测,那些具有更强学习能力的人认为,就策略成功和自我展示成功两方面而言,自己在网络约会中更成功。

借鉴这两个对网络约会中成功的认知尺度,我们预测那些进行更多自我展示(在诚实、数量、意图和正效价等方面)的使用者以及具有更多网络约会经验(行为的和认知的)的个体将会有更多认知上的策略成功和自我展示成功。

因此,我们提出:

假设 5:网络约会中感知的策略成功可以由(a)诚实、(b)重要性、(c)意图和(d)正效价方面的自我展示以及(e)行为的和(f)认知的经验来进行预测。

假设 6:网络约会中自我展示的成功可以由(a)诚实、(b)重要性、(c)意图和(d)正效价方面的自我展示以及(e)行为的和(f)认知的经验来进行预测。

方法

步骤

我们对最大的商业网络约会服务网站之一默契网(Match.com)的会员进行了全国性随机抽样网上调查。默契网(Match.com)目前在世界 240 多个国家拥有 1200 万的活跃会员(默契网新闻中心,2004)。这个样本由默契网(Match.com)随机选择,给作者提供了样本的框架,包括所有潜在调查对象的有限的人口统计学信息。首先由默契网(Match.com)调查部门给所有的调查对象发去介绍性邮件,然后由研究者发去邀请,解释调查的意图,指引他们登录调查网站。作为激励,所有完成调查的调查对象会自动进入到抽彩站点来赢取50 美元亚马逊网(Amazon.com)的礼品代金券。他们也被授权了解研究结果。在一周内没有任何回应的人收到了提醒邮件。调查数据的收集是在 2003 年11 月份到 12 月份的三个星期内进行的。

此次的网络调查是由调查设计和主持网站 Zoomerang.com 来进行的。此程序用于创立和管理在线调查,生成介绍性和提醒性邮件,将回复存储在只有研究者可以进入的有密码保护的网上数据库中。这个在线调查软件为每一个受邀的调查对象生成一个单独的网址，以确保(a)只有那些被抽选者才能够完成这次调查，并且(b)每一位调查对象仅允许一次性完成调查。这些数据被输入 excel 文件中，在此过程中消除了潜在的数据输入错误，然后上传到了 SPSS (Statistical Product and Service Solutions，"统计产品与服务解决方案"软件)中进行过滤、分析。

样本以及回收率

所有的调查对象都是美国当前在该网站的订阅者，他们前一个月表现较为活跃(已经登录)，并且是在 2002 年 1 月到 2003 年 10 月间加入到该网站的(目的是获取在该网站花费的时间上的差别)。我们把我们的样本限制在异性恋(那些表明他们是男找女或女找男的人)群体中。我们的样本中，56％是女性，93％为白人，平均年龄 40 多岁(年龄范围从 18 岁到 60 多岁)。62％的人离婚或者分手，57％的人有孩子，67％居住在城市，大多数报告收入在 35000 美元到 75000 美元之间。大多数人多年来一直在使用因特网，其中 54％超过六年。这些人口统计学的特征和默契网(Match.com)订阅者与我们的目标人群的人口特征相符合。

调查问卷总共回收 349 份，回收率为 14.3％。由样本框架中的样本总数减去无效的电子邮件数(那些被退回的邮件)，再除以全部的调查数，就得出回收率。电子邮件和网络调查的回收率会低于面对面调查和电话调查(Watt，1999)，是因为回复电子邮件比面对面答复一个人要承受较少的社会压力(Dillman，2000)。由于这个因素，我们采取了一些已有的措施去提高网络调查的回复：限制 15 分钟的调查时间，保持简单的格式，给予奖励，提供事先通知和提醒邮件，强调调查的学术性(而非商业性)以及确保为调查对象保密(Tuten，Urban & Bosnjak，2002)。

我们也进行了无回应偏见分析，以识别回应者相对无回应者的偏见的可能来源，这在全部的调查中把样本的人口统计学特点与我们在样本框架($N=2500$)中获得了信息的人进行对比时就有了如此的提议，而这些人都是从默契网(Match.com)的用户数据库中随意抽取的。我们就此特点把样本与样本框架作比较，而这些特点在调查回复中很可能是有差别的：性别、年龄、教育程度、收入和种族。和抽样框架比较,我们的样本有些偏重于受教育较少、年龄较大的白人女性调查对象。这些对象在收入上几乎没什么不同。这些不同也许会成为我们的调查在时间上和兴趣上存在区别的一个因素。为了检测这些不同是否导致了有偏见的回应,我们把每一个区分变量(性别、年龄、教育程度和种族)分成 2 组,进行了一系列的测验,以对我们 11 个研究变量中的每一个都进行方法的比较。从总共 44 个对照中,只发现了 3 个显著的差异。我们还检测了早期回应者与后期回应者的不同,因为我们认为,与早期回应者相比,后期回应者与无回应者更加相似(Bose,2001)。我们对每一个研究变量中的前 1/3回应者和后 1/3 回应者进行方法上的对比检测,没有发现在研究变量上存在显著的不同。这一分析表明我们的样本相对而言不受无回应偏见的影响。

手段和方法

本调查把从已有的量表和有关网络自我展示和关系形成的文献中提出的术语相结合来形成调查手段,还进行了初期的定性调查(对居住在佛罗里达州城市和乡村的网络约会参加者进行的深度电话访谈),用于表现此调查的结构(Ellison,Heino & Gibbs,2006)。这次调查涵盖了网络约会的历史渊源和目标、网络约会的经验和态度、网上自我展示(包含诚实、数量、意图和效价)、感知到的网络约会的成功和亲密度以及人口统计学的问题。这次调查在网上预先测试了默契网(Match.com)的在线人数($N=39$),以便完善问题的措辞及验证方法的有效性。此手段在几位调查设计专家的反馈意见和预先检测结果的基础上进行了修正。表 1 呈现了每个变量的总结数据。

关系目标:一系列测量关系目标的题目要求调查对象对使用网络约会的一系列原因进行评级,使用的是李克特式 5 级量表,从 1 代表毫不重要到 5 代表极其重要。这些题目源于先前的网络约会研究(Brym & Lenton,2001),但是做了改变,分成了专门的线上目标和线下(面对面)目标(从短期或随意的目标到长期或密切的目标)。我们使用了一套三道题目的量表来测量长期线下目标在这个分析中的重要性。这些题目是:(a) 目标是长期的约会,(b) 目的是遇上一个特殊的人,与其建立密切的关系,(c) 去寻找一位可能的生活伴侣或结婚伴侣。这三个题目具有很高的可靠性($a=.90$),并且汇总到了名为"面对面目标"的索引中,取各项的平均分,然后用于分析。

自我展示：普遍展示性量表（GSD；Wheeless，1978；Wheeless & Grotz，1976）的四个次级量表被用于测量自我展示的四个维度：诚实、数量、自觉的意图和效价（正的或负的）。这个量表测量了个体向他人普遍的自我展示的模式，而不是向某个特定的个体或群体寻求自我展示。我们使用这种已经确立的倾向性测量来揭示普遍性，而不是二人间平均展示的混合得分，这一点可能会产生误导，因为网络约会参与者的展示行为存在巨大差别（例如：一个个体向一个已经确立的交流对象展示的东西可能要比向一个新结识的人展示的多得多）。

表1　研究变量的统计摘要

变量	B	M	SD	克隆巴赫 a 系数（标准化的）	项目数量
关系目标[a]					
面对面目标	342	4.11	1.03	.90	3
自我展示[b]					
诚实	343	4.44	.57	.77	6
数量	338	3.26	.74	.69	5
自觉的意图	346	4.39	.69	.65	2
正效价	343	3.53	.79	.62	3
网络约会经验					
认知	295	2.95	1.04	.66	2
遇到的人数[c]	344	2.90	.96	.75	2
网络约会成功[b]					
策略成功	339	3.09	.90	.75	4
自我展示成功	349	3.89	.82	.69	2
控制变量					
用于网上约会的时间[d]	348	3.30	1.30		1

a. 分数从1＝完全不重要到5＝非常重要。

b. 分数从 1＝完全不同意到 5＝完全同意。

c. 分数从 1＝0 到 6＝大于 50。

d. 分数从 1＝小于一个月到 6＝大于两年。

这个量表还使我们深入了解了自我展示的一些重要方面。其中的题目都修改为指向在线互动。例如，测量诚实的样本题目是"在对网上遇到的人进行的自我展示中，我总是很诚实"。要求受访者对每个陈述都在李克特式 5 点量表中评估自己的同意水平，从 1（完全不同意）到 5（完全同意）。负面措辞题目需要进行反向编码。

我们对预先测试的结果进行了因子分析和信度分析，把那些低因子负荷（低于.5）和高交互负荷（.4 或更高）或那些不能与量表中其余数据合理保持一致的题目从调查中剔除了出去。最终的调查量表也通过了因子分析和信度分析验证。采用方差最大正交旋转，检测本征值以及陡坡图（保留大于或等于 1.0 的本征值）进行的因子分析表明，正如预测所言，自我展示的题目分成了四个因素。我们进行了探究性因子分析，因为存在这样的事实：一些题目因为在预先测试中的低信度而从原始量表中剔除了出去，问题的措辞依照网络环境进行了调整。调查是在线进行的。因子负荷均高于.5，所有的交互负荷均低于 0.4。通过信度分析，所有四个方面都证明是可信的而且各题目可以通过平均所有的项目汇总到指数里（诚实，$a＝.77$；自我展示量，$a＝.69$；自觉的意图，$a＝.65$；正面的自我展示，$a＝.62$）。意图和效价的信度不够理想，大概是因为在这些测量中的项目数量比较少。

网络约会经验。量表中还包括了原有的项目来测量受访者网络约会的经验。网络约会的经验分成了两个维度：行为层面的和认知层面的。行为层面的经验用两个题目测量：就受访者利用网络个人广告通过电子邮件和面对面的方式遇到的人数方面来询问其参与的频率。这两个题目用来测试信度，汇合为一个名为"遇见的人数"的指数，在各题目中取平均数（$a＝0.75$）。为了测量认知层面的经验，量表中包括了两个原有项目，来测量个人的自我意识以及认知为什么网上关系无法成功的能力。这些题目是：（a）我经常不明白为什么我与网上遇到的人的关系无法成功；（b）我在网上的关系，往往第一次约会后就会结束。受访者要求在李克特式 5 级量表中评估自己对每个陈述的同意程度，范围从 1（完全不同意）到 5（完全同意）。这些题目被反向编码。信度分析表明，这两个项目以很高的可靠度结合在一起（$a＝0.66$），通过在各题目中取平均数整合为一个认知指数。

表 2　研究变量中的内在相关（$N=349$）

变量	1	2	3	4	5	6	7	8	9	10
面对面目标										
诚实	.17***									
数量	.14*	.25***								
意图	.17**	.42***	.08							
正效价	.02	-.02	-.23***	-.00						
认知	-.07	.02	-.01	.07	-.06					
遇见人数	.09†	.05	.16**	-.00	-.01	.03				
策略成功	.00	-.01	.15**	.11*	-.07	.47***	.32***			
自我展示	-.01	.00	.12*	.20***	.25***	.18**	29***	.39***		
成功										
花费时间	.09	.07	.13*	.02	-.06	-.11†	.32***	.03	.03	
总数										

注：†$p<.10$，*$p<.05$，**$p<.01$，***$p<.001$。

预期成功。最后一组项目测量了网上约会所预期的成功。预期的成功通过两个维度来测量。第一个称作自我展示成功,包括两个改编自瓦尔特等人提出的问题(2001):(a) 网上个人广告允许我以有利的方式展示自己,(b)我认为我已经通过个人广告给他人留下好印象。第二个维度叫作策略成功,由 4 个原有题目构成:(a) 我认为我知道如何在网络约会中获得成功,(b) 我觉得我能实现我的网络约会目标,(c) 我觉得通过网上个人广告遇见特别的人是有希望的,(d) 我已经为网络约会制定了一个或多个策略。受访者要求在李克特式 5 级量表中评估自己对每个陈述的同意程度,范围从 1(完全不同意)到 5(完全同意)。采用方差最大正交旋转对这六项有关成功的题目进行因子分析,研究其特征值以及陡坡图(使用大于或等于 1.0 的特征值),结果表明这两个因素应该保留。进行了探索性因子分析是因为我们使用了原有的问题来测量策略成功,自我展示成功量表中的措辞为切合网络约会的语境进行了修改。这是第一次将两个分量表结合使用。因子负荷均高于.6,所有的交互负荷都低于.35 。因子分析证实了这两个维度,在信度分析的基础上,通过在各题目中取平均数它们被整合为应用于分析中的各项指数(个人展示成功,$a = .69$;策略成功 $a = .75$)。

控制变量。人们花费在约会网站的时间长度也可能会影响他们的自我展示策略和预期成功。由于有关花费时间长度的影响的综合发现(Parks & Floyd,1996),没有提出相关的研究假设,但是花费时间被用作了控制变量用。用于网络约会的总时间由一个评估受访者使用约会网站的总时间(几个月)的题目来测量。

我们对每一个主体结构间的题目相关性进行了研究,来检验多重共线性的证据。所有的相关系数均小于 0.5,低于被推荐的临界值 0.7(Tabachnik & Fidell,2001);因此我们的结论是所有的变量都是非冗余的。所有变量之间的相关系数如表 2 所示。

结果

模型中所有的假设都分两个步骤通过分层多元回归分析进行了检测。第一步,参与网络约会的总时间被作为可控变量输入。第二步,通过每个因变量的强制性输入来添加剩余变量。在回归分析中用每个变量的标准化 z 值来确保系数具有可比性。

第一，运用了回归模型来检测目标对自我展示策略的影响（假设 1 到 4）。假设 1 得到证实，更注重面对面关系目标的人认为自己在自我展示中更诚实（$B=.17, P<.01$）。假设 2 也得到证实，认为面对面目标更重要的人进行了更多的自我展示（$B=.13, P<.05$）。假设 3 同样也得到证实，更注重面对面关系目标的人报告了更多有意图的自我展示（$B=.17, p<.01$）。最后，假设 4 未得到证实；面对面目标的重要性和正面自我展示的程度之间没有明显的关系。回归结果见表 3。

接下来，运用了回归模型来检测自我展示策略对策略成功和自我展示成功的影响（假设 5 到 6）。虽然这些假设提出共 12 个二变量关系，但是它们被当作几组预测指数用两个多元回归来进行检测。为了防止 α 水平的虚增，$p<.008$ 被用来评估 F 测试对于每个回归的意义。回归结果如表 4 所示。首先将公布的是策略成功的结果（假设 5），其次是自我展示成功的结果（假设 6）。对于策略成功，假设 5a 没有得到证实，因为诚实和策略成功之间的关系并不显著。假设 5b 得以证实，那些可能在网上进行更多自我展示的人也就有可能获得更大的可以感知的策略成功（$P=.12, p<.05$）。假设 5c 也得到了证实，进行更多有意图自我展示的人可能获得更大的预期策略成功（$p=.13, p<.05$）。假设 5d 没有得到证实，因为正效价的自我展示对策略成功没有显著的影响。目前，关于策略成功的两个最有力的预测指数是认知经验和行为经验这两个维度，这证实了假设 5e 和假设 5f。那些对网络约会有较强认知能力的人很明显更可能认为他们自己获得了策略成功（$B=.45, p<.001$），那些接触人数更多的也是如此（$B=.25, p<.001$）。控制变量、参与网络约会花费的总时间对可预期的全面的成功没有影响。这种模型中的校正 R^2 为.28，并且这个模型意义重大（$F(7, 263)=16.091, p<.001$）。

表 3 自我展示策略的回归系数

——	诚实		数量		意向		效价	
——	步骤一	步骤二	步骤一	步骤二	步骤一	步骤二	步骤一	步骤二
花费的总时间	.072	.057	.132*	.122*	.022	.006	−.056	−.059

续　表

——	诚实		数量		意向		效价	
——	步骤一	步骤二	步骤一	步骤二	步骤一	步骤二	步骤一	步骤二
面对面目标	.167**		.129*		.170**		.022	
F	5.658**		5.824**		5.049**		.621	
df	2333		2328		2335		2332	
SE	.99		.99		.99		1.00	
校正 R^2	.03		.03		.02		.00	
AS^2	.03		.01		.02		.00	

注：标准化回归系数得以显示。

　　$*p<.05, **p<.01, ***p<.001$。

表4　策略和自我展示成功的回归系数

——	策略成功		自我展示成功	
——	步骤一	步骤二	步骤一	步骤二
花费的总时间	.027	.021	.032	.03
诚实	−.093		−.143*	
数量	.118*		.148*	
意图	.125*		.263***	
正效价	−.014		.320***	
认知	.448***		.183***	
接触的人数	.249***		.160**	
F	16.091***		10.971***	
df	7263		7267	
SE	.83		.86	
校正 R^2	.28		.20	
AR^2	.28		.20	

注：标准化回归系数得以显示。

　　$*p<.05,\quad **p<.01,\quad ***p<.001$。

　　对于自我展示的成功，假设 $6a$ 产生了显著的发现，但其是从与预测相反的方向进行的。那些在自我展示中较诚实的人认为他们自己在自我展示中比较失败($B=-.14,p<.05$)。假设 6b 得到证实,那些进行了更多自我展示的人觉得他在自我展示中比较成功($B=0.15,p<0.05$)。自我展示中的意向和正效价被证明是自我展示成功的两个最有力的预测指数。假设 6c 被证实,那些进行了具有更多意图的自我展示的人认为自己在自我展示中更加成功($B=.26,P<.001$)。假设 6d 同样也得到了强有力的证实,那些进行了更正面自我展示的人觉得他们在自我展示中更加成功($B=.32,p<.001$)。经验也是一种强有力的预测指数,这证实了假设 6e 和假设 6f。那些有较强认知能力的人($B=.18,p<.001$)和网络约会中接触人数较多的人($B=-.16,p<.01$)在自我展示中成功的可能性更大。参与网络约会花费的总时间(可控制的)没有影响。这个模型的校正 R^2 是.20,并且这个模型意义重大($F(7,267)=10.971,p<.001$)。

讨论

这些发现为超人际关系视角和社会信息加工理论提供了支持并且将其扩展为混合模式的关系。首先,我们发现,抱有建立面对面关系长期目标的个体自我的展示程度较高,在展示中,他们更加诚实,公开更多的个人信息,并且对网上的其他人进行更自觉、更有意图的展示。然而他们的展示并不一定比那些不那么看重面对面目标的人的展示更正面。这个出人意料的发现或许可以用这样的事实来解释,即他们试图用实事求是的方式来展示他们自己(包括正反两方面的特性),因为他们知道如果他们继续坚持面对面的关系,这些特性最终将被揭示出来。这些发现为预期的未来(面对面)互动的重要性提供了支持,即正如社会信息加工理论(Walther,1994)所概述的那样;并且还表明其在网络约会的情境中有更多激励的、更加诚实的、更具意图的(尽管不是更正面的)自我展示的作用。它们还证明网上自我展示(其经常被拿来与面对面关系中的自我展示进行对比,C.F. Bargh et al.,2002;Tidwell & Walther,2002)在依赖其关系目标的电脑中介传播用户中是有差异的。

或许我们最令人惊奇的发现是诚实对成功的消极影响(特别是在自我展示中)。尽管大量的自我展示以及更有意图、更积极的自我展示,会带来一个或两个维度上更大的成功,可是更诚实却显得具有不利的影响。虽然诚实对策略成功的负面影响并不显著,但其对自我展示成功的负面影响是显著的。一种解释是,那些不太诚实的人可能会觉得他们通过网络约会在他人面前营造了一个更有利的形象,因为他们可能没暴露自己可能会屏退潜在约会伙伴的缺陷或负面的性格,并且可能在如年龄、体重、外貌或收入等特征方面公然说谎。这种解释符合互联网作为一种身份操纵介质(例如 Myers,1987)的观点,或至少是有选择性的自我展示(Walther,1996)。它也得到社会渗透理论的支持,这表明,在关系发展初期,个人往往隐瞒负面信息(Greene et al.,评论中)。

这种解释进一步得到了我们描述性调查结果的支持。相当高比例(94%)的受访者坚决不承认,他们在个人资料或在线交流中有意进行了失实的自我展示,而且,87%的受访者强烈反对"在个人资料或在线交流中对某些事情做失实展示是可以接受的"的观点。然而,尽管不太可能承认他们自己撒了谎,很大一部分受访者的确觉得网上确实有人常常失实展示某些特征,最常见的有外貌(86%)、关系目标(49%)、年龄(46%)、收入(45%)、婚姻状况(40%)。我们通过定性分析对这个问题进行了深度调查,发现失实展示并非总是故意的,而且发生在三个方面:通过展示不准确的自我概念;捏造人口统计信息,如年龄,以避免在搜索中被"过滤掉";描述一个理想化的或潜在的未来自我(Ellison et al.,2006)。尽管声称诚实,这些研究结果说明人们迫于压力来呈现一个理想化的线上角色,而这可能不是一个人"真实自我"的完全诚实的展示(McKenna et al.,2002)。

此外,在比较自我展示成功与策略成功的预测指数时出现了更有趣的发现。策略成功最重要的预测指数与认知和行为的经验相关。认知经验的重要性是有道理的,因为它关系到个体从网络约会的错误中吸取经验的能力。也就是说,那些不太可能报告他们因缺乏网络约会的成功经验而感到困惑的个体,和不太可能第一次约会后关系就常常结束了的个体(不管是因为他们能更好地识别出成功的匹配,还是因为他们从错误中吸取经验并调整他们的关系策略),更容易感到有信心实现网络约会的目标。同样,那些通过网络个人广告(包括通过电子邮件和面对面方式)与更多的人会面的人,也可能有更多的机会来认清这些经验并从中学习,从而能更好地实现自己的策略目标。除了经验,自我展示的两个方面有助于策略的成功:数量和意图。也就是说,那些展示自己更多的人以及进行更有意图的自我展示的人，更有可能获得策略成功。这些研究结果意味着，那些自我展示得更多且带有更自觉意图的人，可能在两方面获益：首先，他们向他人提供更多关于自己的信息，这可能使"中间人"在第一次面对面会面前公布这些信息，其次，因为有围绕自我展示的互惠准则，他们有可能获得更多潜在约会伙伴的信息，从而做出更好的决策。

另一方面，对于自我展示的成功来说，最强有力的预测指数是有意图的、正面的自我展示，这两个变量与印象管理密切相关（Goffman，1959）。那些更注重展示自己有利方面，通过网络约会给他人留下良好印象的个体，会进行更正面的自我展示，他们不太愿意透露自己负面的东西，不那么诚实，并且更多地去控制自己的自我展示，以期精心设计一个有吸引力的、让人喜爱的、可能理想化了的网上形象，这么做是有道理的。这些压力在关系形成的早期阶段可能会显得尤为重要。

自我展示的数量对这两种类型的成功的重要性为社会渗透理论（Taylor & Altman，1987）提供了支持，使其可以把增加了的自我展示和关系的亲密度及满意度联系起来，并把这一理论扩展到网络约会的情景中。此外，正面的和有意图的自我展示的重要性以及诚实对自我展示成功的负面影响可以从超人际关系的角度来解释，这表明电脑中介传播用户通过进行更谨慎的、有控制的、或许理想化了的自我展示（Walther，1996），用减少的线索和电脑中介传播的异步性来发挥自己的优势。关于早期其他替代性的约会方法的研究也支持我们的研究结果，如在报纸和杂志上刊登的个人广告（Lynn & Bolig，1985；Lynn& Shurgot，1984），其中那些以非负面评价性自我描述来介绍自己的人，比那些没有提供这样描述的人获得了更多的答复（Lynn & Shurgot，1984）。我们把这些研究结果延伸到了网络约会上，并且显示出网络约会中更正面的、更有意图的自我展示会引起对自我展示成功更显著的察觉（虽然不一定涉及关系亲密度）。

我们发现增加了的自我展示会带来整个网络约会中可感知到的关系层面上的更大的成功，但这一发现也揭示了自我展示中不同方面之间的重要差别，并提出一个更准确的方法来感知网络环境中的关系目标。除了强调自我展示的不同方面及其与网络约会成功的关系外，本研究还通过确定成功的多个维度为有关关系成功的文献做出了一份贡献。虽然传统上成功被定义为达到一定程度的亲密,但这一概念在网络环境下更加复杂,网络中恋爱邂逅的特点是形成初步关系,而不是亲密的或忠诚的关系。其次,在网络约会中,我们发现人们往往有多个不同关系目标,从点头之交到寻找生命或婚姻伴侣,所以策略成功的构建考虑到了在不同关系的目标中存在成功的理念。最后,我们也拓展了成功的概念,囊括了自我展示的成功,因为这是通过网络约会建立关系的一个有意图的重要方面。

我们的研究结果还强调了经验的重要性,包括过去一直没有被确定的学习维度。在预测策略成功和自我展示成功上,我们强调与不同的人会面的重要性,以及从这些经验中学习的能力。这表明,网络约会的成功可以部分地被视作一个"数字游戏,"正如许多受访者所指出的那样(Heino, Ellison & Gibbs, 2005),但是这也表明,要认清自己遇到的人并从中获得经验也需要一种认知能力。未来的研究应进一步验证和测试这些变量,特别是认知变量。该变量具有强大的影响,尤其是对策略成功,但是我们对这些结果的解读可以通过更精确的测量来加强。

最后,值得一提的是,参与约会网站活动花费的时间总量和任何类型的关系成功都没有显著的关系。这一点很有趣,因为这表明,虽然成功需要其他类型的经验,却不必随着时间的推移获得这方面的经验。这与参加一般的新闻群花费的时间不影响关系发展的结果是一致的,虽然参与一个特定的新闻群花费的时间确实有影响(Parks & Floyd, 1996)。这就意味着,新来的活跃用户会认为自己和网络约会的资深人士一样成功。此外,花费在网络约会上的时间越多,可能反而表明缺乏成功,因为个体仍然在参加网上个人广告网站就意味着他或她还没有找到一个合适的对象来建立关系。

我们的研究有一些局限性。首先,我们调查的回收率比较低,但仍与其他在线调查看齐(Tuten et al., 2002)。其次,我们的样本只限于美国异性恋用户,因此并没有推广到整个网络约会人群。第三,重要的是要强调在这项研究中我们测量的是预期到的而不是实际的成功。因为事实上,我们的样本来自于积极利用网络约会网站的那些人,我们无法测量实际的成功率。我们可以设想有很多人,但并非所有人,在他们参与的时候并没有实现他们的目标,尽管他们在网站上持续地活动。基于此背景下对那些已经成功形成离线关系的人进行的纵向研究会考虑到预期成功与实际成功的相关性,因此这会是这项研究未来的一个很好的扩展。此外，目前的研究使用的是参与者完全自我报告的数据。由于需要保持匿名，我们无法比较参加者的实际性格和其报告的性格，这将使我们更深刻地理解自我展示策略在这个背景下是如何发挥作用的。

最后，自我展示的两项测量（意向和效价）信度并不理想，大概是因为这些测量中的题目较少。今后的研究应该解决这些问题及能够在网络约会中形成成功关系的其他因素，比如从网络关系到面对面关系的过渡以及"化学"的作用。

本研究检测了网络约会这个新窗口，通过这个窗口考察了自我展示和关系成功的人际关系理论。此外，本研究将线上关系的电脑中介传播理论扩展到了混合模式关系，这和其他电脑中介传播的背景（纯粹网上的）有着重大的不同。网络约会行为的研究不仅仅有助于我们理解电脑中介传播和因特网如何促进关系的发展，而且还为现有的注重面对面关系的形成以及自我展示的人际传播理论开辟了新视野。网上婚介的工具和技术将继续发展，用户和网络约会机构在探索手机和位置感知技术、评估计算机化以及视频和音频传播工具的潜力。伴随着这些变化，传播研究人员要寻求理解自我展示是如何在网上实现功能的话，又将遇到新的研究领域、挑战和问题。

注：

1. 本项研究由美国加州州立大学斯坦尼斯洛斯分校研究资助项目办公室的维权行动基金资助，编号 111579。作者感谢 Cristina Gibson，Kathryn Greene，Darlene Mood，Brian Spitzberg，Joe Walther 以及两位匿名访问者对本研究的早期版本提出的有益意见。

2. 之前的研究（Fiore & Donath, 2005；Whitty, 2003）有此先例，起初包括任何性取向的个体，但是结果却因数量不足省略了最终样本中的同性恋者。此外，有理由认为同性与异性约会的行为可能在一些重要方面会有所不同，因此如果包括了同性约会人群，会使我们的样品不太具有普遍性。例如，回顾针对传统恋爱关系的研究可以发现，"能够持续区别男同性恋伴侣与异性恋夫妇和女同性恋伴侣的一个特点是他们有更高的比率并且能够接受非一夫一妻制"（Christopher & Sprecher, 2000, p.1008）。我们推测，这种差异可能会影响网络约会参与者的目的，比如在同性恋与非同性恋用户的目的上存在系统性差异,这可能会混淆结果。

3. 相较于男性,女性通过电子邮件以及面对面交谈能遇到更多潜在的约会对象,年龄较长的受访者(40 岁及以上)比年龄较轻的受访者(40 岁以下)花费更多的时间进行网络约会。受教育程度低的人(低于学士学位的)比拥有学士学位或更高学位的人报告了更多有意图的自我展示。

4. 因此,我们的发现应该解释为,我们的受访者(在关键的独立变量上)比那些我们概括化了的普遍人口更加有经验并且更有意图地进行自我展示。然而,我们不认为这是样本代表性的局限,因为前期和后期的受访者(也许是回应者和无回应者的一个更好的代名词)并没有明显的差异。

5. 每个维度的最终题目如下(标有 R 的题目为反向编码)

诚实

1. 我对网上遇到的人进行自我展示时总是很诚实。

2. 对网上遇到的人陈述我的感觉、情感以及经历时总是表达了准确的自我认知。

3. 我对网上遇到的人展现的总是准确反映了真正的自我。

4. 对网上遇到的人进行自我展示时我并不总是很诚实。(R)

5. 当我对网上遇到的人展现我的感觉和经历时,我总是觉得自己是完全真诚的。

6. 当我对网上遇到的人展现自己的感觉、情感、行为或者经历时并不总是觉得完全真诚。(R)

数量

1. 我经常和网上遇到的人谈论我对自己的感觉。

2. 对网上遇到的人陈述我的感觉时通常非常简短。(R)

3. 在某一段时间,我会花很长时间和网上遇到的人谈论自己。

4. 我并不总是和网上遇到的人谈论我自己。(R)

5. 我并不总是向网上遇到的人表达自己的信仰或者观点。(R)

正效价

1. 我经常向网上遇到的人披露我自己负面的事情。(R)

2.我总是对网上遇到的人披露自己正面的事情。

3.总的来说,我向网上遇到的人展示的自己正面的事情多于负面的事情。

意图

1.当我向网上遇到的人表达自己的感觉时,我总是清楚自己在做什么在说什么。

2.我总是有意识地向网上遇到的人表达自己的感情。

詹妮弗·L.吉布斯 罗格斯大学传播学的助理教授,2002年获得南加州大学安嫩伯格传播学院的博士学位和硕士学位。研究兴趣包括网上自我展示和关系的形成,虚拟团队中的协作与鉴定,新技术的应用,比如组织中的电子商务以及新技术对身份和社区的社会影响。论文发表在《信息社会》《电子市场》《传播学电子杂志》等期刊上,并有专著《技术视野》(2004年,坦普尔大学出版社)。

尼古拉·B.艾利森 1999年获得安嫩伯格传播学院博士学位,现任密歇根州立大学电子通讯、信息研究以及媒体系助理教授。她的研究涉及自我展示、关系的发展以及网络环境中的身份。此前,她已经研究了虚拟社区的形成以及以远程使用信息通信技术来进行家庭工作界限渗透性的标准化方法。她近期的研究探讨了博客中的书面自我表达、网络约会的详细资料以及社交网站。她的著作《远程办公与社会变革》最近已由格林伍德出版社出版。

蕊贝卡·D.海诺 乔治敦大学麦克多诺商学院助理教授,2003年先后获得南加州大学安嫩伯格传播学院硕士和博士学位。她研究的主要内容是通信技术的应用,比如组织中的内部网和电子邮件,特别关注组织中的接受、实施和隐私问题。近期的研究涉及关系发展中通过电脑中介传播进行的自我展示和互动。她的研究成果发表在《传播学研究》《体育及社会问题杂志》和《组织科学》等杂志中。

参考文献

[1] Baker, A. (2002). What makes an online relationship successful? Clues from

couples who met in cyberspace. *Cyber Psychology and Behavior*, 5, 363 – 375.

[2] Baker, A. (2005). *Double Click: Romance and Commitment among Online Couples*. Cresskill, NJ: Hampton.

[3] Bargh, J. A., McKenna, K. Y. A. & Fitzsimons, G. M. (2002). Can you see the real me? Activation and expression of the "true self on the Internet. *Journal of Social Issues*, 58, 33 – 48.

[4] Baym, N. (1998). The emergence of online community. In S. Jones (Ed.), *Cyber Society 2.0: Revisiting Computer-mediated Communication and Community* (pp. 35 – 68). Thousand Oaks, CA: Sage.

[5] Baym, N. (2002). Interpersonal life online. In L. Lievrouw & S. Livingstone (Eds.), *The Handbook of New Media* (pp. 62 – 76). Thousand Oaks, CA: Sage.

[6] Berger, C. R. & Calabrese, R. J. (1975). Some explorations in initial interaction and beyond: Toward a developmental theory of interpersonal communication. *Human Communication Research*, 1, 99 – 112.

[7] Bose, J. (2001). *Nonresponse Bias Analyses at the National Center for Education Statistics*. Proceedings of Statistics Canada Symposium 2001. Retrieved March 15, 2004, from http://www.fcsm.gov/committees/ ihsng/ StatsCan2_JB.pdf.

[8] Brym, R.J. & Lenton, R.L. (2001). *Love Online: A Report on Digital Dating in Canada*. Retrieved December 15, 2003, from http://www.nelson.com/nelson/harcourt/sociology/newsociety3e/ loveonline.pdf

[9] Calabrese, R. J. (1975). *The Effects of Privacy and Probability of Future Interaction on Initial Interaction Patterns*. Unpublished doctoral dissertation, Northwestern University, Evanston, IL.

[10] Christopher, F. S. & Sprecher, S. (2000). Sexuality in marriage, dating, and other relationships: A decade review. *Journal of Marriage and Family*, 62(4), 999 – 1017.

[11] Clark, L. S. (1998). Dating on the Net: Teens and the rise of "pure" relationships. In S. Jones (Ed.), *Cyber Society 2.0: Revisiting Computer-mediated Communication and Community* (pp.159 – 183). Thousand Oaks, CA: Sage.

[12] Cozby, P. C. (1973). Effects of density, activity, and personality on environmental preferences. *Journal of Research in Personality*, 7, 45 – 60.

[13] Culnan, M. J. & Markus, M. L. (1987). Information technologies. In F. M. Jablin, L. L. Putnam, K. H. Roberts & L. W. Porter (Eds.), *Handbook of Organizational*

Communication：An Interdisciplinary Perspective（pp. 420 - 443）. Newbury Park，CA：Sage.

［14］Derlega，V.，Winstead，B.，Wong，P. & Greenspan，M.（1987）. Self-disclosure and relationship development：An attributional analysis. In M. E. Roloff & G. R. Miller（Eds.），*Interpersonal Processes：New Directions in Communication Research*（pp. 172 - 187）. Thousand Oaks，CA：Sage.

［15］Dillman，D. A.（2000）. *Mail and Internet Surveys：The Tailored Design Method*（2nd ed.）. New York：John Wiley.

［16］Donn，J. & Sherman，R.（2002）. Attitudes and practices regarding the formation of romantic relationships on the Internet. *Cyber Psychology and Behavior*，5，107 - 123.

［17］Doring，N.（2002）. Studying online love and cyber romance. In B. Batinic，U.D. Reips & M. Bosnjak（Eds.），*Online Social Sciences*（pp. 333 - 356）. Seattle，WA：Hogrefe and Huber.

［18］Ellison，N. B.，Heino，R. D. & Gibbs，J. L.（2006）. Managing impressions online：Self-presentation processes in the online dating environment. *Journal of Computer-Mediated Communication*，11（2）.

［19］Fiore，A. T. & Donath，J. S.（2005）. Homophily in online dating：When do you like someone like yourself? *Computer-Human Interaction* 2005，1371 - 1374.

［20］Goffman，E.（1959）. *The Presentation of Self in Everyday Life*. New York：Anchor.

［21］Greene，K.，Derlega，V. L. & Mathews，A.（2006）. Self-disclosure in personal relationships. In A. Vangelisti & D. Perlman（Eds.），*Cambridge Handbook of Personal Relationships*. Cambridge，UK：Cambridge University Press，pp. 1268 - 1328.

［22］Hardey，M.（2002）. Life beyond the screen：Embodiment and identity through the Internet. *Sociological Review*，50，570 - 585.

［23］Heino，R. D.，Ellison，N. B. & Gibbs，J. L.（May，2005）. *Are We a 'Match'? Choosing Partners in the Online Dating Market*. Paper presented at the International Communication Association convention，New York，NY.

［24］Joinson，A.（2001）. Knowing me，knowing you：Reciprocal self-disclosure in Internet-based surveys. *Cyberpsychology and Behavior*，4，587 - 573.

［25］Kellermann，K. & Reynolds，R.（1990）. When ignorance is bliss：The role of motivation to reduce uncertainty in uncertainty reduction theory. *Human Communication Research*，17，5 - 75.

［26］Laurenceau, J. P., Feldman Barrett, L. & Pietromonaco, P. R. (1998). Intimacy as an interpersonal process: The importance of self-disclosure, partner disclosure, and perceived partner responsiveness in interpersonal exchanges. *Journal of Personality and Social Psychology*, 74, 1238 – 1251.

［27］Lea, M. & Spears, R. (1995). Love at first byte? Building personal relationships over computer networks. In J. T. Wood & S. Duck (Eds.), *Under Studied Relationships: Off the Beaten Track* (pp. 197 – 233). Thousand Oaks, CA: Sage.

［28］Levinger, G. & Senn, D. J. (1967). Disclosure of feelings in marriage. *Merrill Palmer Quarterly*, 13, 237 – 249.

［29］Levinger, G. & Snoek, D. J. (1972). *Attraction in Relationship: A New Look at Interpersonal Attraction*. Morristown, NJ: General Learning.

［30］Lynn, M. & Bolig, R. (1985). Personal advertisements: Sources of data about relationships. *Journal of Social and Personal Relationships*, 2, 377 – 383.

［31］Lynn, M. & Shurgot, B. A. (1984). Responses to lonely hearts advertisements: The effects of reported physical attractiveness, physique, and coloration. *Personality and Social Psychology Bulletin*, 10, 349 – 357. Match.com news center. (2004). Retrieved July 1, 2004 from http://corp.match.com/news_cen-ter/nc_at_a_glance.aspx

［32］Markman, H. J. (1981). Prediction of marital distress: A 5-year follow-up. *Journal of Consulting and Clinical Psychology*, 49, 554 – 567.

［33］McAdams, D. & Vaillant, G. E. (1982). Intimacy motivation and psychosocial adjustment: A longitudinal study. *Journal of Personality Assessment*, 46, 586 – 593.

［34］McKenna, K. Y. A., Green, A. S. & Gleason, M. E. J. (2002). Relationship formation on the Internet: What's the big attraction? *Journal of Social Issues*, 58, 9 – 31.

［35］McLaughlin, M., Osbourne, K. & Ellison, N. (1997). Virtual community in a telepresence environment. In S. Jones (Ed.), *Virtual Culture: Identity and Communication in Cybersociety* (pp.146 – 168). Thousand Oaks: Sage.

［36］Miller, H. (June, 1995). *The Presentation of Self in Electronic Life: Goffman on the Internet*. Paper presented at the Embodied Knowledge and Virtual Space conference, Goldsmiths' College, University of London. Retrieved March 1, 2004, from http://ess.ntu.ac.uk/miller/cy-berpsych/goffman.htm.

［37］Myers, D. (1987). "Anonymity is part of the magic": Individual manipulation of computer-mediated communication contexts. *Qualitative Sociology*, 10, pp. 251 – 266.

［38］Parks, M. R. & Floyd, K. (1996). Making friends in cyberspace. *Journal of*

Communication, 46, 80 - 97.

[39] Parks, M. R. & Roberts, L. (1998). "Making MOOsic": The development of personal relationships online and a comparison to their offline counterparts. *Journal of Social and Personal Relationships*, 15, 517 - 537.

[40] Ramirez, A., Walther, J. B., Burgoon, J. K. & Sunnafrank, M. (2002). Information-seeking strategies, uncertainty, and computer-mediated communication: Toward a conceptual model. *Human Communication Research*, 28, 213 - 228.

[41] Ramirez, A. & Zhang, S. (in press). When online meets offline: The effect of modality switching on relational communication. *Communication Monographs*.

[42] Reis, H. T. & Patrick, B. C. (1996). Attachment and intimacy: Component processes. In E. T. Higgins & A. W. Kruglanski (Eds.), *Social Psychology: Handbook of Basic Principles* (pp. 523 - 563). New York: Guilford.

[43] Roberts, L. D. & Parks, M. R. (1999). The social geography of gender switching in virtual environments on the Internet. *Information, Communication, and Society*, 2, 521 - 540.

[44] Rubin, Z. (1975). Disclosing oneself to a stranger: Reciprocity and its limits. *Journal of Experimental Social Psychology*, 11, 233 - 260.

[45] Short, J., Williams, E. & Christie, B. (1976). *The Social Psychology of Telecommunications*. London: Wiley.

[46] St. John, W. (2002, April 21). Young, single and dating at hyperspeed. *The New York Times*. Available from http://www.nytimes.com.

[47] Stone, A. R. (1991). Will the real body please stand up? Boundary stories about virtual cultures. In M. Benedikt (Ed.), *Cyberspace: First Steps* (pp. 81 - 118). Cambridge, MA: MIT Press.

[48] Stone, A. R. (1996). *The War of Desire and Technology at the Close of the Mechanical Age*. Cambridge, MA: MIT Press.

[49] Sunnafrank, M. (1986). Predicted outcome value during initial interactions: A reformulation of uncertainty reduction theory. *Human Communication Research*, 13, 3 - 33.

[50] Sunnafrank, M. & Ramirez, A. (2004). At first sight: Persistent relational effects of get-acquainted conversations. *Journal of Social and Personal Relationships*, 21 (3), 361 - 379.

[51] Tabachnik, B. G. & Fidell, L. S. (2001). *Using Multivariate Statistics* (4th ed.). Boston: Allyn & Bacon.

[52] Taylor, D. & Altrnan, I. (1987). Communication in interpersonal relationships: Social penetration processes. In M. E. Roloff & G. R. Miller (Eds.), *Interpersonal Processes: New Directions in Communication Research* (pp. 257 - 277). Thousand Oaks, CA: Sage.

[53] Tidwell, L. C. & Walther, J. B. (2002). Computer-mediated communication effects on disclosure, impressions, and interpersonal evaluations: Getting to know one another a bit at a time. *Human Communication Research*, 28, 317 - 348.

[54] Turkle, S. (1995). *Life on the Screen: Identity in the Age of the Internet*. New York: Simon and Schuster.

[55] Turner, J. W., Grube, J. A. & Meyers, J. (2001). Developing an optimal match within online communities: An exploration of CMC support communities and traditional support. *Journal of Communication*, 51, 231 - 251.

[56] Tuten, T. L., Urban, D. J. & Bosnjak, M. (2002). Internet surveys and data quality: A review. In B. Batinic, U. Reips & M. Bosnjak (Eds.), *Online Social Sciences* (pp. 7 - 26). Seattle, WA: Hogrefe and Huber.

[57] Utz, S. (2000). Social information processing in MUDs: The development of friendships in virtual worlds. *Journal of Online Behavior*, 1(1). Retrieved March 15, 2004, from http://www. behavior.net/JOB/vlnl/ utz.html

[58] Walther, J. B. (1992a). Interpersonal effects in computer-mediated interaction: A relational perspective. *Communication Research*, 19, 52 - 91.

[59] Walther, J. B. (1992b). A longitudinal experiment on relational tone in computer-mediated and face to face interaction. *Proceedings of the Hawaii International Conferenceon System Sciences*, 4, 220 - 231.

[60] Walther, J. B. (1994). Anticipated ongoing interaction versus channel effects on relational communication in computer-mediated interaction. *Human Communication Research*, 20, 473 - 501.

[61] Walther, I. B. (1996). Computer-mediated communication: Impersonal, interpersonal, and hyperpersonal interaction. *Communication Research*, 23, 3 - 44.

[62] Walther, J. B., Anderson, J. F. & Park, D. (1994). Interpersonal effects in computer-mediated interaction: A meta-analysis of social and anti-social communication. *Communication Research*, 21, 460 - 487.

[63] Walther, J. B. & Burgoon, J. K. (1992). Relational communication in computer-mediated interaction. *Human Communication Research*, 19, 50 - 88.

［64］Walther, J. B. & Parks, M. R. (2002). Cues filtered out, cues filtered in: Computer-mediated communication and relationships. In M. L. Knapp & J. A. Daly (Eds.), *Handbook of Interpersonal Communication* (3rd ed., pp. 529 - 563). Thousand Oaks, CA: Sage.

［65］Walther, J. B., Slovacek, C. L. & Tidwell, L. C. (2001). Is a picture worth a thousand words? Photographic images in long-term and short-term computer-mediated communication. *Communication Research*, 28, 105 - 134.

［66］Watt, J. H. (1999). Internet systems for evaluation research. In G. Gay & T. L. Bennington (Eds.), *Information Technologies in Evaluation: Social, Moral, Epistemological, and Practical Implications* (pp. 23 - 43). San Francisco: Jossey-Bass.

［67］Wheeless, L. R. (1978). A follow-up study of the relationships among trust, disclosure, and interpersonal solidarity. *Human Communication Research*, 4, 143 - 157.

［68］Wheeless, L. R. & Grotz, J. (1976). Conceptualization and measurement of reported self-disclosure. *Human Communication Research*, 2, 338 - 346.

［69］Whitty, M. (2003). Pushing the wrong buttons: Men's and women's attitudes toward online and offline infidelity. *Cyberpsychology and Behavior*, 6, 569 - 579.

［70］Whitty, M. & Gavin, J. (2001). Age/sex/location: Uncovering the social cues in the development of online relationships. *Cyberpsychology and Behavior*, 4, 623 - 639.

［71］Woll, S. B. & Cozby, P. C. (1987). Video dating and other alternatives to traditional methods of relationship initiation. *Advances in Personal Relationships*, 1, 69 - 108.

读后习题

概念与问题

1. 用自己的语言定义理论与研究。二者之间是什么关系？

2. 定义以下两个缩略语：CMC 与 FTF。根据本文定义社会信息加工 (SIP)理论。在非语言线索缺失的情况下对个体而言会发生什么？按照社会信息加工(SIP)理论，长期目标对个体的信息交流有什么影响？

3. 定义自我展示。自我展示的作用是什么？自我展示对关系发展有什么影响？

4. 定义自我展示的四个维度。自我展示与预期成功是什么关系？

5. 定义策略成功与自我展示成功。

6. 定义网络调查。本研究中的样本规模如何？说出三个本样本的人口统计信息。

7. 本研究中关系目标是如何测量的？自我展示又是如何测量的？

8. 本研究的主要发现是什么？结论是什么？

9. 本研究有什么含义？有什么局限性？

讨论题

1. 讨论一下社会信息加工理论与自我展示理论是如何用于提出假设的。

2. 以本研究为基础，讨论一下理论在进行传播学研究中的作用。

作业

1. 找一名有网络约会经验的人讨论一下本研究中的调查结果如何运用到个体。本项作业的目的是从个体获得一些深入了解来详尽阐述本研究的内涵。

2. 采访一名有网络约会经验的人，比较一下网络约会的优势和劣势。利用社会加工理论解释访问结果。

质量评估及讨论

说明：请从数字1(非常不同意)到数字5(非常同意)中圈出一个来说明你的看法。另附纸写下你每个选择的理由(SA指非常同意，SD指非常不同意)。

a. 介绍部分说明了为什么本研究是一个重要的调查。

SA　5　4　3　2　1　SD

b. 文献评述为本调查提供了语境。

SA　5　4　3　2　1　SD

c. 研究问题或假设都做了恰当陈述。

SA　5　4　3　2　1　SD

d. 研究方法的选择恰当。

SA　5　4　3　2　1　SD

e. 对变量进行了充分而良好地测量。

SA　5　4　3　2　1　SD

f. 结果得到清楚地呈现。

SA　5　4　3　2　1　SD

g. 本研究的内涵得以清晰地阐述。

SA　5　4　3　2　1　SD

h. 讨论得以充分恰当地展示。

SA　5　4　3　2　1　SD

i. 本研究对建立传播学领域内的知识体有所贡献。

SA　5　4　3　2　1　SD

第三单元
传播学中的文献综述

4 全球公关面临的机遇与挑战①

卡罗尔·安·哈克利,董庆文,蒂莫西·L.霍华德

摘要:在文献综述的基础上,本研究表明全球公关拥有千载难逢的机遇,这得益于它的快速增长、在世界经济中的关键作用和全球范围内的信息民主化(Wilcox,2006)。汉语中的"关系"、墨西哥语中的"帕兰卡"和中东地区语言中的"瓦斯塔"和"沙巴卡"这些词语中的文化网络化的道德观念构成了对公共关系从业人员的挑战。因此本文提出了解当地文化、培养文化敏感性是应对这一挑战的战略。

引言

全球公共关系这个由美国输出的名词在过去十年中得到极大的拓展,在世界各地建立了越来越多的公关公司(Wilcox,2006;Dickerson,2005)。国际公共关系从业人员对其他国家产生了非比寻常的强大影响,并且极具成为"和平手段"的潜质(Hackley,2001)。依照威尔考克斯(Wilcox)的观点,公共关系领域的快速增长,其在世界经济中的关键作用和全球范围内的信息民主化是构成全球公共关系前景的三个因素。其他的学者指出国际公共关系的兴起得益于世界经济和通信技术的戏剧性发展(Lee,2005)、跨国公司在全球的业务扩张(Choi & Cameron,2005)以及包括中国、印度和巴西在内的发展中国家公共关系从业人员数量的快速增加(Wilcox,2006)。

伴随着中国和印度经济的迅速发展,这些国家都采用了西方的公共关系管

---

① 卡罗尔·安·哈克利,董庆文,蒂莫西·L.霍华德:"全球公关面临的机遇与挑战",荷兰马斯特里赫特第十六届国际惯例发展协会世界商业代表大会会议论文。再版已获得作者授权。

理的方法。虽然在西方公共关系拥有很长的历史,但是在像中国这样的国家,它仍是一个比较新的概念。尽管如此,中国正欣然接受着美国的市场经济、广告和公共关系的概念。十年前在北京有五家美国公关公司:碧氏国际有限公司(B&B International Ltd.)、北京博雅公关公司(Burson-Marseteller Beijing)、爱德曼国际公关公司(Edelman Public Relations)、福莱国际传播咨询公司(Fleishman Hillard Link, Ltd.)和伟达国际公关顾问公司(Hill & Knowlton)。而今,中国国际公共关系协会(CIPRA)成员包括2万多名从业人员和2000家公关公司。中国从西方同行那里迅速地学会了运用公关手段处理各种问题,包括危机管理,多媒体规划和整合营销策略(Wilcox,2006)。据估计三年内中国的公共关系将成为近20亿美元的产业。

全球公共关系的兴起带来了机遇和挑战。一方面,它为帮助世界各国管理事务、解决问题创造了难得的机遇;另一方面,由于不同的文化价值观、理念和风俗传统,国际公共关系面临着很多挑战(Lee,2005)。

面临的挑战之一就是美国的公关做法不能被直接应用到亚洲国家。吴(Wu)(2005)批判性地分析了几个美国公共关系的设想,认为其中有三种做法由于文化差异而不能适用于亚洲国家。

首先,在美国,公共关系的主要职能是宣传产品或者组织,而在亚洲,公共关系主要是为国家发展和公共卫生服务的。

其次,在美国,公共关系具有鲜明的管理职能,而在亚洲,公共关系与营销密切相关。

第三,在美国,大众媒体仍然是最重要的公关消息的传播渠道。而在一些亚洲国家,另一些诸如人际传播等其他渠道也很重要(Wu,2005,pp. 24 - 25)。吴(Wu)认为在中国文化中,成功的公共关系从业者应该懂得如何建立良好的人际关系网络。

东西方的文化差异成了在全球范围内实施美国公关标准的关键性障碍。本研究讨论了国际公共关系面临的机遇,并着重介绍其在全球背景下面临的挑战。这项研究将帮助公共关系从业人员和研究人员更好地理解文化差异,使全球公共关系成为促进世界经济发展和预防冲突的有效工具,从而使国际公共关系发挥"和平手段"的潜能(Hackley,2001)。

本研究将提供有关国际公共关系的文献概述,着重介绍全球公共关系从业者面临的机遇和挑战；详细阐述一些造成全球公共关系从业人员沟通障碍的关键文化现象；提出十项全球公共关系的有效原则。

全球公共关系的机遇

当"协调一致的跨国公共关系项目仍处于起步阶段"的时候（Morley，2002），伟达公司、博雅公关和丹尼尔·J.爱德曼（Daniel J. Edelman）在 20 世纪 60 年代时就进入了这一领域，并在伦敦设立了办事处。1967 年，爱德曼国际公关公司的创始人丹尼尔·J.爱德曼（Daniel J. Edelman）在国外建立了其第一个办事处（Morley，2002）。伟达公司在 20 世纪 60 年代进入欧洲市场并且"于 1970 年收购了埃里克·怀特公司及其联营公司（Eric White and Associates），造成了重大的国际影响，从而在亚太地区获得了一个现成的强大的关系网"（Morley，2002，pp. 195—196）。如今，爱德曼公司在 46 个国家设有办事处，拥有 2600 多名员工，包括从吉隆坡到哈萨克斯坦的外国移民和本地人。

美国公共关系的输出需要考虑到以下各方面的变化："互联网、宗教原教旨主义、全球恐怖主义、非政府组织日益激烈地寻求干扰全球化进程、权力集中于少数通信大集团、伴随着网络在全天候的手机上和持续连接的社会中的快速链接而来的'新经济'的繁荣与萧条。"（Morley，2002）公共关系已经从主要是由媒体发布的宣传模式演变成为系统完整的工具；由战略性的沟通计划演变成为名誉管理，在这一任务中，网站、博客和其他技术体系扮演着重要角色。

马歇尔·麦克卢汉在 40 年前预言"地球村"的时候，他就预见到了公共关系在国际范围内的增长。今天，世界正是像一个"小村庄"那样运转着，在这里人与人之间有着更紧密的社会关系和文化互动。我们可以透过全球公共关系的增长来观察这个地球村，其中包括人际关系和跨越文化障碍的实际沟通。每一个行业都将目光瞄向了快速增长的外国市场，越来越多公司的高层管理职位都要求有外国经验。事实上，在夏威夷檀香山设立的日本-美国管理研究研究院，就是为了给去日本工作的美国人或是去美国工作的日本人做准备的，显然在这样的准备中文化起着重要的作用。

虽然没有以法律强制执行的方式来确保一个共同的标准，但是"许多公共关系的学者和从业者得出这样的结论：公共关系实践是与文化、社会，特别是地缘政治相关的。因此,只要随之而来的社会、文化和地缘政治的共性能在欧洲各国逐步形成,公共关系的实践和理论就可以是泛欧洲的(或是世界的)"(Hazelton & Kruckeberg, p. 373, 1996, cited in Hackley, 2001)。

克拉克伯格(Kruckeberg)与斯塔克(Starck)(1988)认为,公共关系的表达有赖于从历史与社会力量中得出的解释。如果他们的观点是正确的,那么"我们就可以这样认为:不同的社会、文化和地缘政治制度之间的差异可能会导致不同的公共关系问题,因而需要当地从业者采取不同的'公关解决方案'"(Hazelton & Kruckeberg, p. 373, 1996, cited in Hackley, 2001)。

奥维亚特(1988)同意这一说法,他认为"相对于市场营销或广告,公共关系与文化的关系更紧密",所以,"依靠一种适用于全球范围的观念来推行公关关系项目会更加困难"(Hazelton & Kruckeberg, p. 373, 1996, 参见 Hackley, 2001)。

例如,一名美国的公关实践者会认为,进行所谓的贿赂以便在某些非洲国家获取便利,或在中国"拉关系",是非常不舒服的。"对于一名美国人而言可能会构成贿赂的行为,对于一位非洲的低级别官员来说,只不过是他所期待的小费而已。"而且"一名美国商人在世界其他地方做生意的时候,可能会明智地拒绝饮酒;但当他反对给一名低级官员付小费时,他也许不得不考虑是否想加速办理在某些国家的签证。然而,人们的希望是,当他拒绝融入各地那些会有辱他人或危害他人的风俗中时,能得到他所在的跨国公司的普遍支持。但是,在做大部分的决定时,他可以并且必须是一名合乎道德的普救论者"(Kruckeberg, p. 89, 1996, 参见 Hackley, 2001)。

艾尔夫斯特拉姆(1991)指出,"在很多实例中,文化习俗不会明确地囊括在法律之内,或许是完全处于法律之外的,但是却可以形成一种有效的生意方式。也有可能是国家法律要求企业去做一些按照企业自己的标准是完全有违道德的事,比如法律要求企业只能给某些特殊的族群或阶层提供低下的工作岗位"(Kruckeberg, 1996, p.89, 参见 Hackley, 2001)。

因此,最大的国际公关网络公司之一万博宣伟公司(Shandwick)创始人指出:"有20个或更多的大型客户每年支付给我们几百万费用,我相信这种全球关系的运作就是我们公司未来的基础。那些能够按照这些客户要求的水平提供决策和服务的人只能是那些具有多市场和多行业经验的人。目前这种人才

还很匮乏。那些在三到四个不同市场工作来为自己做好准备的人拥有很好的机会。"(Morley，2002，p. 8)

因此，一些大的公关公司为员工提供流动机会，使他们能够有在国外市场工作的时间。

丹·爱德曼帮助开展了"驻点教授"的项目，让本研究的一位作者（Hackley）在一些国外办事处工作。这使得这位教授能够深入到一线，跨越界限对这一领域的需求有了第一手的了解，"非常近距离的亲身体验"，目的就是开发出一个国际公关的路径让学生来追随。这一课程已经在加州斯托克顿的太平洋大学国际研究学院开设了 10 年。

游客们经常在国外遇到美国品牌，并且嘲笑肯德基在北京如此盛行，或是必胜客、麦当劳在德国如此受欢迎，然而越来越多的美国公司在国外市场上扮演着十分重要的角色。同时，更多的公关公司正在国际市场上建立有影响力的地位，这些公司包括万博宣伟公司（Shandwick）、爱德曼公司、博雅公关公司、Porter Novelli 公司、伟达公司及奥美公司。调查显示，越来越多的美国公关公司在亚洲国家，尤其是中国和印度，发挥着至关重要的作用。

一系列的收购活动已经形成了三个全球超级集团，每个都包括一些公关机构网和品牌。奥姆尼康公司（Omnicom）各办事处加起来已经达到了 8.1 亿美元，IPG 集团（Interpublic）达到了 7.08 亿美元，WPP 集团在 2000 年在费用方面达到了 8.44 亿美元（Morley，2002，p.192）。根据莫里的说法，"这些大型公关公司的大规模合并出现在 20 世纪末和 21 世纪初"。原来的竞争对手诸如伟达公司与博雅公司如今也都已归入了总部在英国的大型传播企业 WPP 集团的旗下。奥姆尼康公司拥有 Porter Novelli 公司、福莱公司及凯旋公关公司（Ketchum），而 IPG 集团拥有万博宣伟公关公司和高诚公关公司。爱德曼公司作为全球最大的独立公关公司依然保持着单打独斗。

11 年前，国际公共关系协会（IPRA）原主席罗格·海耶斯曾经指出，马来西亚和印度是那一时期"增长最快的公关市场"（Hayes，1996，p.20）。海耶斯还指出，国际公共关系协会（IPRA）是"由来自多个国家的约 1200 名高级人员组成的，它是一个名副其实的联合国，我称它为'灵魂之网'，因为在这里不仅可以学习经验和商业合同，而且它一直以来都是永恒友谊和范式的源泉。在这里人们可以完整地看世界，而不是从一个特定的国家或地区的角度去看世界……

国际公共关系协会（IPRA）已经发现，与各商业团体、学术组织、国际政府组织和非政府组织、外交团体及媒体建立友谊是极其有益的"（Hayes，1996，pp.29—30）。

这些伙伴关系证明了建立关系网在有效的公共关系中是非常必要的。海耶斯（1996）主张"要取得建立关系网的可持续性的成功，关键是组合"重要问题、信息、分界点以获得影响力（p.30）。

这一套"方法把关系网的建立和关系网置于一个概念性框架上"（Hayes，1996，p. 30）。理解建立关系网这一在文化传统掩盖下的行为对于任何想进入全球公关舞台的人而言都是非常重要的。例如，中国的"关系"，墨西哥的"帕兰卡"，中东的"沙巴卡"和"瓦斯塔"，就决定了在其所在的文化中关系网是如何作用的。外国人对此缺乏了解也许会导致他们错误地断定这种做法与美国的公共关系道德标准不相符，然而，在特定的文化当中，建立关系网这种做法被看成常见的行为，在道德标准的范围内是完全可接受的。

全球公共关系的挑战

调查显示，"公共关系作为一种行业和职业，在过去的十年中在全世界已经得到了迅速发展"（Wilcox，2006，p.68）。正如拉铁摩尔、巴斯金、黑曼及托特（2007）所主张的，"全球化所包括的不仅仅是降低贸易壁垒，它还提示了全球市场经济中所发生的强大的社会、经济、政治和文化变革"（p.367）。世界已经变成了一个国际市场，因此有必要更加关注公共关系。为了让美国的公共关系在这个舞台上取得成功，就必须对国际惯例做法有最根本的认识和理解。

"在国际市场上取得成功的关键是找到当地习俗和普遍的利益及惯例之间的平衡"（Howard & Mathews，2006，p.157）。重要的是，"并没有一个单一的模式来掌控如何在全球快速扩展业务；因此，也就没有单一的秘诀用来准备国际公共关系方案"（Lattimore et al.，2007，p. 385）。实际上，"全球化已经对美国从业者提出了新的道德挑战，而他们必须在外国市场上推行美国化的道德标准"（Seib & Fitzpatrick，1995，p.50）。尼尔森（2003）指出："我们这些从事国际商务的人所犯的最普遍的错误就是自以为我们的价值观、象征符号及信仰是普遍共享的，被广泛认可的或者至少是能够得到理解的。"（p. 68）换句话说，

"为了在其他国家赢得持久的友谊与支持,除了要理智地关注跨国公司外,首要的秘诀必须是'思考全球化,行动地方化'"(Seitel,2004,p.379)。赛特尔进一步指出:"随着世界上各公司继续跨越国家界线不断扩张,他们必须对当地的习俗和民众保持敏感。"(p.389)因此,经商必须要学会适应其他文化从而更好地同外国的个人、集体及/或国家建立关系。

在这一过程中,信任起着关键作用。"信任是一个人对另一个人或物在诚信、能力或特性上的依赖。信任对于人际关系和个人发展都至关重要。"(Dong & Howard,2006,p.2)信任有助于建立并且巩固建立在关系网中的关系。

威尔科克斯、奥尔特及阿吉(1998)把公共关系定义为:"一个公司、机构或政府为与他国公众建立互利关系而进行的有计划、有组织的努力。"(p.346)他们把公众进一步定义为"能够受到某个特定企业、机构或政府的运行的影响或是能够对这个特定企业、机构或政府的运行产生影响的不同的人群"(p.346)。

这一假设对于国际公关行为提出了一个很明显的挑战。外国人的期望经常是不同的并且有时与美国人处理公关的方式不相符。这就表明我们需要调查在其他文化中关系是如何建立和巩固的。

研究人员发现当他们尝试在其他国家进行交流时存在挑战。有三项挑战需要特别提到:中国的 Guanxi(关系),拉美的 Palanca(帕兰卡)以及中东的 Wasta(瓦斯塔)和 Shabaka(沙巴卡),它们都在各自的文化中起着关系网交流工具的作用。帕金森和俄卡察(2006)说过:"很明显,在你能够代理一个客户或是设计一个以其他文化的大众为目标的公关活动之前,你必须首先能够应付代表那个文化的个体。"(p.77)

"在历史进程中,公共关系通过个人关系与社会关系网在不同的社会中出现。"(Starr,2003,p.3)威尔考克斯(2006)指出,"世界各地的专业公关组已经编纂了从业人员的行为标准,国际公共关系协会(IPRA)等机构在全球范围内也做了大量的工作"(p.72),以促进不同文化之间的相互了解。"全球性的伦理问题并不总是一个国家的价值观是对还是错,或是比其他国家好还是差的问题。尽管的确会发生腐败行为,但其他国家的习俗不一定因为其不同就是坏的。"(Seib & Fitzpatrick,1995,p.51)正如帕金森和俄卡察(2006)所说,"不要以为来自不同文化的人和你及你的文化是相似的"(p.77)。

Guanxi

"Guanxi(人际间的联系)是全球五千万华裔成功的首要因素"(Hayes, 1996)。海耶斯称之为"竹网"。哈克里与董(2001)给出了定义,"Guanxi 不同于西方社会的简单社交人际网,它是一种独特的社会文化现象,深深地植根于中国文化,在有着千年历史的社会中逐渐发展,它意味着一种互惠关系"(pp. 16—17)。他们进一步指出:"Guanxi 是一种特殊的社会联系,将两个人连接起来使其能够进行社会性互动与交流。"(p. 17)斯塔尔(2003)认为:"Guanxi 包含的不只是个人的介绍,它在中国的商业活动中起着不可或缺的作用,它强调人际间的关系。"(p. 42)他继续指出:"与强调事实、成文的准则和法律合同的西方企业管理不同,Guanxi 是一种基于人际关系的无形的惯例。"(p. 46)

Palanca

同样的,"在拉美文化中进行社会和商业交易时必须要考虑的一种文化概念是 Palanca"(Starr, 2003, p. 30)。斯塔尔作了详尽的阐述:Palanca 既是一个人,也是一个行为。它可以是指一个提供了帮助的人;也可以指提供了关系或帮助的行为。这个词没有相对应的英语翻译,必须在拉丁美洲社会文化层面上对其加以理解(pp. 30—31)。

"通过个人拥有的合法权益和人际关系网,Palanca 能促进组织关系中的交易与互动。"(Starr, 2003, p. 31)斯塔尔还指出:" Palanca 是人际关系中工具性的一面,关系被用作得到接近、服务或帮助的一个工具。"(p. 31)最后,"Palanca 围绕着关系展开,而不是金钱或商业目的"(Starr, 2003, p. 33)。

Wasta 与 Shabaka

Wasta 和 Shabaka 存在于中东地区,也是有助于关系发展的。Wasta 是"中间人",而 Shabaka 往往翻译成"网络",强调的是多人。Wasta 是影响,是连接、拉力或者门路(一切发展公司,2005)。一个人有门路的话能得到地位、影响力和/或权力。Wasta 也可以意味着偏袒(Slattery, 2005)。它来源于单词"wassat",其意义是"中间"。因此,Wasta 是代表一个人进行商谈的中间人。Wasta 是有地位的个人,他们可以接近和得到服务或商品,而没有地位就很难或不可能实现这一点。"严肃地来讲,Wasta 可能会成为经济发展的一个严重障碍。"(*The Wonders of Wasta*, 2005)"如果有足够的 Wasta,任何事都能做成:可以逃脱任何刑罚,可以获得任意工作,所有问题都不是问题。"(Slattery, 2005)

在此,研究者想要强调公共关系面临的重要挑战是什么,这一挑战对目前全球商业环境负有重要责任,即权力的运用可以导致人们在工资、享有权或机会等方面潜在收入上的差异,这与没有 Wasta 所产生的相反结果形成了鲜明对照。Wasta 形成了相对而言的地位不平等,那些老实挣工资的人和通过 Wasta 行为获得或增加收入、享有权和/或机会的人完全相反。这种做法在美国以外的文化中表现得更为明显,尽管斯莱特利提出这一观点:"当然,世界各地在一定程度上都存在这种情况。如'有本事不如有熟人'和'有来有往'这样的谚语可能在每一种语言里都能找到,这证明了这种现象的普遍性。"(Slattery,2005)

Wasta 原则是为了改善收入,增加享有权和机会,很多人都将此作为获取财富的工具。这在许多国家都是长期而广泛认可的做法。然而,在有的文化中,这种做法可能会被视为不道德。因此,美国想要在国际舞台上实现全球的透明可能无益于有效的公共关系。

另一个词,shabaka 是一个真正的关系网。假如一个人不能提供帮助,可能那个人的朋友或熟人会带来另外的人来帮助实现朋友利益的请求。这涉及不同地位或位置的几个人,他们形成一个非正式的网络,也就是 Shabaka。在一个特定的情况下,如果当前的 Wasta 没有必要的资源,那些在 Shabaka 之中的人将会走出来承担 Wasta 的角色。一个 Shabaka 以"付出-付出"(原文为法语 donnant-donnant,类似于社会交换理论)的原则为基础来运行。从本质上讲,其中有一个互惠的期望。

在处理与其他国家人和组织的关系上仍存在很多挑战。对于浸淫于美国公关协会(PRSA)制定的职业准则的从业者来说,他们做生意的一些方式可能有些不道德,但是这些做法在各自的文化中被认为是进行商业活动的恰当的、道德的途径。文化、公共关系和文化现象,比如中国的 Guanxi、拉丁美洲的 Palanca 和中东的 Wasta 和 Shabaka,都强调了国际公关和跨文化交流活动的重要性。班克斯(1995)指出:

多元文化公共关系的成效,要从交流的以下方面的等级来评估:(a) 增强参与者的自我观念,(b) 肯定参与者的文化身份,(c) 加强当事各方的关系,(d) 实现各方的战略目标,(e) 奉行交流的连续性本质,(f)

识别含义的语境特性,(g) 接受解释的多样性,(h) 允许重新解释(p.42)。

此外,重要的是要小心、耐心、开放、对模棱两可宽容、有自我控制和与环境相适应的敏感性(Parkinson & Ekachai,2006)。这样的理想能帮助我们制定开展国际公关的最佳做法。

如今我们能看到很多国家的公共关系,同样也从 Guanxi, Palanca, Wasta 和 Shabaka 这些障碍中看到一些文化现象中的挑战。这些挑战使希望进行海外发展的公司进退维谷。因此,理解这些全球挑战与障碍能帮助公共关系的从业者找到正确的处理方式。以下是适用于引导公共关系的从业者的一系列指导原则。

全球公共从业人员的十大原则

随着越来越多的国家开始运用公共关系,从业者面临着越来越多的由文化差异带来的挑战。在把美国的道德守则应用到外国时,美国公共关系的专业人士正面临着新的道德挑战(Seib & Fitzpatrick,1995)。有些做法在很多亚洲国家是合法的、可接受的,但是在美国却行不通。根据赛博和菲兹帕特里克所说,在一些国家给海关官员一些钱以使货品能够通过海关是正常的,但是这种做法在美国肯定是不可接受的。

很显然,全球性的道德伦理是一个具有挑战性的问题(Seib & Fitzpatrick,1995)。赛博和菲兹帕特里克号召公共关系从业者要对产生困境的环境中的社会、文化和其他方面的差异保持敏感。

基于文献综述和全球公共关系所面临的挑战,产生了 10 条原则。这些原则目的在于帮助全球公共关系从业者在美国之外有技巧地商谈文化和社会的种种差异。

原则 1:了解当地文化、语言、风俗习惯、商务礼仪和政府关系

全球公共关系从业者需要花费足够的时间去学习、了解当地的文化、语言、风俗习惯以及其他独特的社会现象,这是最基本的。对当地文化有更深入的了解可以帮助从业者在新的文化环境中做出正确的道德伦理判断。

原则2：发展文化敏感度

发展文化敏感度应该是全球公共关系从业者最优先考虑的。每一种文化都有其自身的价值、起源、传统和衍变。全球公共关系从业者应该对其他特有文化环境中的文化规范、价值和典范感到敏感。

原则3：在坚持美国公关道德准则的同时，尊重其他文化和习俗

对于美国的专业人士来讲，在尊重其他文化和习俗的同时，遵循美国的道德规范是一个重大的挑战。然而，在这两者中找到平衡点是至关重要的。

原则4：克服种族中心主义

公关专业人士切勿将严格遵守道德规范变成一种隐藏的种族中心主义，认为美国惯例是最好的惯例。重要的是，美国的专业人士要经常进行自我检查，看自己做决定是否受到种族中心主义的影响。专业人士必须克服种族中心主义，发展相对主义，也就是他们应该设身处地地为他人着想，而不是把自己的文化放在中心位置。

原则5：在全球文化中培训从业者

在形成对不同文化更好的理解上，研讨会和工作坊是很有用的。全球公关从业者在开始到外国工作前，应该尽可能地多学习。

原则6：发展信任以建立和维持关系

公关从业者需要有准确的信息，以便更有效地发挥他们的作用。反之，另一方面需要相信从业者提供的信息。这样的信任能带来互相依赖和更牢固的关系。

原则7：以开放的心态面对新文化环境

全球公关从业者要有一种开放的方法，这是最基本的。每天，公关从业者要面临各种复杂的问题、情况和进程，很多时候这些都与他们原有的文化图式相矛盾。开放的心态应该可以帮助从业者看到问题的正反两面，由此来更好地理解他们所处的新文化环境。

原则8：适应并配合新文化

从业者必须不断地适应新文化环境。这并不意味着他们要放弃他们自己的道德标准。然而，这的确意味着从业者必须跟来自不同文化背景、世界观不同的客户紧密合作。全球公关从业者应该乐意接受其他的做事方式。

原则9：在其他文化环境中践行共鸣

社会智力中一个关键组成部分就是共鸣，就是对他人情感的敏感。培养共

鸣需要多倾听,少支配;多考虑别人,少考虑自己;多通融,少竞争。

原则 10:对已完成的和可以做得更好的进行评估

时常地停下来,评估一下当前行为的效果。全球公关从业者应该适时适地做一些改变。这种持续不断的评估过程应该成为全球公关从业者的月度计划表的组成部分。知道我们的成功之处可以强化我们一直在做的工作,而学习我们的失败之处可以帮助我们下次做得更好。

上述 10 条原则给在全新的、具有挑战性的文化环境中工作的全球公关从业者提供了一个认知框架。虽然它们可以用作指导方针,但是这项研究表明从业者们也应该谨慎对待每一个具体的文化案例或每一位客户。这是因为从一个案例到另一个案例、从一种情形到另一种情形,文化现象差别都很大。重要的是,从业者不要严格执行一个原则,而忽略了其他原则。如果从业者可以创造平衡,既保持美国的道德标准,又尊重其他文化环境,那么在另外一个文化环境中工作时就能够取得成功。

总结

这项研究检验了全球公关从业者可获得的机会。威尔考克斯指出这是全球公共关系面对的黄金机遇,因为这个领域增长迅速,公共关系在世界经济中扮演着关键角色,并在全世界范围内实现了信息民主化(2006)。

同时,全球公关从业者因为跨文化的工作环境而面临着一场大战。在国外环境中存在着那么多不同的价值、理想和习俗,这挑战着美国公共关系的传统惯例。这项研究从跨文化的角度检验了诸如中国的"关系"、拉丁美洲的"Palanca"及中东的"Wasta"和"Shabaka"等文化现象。

这项研究向全球公关从业者提出了 10 项原则。但这些原则,比如"了解当地文化"和"培养文化敏感",都是笼统的指导方针,如果要应对特定的情况和客户,可能需要做一些更改。

参考文献

[1] Banks, S. P. (1995). *Multicultural Public Relations:A Social-interpretive Approach*. Thousand Oaks, CA: Sage.

［2］Choi, Y. & Cameron, G. (2005). Overcoming ethnocentrism: The role of identity in contingent practice of international public relations. *Journal of Public Relations Research*, 17, 171 - 189.

［3］Curtin, A. P. & Gaither, K. T. (2007). *International Public Relations: Negotiating Culture, Identity, and Power*. Thousand Oaks, CA: Sage.

［4］Dickerson, M. (2005). One example of a successful international public relations program. *Public Relations Quarterly*, 50, 18 - 22.

［5］Dong, Q. & Howard, T. (2006). Emotional intelligence, trust, and job satisfaction. *American Society for Competitiveness*, 4, 381 - 388.

［6］Elfstrom, G. (1991). Moral issues and multinational corporations. In H. M. Culbertson & N. Chen (Eds.), *International Public Relations: A Comparative Analysis*. Mahwah, NJ: Lawrence Erlbaum Associates.

［7］Everything Development Company (2005). Wasta is clout, connections, influence, or 'pull.' Retrieved April 2, 2007. Http://www. everything2. com/index. pl? node_id= 1 7406 26.

［8］George, A. (2003). Teaching culture: The challenges and opportunities of international public relations. *Business Communication Quarterly*, 66, 97 - 113.

［9］Hackley, C. A. (2001). International Public Relations: The need for responsible practice. In M. Prosser & K. S. Sitaram (Eds.), *Civic Discourse*. Stamford, Conn: Ablex Publishing.

［10］Hackley, C. A. & Dong, Q. (2001). American public relations networking encounters China's guanxi. *Public Relations Quarterly*, 46(2), 16 - 19.

［11］Hayes, R. (1996). *Systematic Networking: A Guide for Personal and Corporate Success*. London: Cassell.

［12］Hazelton, V. & Kruckeberg, D. (1996). European public relations practice: An evolving paradigm. In H. M. Culbertson & N. Chen (Eds.), *International Public Relations: A Comparative Analysis*. Mahwah, NJ: Lawrence Erlbaum Associates.

［13］Howard, M. C. & Mathew, K. W, (2006). *On Deadline: Managing Media Relations*. Long Grove, IL: Waveland.

［14］Kruckeberg, D. (1996). Transnational corporate ethical responsibilities. In H. M. Culbertson & N. Chen (Eds.), *International Public Relations: A Comparative Analysis*. Mahwah, NJ: Lawrence Erlbaum Associates.

［15］Kruckeberg, D. & Stark, K. (1988). *Public Relations and Community: A Re-*

constructed Theory. New York: Praeger.

[16] Lattimore, D., Baskin, O., Heiman, S. T. & Toth, E. L. (2007). *Public Relations: The Profession and the Practice (2nd Edition)*. New York: McGraw-Hill.

[17] Lee, S. (2005, Summer). The emergence of global public and international public relations. *Public Relations Quarterly*, 52, 14 - 16.

[18] Morley, M. (2002). *How to Manage Your Global Reputation: A Guide to the Dynamics of International Public Relations*. New York, NY: New York University Press.

[19] Nelson, A. R. (2003). Ethics and social issues in business: An updated communication perspective. *Competitive Review*, 13, 1.

[20] Oviatt, R. Jr. (1988, Spring). PR without boundaries: Is globalization an option? *Public Relations Quarterly*, 33, 5 - 9.

[21] Parkinson, G. M. & Ekachai, D. (2006). *International and Intercultural Public relations: A Campaign Case Approach*. Boston: Pearson.

[22] Seib, P. & Fitzpatrick, K. (1995). *Public Relations Ethics*. Fort Worth, TX: Harcourt Brace College Publishers.

[23] Seitel, P. F. (2004). *The Practice of Public Relations (9th Edition)*. Upper Saddle River, NJ: Pearson Prentice Hall.

[24] Slatterly, J. (2005). Living inside the Saudi Kingdom, Part 7: Wasta-Vitamin waw. Retrieved April 2, 2007, http://freenewmexican.com/ news/10507. html.

[25] Starr, P. M. (2003). *Making Public Relations Personal: An Exploratory Study of the Implications of Palanca and Guanxi on International Public Relations (thesis)*. University of the Pacific, Stockton, CA, Communication Department.

[26] Wilcox, D. L. (2006). *The Landscape of Today's Global Public Relations*. Analisi, 34, 67 - 85.

[27] Wilcox, L. D., Ault, H. P. & Agee, K. W. (1998). *Public Relations Strategies and Tactics (5th Edition)*. New York, NY: Longman.

[28] The wonders of wasta. Retrieved April 2, 2007. http://www.aqoul.com/archives/2005/07/the wonders of.php.

[29] Wu, M. (2005, Fall). Can American public relations theories apply to Asian cultures? *Public Relations Quarterly*, 50, 23 - 27.

读后习题

概念与问题

1. 定义国际公共关系。构成全球公共关系全景的三个要素是什么？

2. 作者是如何阐明进行此项研究的理由的？根据作者,此研究的目的是什么？

3. 由于文化差异,哪三项美国公关假设不能应用于亚洲文化中？

4. 在"全球公共关系的机遇"一部分,作者是如何组织文献评论的？列出这部分的三个主要内容。

5. 在"全球公共关系的挑战"一部分,作者是如何组织文献评述的？请解释一下 Guanxi、Palanca 和 Wasta。解释一下此部分使用直接引用（Banks,1995）的重要性。

6. 列出应对来自不同文化环境的人的三个首要原则,并解释一下为什么重要。

7. 本研究的结论是什么？

讨论题

1. 为什么要进行文献评述？在写经验汇报时文献评述有什么作用？对于加强本研究中的文献评述你有何建议？

2. 进行文献评述的三个首要原则是什么？根据你的个人经验,进行文献评述的挑战是什么？

作业

1. 假设你要研究自尊如何影响个人的网络约会,请列提纲来描述一下你会如何来写你的文献评述。

2. 从本论文集中找一篇文章,谈谈作者是如何组织文献评述的。

质量评估及讨论

说明:请从数字 1（非常不同意）到数字 5（非常同意）中圈出一个来说明你

的看法。另附纸写下你每个选择的理由(SA 指非常同意，SD 指非常不同意)。

a. 介绍部分说明了为什么本研究是一个重要的调查。

SA　5　4　3　2　1 SD

b. 文献评述为本调查提供了语境。

SA　5　4　3　2　1 SD

c. 研究问题或假设都做了恰当陈述。

SA　5　4　3　2　1 SD

d. 研究方法的选择恰当。

SA　5　4　3　2　1 SD

e. 对变量进行了充分而良好地测量。

SA　5　4　3　2　1 SD

f. 结果得到清楚地呈现。

SA　5　4　3　2　1 SD

g. 本研究的内涵得以清晰地阐述。

SA　5　4　3　2　1 SD

h. 讨论得以充分恰当地展示。

SA　5　4　3　2　1 SD

i. 本研究对建立传播学领域内的知识体有所贡献。

SA　5　4　3　2　1 SD

5 个人主义/集体主义与高/低语言环境的关系分析[①]

董庆文,肯尼斯·D.戴

摘要:我们关注的是文化价值观与文化其他方面的关系,尤其是与传播行为之间的关系。在本文中我们要考察的是个人主义/集体主义和高/低语境传播的关系。本文先对各概念及其概念化过程进行评述,然后再对能证明这些作为变量的概念之间的关系的实验证据进行检验。通过与其他的变量相连接,我们将把对这些概念之间预期的相关性理论推理与对古迪克斯特和金(2003)的模型进行的批判性检验放到一起来讨论。

基于高语境传播的使用并不一定来源于集体主义的价值观和目标这些论点和论据以及集体主义社会相对而言是低语境的可能性,我们认为,这些概念之间的关系被高估了。我们尤其认为,在对这些变量之间的关系进行的早期检测中,东/西比较所存在的成见以及对商业背景下的传播的专注,都会在总体上形成对其关系的过高评价。在对是什么构成或不构成高语境传播进行的定义中,我们提出了额外的工作需求。我们最后对跨文化研究的目标应该是建立基于变量的文化共同概念的因果模型这一概念提出质疑,因为这类模型很有可能具有使用局限性,甚至会导致跨文化传播者出现严重的传播错误。我们认为在文化特有概念基础之上构建理论的研究比个人主义/集体主义及高/低语境传播之间相互关系的扶手椅模式更能促进跨文化传播研究的效用,而文化特有概念有助于传播参与者更好地理解形成特定语境下行为的各种因素。

[①] 董庆文,肯尼斯·D.戴:"个人主义/集体主义与高/低语言环境的关系分析",《国际价值观研究的跨文化观察》,Vol.2。再版已获得作者授权。

定义与概念化

　　爱德华·霍尔(1959,1966,1976,1983)和格特·霍夫斯泰德(1979,1980,1983,2001)有关跨文化传播的开创性工作为学者们提供了一套用来描述不同文化间价值和行为差异的有效构架。在过去的几十年间,人们运用霍尔和霍夫斯泰德提出的框架对人类行为的各个方面都进行了大量研究。此研究对爱德华·霍尔和格特·霍夫斯泰德提出的原始定义和概念化进行重温是十分必要的,这为批判分析的关键架构提供了充分且必要的背景信息。

　　霍尔对跨文化传播的一个主要贡献就是对语境的概念化(1976)。在他的《文化之外》一书中,他指出:"问题不在于语言符号,而在于语境,语境蕴含着意思的不同层次。没有语境,符号是不完整的,因为符号只包含了部分信息。"(p. 86)霍尔强调,语境理论框架应该帮助传播学学者更好地理解个体的价值观、信仰和行为。他指出:"语境作用的重要性在传播学领域内是得到广泛认可的,然而其过程很少得到充分的描述,或者即使得到了充分的描述,也没有将所获得的进行深刻理解并加以应用。"(p. 86)

　　霍尔(1976)提出从高语境到低语境(H/L)的语境统一体。他解释道:"高语境交流或者信息中,大部分信息存在于具体语境中或是内化到个人中,而很少一部分信息是以符号形式出现,经过详细叙述和传达的。"(p. 91)霍尔还指出,与此相反,"低语境交流恰恰相反,也就是说,大量的信息都赋予了详细的符号"(p.91)。根据霍尔的说法,在低语境交流中无论个体(信息发出者)使用的是哪种语境,与另一方(信息接受者)传递的意义都是同样的。

　　霍尔(1976)认为美国人和日本人就是"典型的低高语境"文化。他指出日本文化就是高语境文化,其个体"总是期望谈话对象能够了解困扰他的是什么,因而他就不必具体表达出来"(p. 113)。而美国文化却恰恰相反,属于低语境文化,人们在大多数交流中直接而明确地表达自己的想法。霍尔运用美国法庭的场景来说明他的观点。他观察到,"只有剥离了所有语境背景资料的既定事实才能被采纳为证据"(p. 107),而且还提到"读者有多少次听到'回答问题,是或不是'"。他认为这一问题清晰地反映出美国的低语境文化体系。

　　与个人主义/集体主义不同,高/低语境还未被改写成一个量表。尽管霍尔

(1976)按照语境高低给出了一份各国的排名,然而由于缺少一种可广泛应用的量表因而无法精确测量这一概念与个人主义/集体主义的关系。在理论上更为重要的是,不那么高或不那么低的语境,也就是说介于两极之间的某个位置,又意味着什么。如果一种文化是高/低语境两种传播方式的混合,这是否意味着在具体语境中有时要用高语境传播,而有时又用低语境传播呢? 或者这是否意味着,在某些情况下传播主要是高语境的,而在其他情况下传播主要是低语境的? 或者这是否意味着有些个体主要运用高语境传播,而其他人主要运用低语境传播? 在缺乏衡量高/低语境的标准的情况下,研究人员要将个人主义/集体主义和语境维度建立关联就不得不寻找反映高/低语境传播的具体行为。

霍夫斯泰德在跨文化传播领域做出的突出贡献就是提出了个人主义和集体主义概念上和操作上的定义。个人主义/集体主义的维度是对一家跨国经营组织(IBM)的调查中得到的四个维度之一。霍夫斯泰德对 IBM 公司的精神状况进行了两次调查,"一次大约是 1968 年,一次大约是 1972 年,共发放了超过116,000 份问卷"(2001,p. xix)。本调查中得出的其他维度包括不确定性规避、权力距离、男性气质和女性气质及第五维度——长期和短期定位,这是为了回应邦德所做的调查(Hofstede & Bond,1988)而加上的,显示出需要一个额外的维度来充分覆盖文化价值的差异。

在《文化的后果》一书中,霍夫斯泰德把个人主义和集体主义的维度描述成一种社会中个人和集体之间的关系,一种形成个体价值观和行为的关系(1980,2001)。霍夫斯泰德提出的个人主义和集体主义的定义如下:

> 个人主义代表个体之间关系松散的社会,每个成员都只需照顾自己和自己身边的家人。集体主义代表的社会中,社会成员从出生就融入了一个强大的具有凝聚力的团体,这个团体保护成员一生并换取成员的绝对忠诚(Hofstede,2001,p. 225)。

根据霍夫斯泰德的理论,介于个人主义与集体主义维度的两极之间是所有社会要面对的困境(Hofstede, 2001, p. 209)。霍夫斯泰德注意到"在一些文化中个人主义被看作一件幸事,是幸福的源泉;而其他文化则将其视为疏远的行为"(p. 209)。

基于实证研究的结果,霍夫斯泰德(2001)将53个国家和地区按照个人主义指数价值进行排列,美国排在首位,紧随其后的是澳大利亚、英国和巴拿马,厄瓜多尔和危地马拉垫底。霍夫斯泰德对个人主义和集体主义这对文化价值在不同领域的影响做了综合分析,包括人格及行为、家庭、学校、工作环境和管理机构。

应该说是霍尔的跨文化传播的类型学概念化开始将学者们的注意引向传播行为,霍夫斯泰德用实证证据检测了跨国界的文化价值,从而引出了随后的一个宏大的研究项目。霍夫斯泰德也认为"高语境传播适用于集体主义文化,低语境传播是个人主义文化的典型现象"(2001, p. 212)。这个研究衍生出一个活跃的研究计划,该计划横跨多个领域,包括跨文化传播、心理学、社会心理学和人类学(Gudykunst & Ting-Toomey,1988; Kim, Triandis, Kagitcibasi, Choi & Yoon, 1994; Oetzel, 1998; Smith & Bond, 1994)。该研究项目中一个主要的领导人是威廉姆·古德昆斯特,他与同事合作提出"霍尔的分类和霍夫斯泰德(1980)在按照实证研究得出的个人主义与集体主义的量表上对不同国家文化的定位之间非常匹配"(Smith & Bond, 1994, p. 144)。

古德昆斯特和汀-图梅(1988)认为个人主义国家趋向于直接明确的低语境传播,而集体主义国家则倾向于委婉隐晦的高语境传播。之后,古德昆斯特和他的同事也认为"文化的个人主义和集体主义应该直接去影响在文化标准和规则引导下的传播。与之相反,自我说明和价值观应当影响个人超越情境的传播风格"(Gudykunst, Matsumoto, Ting-Toomey, Nishida, Kim & Heyman, 1996)。

欧泽尔(1998)对文化个人主义和集体主义在决策风格上的影响做了测试。尽管他发现文化个人主义/集体主义在诸如合作和逃避这类传播变量上有着显著影响,但是文化个人主义/集体主义却无法预测决策风格。作者呼吁进行进一步的研究,来探索"包括权力距离、不确定性避免和男女气质在内的文化变量中的可选择维度"(Oetzel, 1998, p.17)。此研究表明社会地位可以看作权力距离在个人层面上的机制,高社会地位等变量更易于激励个体参与集体讨论,质疑矛盾想法,比低社会地位个体更能影响集体讨论结果(p. 17)。

一项针对个人主义和集体主义的本位和客位分析研究发现,强客位(如独立)和弱客位(如任务定位)的定位与个人主义相关,而弱客位定位(如依赖他人)与集体主义相关(Triandis et al.，1993)。这个研究为研究跨文化或者文化内不同项目提供了指导。此研究还提出"跨文化的集体主义等同于家庭主义；集体中心倾向与互相依赖、好交际和关切他人相关"(p. 381)。

麦考伊、加莱塔和金(2005)提出目前的个体水平测量的需要，认为霍夫斯泰德的国家文化概念化需要改进。此研究采用了来自两项研究的实证数据，指出常见的国家文化构架的测试是在国家层面进行的，不应该用于个人行为模式的测试(McCoy, Galletta & King，2005)。他们同时也认为霍夫斯泰德所制定的使用了30余年的国家得分标准已经无法用于代表特定国家所有个体(或者甚至是大多数个体)的观点。在此时间过程中可能出现了变化，霍夫斯泰德样本中与商业相关的同质性也限制了那些得分的可用性(McCoy, Galletta & King，2005，p.219)。

虽然大多数研究人员随意而模糊地谈到过，不同国家的人在文化维度上的得分有高有低，但更应该注意到相同国家的人可能(而且的确)在那些维度上得分不同。他们提出，个体的方式很有可能利于将文化特征描述为基于文化模型的前期结果。因为每个国家的样本多种多样，就很有可能减低那些模型中解释差异的水平(McCoy, Galletta & King，2005)。这项研究指出，霍夫斯泰德的样本由IBM公司从业人员组成，而讨论中的样本用的则是学生。有几个研究都支持使用学生样本。可以证明的是学生可以很好地代表价值观和不同职业中个体的信仰。

霍夫斯泰德的概念化也受到巴克和辛格(2006)的质疑。巴克和辛格测试了文化对网络传播的影响。研究中两位作者测试了霍夫斯泰德五个维度(1980)的文化框架的可用性以及施瓦茨(1994)的七个文化差异维度，其中包括保守主义、智力自主、平等主义、承诺、和谐、统治及等级制度。通过对15个国家的网络内容的内容分析，研究者发现施瓦茨的框架与霍夫斯泰德的相比有几个显著的优势。然而，此研究表明不论是霍夫斯泰德的文化框架还是施瓦茨都无法单独来解释文化对网络传播的影响。文章作者认为，将两种框架结合起来可以更好地解释文化的影响(Baack & Singh，2006)。

奥蒂卡斯、戴维和思捷潘斯卡(2006)认为关键是要强调个人主义者和集体主义者范围很宽泛。如果认为无数的文化只可以分为个人主义和集体主义两个文化维度就会大错特错。这些作者指出现有文献大多数都是沿着个人主义和集体主义两大系列来进行两极对比的:美国与日本或是韩国。他们还指出,如果认为日本或韩国与希腊没有文化差异,这是无法想象的。卡普尔、休斯、鲍德温和布鲁(2003)通过分别测量个人主义和集体主义指出印度文化与美国文化相比,既更倾向于集体主义,又更倾向于个人主义,这表明,这两种文化定位可能不是只处于一个单一维度的,而且文化需要更为复杂的分类。

研究指出,个人主义作为一种世界观出现在西欧,后逐渐蔓延到世界其他地区,而集体主义在东亚可能被视为一种较低程度的个人主义(Kashima et al.,2005)。这个解释也得到了其他学者的认同(Oyserman,Coon & Kemmelmeier,2002)。

斯图尔特和贝内特(1991)对比西方(美国)和非西方(如中国和印度)的文化模式时,发现两者之间有着强烈的反差。他们指出,人们思维的不同是源于文化的不同。董和德(1988,2004)认为,西方的传播方式倾向于以修辞为导向,而亚洲的传播方式则倾向于以关系为基础。裴克提和托马斯(2003)检测了东亚和盎格鲁欧洲裔新西兰人的传播方式(Pakeha)。结果表明,亚洲人展现出更多的社会中心式的传播风格,而盎格鲁欧洲裔新西兰人(Pakeha)无论是在行为方式的频率还是强度上,都展现出互动中更多以个人为中心的行为。

盖尔芬德、斯珀洛克、斯尼泽克和邵(2000)研究了美国和中国信息在加强社会预期的信心方面的作用。他们发现,在美国,人们认为个体化信息作用更大,而在中国,关系信息会被看得更具作用。此外,在比较样本中的个体化信息时,美国和中国的受试者只是在这个信息如何形成自信和社会预测方面稍有不同,而对于在社会预测中强化自信的关系信息则有很大不同。

个人主义/集体主义与高/低语境之间的关系

虽然霍尔已经发表了他关于集体主义文化更趋向于集体主义的观察,而古迪昆斯特和汀-图梅(1988)则指出有关文化的人类学、社会学、心理学的大部分著作并没有把文化维度和价值观看成理论上的变量,并且在他们极具创意的著作出版之前就对先前的观察给予了理论解释。将个人主义/集体主义和高/低语境看成变量,就是在理论上和方法上把文化研究转变到了社会科学方向,转变成了跨文化的客位的概念化,而不是一个对该文化的成员更有效力的更具文化含义的具体的主位概念。具有讽刺意味的是,很少有研究者尝试计算这些作为变量的概念之间的关系,而这正是缜密的社会科学要求的一个条件。就连何为低/高语境新闻的概念,也是事后通过假设在集体主义文化中看到的行为都是高语境传播的例证推导出来的。这一方法很可能就是拾起了"网中多余的鱼"。还有一个问题就是把这些概念都看成变量,那么量表中的等级划分意味着什么,在这方面就会产生诸多问题。下面我们首先要考虑一下探索两个概念之间关系所应用的理论方法,然后再进一步阐述这些问题。

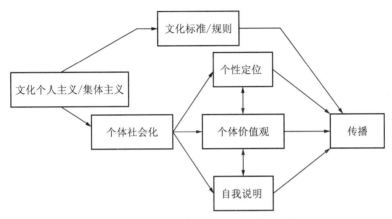

图1　个人主义-集体主义对传播的影响

古迪昆斯特和汀-图梅在其1988年的著作中非常坚定地断言,个人主义/集体主义和高/低语境传播是同构的,这就意味着这些术语在描写高度相关的文化模式时是可互换的。在与基姆合作的文章中(2004),古迪昆斯特也承认低语境行为在高语境文化中也有可能会见到,而高语境行为在低语境文化中也有可能会见到,特别是在与亲密的人进行的互动中。同一篇文章中采用了图表1所展现的模型,其中集体主义/个人主义影响了文化规范/角色进而影响到行为,但是,行为的另一个决定因素是个人社会化,这个因素使得人形成不同的性格、个人价值观及自我说明,这些结果反过来又和文化规范一起影响行为。在一个文化中行为不一致的情况不适用于关于个人主义/集体主义应该如何影响高/低语境行为的期待,因而就被看成个体因素的结果。

仅以霍尔的高/低语境传播的定义为基础,如果消息中至少有一部分是由语境(地点、参与的人、理解人们在场的原因,等等)推导出来的,而不是单独从语言信息得来的，这时就会发生这种形式的传播。使用间接和非语言传播是预计在高语境情况下传播的两个方面。跨文化研究者已经为高语境传播的特点增加了安静、缺乏开放性、和较少的情绪化或自我表达的语句。然而，我们认为，这些并非高语境传播的普遍特点，而是日本传播方式的特点，其成因是关注面部、客气度及对和谐的强调，是个人主义/集体主义与高/低语境传播结合的结果。

在下面的讨论中我们将探讨集体主义和高语境传播可能存在的理论联系，但要指出的是，特定的社会可以选择以不同的方式来最好地适应集体主义，并不一定非要采用日本人所选择的方式。

个人主义/集体主义与高/低语境行为之间的理论联系

在本节中我们要探讨个人主义/集体主义与高/低语境行为之间的理论联系。对于为什么这两个变量可能相关主要有两种解释。第一个解释植根于伯恩斯坦有关受约束的复杂符号假设（1966），也就是在集体主义社会的个体比在个人主义社会的个体彼此更加了解，因而就不需要低语境传播。推而广之，这一理论推理可能就表明，在更具文化多样性和人们频繁搬迁的文化中之所以需要低语境传播，只是因为人们彼此不够熟悉无法进行有效沟通。

第二个解释是基于这样一个概念，即集体主义文化渴望和谐以避免威胁群体发挥功能，偏爱高语境传播可以避免由公然、直接的低语境传播可能产生的冲突。你也可以说低语境传播增加了丢面子的风险，这可以视为一种对群体和谐的威胁。这里的问题是，冲突不必是高度的集体主义社会如日本的一个群体特点。二战期间，太平洋战场的日军在战斗中失去了他们的指挥官时往往会就应该采取什么行动进行激烈辩论，然后才同意服从多数人意愿，所有人采取协调一致的行动。只要能保持群体的存在，其成员的行为与群体的意愿和利益协调一致，很明显，在集体主义社会可以使用高语境传播，至少是有些时候可以使用。

仔细考虑这两个变量间的理论联系会把我们的注意力转向关注结合两者之间关系的需要。在日本客气（有所保留）是一种理想的人类行为，这一行为表明一个人最好的自我展现就是谦虚、最少的口头传播及经常沉默（Ishii & Bruneau,1991)。这种理想强烈影响着传播方式。日本的传播方式需要高语境传播风格,另一个人必须时不时地对一个人进行"读心"。如果我们发现日本文化是高语境,部分原因是因为高语境行为被当成了一种理想。然而,我们需要注意,这并不一定就是集体主义的结果。

个人主义/集体主义当然只是对高/低语境行为影响中的一种。古迪昆斯特和基姆(2003)在一个模型(图1)中提出,个体社会化是高/低语境行为的另一个影响源,而且个人主义/集体主义通过影响文化规范来间接影响高/低语境行为。这种方法把本是社会化产生的个体行为差异看作以心理为基础,这就有可能忽略个人行为差异可能由文化决定这一点,因为人们会预期扮演不同社会角色的个人会遵从所在文化对这个角色所界定的适当行为方式。在一种文化中,人们会预期男性的行为比女性有更大差异,而具有更高地位的个人比那些地位较低的个人可能会有更大的行为自由。虽然这些差异只是存在于个体层次,但这些并非人们之间个性或心理上的差异。

两概念关系之证据

用于证明个人主义/集体主义和高/低语境维度之间关系的精确的实证证据非常匮乏,而且并不是特别精确。霍尔(1986)基于观察提出,集体主义文化往往是高语境的。古迪昆斯特和汀-图梅(1988)表示,高/低语境与个人主义/集体主义维度是同构的,其基础是观察到霍尔(1976,1983)标记为低语境的文化在霍夫斯泰德的(1980,1983)测量表中是个人主义的,而霍尔标记为高语境的文化在霍夫斯泰德的测量表中的得分为集体主义。他们同样指出,在利文(1985)关于使用直接还是间接、确定还是模糊策略的著作中,阿姆哈拉文化(假定为集体主义文化)使用了大量的间接方法(高语境传播中的一种行为),而美国文化(个人主义文化)主要采用的是直接传播。

古迪昆斯特和基姆(2003)在其跨文化教材中通过引用利文(1985)的同一个研究重提他们的论点,认为高语境传播在集体主义文化中占主导地位,而低语境传播主导着个人主义文化。凭借证明关联行为假定是低语境传播的反映的证据,他们还引用了菲米尔、克劳福和石井(1990)的著作,发现个人主义文化成员行为更多基于情感之上,说得更多;费尔南多-考拉多、鲁宾和埃尔南德斯-

桑皮耶里(1991)发现,个人主义文化的成员与集体主义文化成员相比,更易于进行人际传播来实现包容、喜爱与快乐。他们还发现,集体主义文化中的成员更关注他人的行为和地位,这一点也被引用来证明高/低语境维度与集体主义/个人主义的关系(Gudykunst, Gao, Nishida, Nadamitsu & Sakai,1992)。

这里要警惕的是要避免把反映集体主义的行为看作高语境的行为进行观察。例如,发现集体主义文化中的个体更多的发言是作为对群体意见的补充或作为对群体共有的价值观的支持,这与发现集体主义社会中的个体更多地使用霍尔所定义的狭义上的高语境传播是不同的。同样,发现低语境社会中的个体讲自己更多也并非低语境传播的证据。

另一个与上述内容相关的警惕是把这一错误带到跨文化的背景中。有人指出(www.seasite.niu.edu, 2007),老挝人在行为中显现出大量的沉默,这不是因为他们是集体主义文化,而是因为沉默和冥想是佛教文化所看重的。有人认为,老挝人比集体主义者更强调个人主义,这必须进行不同的解读。

当然,正如上文所述,古迪昆斯特和基姆(2003)提出,有些文化中的成员可能无法遵从预期的高低语境模式,原因是他们未能融入社会文化的个人主义/集体主义价值观;他们还提出在某些情况下,由于需要确定自己的身份地位或强化一个人在群体中的成员地位,因而个体可以暂时打破预期中的低或高语境的格局,由此他们就为文化内的多样性提供了空间。

直到最近很少再有其他著作讨论这两个被看成变量的架构之间的关系。最近在媒体和互联网上的一些研究检测的是文化如何形成并呈现信息。马克斯和古尔德(2000)认为,一种文化到底是个人主义还是集体主义会影响到是注重产品还是注重向人展示产品。个人主义者的广告更可能描绘产品本身而不是将其与人联系起来进行展示。他们认为,前者的做法更符合低语境传播。

伍兹(2002)发现,高语境文化国家设计的网站往往表现出更多的集体主义价值观,而低语境国家的网站往往更强调个人主义价值观。这项研究还提出了关于这两种文化维度的概念化的关切,这一点将在下面进行讨论。

米尔沃德(2007)认为,互联网之所以作为一种低语境传播模式存在,因为它不依赖类比、环境及含蓄传达意义。在今天的网络舞台,在线传播者很少能获得真实生活交流那样的情境方面的东西。赵和天(2005)在企业网站上进行了互动性的跨文化比较,发现在企业网站所使用的互动传播方式上,东方与西方之间有着显著差异。

　　质疑个人主义/集体主义和高/低语境之间关系研究的最有趣的学者当属卡普尔等人(2003)。虽然通常认为印第安人是集体主义者,并的确发现他们偏好间接传播,但与研究者期望相反,据发现,印第安人喜欢思想的开放性和情绪化的表达。这个发现支持了我们先前在定义低语境传播时对间接和非言语传播之外的关注。这些作者还发现,通过分别测量集体主义和个人主义,印度人与美国人相比既更集体主义,又更个人主义,这指明了试图用单一的一个变量作为衡量个人主义/集体主义与高/低语境行为相关联的复杂性。

未来的研究方向

　　我们为未来的研究建议几种途径。获得有关商业上互动的信息是非常宝贵的,然而我们的建议是研究要关注一个文化中跨越不同语境的传播以避免概括归纳过于宽泛。古迪昆斯特和基姆(2003)承认在高语境社会中,在关系紧密的人之间也可能发生低语境传播,而在低语境社会中则可能发生相反的情况。我们所需要的是更好地了解传播是如何在跨语境时变化的,要仔细确认这些模式可能在文化上是特有的。

　　拉斯韦尔(1949)的旧的大众媒体研究模型——比较不同的文化,谁通过什么渠道对谁说了什么,产生了什么效果,对于传播模式的研究可能是一个有效的模式,其想法就是我们应期待集体主义文化和个体主义文化之中有更大的相似性。用"语境"替代"渠道"的这个修订会鼓励研究人员关注各种语境,并提醒我们现在的很大一部分研究仅关注了商业语境。

　　传播行为模式与那些泛化模式的预期是不同的。在许多情况下,传播行为模式可能是源于个人因担任文化定义的不同角色需要遵守不同的行为标准,而不是单纯的个体差异。在墨西哥裔美国学生这个焦点组我们发现了这方面的一个实例,其情境是带男/女朋友回家。

　　把男/女朋友带回家见父母,父亲已经间接表示认可,在这种情景下,我们焦点组大部分的受访者表示,在墨西哥裔家庭中,父亲会以忽视男/女朋友来表达不满,而妈妈会不停地说来表达不赞成。在这种情况下,在同一语境中,我们从父亲身上看到的是高语境传播的证据,而妈妈则是低语境传播。这里的区别似乎是与不同性别的成员预期的行为不同这个概念相关。我们的确也找到一个实例,父亲未能符合模式,这确实支持了个体差异的说法,然而受访者中出现的差异却是由文化定义的一种模式。

我们还认为,情景传播中的参与者所具有的相关能量是决定使用高/低语境传播的一个重要因素。我们预期具有高能量的个体受高语境传播规范的限制的程度和那些具有低能量的人并不相同。

另一个值得追踪的调查线索是在高语境传播中展现出的能力在展示关系能力和团队能力上能发挥什么作用。能够显示一个人对另一个人了解很多、能够读懂他们、做的事情能取悦他们的能力就展示了高语境能力。我们的焦点组表明在不同的文化中,女性期望他们的配偶有这种关系能力。在一个案例中,一个人表现出不确定为配偶购买什么,低语境的选择就是简单地问他们的配偶想要什么,这一做法几乎普遍被焦点组拒绝。这部分只是因为大家都认为配偶更喜欢一个惊喜。同时,人们认识到,不知道自己的妻子是否喜欢或无法从线索中"找到答案"表明缺乏高语境能力。在这里,性别差异再次出现,尽管这个场景对配偶中任何一方都是个两难境地,女性受访者几乎总是把这个事情转变成一个丈夫应该做什么。这可能就表明,高语境能力是女性对男性的一种期望,而不是男性对女性的期望。这一点可能与坦能(1990)所报告的性别差异有关。

高语境能力似乎也是有些个体对亲密的朋友提出的要求。我们的一个墨西哥裔美国受访者谈到这样一个情况,如果一个朋友冒犯了他们,他们不会公开地对这个朋友指出这种冒犯,而是期望他能从他们行为细微的改变上发觉出来。无法读出这一"信息"就会导致无法修复友谊,友谊的质量就会下降。这种情况下,高语境传播就暂时成了检验他人的一个手段。

最后,我们与卡普尔等人(2003)一起,号召要从大家认为的变量在不同文化中如何与传播行为相联系的宽泛过度概括性模型,转变为基于一个文化中成员间理解的、有理论依据的文化特有模型。这一方法由舒特(1990)于十几年前提出。如果说跨文化能力是跨文化传播的主要目的,那么使人在与一个文化中的成员进行互动时更胜任,就远比那些在实践中没什么价值的宽泛的模型要更有价值得多。

参考文献

［1］Audickas，S.，Davis，C. & Szczepanska，M.（2006，Feb.）Effects of group cultural differences on task performance and socialization behaviors. *Europe's Journal of Psychology*. http://www.ejop.org/archives/2006/02/effects_of_grou.html

［2］Baack，D. W. & Singh，N.（2006）. Culture and web communications. *Journal of Business Research*，60，181－188.

［3］Bernstein，B.（1966）. Elaborated and restricted codes. In A. Smith（Ed.），*Communication and Culture*. New York：Holt，Rinehart and Winson.

［4］Brewer，M. B. & Chen，Y.（2007）. Where（who）are collectives in collectivism? Toward conceptual clarification of individualism and collectivism. *Psychological Review*，114，133－151.

［5］Cho，C. & Cheon，H.（2005）. Cross-cultural comparisons of interactivity on corporate web sites. *Journal of Advertising*，34，99－115

［6］Dodd，C. H.（1998）. *Dynamics of Intercultural Communication*（5th Ed.）. McGraw Hill：Boston，MA.

［7］Dong，Q. & Day，K.（1998，November）. *The Influence of Chinese Thinkers on Theory Building in Organizational Communication*. Paper presented at Annual National Communication Association Convention，New York City，New York.

［8］Dong，Q. & Day，K.（2004）. A relational orientation to communication：Origins，foundations，and theorists. *Intercultural Communication Studies*，13，101－111.

［9］Ess，C. and Sudweeks，F.（2005）. Culture and computer-mediated communication：Toward new understandings. *Journal of Computer-Mediated Communication*，11（1），article 9. http://jcmc.indiana.edu/vol1 1/i

［10］Fernando-Callado，C.，Rubin，R. & Hernandez-Sampieri，R.（1991）. *Across-cultural examination of interpersonal communication motives in Mexico and the United States*. Paper presented at the annual convention of the Intercultural Communication.

［11］Frymier，A.，Klopf，D. & Ishii，S.（1990）. Ameri- cans and Japanese compared on the affect orientation construct. *Psychological Reports*，66，985－986.

［12］Gaetz，L.，Klopf，D. & Ishii，S.（1990）. *Predispositions toward Verbal Behavior of Americans and Japanese*. Paper presented at the Communication Association of Japan conference.

［13］Gelfand，M.，Spurlock，D.，Sniezek，J. & Shao，L.（2000）. Culture and social prediction：The role of information in enhancing confidence in social predictions in the United

States and China. *Journal of Cross-Cultural Psychology*, 31, 498 - 516.

[14] Gomez, C., Kirkman, B. L. &. Shapiro, D. L. (2000). The impact of collectivism and ingroup/outgroup membership on the evaluation generosity of team members. *Academy of Management Journal*, 43, 1097 - 1106.

[15] Gudykunst, W. B., Gao, G., Nishida, T., Nadamitsu, T. Y. &.Sakai, J. (1992). Self-monitoring in Japan and the United States. In S. Iwaki, Y. Kashima &. K. Leung (Eds.), *Innovations in Crosscultural Psychology*. The Hague: Swets &. Zeitlinger.

[16] Gudykunst, W. B., Matsumoto, Y., Ting-Toomey, S., Nishida, T., Kim, K. &. Heyman, S. (1996). The influence of cultural individualism-collectivism, self-construals, and individual values on communication styles across cultures. *Human Communication Research*, 22, 510 - 543.

[17] Gudykunst, W. B. &. Kim, Y. Y. (2003).*Communicating with Strangers: An Approach to Intercultural Communication* (4th Ed.). Newbury Park, CA: Sage.

[18] Gudykunst, W. B. &. Ting-Toomey, S. (1988). *Culture and Interpersonal Communication*. Newbury Park, CA: Sage.

[19] Gushue, G. V. (2003). Examining individualism, collectivism, and self-differntiation in African American college women. *Journal of Mental Health Counseling*, 25, 1 - 15.

[20] Hall, E. T. (1959).*The Silent Language*. New York: Doubleday.

[21] Hall, E. T. (1966).*The Hidden Dimension*. New York: Doubleday.

[22] Hall, E. T. (1976). *Beyond Culture*. New York: Doubleday.

[23] Hall, E. T. (1983).*The Dance of Life*. New York: Doubleday.

[24] Hall, E. T. &. Hall, M. R. (1990).*Understanding Cultural Differences: Germans, French, and Americans*. Boston: MA. Intercultural Press.

[25] Hofstede, G. (1979). Value systems in forty countries. In L. Eckensberger, W. Lonner &. Y. Poortinga (Eds.), *Cross Cultural Contributions to Psychology*. Lisse: The Netherlands: Swets &. Zeitlinger.

[26] Hofstede, G. (1980). *Culture's Consequences: International Differences in Work-related Values*. Beverly Hills, CA: Sage.

[27] Hofstede, G. (1983). Dimensions of national cultures in fifty countries and three regions. In J. Deregowski,S. Dzuirewiec, R. Annis (Eds.), *Explications in Cross Cultural Psychology*. Lisse: The Netherlands: Swets &. Zeitlinger.

[28] Hofstede, G. &. Bond, M. H. (1984). Hofstede's culture dimensions: An independent validation using Rokean's value survey. *Journal of Cross-cultural Psychology*, 15,

417 - 433.

[29] Hofstede, G. & Bond, M. H. (1988). The Confucius connection: From cultural roots to economic growth. *Organizational Dynamics*, 16(4), 4 - 21.

[30] Hofstede, G. (2001), *Culture's consequences: Comparing Values, Behaviors, Institutions, and Organizations across Nations*. (2nd Ed.). Thousand Oaks, CA: Sage.

[31] Ishii, S. & Bruneau, T. (1991). Silence and silences in cross-cultural perspective: Japan and the United States. In Samovar, L. A. & Porter, R. E. (Eds.), *Intercultural Communication: A Reader (6th ed)*. Belmont, CA: Wadsworth Publishing Company.

[32] Kapoor, S., Hughes, P. C. Baldwin, J. R. & Blue, J. (2003). The relationship of individualism-collectivism and self-construals to communication style inIndia and the United States. *International Journal of Intercultural Relations*, 27, 683 - 700.

[33] Kashima, Y., Kashima, E., Chiu, C. farsides, T., Gelfand, M., Hong, Y., Kim, U., Strack, F., Werth, L., Yuki, M., Yzerbyt, V. (2004). Culture, essentialism, and agency: Are individuals universally believed to be more real entities than groups? *European Journal of Social Psychology*, 35, 147 - 169.

[34] Kemmelmeier, M., Burnstein, E., Krumov, K., Genkova, P., Kanagawa, C., Hirshberg, M., Erb, H., Wieczorkowska, G. & Noels, K. (2003). *Journal of Cross-Cultural Psychology*, 34, 304 - 322.

[35] Kim, M., Hunter, J., Miyahara, A., Horvath, A., Bresnahan, M. & Yoon, H. (1996). Individual vs culture level dimensions of individualism and collectivism: Effects on preferred conversational styles. *Communication Monographs*, 63, 29 - 49.

[36] Lasswell, H. d. (1948). The structure and function of communication in society. In L. Bryson (ed.), *The Communication of Ideas*. New York: Harper & Brothers.

[37] Marcus, A. & Gould, E. W. (2000). Cultural dimensions and global web user-interface design: What? So What? Now What? *Proceedings of the 6th Conference on Human Factors and the Web*. Austin, Texas. Retrieved October 5, 2005, from http://www.amanda.com/resources/hf-web2000/AMA_CultDim.pdf

[38] McCoy, S., Galletta, D. F. & King W. R. (2005). Integrating national culture into IS research: The need for current individual-level measures. *Communications of the Association for Information Systems*, 15, 211 - 224. Http://cais.isworld.org/about.asp.

[39] Millward, S. (2007). *The Relationship among Internet Exposure, Communicator Context and Rurality*. Http://acjournal.org/holdings/vol3/rogue4/ millward.html.

[40] Oetzel, J. G. (1998). Culturally homogeneous and heterogeneous groups: explai-

ning communication processes through individualism-collectivism and self-construal. *International Journal of Intercultural Relations*,22,135 - 161.

[41] Pekerti, A. & Thomas, D. (2003). Communication in intercultural interaction: An empirical investigation of idiocentric and sociocentric communication styles. *Journal of Cross-cultural Psychology*,34,139 - 154.

[42] Shuter, R. (1990). The centrality of culture. *Southern Communication Journal*, 55 (1990), pp. 237 - 249.

[43] Sinha, J. B. P. & Kanungo, R. N. (1997). Context sensitivity and balancing in Indian organizational behavior. *International Journal of Psychology*,32,93 - 105.

[44] Smith, P. B. & Bond, M. H. (1993). *Social Psychology across Cultures*: *Analysis and Perspectives*. Boston, MA: Allyn and Bacon.

[45] Stewart, E. & Bennett, M. (1991). *American Cultural Patterns*. New York, New York: Intercultural Press, Inc.

[46] Tannen, D. (1990). *You Just Don't Understand*: *Women and Men in Conversation*. New York: Ballantine.

[47] Triandis, H., McCusker, C., Betancourt, H., Iwao, S., Leung, K., Salazar, J. M., Setiadi, B., Sinha, J. B., Touzard, H. & Zaleski, Z (1993). An etic-emic analysis of individualism and collectivism. *Journal of Cross-Cultural Psychology*,24,366 - 383.

[48] Williams, B. (2003). The worldview dimensions of individualism and collectivism: Implications for counseling. *Journal of Counseling & Development*,81,370 - 374.

[49] Würtz, E. (2005). A cross-cultural analysis of web-sites from high-context cultures and low-context cultures. *Journal of Computer-Mediated Communication*,11(1), article 13. http://jcmc.indiana.edu/vol11/issue1/wuertz.html.

读后习题

概念与问题

1. 本研究的目的是什么？你认为本文作者对这些目的是否进行了恰当的证明？请解释。

2. 爱德华·霍尔的主要贡献是什么？你是否同意他所说的"美国人和日本人'是典型的低语境与高语境'文化"？为什么？

3. 霍夫斯泰德的主要贡献是什么？他进行的 IBM 公司精神调查中文化差异的四个维度是什么？据霍夫斯泰德,什么是个人主义和集体主义？解释一下为什么霍夫斯泰德说"在一些文化中个人主义被看作是一件幸事,是幸福的源泉;而在其他文化中将其视为疏远的行为"？

4. 在定义和概念化这节中,你对作者进行的文献综述有什么看法？你认为作者是否对本研究中用到的主要术语给出了完整的定义？请对你的答案进行解释。

5. 古迪昆斯特和汀-图梅所说的"高/低语境与个人主义/集体主义维度是同构的"是什么意思？

6. 个人主义/集体主义与高/低语境可能是相关的这一说法的两个主要解释是什么？古迪昆斯特和基姆(2003)是如何解释对高/低语境行为的两个主要影响的？（请参考图表 1）

7. 卡普尔研究中的主要发现是什么？

8. 根据作者,未来研究的方向是什么？本研究的主要贡献是什么？

讨论题

1. 评价本研究中的文献评述。讨论一下作者是如何组织他们的研究论文的。通过本研究你学到了什么？

2. 在本研究基础上,讨论进行文献评述的三个主要因素。在解释和讨论中需举例。

作业

1. 写一份关于看电视及其对学业成功的影响的文献评述的提纲。A) 你是如何找到研究文章的？B) 你如何组织你的评述？C) 你评述的最终产品是什么？D) 写评述的主要因素有哪些？

2. 找一篇期刊文章评论一下其中的文献评述。你从评述中可以学到什么？评述对研究如何进行帮助？

质量评估及讨论

说明:请从数字 1(非常不同意)到数字 5(非常同意)中圈出一个来说明你

的看法。另附纸写下你每个选择的理由（SA 指非常同意，SD 指非常不同意）。

a. 介绍部分说明了为什么本研究是一个重要的调查。

SA　5　4　3　2　1　SD

b. 文献评述为本调查提供了语境。

SA　5　4　3　2　1　SD

c. 研究问题或假设都做了恰当陈述。

SA　5　4　3　2　1　SD

d. 研究方法的选择恰当。

SA　5　4　3　2　1　SD

e. 对变量进行了充分而良好地测量。

SA　5　4　3　2　1　SD

f. 结果得到清楚地呈现。

SA　5　4　3　2　1　SD

g. 本研究的内涵得以清晰地阐述。

SA　5　4　3　2　1　SD

h. 讨论得以充分恰当地展示。

SA　5　4　3　2　1　SD

i. 本研究对建立传播学领域内的知识体有所贡献。

SA　5　4　3　2　1　SD

第四单元
概念与使用

6 美国青少年形成对西班牙裔美国人固有印象过程中电视的影响①

董庆文,阿瑟·菲利普·牟利罗

摘要:这项研究旨在检验观看电视及人际交往对青年人形成有关西班牙裔美国人固有印象的影响。这项研究显示:当美国白人认为自己是从电视中了解西班牙裔美国人的时候,看电视将会对美国白人形成关于西班牙裔美国人的负面固有印象产生巨大影响。这项研究发现,和西班牙裔美国人交谈以及正面评价这些接触行为会影响美国白人对西班牙裔美国人的正面固有看法。这些结果表明:看电视和人际接触会深刻影响青少年对西班牙裔美国人的固有印象。

固有印象是个人心理印象,这一印象会形成人们的解读并影响公众观点(Lippman,1922)。研究表明,个体的固有印象可以通过看电视获得(Tan, Fujioka & Lucht,1997;Fujioka,1999;Tan,Fujioka & Tan,2000;Tan, Fujioka & Tan,2001)。电视是拥有巨大能量的社会化的中介,它为观众提供了代用的社会交往环境,通过这个环境,观众建构起关于某些社会群体的社会真实,并形成对这些社会群体的态度(Fujioka,1999)。

固有印象是一种个人感知和理解,是与偏见和歧视紧密相连的。对某些社会群体的负面印象会造成人们对其的负面认知(Sherman,1996),并且能够使个体对特定群体或个人做出社会判断(Allport,1954)。关键是要更好地了解个体是如何形成负面印象的,并要找出减少这种成见及防止在个人观点中形成这些负面成见的途径。

调查显示,少数群体仍然经历着媒体上存有成见的描述(Billings,2003; Hurwitz & Peffley,1997;Jensen,1996;Merskin,1998;Merskin,2001;

---

① 董庆文,阿瑟·菲利普·牟利罗:"美国青少年形成对西班牙裔美国人固有印象过程中电视的影响",《人类传播》,10(1):33—44。再版已获得作者授权。

Miller & Ross, 2004；Paek & Shah,2003)。相较白人,包括西班牙裔、非裔和亚裔在内的少数群体被认为不够聪明、更贫困且更有暴力倾向(Tan, Fujioka & Lucht, 1997)。克劳森和凯格勒(2000)近期的一项研究发现,大学课本中将非裔美国人刻板地描绘成穷人。

电视对于少数群体的刻画,影响是巨大的,因为电视画面具有力量,能够促成对种族的固有印象(Peffley, Shields & Williams, 1996)。这一研究的目的是探究观看电视对青年人形成有关西班牙裔美国人固有印象的影响。选定青年人做研究的原因是,他们仍旧处于社会化进程的活跃阶段(Erikson, 1968)。

文献综述

固有印象

固有印象是与偏见和歧视紧密联系的认知和理解。负面印象是不平等的第一层面,它形成了关于某一社会群体的个人认知的基础(Sherman, 1996),并能够使个体对特定群体或个人做出社会判断(Allport, 1954)。第二层面是偏见,这是对种族产生固有印象的根源。偏见是"对一群特点鲜明的人,只因他们是那个群体中的成员就产生的敌意和负面态度"(Aronson, Wilson & Akert, 1999, p.501)。歧视是第三层面,这是对其他人群的一种行为或行动,目的是把他们排除在公共或私人社会权利之外(Allport, 1954)。莱斯金(2000)认为歧视是由固有印象和偏见共同引起的。并且,林德(1996)认为,被动的种族主义,即认为种族主义无关紧要,有可能成为平等的障碍。

固有印象,尤其是负面的固有印象,可能有意识地或潜意识地影响个体的社会判断以及他们做决定的进程。美国人中关于西班牙裔男性普遍的固有印象就是"挑衅性和潜在的暴力倾向———一种强烈的性格特征"(Aronson, et al., 1999, p.522)。固有印象已被用于"为敌意开脱"(Allport, 1954, p.200)。并且,固有印象的影响具有伤害性和持续性,因为"一旦形成,固有印象会拒绝因为新信息而进行改变"(Aronson, et al., 1999, p.502)。种族固有印象已经被定义为"社会现实信仰的一套特殊子集:(它们是)我们从社会世界中学到的,对特定的社会群体的理解"(Gorham, 1999, p. 231)。因此,固有印象会具伤害性,会破坏种族间的关系。

美国媒体中的西班牙裔美国人

在电视节目中不常看到美国西班牙裔演员(Mastro & Greenberg,2000)。如果电视节目中出现了西班牙裔美国人,那往往是在犯罪节目中或作为喜剧演员出现,这样就会强化对西班牙裔美国人的负面印象(Johnson,1999)。福特(1997)调查大学生对电视固有印象的认知时发现,如果白人观看的是在喜剧情景中描绘的少数群体的固有印象,白人常会以固有印象的方式来认知少数族群中的个体。马斯特罗(2003)通过展示电视娱乐节目能够影响对少数族群的态度来为大众媒体影响社会认知提供证据。因此,电视上描绘的滑稽的种族固有印象会促成白人对西班牙裔美国人的负面固有印象。

西班牙裔美国人在电视上一直都被描绘成"社会劣势人群",并且与白人相比,他们占据专业的职业工作的可能性一直以来都要少于 50%(Lichter,Lichter,Rothman & Amundson,1987)。在 1955 年至 1986 年期间,西班牙裔美国人出现在电视中的次数低于总数的 2%(Lichter, et al.,1987)。对西班牙裔美国人的负面印象包括:懒惰、犯罪、脾气坏、可笑(Lichter et al.,1987)。

在 20 世纪 80 年代,西班牙裔美国人出现在电视中的角色普遍被刻画为罪犯和贩毒者。像"猎人"(*Hunter*)、"希尔街布鲁斯"(*Hill Street Blues*)和"迈阿密风云"(*Miami Vice*)这些电视节目一直把西班牙裔美国人描写成罪恶的"大毒枭"这类主要角色(Lichter et al.,1987,p.15)。与白人和非裔美国人相比,西班牙裔美国人已经成为"唯一一个主要是负面电视形象的族群"(Lichter et al.,1987, p. 16)。最近,西班牙裔美国人在电视塑造的角色中,出现率低于 3%(Johnson,1999)。此外,他们常被描绘成可笑的、犯罪的或是法律强制执行的职业角色,而非专业人士角色(Johnson,1999)。因此,西班牙裔美国人在电视上被刻板地描绘成非专业人士。

戈麦斯(不详)强调大众媒介损害了西班牙裔美国人,因为它们持续生产对西班牙裔美国人的负面固有印象。他说对西班牙裔美国人的新闻报道得更多的是犯罪、移民和吸毒,而不是成就。他补充道,美国电子媒介歪曲西班牙裔的真相,造成西班牙裔儿童成长过程中鲜有电视上的行为楷模。

通过固有印象式的刻画,有色人种在广告的黄金时段被边缘化了(Henderson & Baldasty,2003)。此研究发现有色人种通常出现在运动鞋或快餐广告中,而白人通常出现在有关汽车、房产的富人广告中(Henderson & Baldasty,2003)。在黄金时段的广告中,有色人种通常演绎带有固有印象的角色,而白人则被描绘成重要角色(Henderson & Baldasty,2003)。

研究表明,媒体描绘的种族固有印象可能会影响个人对那些媒体内容的看法,使他们支持广泛存在的种族固有印象(Gorham,1999)。通过不断接触电视节目中的种族固有印象,媒体上的固有印象"能保持不公正性、有害性,并通过影响个体解读媒体话语的方式来主导对种族的理解"(Gorham,1999,p. 244)。托瓦瑞斯(2000)发现,关于墨西哥裔美国人团伙的电视新闻报道强化了负面的固有印象。

替代学习与固有印象的形成

社会认知理论(Bandura,2002)提出,电视观众有一种替代能力,通过这种能力,他们能够"利用丰富多样的楷模所传达的信息迅速扩展自己的知识和技能"(p. 126)。班度拉(2002)指出:"事实上,通过观察他人的行为及其后果,人们就可以从间接经验中进行行为、认知和情感的学习。"(p. 126)根据社会认知理论,个体可以在观察电视节目时的效仿过程中习得价值观、理想和行为(Bandura,2002)。因此,社会认知理论可以用来帮助解释人们如何通过看电视对某些群体的人形成固有印象。

培养理论也有助于解释通过观看电视而形成固有印象(Gerbner, Gross, Morgan & Signorielli,1980)。摩根和辛格诺瑞丽(1990)认为,电视已经成为这个国家最常见和最持久的学习环境。格伯纳和他的同事们提出,电视呈现了一个歪曲的却始终如一的社会真实,而这一点又被那些电视迷进行了内化。波特(1991)指出,电视消息中被感知的真实是培养过程中的一个中介变量。根据奥斯汀和董(1994)的研究,感知的真实可以解释为个体认为电视中描绘的现实与真实世界相匹配的程度。奥斯汀和董认为,如果观众认为描绘是现实的、正义的和值得的,他们往往就把模仿行为当作实践(1994)。根据培养理论得知,看电视塑造了观众的价值观、态度、信念和固有印象。

接触假设是由戈登·奥尔波特(1954)发展出来的。奥尔波特说:"偏见(除非深深植根于个体的性格结构中)可能会因多数群体和少数群体间在追求共同的目标中以平等地位进行接触而减少(Allport,1954，p. 281)。"可以说，如果群体之间缺乏平等的地位、共同的目标、制度的支持或共同的利益，再缺乏接触或中介的联系，就可能会导致群体之间更多的偏见和成见(Tan, et al.，1997)。因此，在特定的条件下，如果缺乏人际交往，媒体对这些少数群体的歪曲描述可能会导致多数群体形成对其的固有印象(Tan, et al.，1997)。

休斯和鲍尔文(2002)关于行为、固有印象、白人和非裔美国人的种族间传播的研究发现，白人倾向于把大声说话的非裔美国人描述成好辩的和激进的。休斯和鲍德温(2002)还发现，白人倾向于把说俚语的非裔美国人描述成嘈杂的。然而，在运用接触假设对族群间接触进行的测试中，其结果显示种族间的接触和对其他族群的良好看法之间有着显著的相关性(Ellison & Powers，1994；Post & Rinden，2000；Sigelman & Welch，1993；Stein，Post & Rinden，2000；Welch & Sigelman，2000)。

研究结果表明，残疾人士正面的媒体形象可以改变个体的态度。我们就全国残疾组织对1257位成人的采访得出的调查数据进行的二次分析表明，经常接触正面的电视和电影形象的个体往往对残疾人士有更积极的认知和态度(Farnall & Smith,1999)。这一发现表明成人观看残疾人士的正面形象往往会使他们形成积极的固有印象。然而，研究还表明，与残疾人士亲身接触的成人在同残疾人在一起时往往觉得不舒服(Farnall & Smith，1999)。

运用接触假设对美国原住民固有印象的研究显示出重要的结果。谭和他的同事们发现"电视上可认知的正面和负面的属性预测了在电视里更容易被描绘的固有形象特征，如暴力和富裕"(p.279)。谭等人(1997)的报告称："频繁的个人接触形成正面的固有印象，就如同在第一次接触时的正面评价一样。"(p.279)另一个研究发现，由于日本学生比白人学生接触非裔美国人更少，因而比白人学生对非裔美国人有更多的固有印象(Fujioka，1999)。这些研究结果都支持了接触假设，因为缺少接触与偏见的增加是相关的(Fujioka，1999)。此外，藤冈的研究表明，个体的观察和随后对电视形象的评价，而不是观看的电视图像的积累，带来固有形象的重大变化。谭，藤冈，谭(2000)还发现，认为电视中对非洲裔美国人的描写为负面的白人学生基本上会预测负面的固有印象，这些固有印象预测了与积极的行动政策的分歧。

戈勒姆关于电视节目中的种族固有印象的研究（1999）为运用社会认知理论来研究观看电视对固有印象的影响提供了支持，因为个体对电视形象的观察影响了他们对种族固有形象的解读。马斯特罗和特洛普（2004）基于接触和成见的水平，检验了白人受访对象对电视中非裔美国人程式化描写的认知，他们发现，密切接触导致了对电视中塑造的非裔美国人产生正面的固有印象，除非白人受访者存在强烈的偏见。马斯特罗和特洛普（2004）的研究也表明"更多的接触能在人际互动和对电视塑造的反应中提升对非族群成员的正面评价"（p. 126）。因此，大众媒体在个体形成种族群体的固有印象方面一直有着巨大的影响。

在文献综述的基础上，我们假设，如果缺乏直接的接触，电视观众将通过社会学习和培养过程形成对西班牙裔个体的固有印象。因此，我们提出以下假设：

假设 1：人们越是通过观看电视来了解西班牙裔美国人，就越有可能对西班牙裔美国人产生负面的固有印象。

观看电视可以在个体形成对其他人的认知中产生强大的影响，如果缺少或没有个人接触就更会如此。

假设 2：那些对与西班牙裔美国人的接触有积极态度的人会倾向于对西班牙裔美国人产生正面的固有印象。

该假设认为，个体对人际接触的评价越是积极或愉快，他们就越有可能会对这些个体或群体持有积极看法或固有印象。

假设 3：人们与西班牙裔美国人交谈得越多，就越倾向于对西班牙裔美国人形成正面固有印象。

我们期望社会接触会对个体、群体或群体中的个体的态度或固有印象产生积极的影响。

方法

该统计样本来自北加州一所私立大学的本科学生（$N=474$）。由于本研究的设计，只有年轻的成年白人（$N=231$）被选入假设测验。在课堂上给受试者发放了自填式调查问卷。调查问卷包含有李克特量表和开放式问题，来测量受试者的观念、态度和行为。

测量

调查问卷包含 8 节来测量与形成固有印象相关的关键变量,包括与西班牙裔美国人的人际接触("我常常和西班牙裔美国人交流"),对西班牙裔美国人的固有印象("西班牙裔美国人是帮派成员,西班牙裔美国人是领袖"),电视对受试者的影响("我通过看电视了解其他种族"),电视对西班牙裔美国人的形象塑造("电视对西班牙裔美国人进行了负面的描绘")。

西班牙裔美国人负面固有印象指数是对负面固有印象的一个衡量。这个测量包括四项:"西班牙裔美国人是帮派成员""西班牙裔美国人很危险""西班牙裔美国人很无知"和"西班牙裔美国人嗜酒成性"。"西班牙裔美国人很穷"这个描述从指数中撤掉了,因为其负载因数太低。负面固有印象指数由文献综述得来,其可靠性的测试结果为.84。

西班牙裔美国人正面印象指数是对正面印象的一种测量。它包括四项:"西班牙裔美国人受过教育""西班牙裔美国人是聪明的""西班牙裔美国人是领袖人物"和"西班牙裔美国人具有高智力"。由于负载因数低,"西班牙裔美国人工作勤奋"这个描述从指数中删除了。正面印象指数由文献综述得来,其可靠性的测试结果为.81。

表 1 关键变量的相关性分析

变量:						
1. 负面固有印象						
2. 正面固有印象	.48**					
3. 通过电视了解种族	19**	.01				
4. 认同电视描述	15*	.02	39**			
5. 我的接触是愉快的	−.14*	28**	.01	15*		
6. 我与西班牙裔美国人交谈	.16*	.17*	.12	.11	.14*	29**

注:*P<.05;**P<.01。

测量的一个关键独立变量是受访者通过看电视获得的对其他种族的了解。其他的独立变量还包括,与西班牙裔美国人的人际接触、对与西班牙裔美国人人际接触的评价及看电视。诸如性别、年龄、年级等这些人口统计学上的变量也包括在这一系列独立变量之中。

结果

对结果的分析主要有三步。首先,进行描述性分析以形成对涉及的关键变量的了解;其次,进行相关性分析去了解关键变量之间的关系;再次,进行逐步回归分析来对假设进行测试。

这项研究的样本包括474名学生(只有白人受访者被用于测试假设)。样本的平均年龄为20岁,其中女性受访者占61.5%,男性受访者占38.5%。就种族划分而言,受访者中50.1%(231人)为白人,23%(106人)为亚裔美国人,10%(46人)为西班牙裔美国人,3.3%(15人)为非裔美国人,4%(2人)为美国印第安人,还有13.2%(61人)把他们的种族划分归为"其他"。

从相关性分析来看(见表1),西班牙裔美国人负面固有印象指数与那些声称自己通过观看电视了解其他种族的受访者高度相关($r=.19^{**}$),并且与那些认同电视描述的受访者正相关($r=.15^{*}$)。西班牙裔美国人负面固有印象指数与那些经常与西班牙裔美国人接触的受访者是负相关($r=-.16^{*}$),与对自己与西班牙裔美国人接触给予积极评价的受访者也是负相关($r=-.14^{*}$)。西班牙裔美国人负面固有印象指数与西班牙裔美国人正面印象指数呈负相关关系($r=-.48^{**}$)。

西班牙裔美国人正面印象指数与那些对自己与西班牙裔美国人接触评价为愉快的美国白人高度正相关($r=.28^{**}$),与那些经常与西班牙裔美国人交谈的美国白人是正相关($r=.17^{*}$)。相关性分析(表一)阐明了此项研究中关键变量之间的关系。

表 2　假设测试

对西班牙裔美国人负面固有印象预测变量的回归分析总结 (因变量=西班牙裔美国人负面固有印象)				
变量	B	SE	t	Beta
通过电视了解其他种族	0.13	0.04	2.93	0.20^{**}
接触愉快	−0.12	0.05	−2.18	-0.15^{**}

注:$^{**}P<.001$,$^{*}P<.05$。

假设测验

假设 1 提出"人们越是通过观看电视来了解西班牙裔美国人,就越有可能对西班牙裔美国人产生负面的固有印象"。正如表 2 所示,回归分析的结果支持这个假设($B=.13$; $p<.001$)。

结果表明,个体越是依赖电视来了解其他种族,如西班牙裔美国人,他们就越趋向于对西班牙裔美国人形成负面的固有印象。这再一次证实了电视节目持续对西班牙裔美国人进行的负面描述。这个结果也证明了,个体越是认为与西班牙裔美国人接触感觉很好,就越不可能对西班牙裔美国人产生负面固有印象($B=.12$; $p<.05$)。

表 3　假设测试

对西班牙裔美国人负面固有印象预测变量的回归分析总结 (因变量＝西班牙裔美国人正面固有印象)				
变量	B	SE	t	Beta
接触愉快	0.18	0.04	4.16	0.28**

注：**$P<.001$。

表 4　假设测试

对西班牙裔美国人负面固有印象预测变量的回归分析总结 (因变量＝西班牙裔美国人正面固有印象)				
变量	B	SE	t	Beta
与西班牙裔美国人交谈	0.09	0.04	2.53	0.17**

注：**$P<.01$。

假设 2 认为,"那些对与西班牙裔美国人的接触有积极态度的人会倾向于对西班牙裔美国人产生正面的固有印象"。回归分析的结果表明,如表 3 所示,个体对他们与西班牙裔美国人的接触给予的评价越高,就越会对西班牙裔美国人产生正面的印象($B=.18$; $p<.001$)。对与西班牙裔美国人的人际接触的正面评价是形成正面固有印象的最权威的预测。此项研究结果支持了假设 2 的观点。

假设 3 认为,"人们与西班牙裔美国人交谈的越多,就越倾向于对西班牙裔美国人形成正面的固有印象"。表 1 的相关性分析结果表明,在与西班牙裔美国人交谈和形成正面固有印象之间存在统计学上显著的正相关关系。在回归分析中，当形成对西班牙裔美国人接触积极评价的可变因素被加以控制，与西班牙裔美国人的交谈就成为形成对西班牙裔美国人正面固有印象的唯一预测指数($B=.17$; $p<.001$)。因此，此项假设只有在表 4 所示的结果中才有条件成立。

讨论

这项研究有助于我们更好地理解电视对人们形成负面固有印象的影响。布朗（2003）指出，个人的固有印象通过认知过程形成。目前的研究表明，如果美国白人依赖电视去了解西班牙裔美国人，他们就倾向于形成对西班牙裔美国人的负面固有印象。这个结果表明人们受到了电视形象的影响。电视上展示的负面形象越多，观众就越有可能接受这种负面形象，进而形成他们的固有印象。这个研究结果也表明，目前电视节目仍然包含西班牙裔美国人的负面形象。

这项研究也表明，人际交往对促进更好地了解其他种族至关重要，个体能够与其他有着不同文化背景的人接触得越多，就越有可能看到其他人的优秀品格和特征。这个研究结果表明，人际互动和直接接触是人们之间相互理解的关键，尤其是那些有着不同文化背景的人。

这项研究暗示着电视是社会化的一个重要媒介。这个研究揭示了电视可以制造负面固有印象，并且还指出，为了减少负面固有印象，人们应当拥有更多的机会，通过直接的社会互动去了解其他种族。

未来的研究者需要继续研究这个问题，要使用一个更大规模的随机抽样样本，去研究不同的人群，去更好地了解固有印象是如何形成的。还可以找到另外的检测方法去研究预期行为，看看负面固有印象是否会导致偏见行为。这项研究的一个局限是使用了非随机抽样样本。非随机抽样限制了这项研究的普遍性，未来的研究应该可以克服这个问题。

参考文献

[1] Allport, G. W. (1954). *The Nature of Prejudice*. Cambridge, MA: Addison-Wes-

ley.

〔2〕Austin, E. W. & Dong, Q. (1994). Source v. content effects on judgments of news believability. *Journalism Quarterly*, 71, 973 - 983.

〔3〕Aronson, E., Wilson, T. D. & Akert, R. M. (1999). *Social Psychology* (3rd Ed.). New York: Addison-Wesley.

〔4〕Bandura, A. (2002). Social cognitive theory of mass communication. In J. Bryant & D. Zillman (Eds.), *Media Effects* (2nd Ed., pp. 121 - 153). Mahwah, NJ: Erlbaum.

〔5〕Billings, A. C. (2003). Portraying Tiger Woods: Characterizations of a "Black" athlete in a "White" sport. *The Howard Journal of Communication*, 14, 29 - 37.

〔6〕Brown, J.D. (2003). *Social Psychology: Theory and Research*. Boston: McGraw Hill.

〔7〕Clawson, R. A. & Kegler, E. R. (2000). The "race coding" of poverty in American government college textbooks. *The Howard Journal of Communication*, 11, 179 - 188.

〔8〕Ellison, C. G. & Powers, D.A. (1994). The contact hypothesis and racial attitudes among Black Americans. *Social Science Quarterly*, 75(2), 385 - 400.

〔9〕Erikson, E. H. (1968). *Identity, Youth and Crises*. New York, NY: Norton.

〔10〕Farnall, O. & Smith, K. A. (1999). Reactions to people with disabilities: Personal contact versus viewing of specific media portrayals. *Journalism and Mass Communication Quarterly*, 76(4), 659 - 672.

〔11〕Ford, T. E. (1997). Effects of stereotypical television portrayals of African-Americans on person perception. *Social Psychology Quarterly*, 60(3), 266 - 275.

〔12〕Fujioka, Y. (1999). Television portrayals and African-American stereotypes: Examination of television effects when direct contact is lacking. *Journalism and Mass Communication Quarterly*, 76(1), 52 - 75.

〔13〕Gerbner, G., Gross, L., Morgan, M. & Signorielli, N. (1980). The "mainstreaming" of America: Violence profile wall. *Journal of Communication*, 30, 10 - 29.

〔14〕Gomez, F. (n.d.). *Hispanics in America: New Challenges, New Leadership*. Hispanic vista Columnists. Hispanic vista website. Retrieved March 14, 2005 from www.hispanicvista.com/HVC/Columnist/fgomez/020705fgomez.htm.

〔15〕Gorham, B. W. (1999). Stereotypes in the media: So what. *The Howard Journal of Communication*, 10, 229 - 247.

〔16〕Henderson, J. J. & Baldasty, G. J. (2003). Race, advertising, and prime-time television. *The Howard Journal of Communication*, 14, 97 - 112.

117

[17] Hughes, P. C. & Baldwin, J. R. (2002). Communication and stereotypical impressions. *The Howard Journal of Communication*, 13, 113 – 128.

[18] Hurwitz, J. & Peffley, M. (1997). Public perceptions of race and crime: The role of racial stereotypes. *American Journal of Political Science*, 41(2), 375 – 401.

[19] Jensen, R. (1996). The politics and ethics of lesbian and gay "wedding" announcements in newspapers. *The Howard Journal of Communication*, 7, 13 – 28.

[20] Johnson, M. A. (1999). Pre-television stereotypes: Mexicans in U. S. Newsreels, 1919 – 1932. *Critical Studies in Mass Communication*, 16, 417 – 435.

[21] Lichter, S. R., Lichter, L. S., Rothman, S. & Amundson, D. (1987). Prime-time prejudice: TV's images of blacks and Hispanics. *Public Opinion*, July/August, p13 – 16.

[22] Lind, R. A. (1996). Diverse interpretations: The "relevance" of race in the construction of meaning in, and the evaluation of, a television news story. *The Howard Journal of Communication*, 7, 53 – 74.

[23] Lippman, W. (1922). *Public Opinion*. New York: Harcourt Brace.

[24] Mastro, D. E. (June, 2003). A social identity approach to understanding the impact of television messages. *Communication Monographs*, 70(2), 98 – 113.

[25] Mastro, D. E. & Greenberg, B. S. (2000). The portrayal of racial minorities on prime time television. *Journal of Broadcasting & Electronic Media*, 44(4), 690 – 703.

[26] Mastro, D. E. & Tropp, L. R. (2004). The effects of interracial contact, attitudes, and stereotypical portrayals on evaluations of black television sitcom characters. *Communication Research Reports*, 21(2), 119 – 129.

[27] Merskin, D. (1998). Sending up signals: A survey of Native American media use and representation in the mass media. *The Howard Journal of Communication*, 9, 333 – 345.

[28] Merskin, D. (2001). Winnebagos, cherokees, apaches, and dakotas: The persistence of stereotyping of American Indians in American advertising brands. *The Howard Journal of Communication*, 12, 159 – 169.

[29] Miller, A. & Ross, S. D. (2004). They are not us: Framing of American Indians by the Boston Globe. *The Howard Journal of Communication*, 15, 245 – 259.

[30] Morgan, M. & Signorielli, N. (1990). Cultivation analysis: Conceptualization and methodology. In N. Signorielli & M. Morgan (eds.), *Cultivation Analysis: New Directions in Media Effects Research*, pp. 13 – 34.

［31］Newbury Park, CA: Sage. Paek, H. J. & Shah, H. (2003). Racial ideology, model minorities, and the "not-so-silent partner": Stereotyping of Asian Americans in U.S. magazine advertising. *The Howard Journal of Communication*, 14, 225 - 243.

［32］Peffley, M., Shields, T. & Williams, B. (1996). The intersection of race and crime in television news stories: An experimental study. *Political Communication*, 13, 309 - 327.

［33］Potter, W. J. (1991). Examining cultivation from a psychological perspective: Component subprocesses. *Communication Research*, 18, 77 - 102.

［34］Reskin, B. F. (2000). The proximate causes of employment discrimination. *Contemporary Sociology*, 29(2), 319 - 328.

［35］Sherman, J. W. (1996). Development and mental representation of stereotypes. *Journal of Personality and Social Psychology*, 70(6), 1126 - 1141.

［36］Sigelman, L. & Welch, S. (1993). The contact hypothesis revisited: Black-White interaction and positive racial attitudes. *Social Forces*, 71(3), 781 - 795.

［37］Stein, R. M., Post, S. S. & Rinden, A. L. (2000). Reconciling context and contact effects on racial attitudes. *Political Research Quarterly*, 53(2), 285 - 303.

［38］Tan, A., Fujioka, Y. and Lucht, N. (1997). Native American stereotypes, TV Portrayals, and personal contact. *Journalism and Mass Communication Quarterly*, 74(2), 265 - 284.

［39］Tan, A., Fujioka, Y. & Tan, G. (2000). Television use, stereotypes of African Americans and opinions on affirmative action: An affective model of policy reasoning. *Communication Monographs*, 67(4), 362 - 371.

［40］Tan, A., Fujioka, Y. & Tan, G. (2001). Changing negative racial stereotypes: The influence of normative peer information. *The Howard* Journal of Communication, 12, 171 - 180.

［41］Tovares, R. (2000). Influences on the Mexican American youth gang discourse on local television news. *The Howard Journal of Communication*, 11(4), 229 - 246.

［42］Welch, S. & Sigelman, L. (2000). Getting to know you? Latino-Anglo social contact. *Social Science Quarterly*, 81(1), 67 - 83.

读后习题

概念与问题

1. 固有印象的定义是什么? 观看电视的概念性定义是什么?

2. 为什么我们有格外注意研究负面的固有印象? 作者是如何解释这个问题的?

3. 偏见的概念化定义是什么? 歧视的概念化定义是什么?

4. 莱斯金(文中引用)是如何阐释歧视与固有印象和偏见之间的关系的? 根据林德(文中引用),什么是被动的种族主义?

5. 根据戈勒姆(文中引用)的观点,大众媒介中描述的种族固有印象的影响是什么?

6. 你对替代学习的概念化定义是什么?

7. 根据奥斯汀和董(文中引用),感知的真实的概念化定义是什么?

8. 对西班牙裔美国人的固有印象的操作性定义是什么?

9. 通过观看电视来了解其他种族的操作性定义是什么?

10. 性别的操作性定义是什么?

11. 年龄的操作性定义是什么?

讨论题

1. 从本研究中选出三个概念化定义,讨论一下科学研究中概念化定义的作用是什么。

2. 以固有印象的操作性定义为焦点,讨论一下科学研究中操作性定义的作用是什么。

作业

1. 选两个自变量和两个因变量,参照文中的例子拟出测量这些变量的方法。(要展示出形成测量方法的细节。)

2. 形成两种方法来测量以下三个变量:年龄、收入、观看电视。

质量评估及讨论

说明:请从数字 1(非常不同意)到数字 5(非常同意)中圈出一个来说明你的看法。另附纸写下你每个选择的理由(SA 指非常同意,SD 指非常不同意)。

a. 介绍部分说明了为什么本研究是一个重要的调查。

SA 5 4 3 2 1 SD

b. 文献评述为本调查提供了语境。

SA 5 4 3 2 1 SD

c. 研究问题或假设都做了恰当陈述。

SA 5 4 3 2 1 SD

d. 研究方法的选择恰当。

SA 5 4 3 2 1 SD

e. 对变量进行了充分而良好地测量。

SA 5 4 3 2 1 SD

f. 结果得到清楚地呈现。

SA 5 4 3 2 1 SD

g. 本研究的内涵得以清晰地阐述。

SA 5 4 3 2 1 SD

h. 讨论得以充分恰当地展示。

SA 5 4 3 2 1 SD

i. 本研究对建立传播学领域内的知识体有所贡献。

SA 5 4 3 2 1 SD

7 跨文化传播敏感性与多元文化主义下的种族主义消除[①]

董庆文,肯尼斯·D.戴,克莉丝廷·M.克拉克

摘要:基于对419名年轻人的调查,本研究发现个体的高水平跨文化传播敏感性和多元文化主义是消除个体的种族中心主义的重要预测因素。作为提倡多元、平等、民主的领军国家,人们还期望美国保持它在鼓励多元文化、尊重民族/文化特性上的领军地位。调查结果表明,提高跨文化传播敏感性、推进多元文化主义是消除种族中心主义,减少跨族群交流冲突的可行手段。本文还提出了研究的局限性,并对未来研究提出了建议。

介绍

美国是一个移民国家,促进文化多元性、鼓励差异性文化传承对它来说至关重要(Dong,1995)。种族中心主义被看作一个族群缺乏多元文化接受能力和兼容性的标志(Berry & Kalin,1995)。缺乏文化多样性接受能力极有可能导致对其他文化群体/族群的负面固有印象以及对该群体成员的消极偏见和行为。随着地球村的形成,越来越多来自不同文化背景的人产生了频繁的交流,因此对消除种族中心主义有效因素的调查研究就势在必行。本研究检测了其中的两个因素,以期找出一条更为优化的路径来探索消除种族中心主义的途径和方法。抑制种族中心主义将极大地促进美国多元文化的调和,使其成为多元、平等、民主的典范。

在本研究中,作者主要对三个概念进行了阐释:种族中心主义、跨文化交流

---

① 董庆文,肯尼斯·D.戴,克莉丝廷·M.克拉克:"跨文化传播敏感性与多元文化主义下的种族主义消除",《人类传播》,11(1):27—38。再版已获得作者授权。

敏感性和多元文化主义。研究表明,种族中心主义与跨文化交流敏感性和文化多元性往往是负相关的。为了探索消除种族中心主义的途径,本研究有三个主要目标:第一,检验跨文化传播敏感性之于消除种族中心主义的影响力;第二,调查多元文化主义之于消除种族中心主义的影响力;第三,为研究者、政策制定者和教育者提出消除种族中心主义的方法。

文献综述

种族中心主义

如萨姆内(1906)所阐述的,种族中心主义的理论上的定义是指在多族群共存的背景下,认为自己的族群是一切的中心,所有其他事物均与它相关或取决于它。贝里和卡琳(1995)指出,种族中心主义的概念通常被视作"对本族群以外所有族群的普遍反感的同义词"(p.303)。这两位加拿大学者就此问题进行了大量研究,发现种族中心主义表现为"缺乏多元文化接受能力、对其他族群的普遍排斥和对本族群相对于多数其他族群的偏爱"(p.303)。

纽利(Neuliep)和麦克罗斯基(McCroskey)设计出了一个全面种族中心主义量表(CENE)以评估个人对其自身文化的看法。该量表经过多位传播学研究者的改善,用于检验人们的种族中心主义观点。不论处于何种文化背景,任何人都可能遭遇种族中心主义,而 CENE 量表正是测量这种种族中心主义的有效方法。

种族中心主义还被描述为一种具有正面和负面两种结果的个人心理状况(Neuliep & McCroskey, 1997)。一方面,种族中心主义作为"爱国主义和为核心集体甘心牺牲奉献"的先行而存在(Neuliep & McCroskey, 1997, p.389),有助于建构和维护一个人的文化身份(Chen & Starosta, 2004);另一方面,种族中心主义会导致误解(Neuliep & McCroskey, 1997),而且降低了进行跨文化传播的意愿(Lin & Rancer, 2003)。

研究还表明,种族中心主义可能由文化促成。林、兰瑟和特里姆比塔(2005)发现罗马尼亚学生与美国学生相比具有更强的种族中心主义。作者提出这种结果可能是源于罗马尼亚历史上与匈牙利的冲突和本国的两极分化。

纽利、乔迪奥和麦克罗斯基(2001)发现日本学生 GENE 测量得分高于美国学生。他们指出,作为日本人现代思想和同质主义文化基础的民族狭隘心理可以为这些结果做出解释。在日本,"gaijin"常用于描述"外来人"(p.140)。在上述两项研究中,男性得分均高于女性(Lin et al.,2005),说明这种差异可归因于社会化(Neuliep et al.,2001)。

种族中心主义与个人身份形成也有很大关系。金、金和崔(2006)把个人身份与种族中心主义的关联等同于其与多元文化问题的关联。金等人发现相对于日本人和以英语为母语的人来说,韩国人更具有种族中心主义倾向。韩国人在身份测量中得分最高。

据陈和斯塔罗斯塔(2000)所言,跨文化传播敏感性是跨文化传播能力的前提。当一个人的跨文化传播敏感性增强时,他的跨文化传播能力也会提高。因此,种族中心主义可被视为"跨文化传播能力的障碍"(Neuliep & McCroskey,1997,p.389)。

跨文化传播敏感性

我们所有人都随时随地要面对跨文化情境,因此,培养跨文化传播能力对个人来说至关重要。根据陈和斯塔罗斯塔所说,跨文化传播能力具有两个前提:跨文化传播意识和跨文化传播敏感性。跨文化传播敏感性可能涉及认知、情感、行为等我们与他人互动的诸多方面,但它首先侧重于个体的情感能力,如情绪的管理和调节。文化意识为跨文化传播敏感性奠定了基础,而跨文化传播敏感性又反过来促进了跨文化传播能力的养成(Chen & Starosta,2000)。

研究表明,具有较高跨文化传播敏感性的个体在跨文化传播背景方面通常也表现出色(Peng,2006)。贝内特(1993)曾提出一个跨文化敏感性发展模式(DMIS),这一模式表明具有跨文化传播敏感性的个体趋向于由种族中心主义阶段转变为民族相对主义阶段。该模型包括六个发展阶段(Bennett & Bennett,2004)。前三个阶段分别是否认、防御和最小化,被看作"种族中心主义"。在此阶段,个体将他们自己的文化视作现实的中心,其行为就是"通过否定文化差异的存在、加强对文化差异的防御,将其重要性最小化的手段来避免出现文化差异"(Bennett & Bennett,2004,p.153)。后三个阶段(接纳、调整、融合)被看作"民族相对主义"。在这些阶段中,人们在其他文化的背景下经历着这种文化,可以被构建为"通过接纳他族文化的重要性,调整角度对其进行考虑,或者将整个概念融入身份定义中,以寻求文化差异性"(Bennett & Bennett,2004,p.153)。

跨文化敏感模式表明,当个人文化差异的经验增加时,他在跨文化语境下的传播能力也会增强(Greenholtz,2000)。

奥尔森和克罗格(2001)发现:大学的全体教员中,谁能非常精通英语以外的一门语言,谁有多元文化经验,谁就更有可能掌握更好的跨文化传播的技巧。一项研究表明:留过学的学生比没有留学的民族相对主义感普遍要高(Williams,2005)。这项研究表明,为了收获跨文化传播技巧提高了的成果,个体必须在文化中互相交流。另一项研究发现,在一般教学课程中加入对文化差异的分析和评价,能更有效地提高学生的跨文化传播敏感性(Mahoney & Schamber,2004)。

多元文化论

"移民是美国最持久和最深远的影响之一"(Dong,1995,p.9)。由于移民、全球化和民族多元化的影响,多元文化论成为美国的一个显著特征。多元文化意识形态是指"对多数族群在何种程度上对移民和文化多样性持有积极态度进行的总体评价"(Arenda-Toth & Van de Vijver,2002,p.252)。当个体持有积极的总体评价时,他们往往会重视文化的多样性和族群文化的保持。

阿伦茨-托特和范·德·维加(2002)认为,多元文化论的一个重要原则是关注文化多样性,然而多数族群和少数族群对文化多样性的观点是不同的。少数族群的成员,如那些新移民的族群,倾向于提倡多元文化论,认为多元文化论有助于保护他们的文化、自我和身份。而另一方面,多数族群成员对多元文化论常常是观点混杂。从积极的方面来讲,他们认为多元文化论为国家带来了多样化的观点和经济发展更为强劲的动力;从消极方面来讲,他们把文化多元论看成移民人群想保护自己族群的文化,是对精英文化和社会地位的挑战(Arenda-Toth & Van de Vijver,2002)。

多元文化论"在处理如何建构一个能协调多数人利益和少数人利益的社会这个问题上,被看作一个悖论"(Bailey & Harindranath,2006,p.304)。在过去的 50 年间,依据贝利(Bailey)和哈伦德拉那兹(Harindranath)的观点,在西方社会多元文化论很显然已经越来越引起人们的关注,成为一种流行的观点。在他们的研究中,两位作者认为,另类媒体提供了文化表达的平台,使得少数族群和多数族群之间以及各自内部展开对话,来讨论构成共同的价值观和权利的是什么,并重新定义自我在西方多元文化国家的身份(p.299)。他们认为另类媒体提供了一种手段,使得少数民族群体能进入到政治话语中,以助于解决少数民族文化边缘化的问题。

推进多元文化论发展的最突出的领域是教育。数据表明:在中小学或大学里发生的仇视性犯罪,都与种族偏见、宗教偏见及对受害者的种族、国家的偏见相关(Arizaga,Bauman,Waldo & Castellanos,2005)。因此,在培养学生形成多元文化视角,欣赏文化多样性和形成其他视角时,教师扮演着重要的角色。我们已经做了许多努力就多元文化问题培训老师,来提升他们对文化异同的认知(Arizaga et al.,2005)。但除此之外,还应要求教师参加教育项目来更好地了解不同的种群,从而克服偏见。

综上所述,文献综述表明:在对那些能有助于减少诸如美国这些西方民主社会的种族中心主义的因素进行的检验中,传播学者可能会卓有成效。贝里(Berry)和卡琳(1995)把种族中心主义定义为"不能接受不同文化的差异,普遍不能包容外来族群,认为自身族群优于其他族群"。文献指出,种族中心主义很有可能导致针对少数群体或种族成员的固有印象、偏见和消极行为。陈和斯塔罗斯塔(Starosta)(2004)提出跨文化传播敏感性可能会有助于提升个体尊重文化差异的能力,强化多元文化身份,使多元文化得以共存。此外,他们进一步提出多元文化的观念模式可以使个体在如美国这样的不同文化环境中获得成功。文献综述表明跨文化传播敏感性(Chen & Starosta,2004)和多元文化论(Berry & Kalin,1995)促进了文化多元化,加强了对维系不同群体文化的了解,从而,激发人们来克服种族中心主义。为了运用实证证据来探究这些关系,这项研究提出两个假设:

假设1:那些有较高的跨文化敏感性的人倾向于较低的种族中心主义。

假设2:那些有较高的多元文化主义水平的人倾向于较低的种族中心主义。

方法

样本

美国西部两所大学的 419 名本科学生参加了这次实验,研究样本包括了
248 名(59％)来自小型私立大学的本科学生,171 名(41％)来自大型州立大学
的本科学生。参加者的年龄范围是 17 岁至 51 岁,平均年龄为 20.6 岁。样本
中男生占 138 名(33％),女生占 276 名(66％)。除了 10 名参加者没有填写种
族/民族外,样本的种族/民族组成为:白种人占 50％,亚裔美国人占 33％,非裔
美国人占 5.5％,西班牙裔美国人占 7.2％,其他种族的人占 2.4％。

程序

我们在课堂上向调查对象发放了自填式调查问卷。问卷共 5 页,有 7 个部
分,包括了测量跨文化传播敏感性、多元文化论和种族中心主义的各种工具。
所有参加者都被告知调查的研究目的是为了调查传播行为,且被告知调查是自
愿参加的,信息是完全保密和匿名的。参加者用了 10—15 分钟来填写此调查
问卷。

测量

跨文化传播敏感性量表

跨文化传播敏感性的项目是来自陈和斯塔罗斯塔(2000)的跨文化传播敏
感性量表,这个量表包含了 24 个李克特五点量表中的项目,其中有 9 个项目是
反向计分。跨文化传播敏感性(ICS)量表旨在测量个体对与来自不同文化背
景的人互动的感觉。该量表包括 5 个分量表:交往参与度、对文化差异的尊重、
交往中的自信、交往的满足和交往关注度。24 种陈述包括:“我喜欢和来自不
同文化的人交往”“我尊重不同文化背景的人们的价值观”“我对来自不同文化
的人持开放心态”等。此量表中 alpha 可靠系数为 0.88。

多元文化论量表

贝里和卡琳(1995)发明了多元文化论意识形态量表,用于评估加拿大人对文化多元的支持。这项测量包括 10 个李克特五点量表中的项目,较高的得分就表明比较支持文化多样性和赞同维护不同文化的差异。这 10 种陈述包括:"你可以从不同的文化群体中学到很多""文化群体应该尽可能地混合在一起""文化群体越多对社会发展越好"等。此量表中 alpha 可靠系数为 0.79。

种族中心主义量表

纽利(Neuliep)和麦克罗斯基(McCroskey)(1997)修订了广义种族中心主义量表(GENE),将其运用到研究中。这个量表是用来评估人们对于自己文化的态度。22 个李克特五点量表的陈述包括:"与我的文化相比,其他的文化都是落后的""我的文化应该成为其他文化的学习典范"以及"其他文化应该更趋同于我的文化"等。此量表中 alpha 可靠系数为 0.89。

结 论

三个变量的平均值分别为:跨文化传播敏感性 3.9,多元文化主义 3.5,种族中心主义 2.6。三个变量的标准差分别为:跨文化传播敏感性 0.4,多元文化论 0.5,种族中心主义 0.4,这表明在受调查者中这三个变量的差异是很大的。

同时我们还进行了相关性分析。正如预测的那样,种族中心主义与跨文化传播敏感性和多元文化主义之间都存在显著的负相关。表 1 表明,个体表现出来的跨文化传播敏感性越高,种族中心主义上得分就越低($r = -0.42$;$p < 0.01$)。同样,在多元文化主义方面个体的分数越高,其种族中心主义方面得分就越低($r = -0.37$;$p < 0.01$)。

逐步回归分析(详见表 2)探讨每个变量的相关作用。结果表明,跨文化传播敏感性在克服个体的种族中心主义方面起着非常重要的作用,因为它是解释种族中心主义这一因变量的最大方差的变量($\beta = -0.32$;$p < 0.01$)。多元文化主义用来解释跨文化传播敏感性解释不了的额外方差($\beta = -0.23$;$p < 0.01$)。如果这些结果可以用来证明因果效应,那么跨文化传播敏感性和多元文化主义在降低种族中心主义方面做出了独特的贡献。因此,两种假设都得到了支持。

表1 三个关键因素的关联性分析

变量	1	2	3
种族中心主义	1		
跨文化传播敏感性	−0.42**	1	
多元文化主义	−0.37**	−0.45**	1

注：** 在 0.01 水平上，关联性是显著的(检测双侧)。

表2 假设检验

(逐步回归分析)预测种族中心主义的变量回归分析总结($N=419$)(因变量＝种族中心主义)				
变量	B	SE	t	β
跨文化传播敏感性	−0.27	0.04	−6.48	−0.32**
多元文化主义	−0.17	0.04	−4.63	−0.23**

注：$**p<0.01$ 跨文化传播敏感性。

讨论

研究结果表明，我们还要更加注意那些可能会降低种族中心主义的潜在因素。正如多个研究显示，种族中心主义有可能会导致针对种族/少数族群成员的负面固有印象、负面偏见和消极行为。因此，研究人员就有可能在降低种族中心主义方面做出非凡贡献。目前，在这个领域内几乎没有实证性研究来检验哪些特定因素有助于降低种族中心主义。这项研究集中在与种族中心主义有关的两个可能的潜在因素，而结果表明，跨文化传播敏感性和多元文化主义都是种族中心主义的重要预测因素。

本研究的主要意义在于它提供了实证证据，来表明更高水平的跨文化传播敏感性和多元文化主义可能会降低种族中心主义。

这些研究结果为研究人员、政治家、教育工作者和学生提供了有用的证据。研究人员将继续探索这个对社会有高度影响的区域以形成处理族群之间传播模式和问题的理论及实际解决方案。政治家应该考虑这个问题以及这个问题是如何影响我们社会中的多样性、平等和民主的。在民主、平等和自由方面，美国是世界上的领先国家。如果一个国家有很高水平的种族中心主义，人们就很难享有民主、平等和自由。教育工作者和学生可以说是一个硬币的两面。种族中心主义对学生的影响可能会更多一些,教育工作者们应该在教育学生形成开放的头脑,欣赏文化多样性,认同文化差异,尊重不同的文化价值、态度和理想的过程中发挥重要作用。

这项研究表明,实践者应该在学校、街道、社区和其他一些场所提升其跨文化传播敏感性和多元文化主义,来教育人们对他人的文化要敏感并要加以欣赏。这种敏感和欣赏非常有助于我们建立与种族相关的观念模式,并放弃种族中心主义的思维模式。然而如何有效做到这一点还不那么清楚。戴(Day, 1998)回顾了一些提升对其他文化尊重的途径,并提出那些倡导鼓励降低种族中心主义观点的讲座,不如与其他文化的成员进行第一手的、一对一的交流更有成效。

这个研究中有三个常见的主要限制因素。第一,样本是从在校的大学生中选择的。同类人群可能会限制结果的普遍性。年龄、社会经济地位和其他人口统计学特征的差异可能会影响人们对于种族中心主义概念的态度。

第二,目前的研究只是关注两个可能的预测因子:跨文化传播敏感性和多元文化主义。这两个主要因素很重要,但肯定还存在其他值得深入研究的因素。

第三,尽管调查是一种能生成有关个人观念信息的强有力的方法,但是包括实验、实地研究、焦点组和面谈在内的其他研究方法也应该用于探索调查种族中心主义以生成传播学研究者当前所面对的问题的丰富数据。

另外,此次研究还有一些具体的附加说明。第一,跨文化传播敏感性作为种族中心主义的一个预测因子,其较大的力量事实上可能是测量中的人工制品。多元文化主义较低的可靠性很可能导致低估了其对种族中心主义的影响,因此建议在把一个更大影响力归因于跨文化传播敏感性时有必要保持谨慎。

第二,这三个变量都是部分地由测量构成的概念。一系列态度上的陈述和自我报告行为可能会重叠在一起,其重叠的方式会带来相关性的发现,这并不是因为一个变量会影响其他变量,而是因为这些概念部分地测量了同样潜在的因素。

第三,探索这三个变量的因果联系是充满挑战的,因为不管是跨文化传播敏感性还是多元文化主义都不能作为一种处理方法来进行操纵,从而去了解它们是如何影响种族中心主义的。如果把这两个变量看作种族中心主义的成因,那么就可能会需要将可能会影响这些变量的干预措施应用于一个因果模式,在这个模式中这些变量被看作中介变量。这个模式的真实性证据需要对比这个中介效果模式和其他模式来看看其适合度数据。

　　说到对未来研究的建议,作者们希望看到大规模的横向研究,包含不同的种族、年龄、社会经济地位和教育背景。此外,正如上面所说的,追踪变量之间关系变化的纵向或实验研究会富含洞察力,能更好地形成变量之间相互关系的因果模式。未来的研究也会从寻求处理这一当下重要问题的其他解决方法的范例和方法论中受益。

参考文献

[1] Arends-Toth, J. & Van de Vijver, F. J. R.(2003). Multiculturalism and accultura-tion: Views of Dutch and Turkish-Dutch. *European Journal of Social Psychology*, 33, 249 - 266.

[2] Arizaga, M., Bauman, S., Waldo, M. & Castellanos, L. P. (2005). Multicultural sensitivity and interpersonal skills training for preservice teachers. *Journal of Humanistic Counseling*, Education and Development, 44, 198 - 208.

[3] Bailey, O. G. & Harindranath, R. (2006). Ethnic minorities, cultural difference and the cultural politics of communication. *International Journal of Media and Cultural Politics*, 2, 299 - 316.

[4] Bennett, J. M. (1993). Cultural marginality: Identity issues in intercultural training. In R. M. Paige (Ed.), *Education for the Intercultural Experience* (2Ed.), pp.109 - 135). Yarmouth, ME: Intercultural Press.

[5] Bennett, J. M. & Bennett, M. J. (2004). Developing intercultural sensitivity: An Integrative approach to global and domestic diversity. In D. Landis, J. M. Bennett & M. J. Bennett (Eds.), *Handbook of Intercultural Training* (*pp.* 147 - 165). Thousand Oaks, CA: Sage.

[6] Berry, J. W. & Kalin, R. (1995). Multicultural and ethnic attitudes in Canada: An Overview of the 1991 national survey. *Canadian Journal of Behavioral Science*, 27, 301 - 320.

[7] Chen, G. M. & Starosta, W. J. (2000). The development and validation of the in-ternational communication sensitivity scale. *Human Communication*, 3, 2 - 14.

[8] Chen, G. M. & Starosta, W. J. (2000). Intercultural Sensitivity. In L. A. Samovar

&. R. E. Porter (Eds.), *Intercultural Communication：A Reader* (pp. 406 - 413). Belmont, CA：Wadsworth Publishing Company.

[9] Chen, G.. M. & Starosta, W. J. (2004). Communication among cultural diversities：A Dialogue. *International and Intercultural Communication Annual*, 27, 3 - 16.

[10] Day, K. D. (1998). Fostering respect for other cultures in teaching intercultural communication. In K. S. Sitaram & M. H. Prosser (Eds.), *Civic Discourse：Multiculturalism, Cultural Diversity, and Global Communication* (pp. 131 - 142). Stamford, CT：Ablex Publishing.

[11] Dong, Q. (1995). Self, identity, media use and socialization：A student of adolescent Asian immigrants to the United States. *Unpublished Doctoral Dissertation*, Washington State University, Pullman, Washington.

[12] Greenholtz, J. (2000). Accessing cross-cultural competence in transnational education：The intercultural development inventory. *Higher Education in Europe* 25(3), 411 - 416.

[13] Kim, S., Kim, H. & Choe, Y. (2006). An exploratory study on cultural differences between Koreans, Japanese and Native speakers of English. *Human Communication*, 9, 57 - 70.

[14] Lin, Y. & Rancer, A. S. (2003). Ethnocentrism, intercultural communication apprehension, intercultural willingness-to-communicate and intentions to participate in an intercultural dialogue program：Testing a proposed model. *Communication Research Reports*, 20, 62 - 72.

[15] Lin, Y., Rancer, A. S. & Trimbitas, O. (2005). Ethnocentrism and intercultural-willingness- to-communicate：A cross-cultural comparison between Romanian and US American college students. *Journal of Intercultural Communication*, 34, 138 - 151.

[16] Mahoney, S. L. & Schamber, J. F. (2004). Exploring the application of a developmental model of intercultural sensitivity to a general education curriculum on diversity. *JGE：The Journal of General Education*, 53, 311 - 334.

[17] McCroskey, J. C. (2006). The role of culture in a communibiological approach to communication. *Human Communication*, 9, 31 - 35.

[18] Neuliep, J. W. & McCroskey, J. C. (1997). Development of aUS and generalized ethnocentrism scale. *Communication Research Reports*, 14, 385 - 398.

[19] Neuliep, J.W., Chaudoir, M. & McCroskey, J.C. (2001). A cross-cultural comparison of ethnocentrism among Japanese andUnited States college students. *Communication Research Reports*, 18(2), 137 – 146.

[20] Olson, C. L. & Kroeger, K. R. (2001). Global competency and intercultural sensitivity. *Journal of Studies in International Education*, 5(2), 116 – 137.

[21] Peng, S. (2006). A comparative perspective of intercultural sensitivity between college students and multinational employees in China. *Multi-cultural Perspectives*, 8(3), 38 – 45.

[22] Williams, T. R. (2005). Exploring the impact of study abroad on students' intercultural communication skills: Adaptability and sensitivity. *Journal of Studies in International Education*, 9(4), 356 – 371.

[23] Sumner, W. G. (1906). *Folkways*. Boston, MA: Ginn.

读后习题

概念与问题

1. 种族中心主义的概念化定义是什么？跨文化传播敏感性的概念化定义是什么？多元文化主要的概念化定义是什么？

2. 为什么我们应该格外注意在阅读文献的基础上研究种族中心主义？

3. 根据陈和斯塔罗斯塔的说法，跨文化传播敏感性与种族中心主义的关系是什么？

4. 种族相对主义的概念化定义是什么？

5. 根据阅读文献，多元文化意识形态是如何定义的？

6. 本研究中跨文化敏感性是如何测量的？

7. 本研究中多元文化主义是如何测量的？

8. 本研究中种族中心主义是如何测量的？

讨论题

1. 讨论一下贝内特提出的跨文化敏感性发展模式(DMIS)及其应用。

2. 讨论一下本研究的结论和暗示。为了帮助公立学校的不同人群，你有什么建议? 请列举最重要的三个建议。

作业

1. 在研究的基础上,找到两个可能有助于减少种族中心主义的因素(变量)。讨论一下这两个变量的概念和操作性定义。写一页研究建议(开始部分、陈述目的和理由)来说明你想做此项研究的原因。

质量评估及讨论

说明:请从数字 1(非常不同意)到数字 5(非常同意)中圈出一个来说明你的看法。另附纸写下你每个选择的理由(SA 指非常同意,SD 指非常不同意)。

a. 介绍部分说明了为什么本研究是一个重要的调查。

SA 5 4 3 2 1 SD

b. 文献评述为本调查提供了语境。

SA 5 4 3 2 1 SD

c. 研究问题或假设都做了恰当陈述。

SA 5 4 3 2 1 SD

d. 研究方法的选择恰当。

SA 5 4 3 2 1 SD

e. 对变量进行了充分而良好地测量。

SA 5 4 3 2 1 SD

f. 结果得到清楚地呈现。

SA 5 4 3 2 1 SD

g. 本研究的内涵得以清晰地阐述。

SA 5 4 3 2 1 SD

h. 讨论得以充分恰当地展示。

SA 5 4 3 2 1 SD

i. 本研究对建立传播学领域内的知识体有所贡献。

SA 5 4 3 2 1 SD

第五单元
研究设计

8 美国电视和电影在中国的社会化影响[①]

董庆文,亚历克斯·谭,曹小兵

摘要:一项针对 439 名中国青少年的调查显示,他们很容易接触到美国的电影和电视节目,并且每周会观看两部。频繁观看美国电影和电视节目并不意味着他们接受了美国的价值观。然而,主题认可和功能性评价预示了他们对于美国价值观的接受,包括财富价值观。这一结果为源自认知功能模型的假设提供了强有力的支撑。

传播在社会化进程中扮演着至关重要的角色。通过传播,个体可以接收、处理、说明和内化来自家庭、学校、同龄人、外界环境以及大众媒介等社会化载体所引发的刺激(Dong,1995)。与重要人物的直接经验和人际传播或许比大众媒介更能影响个体(Austin,Roberts & Nass,1990)。然而,大众传媒,特别是电视,在人际来源并不存在的情况下在社会化中扮演更为重要的角色(Austin et al.,1990)。例如,美国的电视节目和电影因其实用性强、易于理解、简洁以及说服能力强而成为国外受众的信息源。通过这些节目,国外观众得以了解美国的文化和社会。

由于美国电视与电影近期在国外很容易就能看到,传播学者更关注其对国外观众在价值观、规范、行为以及生活方式等方面可能产生的影响(Umble,1990)。据假设这种影响意义可能非常重大。在一些海外国家,美国的电视和电影是人们了解美国的主要信息源,它们描述了富裕而丰富多彩的生活方式,呈现出和国外观众不同的生活方式和价值观念。目前的研究旨在调查美国电视节目和电影对中国这个正在经历重大政治和经济转变的国家中观众的价值

---

① 董庆文,亚历克斯·谭,曹小兵:《美国电视和电影在中国的社会化影响》,《传播与文化:进入 21 世纪的中国与世界》,罗多比出版社,1998 年:311—328。再版已获得作者授权。

观可能产生的影响。这项调查研究重点关注以下两个问题：在中国，人们能看到的美国电视节目和电影有哪些；中国青少年的价值观念在多大程度上受到美国电视节目和电影的影响。

理论框架

本研究以班度拉（1986）的社会认知理论作为指导。这一理论解释了人类行为是如何通过个人以及环境因素的相互作用而习得的。这些早期的理论方法被称为社会学习理论（Bandura，1977；Tan，1985）。社会认知学习理论是"一种认知行为主义形式"（Bower & Hilgard，1981）。鲍尔和希尔加德曾说过，这一理论是通过人们的认知过程分析社会行为的习得、推进以及巩固，而人们的认知过程调节了外部事件的影响。换言之，社会习得取决于个体如何理解和描述其认知过程中出现的事件，这一认知过程包括注意、记忆、原动力的产生和动机。

社会认知学习理论对于解释大众传媒如何影响受众的态度和行为贡献良多。这一理论表明，人类有能力通过观察其他人（模型）进行习得，从而就可以很容易地扩展自己的技能和知识。班度拉（1994）曾强调，几乎所有可以通过直接经验习得的人类行为同样也可以通过观察模型的行为及其结果而替代习得。

大众传媒，特别是电视，为受众提供了许多符号、信息和模式用以建构他们的社会现实。根据社会认知学习理论，收看电视中呈现的社会现实最终可使电视播放的画面仿佛是人类活动的真实状态（Bandura，1994）。中国受众很容易就能接触到美国的电视节目和电影。他们可以从这些媒体中学习美国的文化、规范、价值观、信仰和态度。我们从社会认知学习理论中提取了两个原理来帮助我们分析为什么中国受众可以被美国的电视电影社会化。

原理1：通过观察习得。这个原理认为，与需要通过试错法才能在做中习得不同，个体可以通过观察而习得。在观察习得中，人们通过诸如观察模型行为这样的替代性经验来建构他们的社会现实。社会现实的建构为人们的行为矫正奠定基础。班度拉（1994）指出，人们趋向于按照他们对社会现实的概念行事。如果人们对于社会现实的概念更多来自媒体的符号化环境，大众传媒便展示出其对电视受众的极大影响。中国观众可以通过观看电视节目中呈现的美国社会而了解美国的价值观、理想以及态度。

　　原理2：在观察式习得中寻求功利价值。这一原理表明受众趋向于获取和他们的真实生活相关的有用的规则和信息。模型所拥有的功能价值越高,受众的关注度就会越高。换句话说,模型能传递给受众的有用信息越多,受众对模型就会越感兴趣,就越可能去模仿模型的行为。因此,功利价值观影响着受众的习得行为。这一原理表明,价值观在受众的现实生活中越实用,越是可以应用,就越有可能被受众学习和接受。

　　以上两个原理介绍的是美国电视对国外观众的社会化影响这一认知功能模式的理论基础。此模式在图1中进行了呈现,显示出中国青少年对美国价值的认知使得他们会对所认知的价值进行功能评价,从而导致对美国价值观的接受。

　　本研究中有关于此模式的前期测验的报告,集中研究将美国价值观作为社会化的一个指标在北京青少年中的接受程度。本研究将会就以下假设进行测试：

　　1. 美国电视节目和电影中的某种价值被认知的频率越高,这种价值被接受的可能性就越大。

　　2. 某种价值的功能评级越高,就越有可能被接受。

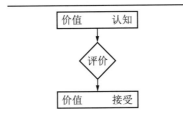

图1　美国电视社会化对于中国青少年接受西方价值观的影响

当今中国的经济发展

　　近来中国因为经济的快速发展和潜在的消费能力,而得到全世界越来越多的关注。经济发展在中国青少年的社会化进程中扮演着重要角色,这尤其适用于正在习得美国价值观念的中国青少年。新的经济环境为中国青少年创造了一个新的学习环境去观察、评价以及内化美国价值观。

中国经过 30 年的闭关锁国后,在 1979 年开始了经济改革。随着中国经济的发展,中国人的生活水平也有了大幅提高。例如,中国的人均收入以平均每年 7% 的速度增长,这一增长速度是 20 年前的 3.5 倍还要多。到 1990 年,中国的消费水平是 1978 年的两倍多。中国共产党声明要优先发展市场经济,并于 1993 年使这一目标制度化。到 1997 年 9 月,中国共产党在十五大会议上宣布,产能低的国有企业可以被私营企业收购,从而进入了中国经济改革的新纪元。在过去的 10 年里,越来越多的国外公司在中国境内进行投资。到 1997 年 3 月底,仅在北京注册的美国公司就有 5000 多家。

媒体改革

几十年来,中国的大众传媒一直是政府的宣传工具。相当长的时期内,隶属政府的媒体在中国受众中享有很高的公信力,人们也通常相信大众传媒的信息,很少质疑。在塑造人们的价值观、理想和行为方面,中国的大众传媒有很强的说服力。

中国经济的快速发展为潜在的外来文化影响打开了国门。通过接触国外文化,主要是西方文化,包括简朴和与世无争在内的许多中国传统价值观在新环境中受到挑战。国外的媒介,特别是美国的电影和电视节目,是外来文化的主要传播渠道。改革以来,许多大众传媒组织被要求部分自营,而不是由中央政府全额出资且全权管控。为了吸引更多的观众和读者,美国的大众传媒已经进军中国市场,这就更便于中国人接触美国的媒体节目。许多美国电视节目和电影在中国的电视网络和影院中播放,在北京,可以无线观看到 9 个电视频道。许多公寓楼都装有有线电视,居民至少能收看到 15 个频道,其中包括美国的 MTV、ESPN 和 CNN 的节目。

虽然美国的电影和电视节目要经中国政府筛查后才能向公众播放,但是如今在北京能看到越来越多的美国电视节目和电影。美国的体育节目通过 ESPN 频道便很容易能观看得到。体育被认为是"无政治界限"的,因此受到的限制比较少。有些美国电影和英国电影是英文播放,但大部分被译制成中文播放。

大部分中国节目在黄金时间播出,包括娱乐节目以及有特色的传统中国文化类节目。教育类节目也很常见,包括"学说英语""农业教育和新技术""如何使用计算机"等。

新闻节目每天半小时,报道国内新闻和世界新闻。北京电视台从 1994 年 1 月开始播出英语新闻节目,中国中央电视台最早在 1986 年开始播出英语新闻节目。

一项对《北京电视周报》(相当于美国的电视指南)提供的一周节目单(1994 年 1 月 10 日—16 日)的分析显示,两部美国电视连续剧(《好莱坞丑闻》《佐罗》)和五部美国电影在北京播放,另外还有三档英国电视系列节目。同时还播放德国、日本、中国香港、中国台湾和新加坡的电影。在这一周中,美国电视节目和电影播放时长 25.8 小时(大约占电视节目时长的 23%),另外还有 25 个小时的节目来自其他西方国家(大约占电视节目时长的 22.3%)。

方法

样本

这项调查是于 1994 年在中华人民共和国首都北京进行的。调查对象来自北京的四所中学。这四所学校都是公立学校。①调查对象分布在 9 到 12 年级。选这几个年级的学生是因为这些青少年处在一个关键阶段,他们"在经历一个身份危机时期"(Erikson,1968)。他们经历着一个测验自身的阶段,这种测验可被看作他们身份形成过程的组成部分。这个阶段的不确定性使得这几个年级的学生很适合做这项研究的调查对象。这个样本应该能够代表中国城市青少年的大部分特征,因为在当前的经济改革下,中国的许多城市都与北京相似。大部分城市在经济、社会、文化和政治环境方面都有相似之处。因此,希望这项对北京青少年的调查结果能够概括全中国城市青少年的状况。

手段

大部分测试改编于已制定好的手段。调查手段最初是以英语进行的。然

---

① 公立学校在中国非常普遍,私立学校在近些年开始出现。然而,私立学校在概念和办学方式方面是非常新颖的。

而,由于调查对象的母语是汉语,因此只能从英语翻译成汉语。这个翻译过程包括两个步骤。第一:调查手段由一位美国文学专业的博士生从英语翻译成汉语(利用南极星电脑软件程序)。然后,中文版本再由另一位研究生翻译成英语用以校对内容。两个英文版本的比较结果显示,它们尽管在措辞上有些许不同,但在意思上没有太大差别。因此,这个过程后,只对调查问卷做了一些微调。在北京10名中学生中进行本测试手段的预测。一位中国的中学教师帮助找来了与抽样学生情况相似的学生。完成后的预测调查问卷由一名主要研究者进行了核查。结果是对此问卷没有做较大改动。

调查

调查问卷是由本文第一作者和第三作者在老师的帮助下在各班进行的。学生们在各自教室用一节课的时间(45分钟)填写问卷。先是对调查步骤进行了简单的介绍,然后让学生们开始回答问卷。调查问卷结束后,紧接着进行了汇报来解释此调查项目。

预测变量

这项研究的目的是调查美国电视节目和电影在中国的社会化影响。此研究的预测性内容包括观看美国电影、观看美国电视节目,对美国电视节目和电影中美国价值观的认知、认知价值的功能以及美国电视和电影中可感知的真实性。

1. 观看美国电影。这一变量用来测量中国青少年在此项调查之前30天中观看美国电影的频率。观看美国电影的频率通过询问调查对象在过去30天中观看美国电影的数量而得。

2. 观看美国电视节目。这一变量用来测量中国青少年多久看一次美国电视节目。为了测量青少年观看美国电视节目的频率,我们询问了调查对象在过去的30天中观看了多少美国电视节目。

3. 对美国电视节目和电影中美国价值观念的认知。这一变量用以测量中国青少年在观看美国电影和电视节目的时候对美国价值观产生认知的频率。为了测量其频率,我们要求被试者识别出他们观看过的美国电影和电视节目中描述的不同主题。我们给调查对象李克特七点量表来选择答案。1表示这一主题几乎从未呈现过,7 表示它经常被呈现。主题识别总结了观看者对于习得的价值观的认知。考虑到此研究中价值观的数量,我们不可能测量出观看者所指定的从电视中习得的价值的含义。我们假定这种可追溯的价值主题的识别表明了观看者在观看时的一些认知加工。

4. 认知价值的功能。从概念上讲,这一变量被定义为对在中国价值观在实现个人目标过程中所发挥的作用的评价。此变量通过要求调查对象对他们在中国实现个人目标的过程中,诸如平等、自由、竞争等这些美国价值观的重要性进行评级。调查对象用李克特七点量表进行回答,其中 1 表示不重要,7 表示非常重要。指标中的十种价值观随意排序。

5. 美国电视和电影中可感知的真实性。这一变量被定义为调查对象所认为的美国电视节目和电影所呈现的美国人的准确度。此变量是通过询问调查对象对美国电视节目和电影中所描写的美国人的感受来测量的。调查对象用李克特七点量表进行回答。在此表中,1 表示完全不准确,7 表示非常准确。

因变量

此项研究中的因变量是对美国价值观念的接受。鲍尔-罗克奇、罗克奇和格鲁伯(1984)将价值定义为"一方面是社会需求的认知表现,另一方面,是个体对于能力和道德的需求"。终极价值观是对生存预期的终极状态,工具价值观是预期的实现终极状态的手段(比如:行为举止)。价值观虽然相对稳定,但也能发生改变。鲍尔-罗克奇、罗克奇和格鲁伯(1984)曾提出证据证明通过"自我对质"的方法进行试验时价值观是可以改变的。在这一方法中,要让受试者意识到其自我意识和他们的行为与认知之间的矛盾。

针对目前的研究,我们使用的是罗克奇(1968)价值观量表的一个变体量表,这个量表列出了终极价值观和工具价值观。我们要求调查对象将价值观进行排序,这些价值观被当作分散的概念而不是复合标度。我们选出十种价值观要求调查对象根据个人感觉对所列出的价值观重要性进行排序。选项是 1—7 之间的数字,1 表示不重要,7 表示非常重要。

其中的一些价值观取自罗克奇(1968)价值观量表,其他价值观取自政治社会化文献用以表达民主价值观。选取价值观的主要标准是所选价值观应当能够代表美国白人文化,且与中国传统文化有所差别。比如,传统的中国文化非常注重和睦、节俭、集体主义（群体）以及家庭关系。相反地，传统中国文化不赞成追求财富、竞争、个人主义和冲突（Samovar and Porter，1993）。本项研究所选取的美国传统白人价值观有平等（机会平等）、自由（选择自由）、竞争（输或赢）、个人主义（独立自主）、诚实（真挚、诚实）、抱负（勤奋、雄心壮志）、责任感（可依赖）、宽容（对其他种族的包容）、财富（积累大量财富）、心胸宽广（思想开放）。

并非所有这些价值观都和中国传统文化相悖（如诚实、责任）。然而，它们全部是美国白人文化的代表（Selnow，1990；Hernandez，1970；Rokeach，1979）。

表1　每周观看美国电视和电影的频率

	平均值	标准差	测试次数
美国电影	0.82	1.14	430
美国电视节目	1.10	1.89	426
美国电视节目和电影观看总和	1.92	2.90	424

在调查问卷中，价值主题、价值功能和价值接受度的量表被用一些关于家庭交流和美国人的社会固有形象（用于另一项研究）的问题分隔开来，以尽量减少敏感度。

结果与讨论

在分发的500张问卷中，439张完整有效，其中包括162名初中生和277名高中生作为调查对象，平均年龄为15.6岁。调查对象中，男生占49.4%，女生占50.6%。

调查对象平均每周观看大约两部美国电影和电视节目（表1）。他们观看的电影有《沉默的羔羊》《小鬼当家》《与狼共舞》《超人》《乱世佳人》《走出非洲》《夺宝奇兵》和《本能》。除了ESPN、CNN和MTV这些频道，调查对象在过去30天内观看的其他美国电视节目有《成长的烦恼》《猎人》《佐罗》以及《好莱坞丑闻》。

调查对象认为最重要的价值观有心胸宽广、平等、诚实和责任，认为最不重要的价值观是财富(表2)。

在美国电视和电影中感知到描述最多的主题是财富和自由,感知到最少描述的主题是宽容(对其他种族的包容)、平等和诚实(表3)。

自由、抱负、责任感以及心胸宽广是被感知到的在中国实现个人目标最有帮助的价值观,被感知到的帮助最小的价值观是财富、诚实和个人主义(表4)。

我们运用了最大方差因子分析法来研究价值的接受度。因子分析法的数据显示其中形成了一个因子。这一因子包括七种价值观:平等、自由、竞争、个人主义、诚实、抱负和责任感。此因子中的每个元素的荷载量都大于0.5,因此这个因子被用来衡量美国价值观的接受度。由于数据还显示出财富这一价值观和列表中的其他价值观完全没有关联,因此,财富这一价值观在此研究中被用作美国价值观接受度的第二个衡量标准。

表2　美国价值观的接受情况

价值观	平均值*	标准差	测试次数
平等	6.22	1.36	428
自由	5.92	1.46	429
竞争	5.99	1.46	429
个人主义	5.62	1.66	429
诚实	6.14	1.43	429
抱负	5.75	1.46	429
责任感	6.20	1.25	429
宽容	5.49	1.69	429
财富	4.50	2.09	427
心胸宽广	6.42	1.13	426

注:＊平均值以7点量表计算(1＝不重要;7＝非常重要)。

表3　对美国电视节目和电影中呈现的价值观的主题识别情况

价值观	平均值*	标准差	测试次数
平等	3.69	1.94	426
自由	6.08	1.52	427

价值观	平均值*	标准差	测试次数
竞争	5.15	1.88	427
个人主义	5.66	1.77	426
诚实	3.77	1.88	427
抱负	5.15	1.88	427
责任感	4.68	1.92	427
宽容	3.54	1.90	426
财富	6.10	1.54	428
心胸宽广	4.36	1.89	426

注：* 平均值以 7 点尺度量表计算(1＝不重要;7＝非常重要)。

表 4　美国价值观功能评级

价值观	平均值*	标准差	测试次数
平等	5.63	1.90	406
自由	6.25	1.25	405
竞争	5.75	1.53	405
个人主义	5.57	1.83	406
诚实	5.53	1.89	404
抱负	6.16	1.26	406
责任感	6.11	1.43	407
宽容	5.64	1.66	405
财富	5.14	1.98	406
心胸宽广	6.14	1.45	400

注：* 平均值以 7 点量表计算(1＝不重要;7＝非常重要)。

假设检验

我们以电视社会化影响的认知功能模型为基础测试了两种假设。由于在这一点上我们并没有假定预测变量的因果顺序,因此以价值观接受度为因变量,用标准回归模型来估计每个预测项的相对强度。

假设 1：美国价值观在美国电视节目和电影中被认知的频率越高，价值观被接受的机会也就越大。

假设 2：价值观的功能评级越高，价值观越容易被接受。

在此研究中使用了以下两个标准回归模型来测试这两个假设：

模式 1：美国价值观接受程度＝美国价值观主题识别＋美国价值观的功能评级＋观看美国电影＋观看美国电视节目＋美国电视节目和电影的感知真实性。

模式 2：财富价值观的接受度＝财富价值观的主题识别＋财富价值观的功能评级＋观看美国电影＋观看美国电视节目＋美国电视节目和电影的感知真实性。

表 5　主题识别、功能、美国电影和电视节目的观看和美国价值观接受度的回归分析

预测项	美国价值接受度*			财富价值观		
	B	T	P	B	T	P
主题识别	0.08	2.00	0.05	0.15	2.16	0.03
功能评级	0.30	7.01	0.0001	0.49	9.57	0.0001
美国电影	0.00	0.17	0.087	−0.01	−0.64	0.52
美国电视节目	−0.00	−0.33	0.74	0.00	0.09	0.93
感知真实性	0.00	0.01	0.99	−0.09	−1.05	0.29

注：＊AV＝美国价值观的接受度。这是以因子分析法的结果为基础的七种美国价值观的平均值。

个人价值观：$R^2=0.145$，$P=0.0001$；财富价值观：$R^2=0.237$，$P=0.0001$。

标准回归分析结果见表 5。结果表明，美国价值观的主题识别和美国价值观的功能评级能明显地预测美国价值观的接受度，数值为 $Bt=0.08$，$T=2.0$（$p=0.05$）和 $Bt=0.30$，$T=7.0$（$p=0.0001$）。其他的变量均不能明显地预测美国价值观的接受度。表 5 还表明主题识别（$Bt=0.15$，$T=2.16$，$p=0.03$）和财富价值观的功能评级（$Bf=0.49$，$T=9.57$，$p=0.0001$）能明显地预测财富价值观。

这些结果为假设 1 与假设 2 提供了支持。主题识别和功能评级预测了财富价值观和美国价值观的接受度。然而，观看电视和电影不能明显预测美国价值观的接受度。

这项研究揭示出通过观看美国电视节目和电影，中国青少年社会化进程的

三个阶段。第一阶段为识别阶段。这一阶段是一个"确认"的过程。要想进行习得,就必须确认将要习得的目标对象。也就是说,在这一阶段,观看者首先要能识别出美国的价值观。

第二阶段是评价阶段。这是一个"认同"的过程。在这个阶段,观看者要评价目标对象的功能并且认同它。例如,观看者在美国电影或是电视节目中识别到美国的价值观后,他们要根据自己的经验对价值观的功能做出评价。这一过程也被称作认知过程或习得过程。

第三阶段是接受阶段。此研究中这个阶段没有包含在内,但应当在以后的研究中予以分析。这个阶段是对已接受的价值观的内化过程,这一点表现在长期的持久性和由价值观支撑所引起的行为表现。

我们的认知功能模型将社会认知学习理论的原理扩展到建立价值观的模型上,在评价阶段更加强调功能标准。此项研究的数据结果为这一模型提供了强有力的支持。

概要和总结

我们呈现了一个关于美国电视节目和电影对中国青少年在接受美国价值观方面影响的认知功能分析。此分析以取自社会认知学习理论的两个原理为基础,分别是:通过观察习得和在观察习得中寻求功利价值。这两个原理表明,个体的电视习得可能遵循认知功能模型,这一模型显示习得要经历一个分为三个阶段的过程:信息或是价值识别,信息或价值功能评价,接受有用及功能性信息。这项对 439 名中国青少年进行的调查表明,中国青少年很容易接触到美国的电影和电视节目,并且每周会观看两部。这项研究表明,观看美国电影和电视节目的频率并不能预测对美国价值观的接受度。然而,主题识别和功能评价能够预测美国价值观的接受度,其中包括了财富价值观。这些结果为从认知功能模型中派生出的假设提供了强有力的支持。

参考文献

[1] Austin, E.W., Roberts, D. F. & Nass, C.I. (1990). Influences of family communication on children's television-interpretation processes. *Communication Research*, 17, 545 – 554.

[2] Ball-Rokeach, S., Rokeach, M. & Grube, J. W. (1984). *The Great American Values Test*. New York: The Free Press.

[3] Bandura, A. (1986). *Social foundations of thought & action: Social cognitive theory*. Englewood *Cliffs, NJ: Prentice-Hall*.

[4] Bandura, A. (1977). *Social Learning Theory*. Englewood Cliffs, NJ: Prentice-Hall.

[5] Bandura, A. (1994). Social cognitive theory of mass communication. In J. Bryant & D. Zillmann (Eds.), *Media Effects: Advances in Theory and Research*. Hillsdale, NJ: Lawrence Erlbaum Associates.

[6] Dong, Q. (1995). *Self Identity, Media Use and Socialization: A Study of Adolescent Asian Immigrants to the United States*. Unpublished doctoral dissertation, Washington State University, Pullman, Washington.

[7] Erikson, E. H. (1968). *Identity, Youth and Crises. New York: Norton*.

[8] Hernandez, L.F. (1970). *A Forgotten American: A Resource Unit for Teachers on the Mexican American*. B'nai Brith.

[9] Rokeach, M. (1968). *Beliefs, Attitudes, and Values. San Francisco: Jossey-Bass*.

[10] Rokeach, M. (1979). Value theory and communication research: Review and commentary. In D. Nimmo (Ed.), *Communication Yearbook 3*. New Brunswick: Transaction Books.

[11] Tan, A. (1985). Social learning of aggression from television. In J. Bryant & D. Zillmann (Eds), *Perspectives on Media Effects*. Hillsdale, NJ: Lawrence Erlbaum Associates.

[12] Samova, L. & Porter, R. (1993). *Intercultural Communication*. Belmont, CA: Wadsworth Publishing Co.

[13] Selnow, G.W. (1990). Values in prime time television. *Journal of Communication*, 40(2), 64 – 74.

[14] Spencer, H. (1895). *Synthetic Philosophy*. New York: D. Appleton and Company.

[15] Umble, D. (1990). International cultivation analysis. In N. Signovielli & M. Morgan (Eds.), *Cultivation Analysis*. Newbury, CA: Sage.

读后习题

概念与问题

1. 你是否同意"传播在社会化进程中发挥关键作用"这一表述？为什么？

2. 根据本文，大众媒介在社会化中是否发挥更重要的作用？

3. 为什么电视会成为外国观众重要的信息源？

4. 根据本文，社会认知理论是如何用于解释人类行为发展过程的？

5. 作者用来解释他们假设的两个原理是什么？请简要解释。

6. 这个研究是在哪里进行的？为什么选取了这个地点？

7. 为什么本研究选择了青少年？

8. 本研究是截面的还是纵向的？请解释。

9. 本研究是探索性的还是解释性的？

10. 调查问卷使用了什么语言？翻译过程的两个步骤是什么？

11. 本研究中的因变量是什么？在本研究中是如何测量的？

讨论题

1. 就美国电视对社会化的影响模式(价值识别、评价及价值接受)进行讨论。运用此模式来解释个体是如何形成美国价值观的。

2. 根据本文及你个人的经验，你如何看待中国大众媒体对中国经济发展的影响？

作业

1. 诸如社交网站、移动电话和 twitter 这些新媒体在人们的生活中起着至关重要的作用，形成了政治行为。进行一个快速的调查来检验一下新媒体在2009 年伊朗总统选举和重新计票中所发挥的作用。

质量评估及讨论

说明:请从数字 1(非常不同意)到数字 5(非常同意)中圈出一个来说明你

的看法。另附纸写下你每个选择的理由(SA 指非常同意，SD 指非常不同意)。

a. 介绍部分说明了为什么本研究是一个重要的调查。

SA 5 4 3 2 1 SD

b. 文献评述为本调查提供了语境。

SA 5 4 3 2 1 SD

c. 研究问题或假设都做了恰当陈述。

SA 5 4 3 2 1 SD

d. 研究方法的选择恰当。

SA 5 4 3 2 1 SD

e. 对变量进行了充分而良好地测量。

SA 5 4 3 2 1 SD

f. 结果得到清楚地呈现。

SA 5 4 3 2 1 SD

g. 本研究的内涵得以清晰地阐述。

SA 5 4 3 2 1 SD

h. 讨论得以充分恰当地展示。

SA 5 4 3 2 1 SD

i. 本研究对建立传播学领域内的知识体有所贡献。

SA 5 4 3 2 1 SD

社会资本、自尊与在线社交网站的使用:纵向分析[①]

查尔斯·斯坦菲尔德,尼古拉·B.艾利森,克里夫·兰普

摘要:我们对 Facebook 这个很受欢迎的在线社交网站的用户进行了固定样本数据的纵向分析,研究了 Facebook 的使用频率、心理健康状况的测量与桥接型社会资本之间的关系。我们在一所规模很大的美国大学进行了两次调查,中间时隔一年,对 18 位 Facebook 用户进行了深度访问,提供了此次研究的数据。第一年中 Facebook 的使用频率鲜明地预测了第二年桥接型社会资本的结果,甚至在控制了自尊和生活满意度的测量之后依然如此。自尊和生活满意度这些心理变量与社会资本产出密切相关。自尊调节了 Facebook 的使用频率和桥接型社会资本之间的关系:就桥接型社会资本而言,那些自尊心较弱的参与者从 Facebook 的使用中比自尊心强的参与者获益更多。我们认为 Facebook 的可供性帮助消除了自尊心较弱的学生在形成各种大型异质人脉网中所遇到的困难,这些人脉网络是桥接型社会资本的来源。

引言

近期对社交网站这一领域中的研究表明,社交网站是关注网络技术和其社会影响力的学者们的一个重要的研究领域(Boyd & Ellison,2007;Donath,2007;Ellison, Steinfield & Lampe,2007;Dloder, Wilkinson & Huberman,2007;Lampe, Ellison & Steinfield,2007;Valkenburg, Peter & Schouter,2006)。社交网站(SNSs)是基于网络的服务,允许个人(1)在一个有界的系统中构建一个公开或半公开的形象,(2)列一个与其分享链接的用户列表,(3)

① 查尔斯·斯坦菲尔德,尼古拉·B.艾利森,克里夫·兰普:"社会资本、自尊与在线社交网站的使用:纵向分析",《应用发展心理学学刊》,2008(29):434—445。再版已获得作者授权。

观察并仔细研究其链接列表以及同一个系统内其他人的链接（Boyd &
Ellison，2007，p. 211）。第一个社交网络创建于 1997 年，当前全球已有数百
个社交网站，服务于各个层次的用户，满足人们的各种兴趣和实践需要（Boyd
& Ellison，2007）。

美国大学生中最受欢迎的社交网络之一是 Facebook，它由马克·扎克伯
格创建于 2004 年 2 月，当时他还是哈佛大学的学生。据扎克伯格说，"创建社
交网络的最初想法是由哈佛大学中能够认出其他宿舍的住宿生这一社会需求
激发的"（Moyle，2004，Dec. 7）。Facebook 在大学生中已经很受欢迎，在大多
数校园里其使用率已高达 90％（Lampe，Ellison & Steinfield，2006；Stutz-
man，2006）。这也激发了大量有关 Facebook 使用的各个方面的研究，例如，
学术背景下 Facebook 的使用（Hewitt & Forte，2006），以及 Facebook 使用的
人口统计学预测（Hargittai，2007）。有一系列研究都集中在 Facebook 使用的
结果。

对于年轻人而言，与同辈的人际关系无论对产生线下利益，也就是通常所
说的社会资本，还是对社会心理的发展都是十分重要的。社会资本是一个弹性
的概念，用来描述一个人通过其人际关系所获得的利益（Lin，1999）。艾利森等
人（2007）认为 Facebook 的广泛使用与社会资本的形成与维护密切相关。他们
调查了一所大学的本科生，发现 Facebook 的使用与社会资本不同的测量手段
有关。这里的社会资本包括桥接型社会资本（强调由各种人群组成的弱连接的
网络所产生的信息性利益）与结合型社会资本（强调与亲密的朋友和家人之间
的紧密联系所产生的情感利益）。此外，艾利森等人（2007）发现自尊可以调节
社交网站的使用与社会资本之间的关系。也就是说，那些自尊心不强的年轻人
比那些自尊心强的年轻人在使用 Facebook 的过程中获益更多。然而，由于只
有某一时段的数据，艾利森等人（2007）不可能为 Facebook 的使用、自尊与社会
资本之间的关系建立任何时间顺序。

这些调查结果表明，需要进行更多关于社交网站在年轻人中扮演什么角色
的研究，因为通过像 Facebook 这样的社交网站来维持人际关系对于心理发展
至关重要。阿内特（2000）将 18 岁到 25 岁这一年龄段称为"成人初显期"，这是
一个介于青春期与成人期之间的一个阈限阶段。阿内特认为这个阶段对于个
体的成人发展具有决定性作用，因为在这段时间里一个人会建立长期的社交技

巧,其中包括了那些对自力更生、职业定位和维护人际关系至关重要的技巧。其他研究"成人初显期"阶段的研究者提出对包括社交网站在内的新媒体对成人发展和人际关系的影响进行更多的研究(Brown,2006)。研究者发现,在这个阶段人际关系的发展与维护对身份形成、幸福感以及爱情和亲情的发展具有持久的影响(Connolly,Furman & Konarksi,2000;Montgomery,2005)。社交网站为发展与维护人际关系提供了全新的工具,因此在"成人初显期"阶段显得尤为重要。

此研究调查了Facebook的使用与桥接型社会资本之间的关系,使用了一组大学生提供的Facebook使用情况的数据,这些数据分属相隔一年的两个时间点,对年轻人以及他们对社交网站的使用情况进行了早期研究。以艾利森等人(2007)的早期研究为基础,此研究重点关注了用户的自尊是否对Facebook的使用与社会资本结果之间的关系有影响以及有多大的影响。本研究中我们特别关注了Facebook,因为它被全国乃至全世界大学生普遍使用。实际上,美国大学校园中注册Facebook的学生的比例估计在85%到95%之间(Lampe et al.,2006),使其成为"准成年人"这一特别群体最重要的社交网站。

有必要在该调查领域进行一项纵向研究是基于两个原因。首先,它能够帮助找到关键变量中恰当的因果关系——是更多地使用社交网站导致更多的社会资本,还是只是那些拥有更多社会资本的人有更大的动机去使用社交网站?其次,纵向分析能够阐明随着时间推移年轻人的社会资本的发展状况,探索社会资本能够从早期的人际关系中得以形成的可能性。

社会资本、人际关系与网络使用

关于维系友谊的重要性,存在两种互补的观点,特别是对于美国的大学生而言。第一种观点认为,人际关系产生社会资本(Lin,1999),也是准成年人社会心理发展的重要组成部分(Sullivan,1953)。对于大学生年龄段的群体来说,像Facebook这样的网站在维系人际关系方面扮演着重要的角色,如果没有这样的网站,随着学生离开家乡地理概念上的关系网络,人际关系可能就会消失。第二种观点认为,尽管关于使用互联网对心理健康产生正面或负面影响的争论很激烈,但是有越来越多的证据表明,总体上来说,互联网的使用,特别是像Facebook这样的社交网站的使用,可能与个人的自我价值和心理发展的其

他测量因素相关联(Kraut，Patterson，Lundmark，Kiesler，Mukhopadhyay &
Scherlis，1998；Kraut，Kiesler，Boneva，Cummings，Helgeson & Crawford，
2002；Shaw & Gant，2002；Valkenburg et al.，2006)。

人际关系和社会资本

虽然社会资本是一个弹性的概念,而且在多个领域有不同的定义(Adler
& Kwon，2002),但大家普遍认为,广义上它指我们从社会关系中获得的利益
(Lin，1999)。可以从消极方面来理解它,比如非群体成员无法得到与群体成
员一样的利益(Bourdieu & Wacquant，1992；Helliwell & Putnam，2004),但
是人们普遍认为它是积极的(Adler & Kwon，2002)。这与许多结果有关,例
如职业晋升(Burt，1997),组织成功(Nahapiet & Ghoshal，1998),以及其他积
极的社会成果,比如更好的公共医疗和较低的犯罪率(Adler & Kwon，2002)。
社会资本同样与年轻人的心理健康和身体健康相关联。在一次广泛的调查中,
莫罗(1999)发现,尽管缺乏统一的定义和测量方法,但前期的工作表明,拥有更
多社会资本的年轻人更易参与到能带来健康、学业成功和情感发展的行为中。

建立和维系人际关系的能力是社会资本积累必要的先决条件。例如,科尔
曼(1988)将社会资本描述为通过人际关系积累起来的资源。林(1999)拓展了
这个概念,强调建立社交网络的重要性,认为社会资本来源于"存在回报预期的
社会关系投资"(p. 30),同时还认为利益来源于更广泛地"进入与利用社会网
络中的资源"(p. 30)。布迪厄和华康德(1992)将社会资本定义为"实际或虚拟
的资源的总和,通过拥有相互了解和认同的持久的制度化人际关系网络而使个
人或者组织受益"(p. 14)。

社会资本的形式

区分个人关系层面与群体层面的社会资本概念是非常重要的(Lin，
1999),只是我们可能认为后者是前者的总和。比如,人们认为,在过去的几年
中,美国群体社会资本处于下降趋势(Putnam，2000),这种趋势与社会动乱的
加剧、公民活动参与的减少和潜在的社区成员间不信任程度增加有关。但是另
一方面,更多的社会资本能增加成员对群体的奉献,提升组织集体活动的能力,
等等。在个人层面,社会资本可以使个人获得与其他人产生联系的资本,从而
获得诸如信息或支持之类的利益。

我们关注的重点是个人层面的社会资本,研究大致分为两大类:结合型社

会资本和桥接型社会资本(Putnam，2000)。结合型社会资本存在于联系紧密、感情亲近的人中，例如家人和密友。桥接型社会资本，即本论文的重点，源自网络研究者所提及的"弱连接"，这种关系是人与人之间一种松散的联系，他们可能会彼此提供有用的信息或新的观点，但是不会有情感支持(Granovetter，1983)。接触密切关系圈以外的人可以获得有效信息，从而获取诸如就业关系等好处(Granovetter，1973)。尽管桥接型社会资本被认为是个人层面的概念，但早期的研究却将其定义在群体语境中(Putnam，2000；Williams，2006)。威廉斯(2006)的定义包含许多维度，例如人们在何种程度上将自己视为更大群体中的一员，并在一个更大群体中展示付出的标准。

心理健康与社会资本

社会资本的研究者发现包括朋友邻里关系在内的不同形式的社会资本，与自尊和生活满意度等心理健康指数相关(Bargh，McKenna & FitzSimons，2002；Helliwell & Putnam，2004)。然而，大多测试自尊、心理幸福感和社会资本之间关系的研究都强调家人、恋人和密友的重要性(Bishop & Inderbitzen，1995；Keefe & Berndt，1996)。有必要做进一步的研究以探索心理健康与各种巩固临时社会资本的脆弱关系之间的潜在联系。康斯坦特、斯普劳尔和基斯勒(1996)在他们的研究中宣称存在着这样一种联系，他们的研究记录了人们在网络中为陌生人提供技术性建议时会表现出提升自尊。

互联网的使用，人际关系的发展和心理健康

在过去的十年中，有一些研究探索了互联网的使用与心理健康和社会安定之间的关系，研究结果并不统一(如，Kraut et al.，1998；Kraut et al.，2002；McKenna & Bargh，2000；Nie，2001；Shaw & Gant，2002；Valkenburg & Peter，2007)。克劳特等人(1998)发现，过度上网与各种程度的孤独、沮丧和压抑相关联。他们认为这是因为网络产生的弱连接正在取代线下和家人朋友之间更强大的联系。在一项后续研究中，克劳特等人(2002)发现，进行更长一段时间的监测，网络的使用就不再与家人交流、互动的减少(以及进而引起的不同程度的孤独和沮丧)相关联。实际上，总体上效果是积极的。尤其值得玩味的是，他们发现不同程度的内向和外向改变了网络使用的结果，外向的人比内向的人更容易从互联网的使用中获益。其他的研究者也认为互联网的使用对于心理健康有积极影响(Bargh & McKenna，2004；McKenna & Bargh，2000；Shaw

& Gant,2002)。巴格和麦克纳(2004)把这归结于在线互动的增加,从而缓解了因花时间上网而减少了与其他人交流所产生的损失。在一项研究中,肖和甘特(2002)发现,参与到网上聊天后,会出现可感知的孤独和沮丧的降低以及可感知的社会知识和自尊心的提升。在相关的研究中,瓦尔肯堡和彼得(2007)发现,渴望交际的青少年比不渴望交际的青少年更认可互联网的亲密型自我曝光,因此他们会进行更多的在线交流。

尽管对网络的使用总体上有大量的研究,对于心理健康和在线社交网络服务的使用之间复杂关系的研究却少之又少。在少有的一个著名的实验中,瓦尔肯堡等人(2006)发现,使用社交网站的人越多,人们和朋友之间的互动就越频繁。这对于受访者的自尊有积极影响,最终他们报告说对生活很满意。

有相当多的研究都显示对于青少年来说人际关系是社会发展的重要因素,但是当人们从一处搬到另一处,人际关系就会被打断。进入大学,搬家,毕业还有进入工作岗位都会打断人口统计学意义上既有的人际关系(Cummings, Lee & Kraut, 2006)。这些个体都急切地需要维持他们之前居住地的关系网,同时在当前的地域环境里开始新的人际关系和体验。因此,我们就会期待互联网的社交网络服务在使用者人群中扮演维持关系的角色。

社会资本和社交网站的使用

研究者们已经开始探索社交网站在使用者中创建社会资本的可能性。例如,雷斯尼克(2001)认为,由于有像分配目录、图片指南和搜索功能这样的科技手段支持在线与他人的连接,新型的社会资本和人际关系的建构将会发生在社交网站上。多纳特和博伊德(2004)假设,社交网站可以增加用户也许能够维持的弱连接的数量,因为网站的承担特质正好能很方便而经济地维持这些连接。特别是桥接型社会资本将会借助"Friendster"和"Facebook"等社交网络得以强化,因为他们允许用户创建和维持更大的广泛的关系网,从中他们可以获取潜在的资源(Donath & Boyd, 2004;Resnick, 2001;Wellman, Haase, Witte & Hammpton, 2001)。在为数不多的检验年轻人中社交网站的使用对于社会资本影响的一个实验中,艾利森等人(2007)调查了中西部一所大学中 Facebook 的用户。他们评估了结合型和桥接型社会资本和"得以维持的"社会资本的等级,其中"得以维持"的社会资本表明的是一个人与以前的生活社区中的同伴保持联系的能力。他们发现,即使在控制了各种人口统计学条件,普遍的网络使用和心理健康的测量手段之后,"Facebook"的广泛应用仍是桥接型社会资本的重要指标。这些参与者报告的好友的平均数量在 150 到 200 之间。这些相对较高的好友数量说明这些关系网是由大量亲密度较低的人际关系组成,这与紧密相连的小团体截然不同。此外,艾利森等人(2007)发现,相对于自尊心强的学生来说,自尊心较弱的学生"Facebook"使用与桥接型社会资本之间的关系更紧密。这与克劳特等人(2002)的"富者愈富"的研究结果是相互矛盾的,这一结果认为比起低外向型的受访者,高外向型的受访者能从网络的使用上获得更多。尽管内向型/外向型与自尊不是相同的变量,这些研究结果仍然说明研究一个个体对 Facebook 这样的社交网站的使用多大程度上能影响他的个体倾向性是有价值的。

艾利森等人(2007)仅探究了 Facebook 的使用和社会资本存在之间的横向关系。Facebook 应用与桥接型社会资本的存在有着非常重要的关系,可能表明了年轻人使用 Facebook 来维持巨大的各类别朋友网。但是,一个同样合理的解释是,拥有巨大的各类别朋友网的年轻人有着更多的动机来使用像 Facebook 这样的服务网站来管理这种关系网。这可能会导致正相关,而一个横向的研究并不能排除这种解释的可能性。此外,即使 Facebook 的使用确实影响了桥接型社会资本,也并不清楚这种影响是短暂的还是长久的。因此,当前的研究重点在于 Facebook 使用的纵向效应上。

摘要和假设

我们以三个研究问题及一系列前期研究所提出的假设来概括这些文献材料。

研究问题 1:大学生对 Facebook 的使用随着时间的推移发生了怎样的改变?我们在此并没有提出具体的假设,但是一个纵向的研究可以测试出在一年的时间里学生对 Facebook 的使用量增加或减少的程度,以及学生网上社交网络规模的增长或削减。

研究问题 2:Facebook 的使用和桥接型资本的发展之间关系有什么指向性?早期的研究把桥接型社会资本定义为社交网站使用的结果(Donath & Boyd,2004;Ellison et al.,2007),因此我们提出如下假设:

假设 1:使用 Facebook 越多,就会产生越多可感知的桥接型社会资本。

假设2：是 Facebook 的使用影响了桥接型社会资本，而不是桥接型社会资本影响了 Facebook 的使用。

研究问题3：个人心理健康是怎样影响社会资本和社交网站使用之间的关系的？早期的研究将个人心理健康和自尊与社会资本相联系，基于这些研究（如 Bargh et al.，2002；Helliwell & Putnam，2004）我们提出如下假设：

假设3：心理越健康，就越会产生桥接型社会资本。

此外，基于艾利森等人（2007）早期的研究成果，我们提出如下假设：

假设4：心理健康可以协调 Facebook 的使用和桥接型社会资本之间的关系。

研究方法

结合对少数学生的深度访谈和社会统计调查构成了本研究所使用的核心数据。为了测试一段时间中 Facebook 的使用和社会资本之间的关系，我们在相隔一年的两个时间收集了研究数据。参与者都是中西部一所大学的学生。起初，在2006年4月，本论文的一名作者通过电子邮件向随机抽选的800名本科生发出了邀请。邮件简单描述了此项研究，告知学生该研究的保密性、他们参与的奖励以及该研究的链接。参与者将会得到能够在学校消费的五美元补偿。此次调查在一个商业性在线调查网站上进行。在我们的样本中，我们集中调查的是本科的使用者，不包括教职员工和研究生。一共286名同学完成了在线调查，占总数的35.8%。无法得到未参与调查的学生的人口统计学信息，因此我们不知道学生是否对于参加调查这件事存在偏见。然而，相对于本科生总体来说，我们的调查样本的人口统计学特征还是很好的，除了个别例外。其中属于本州的较年轻的在校女生稍多了一点。

2007年4月，我们又对1987名本科生和前一年参与调查的277名学生进行了新的随机抽样调查。2007年和2006年的调查是在同样的网站上进行的，补偿金则变成参与者有机会抽奖赢取50美元。在新的随机样本中，我们得到477个可使用的调查结果，回应率为24%。我们从2006年参加过调查的277名学生中收到92份调查表（33%）。这92人组成了我们的"调查小组"，来调查Facebook 的使用在一段时间中潜在的影响。

继第一年的调查之后,我们从 2006 年 4 月参与的学生样本中抽出 18 名学生进行了深度访谈,以了解学生通过 Facebook 保持现有友谊和结交新朋友的方式。我们询问受访学生是否愿意就他们对 Facebook 使用情况当面接受采访,有 176 人(62%)予以同意。我们给其中一部分人写信,根据他们回馈信息的有效性,我们选取了 10 名女生、6 名男生进行深度访谈。为了达到性别平衡,我们又从受访者中选取了两名男生,最后共计 18 人。我们尤其感兴趣的是 Facebook 的使用如何转化为能够带来在第一个调查中发现的桥接型社会资本的使用策略。虽然我们在此论文中不能报告定性数据的全面分析结果,但是我们采用了采访中的一些语录来说明调查结果,并提出 Facebook 的使用如何影响社会资本的结果。

表 1 提供了样本描述性特征,揭示了"调查小组"的 92 名成员的样本不能从实质上区别于之前每个阶段我们收集的人口统计学意义上的随机样本。尽管 2007 年的回应率略低,2006 年和 2007 年的样本也没有人口统计学意义方面的区别。然而,从 2006 年到 2007 年网络和 Facebook 的使用量都有显著增长(详见结论部分)。我们报告的数据分析只针对调查小组样本,探索第一年 Facebook 的使用和第二年结果的关系。

测量

除了上述提到的人口统计学的测量方法外,该研究借鉴了艾利森等人(2007)的四组测量。自变量的测量包括:普遍意义上网络的使用,Facebook 的使用,心理健康的两个测量:自尊和对生活的满意度。我们的因变量是桥接型社会资本。总体上来说,在 2007 年评估这些变量所使用的条目和 2006 年是相同的。在下面所描述的例子中,改写了一些项目,我们不得不做一些转化来完成这次跨年的比较。

互联网的使用

为了调查社交网站有别于其他互联网的使用的独特影响,我们在调查中涵盖了对常规网络使用的测量。我们借鉴了拉罗斯、赖、兰格、洛夫和吴(2005)的方法对网络使用进行了测量,采访者需要记录他们在典型工作日和周末中每天有多少小时在使用互联网。2006 年,受访者从一系列选项中进行选择,比如 1—2小时(最大值达到 10 小时),而在 2007 年,为了得到更精确的测量结果,我

们提供了一个包含小时和分钟的文本表格。在 2006 年的数据中,量表的中点
被用来测量每天的实际小时(这样 1 小时 30 分钟就选择 1—2 小时),工作日和
周末的加权平均时间为每天的互联网的使用时间提供了单一指数(表 1)。

表 1   2006 年和 2007 年 Facebook 样本描述性统计摘要

各项目和测量	2006		2007	
	M	(*SD*)	*M*	(*SD*)
Facebook 强度(α_{2006}＝.84;α_{2007}＝.88)2007vs. 2006t(87)＝4.99,p＜.0001	2.81	(.72)	3.12	(.72)
Facebook 朋友数	223.09	(116.36)	339.26	(193.26)
每天上 Facebook 的分钟数	32.56	(38.96)	53.76	(42.11)
Facebook 是我日常生活的一部分	3.29	(1.23)	3.72	(1.25)
我很自豪地告诉人们我在上 Facebook	3.30	(.84)	3.23	(.90)
Facebook 已经成为我日常惯例的一部分	3.11	(1.30)	3.65	(1.25)
如果有一段时间不能登录 Facebook,我就会感觉我与外界失去了联系	2.36	(1.22)	2.84	(1.23)
我认为我是 Facebook 社区的一分子	3.39	(1.02)	3.58	(.97)
如果 Facebook 关闭了,我会觉得难过	3.67	(1.07)	3.74	(1.07)

a   来源:艾利森等人(2007)。

b   1＝一年级,2＝二年级,3＝三年级,4＝四年级。

c   为了进行对比,通过编制每个回应数值范畴的中间量(比如 1—2 小时＝1 小时 30 分)把 2006 年的数据从顺序量表中进行转换。2007 年,通过填写周末与工作日的小时和分钟数来测量互联网的使用,然后再取加权平均数。

d   2006 年,Facebook 的使用分钟数通过编制每个回应数值范畴的中间量从顺序量表中进行转换,其中不足 10 分钟＝5 分钟,10 分钟—30 分钟＝15 分钟,31 分钟—60 分钟＝45 分钟,1—2 小时＝90 分钟,2—3 小时＝150 分钟,3 小时以上＝180 分钟。2007 年,Facebook 使用分钟数是填写周末与工作日的小时和分钟数,然后再取加权平均数。

e   为了对比 2006 和 2007 年的好友数据,2006 年的好友数通过编制每个回应数值范畴的中间量从原有的 10 点顺序量表中进行转换:≤10＝5,11—50＝30,51—100＝75,101—150＝125,151—200＝175,201—250＝225,251—300＝275,301—400＝350,＞400＝400。2007 年,受访者直接写出他们 Facebook 上的好友数。800 以上为异常值。

Facebook 的使用

首先受访者被问到他们是否是 Facebook 的用户,如果他们回答是,就会询

问他们一系列关于 Facebook 使用的问题，要求他们汇报在过去一周每天在 Facebook 上花费多少分钟和他们在 Facebook 拥有的好友数。和互联网的使用一样，在测量上 2006 年和 2007 年一个重要的不同点在于，在 2006 年的调查中，受访者从一系列答复范畴中进行选择，而在 2007 年他们提供的是直接的使用时间数据（表 1 说明）。为了进行跨年的对比以及对受访者每天使用 Facebook 的平均时间和好友数提供有意义的评估，2006 年的顺序数据被转换为最接近的近似值，用回复范畴中的中点值取代 2006 年这两项测量中的序数值。例如，如果一个受访者在 2006 年估计他们每天花费在 Facebook 的时间在 31—60 分钟之间，这个数值就转换为 45 分钟；如果受访者在 2006 年报告的拥有好友数为 151—200 之间，就转换为大约 175 个好友。

按照艾利森等人（2007）的方法，我们进行了一种被称为 Facebook 访问强度的测量。这就提供了一种关于 Facebook 是如何被使用的测量方法，比评估使用频率或持续时间这些简单项目更有说服力。这种测量包括了 Facebook 的好友数和一天中使用 Facebook 的时间总量。它进一步细化为一套有关态度类型的 6 个项目，用来评估受访者与 Facebook 的情感关联度以及 Facebook 融合到日常活动的程度。通过使用李克特 5 点量表，参与者可以就以下陈述确定同意或者不同意的程度：Facebook 是我每天活动的一部分；我非常自豪地告诉人们我在上 Facebook；Facebook 已经成为我日常惯例的一部分；如果有一段时间不能登录 Facebook，我就会感觉我与外界失去了联系；我认为我是 Facebook 社区的一分子；如果 Facebook 关闭了，我会觉得难过。由于好友数和使用 Facebook 时间的跨度很大，这些项目就转换为记录原有的回复数据。对全部 8 个条目的回复算出平均数就创建出该调查小组每个调查年度 Facebook 的访问强度量表（表 2）。从 2006 到 2007 年 Facebook 的访问强度出现了明显的增长。

表 2　2006—2007 年小组样本 Facebook 访问强度数据小结

各项目和测量	2006		2007	
	M	(SD)	M	(SD)
Facebook 强度（$\alpha_{2006}=.84$；$\alpha_{2007}=.88$）2007vs. 2006$t(87)=4.99.p<.0001$	2.81	(.72)	3.12	(.72)

各项目和测量	2006		2007	
	M	(SD)	M	(SD)
Facebook 朋友数	223.09	(116.36)	339.26	(193.26)
每天上 Facebook 的分钟数	32.56	(38.96)	53.76	(42.71)
Facebook 是我日常生活的一部分	3.29	(1.23)	3.72	(1.25)
我很自豪地告诉人们我在上 Facebook	3.30	(.84)	3.23	(.90)
Facebook 已经成为我日常惯例的一部分	3.11	(1.30)	3.65	(1.25)
如果有一段时间不能登录 Facebook，我就会感觉我与外界失去了联系	2.36	(1.22)	2.84	(1.23)
我认为我是 Facebook 社区的一分子	3.39	(1.02)	3.58	(.97)
如果 Facebook 关闭了，我会觉得难过	3.67	(1.07)	3.74	(1.07)

　　a　由于各项目测量的范畴不同，首先把好友数和每日 Facebook 使用分钟数转换为记录数值，然后求各项平均值来创建量表。

　　b　为了更好地对比进行，对朋友数和 Facebook 使用时间的新的估算值代替了 2006 年的顺序测量数值。2006 年和 2007 年对朋友数和每天 Facebook 使用的分钟数的测量差别参见表1。其他项目的回应范畴为 1 非常不同意到 5 非常同意。

心理健康测量

　　根据艾利森等人（2007）的报告，自尊是用罗森堡的自尊量表（Rosenberg，1989）中的七项来测量的。测量回复使用了李克特 5 点量表，分数越高表明自尊越强。正如表 3 所显示，跨越两个调查年份的结果数值是可靠的，并且从 2006 年到 2007 年平均数没有改变。

　　再次参照艾利森等人（2007）的方法又使用了一个修正版的生活满意度量表（SWLS；Diener，Suh & Oishi，1997；Pavot & Diener，1993），用来测量一个人生活的全面的认知判断。我们对量表做了轻微改动以符合大学里的生活环境，以便所有受访者都能获得同样的参考框架。对这些问题的答复使用了李克特 5 点量表，分数越高表明对大学生活的满意度越高。跨越两个调查年份的结果数值是可靠的，并且从 2006 年到 2007 年平均数没有改变（表 3）。

表3　2006—2007年自尊与大学生活满意度数据小结

各项目和测量	2006		2007	
	M	(SD)	M	(SD)
自尊量表($\alpha_{2006}=.89$;$\alpha_{2007}=.88$)2007vs. 2006t(84)$=-.10$;ns	4.29	(.55)	4.29	(.52)
我认为我是一个有价值的人,至少与其他人在平等的位置上	4.45	(.60)	4.45	(.59)
我认为我有许多良好品质	4.43	(.60)	4.52	(.57)
总体而言,我倾向认为我是一个失败者(相反)	4.23	(.84)	4.24	(.81)
我能做其他大多数人都能做的事	4.33	(.56)	4.28	(.55)
我觉得没有什么可值得骄傲的(相反)	4.30	(.75)	4.30	(.77)
对于自身我持有积极的态度	4.23	(.66)	4.18	(.75)
整体上,我对自己满意	4.08	(.86)	4.09	(.72)
对大学生活的满意度($\alpha_{2006}=.84$;$\alpha_{2007}=.89$)2007vs.2006t(84)$=-.87$;ns	3.67	(.67)	3.59	(.75)
在大多数方面我在MSU的生活接近我的理想状态	3.55	(.93)	3.45	(.93)
在MSU的生活条件是优越的	3.68	(.86)	3.61	(.88)
我对在MSU的生活感到满意	3.98	(.71)	3.89	(.84)
到目前为止,在MSU我获得了我想要的重要东西	3.80	(.72)	3.88	(.73)
如果可以在MSU重新生活一次,我几乎什么都不想改变	3.33	(.93)	3.14	(1.04)

注:各项目范畴为从1=非常不同意到5=非常同意,通过取各项平均数构建量表。

桥接型社会资本

我们的桥接型社会资本测量是按照艾利森等人(2007)所描述的方法来构建的。其包含了从威廉斯桥接型社会资本子规模(2006)中改编而来的5个项目以及3个旨在将桥接型社会资本的结果放置在大学语境中的附加项目,以此减少受访者回答中的差异性,从而使其能更直接地和重要的语境相结合。这些项目使用了李克特5点量表,分数越高表明更大的桥接型社会资本。跨越两个调查年份的测量结果是可靠的,并且跨越调查年份的平均数没有不同(表4)。

表4　2006—2007年桥接型社会资本项目数据小结

各项目和测量	2006		2007	
	M	(SD)	M	(SD)
桥接型社会资本测量($\alpha_{2006}=.86$; $\alpha_{2007}=.84$) 2007vs.2006$t(84)=-.14$; ns	3.87	(.47)	3.87	(.55)
我认为我是MSU社区的一分子	3.81	(.74)	3.79	(.91)
我对MSU所进行的事情很感兴趣	4.02	(.53)	4.01	(.69)
MSU是个很好的所在	4.34	(.75)	4.26	(.79)
毕业后我会愿意为MSU捐款	3.38	(.90)	3.40	(1.02)
在MSU和人们进行互动,使得我很想尝试新事物	3.86	(.62)	3.82	(.75)
在MSU和人们进行互动,使我感觉好像是一个很大社区的一分子	3.86	(.67)	3.91	(.77)
我愿意花费时间支持MSU的一般性活动	3.71	(.75)	3.73	(.75)
在MSU,我一直在接触新的人	4.13	(.62)	4.09	(.70)
在MSU与人们互动让我明白世界上的每个人都是相关联的	3.68	(.74)	3.78	(.85)

注:来源:艾利森等人(2007)。各项目范畴为从1=非常不同意到5=非常同意,通过取各项平均数构建量表。

调查结果

调查小组的设计是出于两个主要目的。首先,它有助于揭示Facebook在两次数据收集之间的一年中所发生的任何变化。其次,它提供了一些机会来测试主要自变量(Facebook的访问强度)和因变量(桥接型社会资本)之间因果关系的方向。

如图1所示,参与者报告称,2007年每天花费在积极利用互联网上的时间与2006年相比显著增加,每天增长了1个多小时,$t(91) = 2.25$,pb .05。*Facebook* 的应用时长几乎翻倍,平均每天增长了大约21分钟,$t(84) = 4.30$,pb .0001。正如所预期的,参与者报告的 *Facebook* 上的总朋友数也有所增加,从223增加到了339,增长了50%,$t(83) = 9.40$,pb .0001。很显然,各种测量显示在过去的一年里 Facebook 已经成为学生生活中日益重要的一部分。

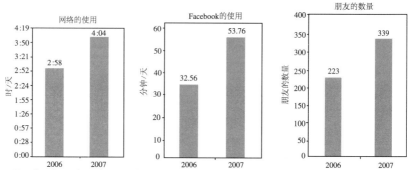

图1　Facebook 用户调查小组的互联网使用、Facebook 使用及 Facebook 朋友数的增长
注:使用配对 t 检验显示所有的增加都是显著的:互联网的使用,$t(91)=2.25$,
　$p<.5$;Facebook 的使用,$t(84)=4.30$,$p<0.001$;朋友的数量,$t(83)=9.40$,$p<0.001$。

艾利森等人(2007)在研究中发现 Facebook 访问强度和受访者感知到的桥接型社会资本之间存在很大的联系。他们的理论认为通过减少阻止现实联系的各种障碍,Facebook 的使用帮助学生把潜在的联系变成了现实的联系。然而,如上所述,还要提出一个拥有同样可能性的观点,即那些具有大的联系网络的人会更有理由使用 Facebook,这颠倒了因果方向。为了解决这个问题,在调查小组中,我们在我们的调查中完成了一个交叉滞后相关性分析。图2显示了生成的交叉滞后相关性。第一次的 Facebook 使用与第二次的桥接型社会资本之间的关联,要比第一次的桥接型社会资本与第二次的 Facebook 使用之间的滞后相关性要更明显。

按照肯尼(1979)和拉格胡纳森、罗森塔尔及鲁宾(1996)的方法,输入了一个改动过的 Pearson-Filon z 指数(ZPF 指数)来测试滞后相关性差异的显著性。这些研究人员认为,如果对两个变量在两个时间点进行测试,而又不违反假设的同步性(在两个时间点同时对两个变量进行测量)和平稳性(两个变量之间的关系强度没有随时间变化有明显的改变),那么这个测试就是合适的。

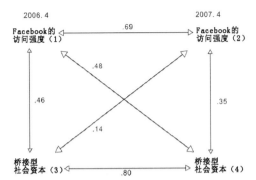

图 2   交叉滞后的相关性分析显示 2006—2007 年期间
Facebook 访问强度和桥接型社会资本之间的关系

注：交叉滞后的相关性，使用 ZPF 分析 $r14(.48)$ 和 $r23(.14)$ 之间的差异，(z 改造了
Pearson-Filon 的统计数据），相关性显著（$z=3.52$，$N=85$，$p<0.001$）。

ZPF 测试对于分析非重叠（一个变量与其他两个变量无相关性）和非独立（跨越时间的变化是限定在范围内的）的变量尤为合适。测试中发现了显著性差异（$z=3.52$，pb .001），很好地支持了艾利森等人（2007）的观点：使用 Facebook 越多，越会导致桥接型社会资本的增长。

为了检测自尊能弱化 Facebook 的使用对社会资本的影响的假设，我们对自尊做了中位数分割，对高端自尊子样本和低端自尊子样本进行了交叉滞后相关性分析。自尊的中位数得分相当高（在 5 点量表中为 $Md=4.29$），由此可见，差异不像我们所想象的那么大（低自尊组 $M=3.81$；高自尊组 $M=4.70$）。然而，结果表明，对于低自尊组而言，使用 Facebook 的滞后强度和桥接型社会资本之间的关系（$r=.57$）要高于高自尊组（$r=.43$）（图 3a 和 b）。这表明，由艾利森等人（2007）首先提出的低自尊学生使用 Facebook 的社会资本收益比高自尊的学生要多这一相互影响的作用，在检测一年后社会资本的积累时仍然很明显。两个交叉滞后相关性分析都得出了显著的 ZPF 分数，就更说明社交网站使用在前、社会资本收益在后的情况，特别是对低自尊学生而言更是如此。

最后一个分析是检测第一年中 Facebook 的使用，在多大程度上预测了第二年中参与者对桥接型社会资本的估计，其中对一般的互联网使用和心理健康的测量进行了控制。利用滞后回归分析检测了滞后的 Facebook 访问强度对于桥接型社会资本的预测性作用。

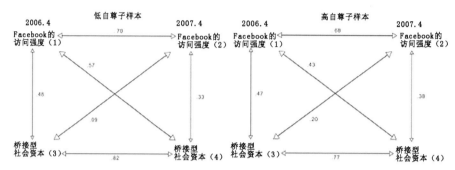

图3　交叉滞后相关性分析显示2006—2007年低自尊 a 与高
自尊 b 子样本的 Facebook 访问强度和桥接型社会资本的关系

a. 对于低自尊样本，$r_{14}(.57)$和$r_{23}(.09)$的差异结果为$z=3.53,N=39,p<0.01$
b. 对于高自尊样本，$r_{14}(.43)$和$r_{23}(.20)$的差异结果为$z=1.65,N=46,p<0.5$

表5　从滞后的（2006）独立变量（$N=85$）
预测 2007 年桥接型社会资本总量的回归分析小结

自变量	测量的贝塔系数
截距	$3.86****$
一天中上网所用的时间	0.06
自尊	$0.24*$
大学生活的满意度	$0.44**$
Facebook 访问强度	$0.42****$
由 Facebook 访问强度表现的自尊	$-0.46*$
	交互项前： $F=10.71,p<0.0001,Adj.R^2=.32$
	交互项后： $F=9.76,p<0.0001,Adj.R^2=.34$

注：$* p<.05,** p<.01,*** p<.001,*** p<.0001$.
　a　测得的贝塔系数与标准贝塔系数接近，平均值为0，幅度为2。
　b　由 Facebook 访问强度而影响的对大学生活的满意度不显著，为了简明不予报告。

　　结果证明，在控制了一般的互联网应用和心理健康的测量之后，Facebook
的应用产生出更大的桥接型社会资本。如表5所示，2006年的网络使用并没
有展示出与2007年的桥接型社会资本有任何联系（测得的贝塔系数＝.06,
ns)。然而，就像之前期望的那样，那些在大学一年级的时候拥有更多自尊并且

对生活满意度更高的学生在二年级的时候具有更高的桥接型社会资本。即使这个等式里有心理因素在，一年级时 Facebook 的访问强度是二年级时桥接型社会资本的一个很高的预测指数（测得的贝塔系数＝.42,pb.0001）。此外，正如我们从图 3a 和 b 中展示的交叉滞后相关性分析中所期望的那样，Facebook 的使用和自尊之间有着显著的联系。这种相互作用的条件——Facebook的访问强度和自尊——是预测桥接型社会资本的很重要的指数（测得的贝塔系数＝.46,pb.05）。Facebook 访问强度作为桥接型社会资本的预测指数，通过对比较强自尊心和较弱自尊心的学生的 Facebook 访问强度系数坡度，图 4 揭示了这种相互作用的本质。从这个图表我们可以看出，与自尊心较强的学生相比，自尊心较弱的学生对 Facebook 的使用与社会资本之间存在更强的联系。

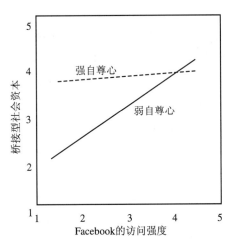

图 4　运用 2006 年的自尊和 Facebook 的使用预测 2007 年桥接型社会
资本时自尊和 Facebook 的应用之间的关系

　　我们对 Facebook 用户的访谈补充了我们的调查数据，帮助我们构建起此处报告的研究结果的模型。这些定性研究的数据支持了这个概念：在 Facebook 结交朋友具有工具性目的，使得个体能够与那些在未来有可能为他们提供帮助的大批人群保持联系。举例来说明。一个参与者解释说：

　　"我认为 Facebook 对于建立关系是非常好的工具，真的很好。我的高中是非常注重建立关系的,我敢说每一个高中学生都会努力去维持 Facebook 上的朋友关系,那样的话等我们都 40 岁了,再次重聚的时候,我们仍然可以联系到我们认识的每一个人。你知道的,'某某是个医生',我们会毫不犹豫地给他们打电话让他们帮忙,因为我们上的是同一所高中。"

此外,Facebook 为社交联系提供了技术支持。除了系统内的信息传送机会(发帖,踩一下,用户间直接发信息),这个系统通过掌握用户个人档案中的联系信息方便了面对面的交流和利用其他媒体进行的交流。通过这种方式,Facebook 就是一部制作精良的地址簿,方便了系统外的交流。正如这位参与者所说:

"实话说,我不记得在 Facebook 之前我做过什么,这听起来真的挺可悲的,但是用它来获取人们的信息实在是太方便了。那不是不好的信息,它只是代替了问'你有这个人的电话号码吗'或者是'天啊,他们住在哪里啊,我只知道他们住在这个宿舍楼,但是我需要房间号啊'这样的问题和麻烦,去 Facebook 上找是非常方便的。而且如果 Facebook 上没有那些信息,你可以给他们留言'我需要去你房间拿些东西,你住在哪里'或者是'我们在同一个班,我们可以一起学习吗'……这就方便多了。"

最后再引用一段,看看 Facebook 是如何帮助那些低自尊的用户发起与其他人的交流而避免了可能会引起尴尬的电话或者是接收到一个不想联系的熟人的信息,以此来说明 Facebook 的使用与用户的自尊之间的关系。

"那么,唯一一件非常好的事就是,我加入了一个女生联谊会,真是太方便了……你的社团里有好多的人,我认为你不会给他们都打电话过去。有些人你每周都会见到,所以你们成了朋友,你们拥有共同的兴趣,但是你可能不会给所有人打电话。所以,上 Facebook 就很好,加上这对于你了解你正在做的事情或者是你应该做的事情是非常方便的,人们可以非常快捷地发送短消息。所以,它是非常方便的,它可以打破一些人之间的隔膜,与他们交谈,那些你不是必须要非常了解的人,你可能不愿意打电话给他们,因为打电话可能会显得尴尬，而给他们发送个两句话的信息就简单多了。"

讨论

前面关于人际关系对年轻人的自尊所起的作用主要关注的是亲近和亲密的关系（Bishop & Interbitzen，1995；Keefe & Berndt，1996）。甚至关于人们是如何用因特网来维持人际关系的研究也主要关注的是这些亲近的关系。然而，桥接型社会资本和一个人发展和维持弱关系而非亲近关系的能力有关。在这项研究中我们发现，不仅桥接型社会资本和自尊有关，而且使用在线社交网络服务——Facebook，也通过与自尊相互作用来影响桥接型社会资本。

我们的研究结果证明，社交网站能够在离开家庭进入大学的这样一个生活节点上满足年轻人发展和维持人际关系的需要。他们面临着维持以前的人际关系，同时迎接在班级、新的生活安排和其他大学活动中与新一拨同龄人相识的挑战。Facebook 等在线社交网络服务使得维持亲近的友谊和较远的关系更加便利，而这些关系有助于形成桥接型社会资本。能够向线下社交网络中的朋友表达情感，使得 Facebook 用户能够和许多熟人保持浅层接触（另见 Subrahmanyam，Reich，Waechter & Espinoza，2008）。网站内部的特色使得用户既能够很容易地展示自己的活动信息，还能够以一种社会监督的形式来追踪很多 Facebook"好友"的活动。更重要的是，网站为社会互动提供了技术上和社交上的基础设施。比如，通过站内交流（通过发帖、踩一下、留言等方式）和呈现用户的联系信息等方法，工具能够为交流提供直接的技术支持。此外，通过浏览站内档案，用户可以看到他人的身份信息，这样就有可能促进面对面的交流（网站能提供他人的喜好、个人特征等信息）。获得"潜在的关系"的信息就有可能减少发起交流的障碍，因为潜在的共性被揭示了出来，同时也了解了他人的重要信息，如关系状态，这样就能减轻被拒绝的担心。

Facebook 可能会使交流更加便利，尤其是在发起社会互动方面，还有可能缓解被拒绝的担心，这些都可能进一步解释为什么低自尊的学生看起来能比高自尊的学生从使用 Facebook 中获得的更多。自尊心低的学生可能比自尊心高的学生更难在班级或宿舍中接近别人，所以可能不会形成对桥接型社会资本至关重要的随意的人际关系。因此一个能够使自尊心低的学生更易于参与到亲密关系网之外的其他人群去的社交网站,对自尊心低的学生比自尊心高的学生能够产生更大的影响。

我们关于桥接型社会资本的发现也为 Facebook 的"好友"提供了一个新的视角。尽管第一眼看上去,Facebook 巨大的朋友数量(2006 年的平均数为223,2007 年的平均数为 339)可能意味着一个表面化的、肤浅的关系组合,但是这个网站的特征恰恰就是我们希望在一个能够支持桥接型社会资本的网站上看到的。Facebook 的网络看起来很大,因而很多样——一个"弱关系"(Granovetter,1973)的组合,很适合提供新的信息。多纳特和博依德(2004)提出社交网站可能会更好地支持一个大型的、多样性的网络,这一观点得到了本文报告的数据和网络级别数据(Lampe et al.,2007)的支持。

这项研究中另外一个有趣的发现是 2006 年到 2007 年间 Facebook 访问强度(FBI)测量数据的增长(2006 年 Ms=2.81,2007 年 Ms=3.12)。同时报告中朋友的平均数可以成为网站参与者长期上网的一个标志,Facebook 访问强度测量数据的增长是其对调查对象重要性增强的一个强有力指标。我们将这个数据的增长理解为,它意味着在支持我们研究的本科生维持社会关系方面,Facebook 起到了更加核心的作用。当然其他解释也是有可能的,但是我们感觉这种解释与这里呈现的数据是相匹配的。

回到因果关系这个议题来,这些发现确实表明 Facebook 的使用以一种有意义的方式与桥接型社会资本的产生发生关系。特别是,图二和图三中描绘的交叉滞后相关性分析的结果印证了 Facebook 引起桥接型社会资本增加这一观点而不是已有的社会资本水平促进 Facebook 的使用这一观点。另外,回归分析(表 5)证明了即使考虑进其他因素,滞后的 Facebook 的使用仍然和桥接型社会资本的增加有关。然而,因为在这项研究中没有随机分配或者实验可控的变量,我们认识到我们不能根据这些结果来断言其中真正的因果关系。然而,应该注意的是,社会资本及其产生方式是一个众所周知的艰难研究领域,而且实验研究不太可能在博弈论模拟之外能有力地抓住社会资本。这项研究对设定了语境的使用进行了跨时研究,像这样的研究对解决社会资本的产生和维持等问题是重要且恰当的。

这些发现可以用我们之前提出的假设来进行概括。假设 1 Facebook 使用得越多将会带来更多的桥接型社会资本,这个观点得到了支持。即使在控制了一般的因特网使用之后，Facebook 的使用仍然能显著预测桥接型社会资本，这一事实支持了在线社交网络服务有独特的可利用性的观点，社交网站与社会资本的关系并非一般网络行为的构件。像好友列表、发帖、留言和标签等工具可以帮助社交网站的用户维持较疏远的关系和弱联系。另外，在说明了自尊和对生活的满意度对于桥接型社会资本的影响之后这种关系仍然保持不变。假设2是关于这种影响的方向是从 Facebook 的使用到桥接型社会资本，交叉滞后相关性分析与滞后回归分析的结果也支持了这个观点。我们前面阐述了这一观点可能正确的几点原因，因为像 Facebook 这样的在线社交网络服务通过为社会互动提供社会和技术支持，使得与无足轻重的人保持弱联系及进行社会监督更加便利。假设3自尊和对生活的满意与桥接型社会资本相关也得到了证实。然而，我们更加感兴趣的是除了这些心理因素的变量之外，Facebook 的使用是否能够解释桥接型社会资本的变化，而结果是肯定的。最后，假设4提出自尊和对生活的满意程度会影响 Facebook 对桥接型社会资本产生影响的方式。这种影响见诸自尊，但对生活的满意程度这个因素并不支持这一观点。正如图4中描绘的，自尊和 Facebook 的使用在预测桥接型社会资本存在相互影响作用，Facebook 的使用能够减少那些低自尊的人和弱联系的人互动中的障碍，这二者是一致的。自变量与因变量的测量之间有一年之隔这一事实值得关注，并且它证实了我们提出的因果关系的解释。

这项研究确实有重大的局限性，我们只检验了一家社交网站——Facebook，无法将研究结果推而广之到所有这类服务。然而 Facebook 在大学校园里大行其道的广泛应用，大大消解了这种局限性。在这些大学生当中，Facebook 是他们最基本的社交网站。我们也只检验了一所大学中的用户，在我们没有检验到的组织结构中有可能存在不同之处。

结论

将来在这个领域还有很多研究机会。首先，应该继续关注 Facebook 的使用者小组，进一步探索 Facebook 的使用和社会资本的关系。另外，在 Facebook 内部使用他们开放的应用程序接口（API）来创建应用的能力，为进行更多有关社会资本产生的实验工作提供了机会。应该进行更多的研究来看看年轻人之外的其他群体是否也收到了我们在这里看到的同样的社会资本的利益。

准成年人正在使用 Facebook 来维持大规模扩散型的朋友网,这对他们积累桥接型社会资本具有积极的影响。尽管我们很轻易就会认为这些庞大的熟人网络很肤浅,但实际上这些关系具有给 Facebook 用户带来真正好处的潜力。另外,在线社交网络服务看起来能够提供重要的支持,尤其是对那些拙于形成和维持庞大的、多样性的、作为社会资本来源的交际网络的人来说更是如此。

参考文献

［1］Adler，P. & Kwon，S. (2002). Social capital：Prospects for a new concept. *Academy of Management Review*，27，17 - 40.

［2］Arnett，J. J. (2000). Emerging adulthood：A theory of development from the late teens through the twenties. *American Psychologist*，55，469 - 480.

［3］Bargh，J. A. & McKenna，K. Y. (2004). The Inter-net and social life. *Annual Review of Psychology*，55，573 - 590.

［4］Bargh，J. A.，McKenna，K. Y. & FitzSimons，G. M. (2002). Can you see the real me? Activation and expression of the "true self" on the Internet. *Journal of Social Issues*，58，33 - 48.

［5］Bishop，J. & Inderbitzen，H. (1995). Peer acceptance and friendship：An investigation of their relation to self-esteem. *The Journal of Early Adolescence*，15，476 - 489.

［6］Bourdieu，P. & Wacquant，L. (1992). *An Invitation to Reflexive Sociology*. Chicago，IL.：University of Chicago Press.

［7］Boyd，d. m. & Ellison，N. (2007). Social network sites：Definition，history，and scholarship. *Journal of Computer-Mediated Communication*，13，210 - 230.

［8］Brown，J. (2006). Emerging adults in a media-saturated world. In J. Arnett & J. Tanner (Eds.)，*Emerging Adults in America：Coming of Age in the 21st Century* (pp. 279 - 299). NY：American Psychological Association.

［9］Burt，R. (1997). The contingent value of social capital. *Administrative Science Quarterly*，42，339 - 365.

［10］Coleman，J. S. (1988). Social capital in the creation of human capital. *The American Journal of Sociology*，94，S95 - S120 (Supplement).

［11］Connolly，J.，Furman，W. & Konarksi，R. (2000). The roles of peers in the emergence of hetero-sexual romantic relationships in adolescence. *Child Development*, 17, 1395 –1408.

[12] Constant, D., Sproull, L. & Kiesler, S. (1996). The kindness of strangers: The usefulness of electronic weak ties for technical advice. *Organization Science*, 7, 119 – 135.

[13] Cummings, J., Lee, J. & Kraut, R. (2006). Communication technology and friendship during the transition from high school to college. In R. E. Kraut, M. Brynin & S. Kiesler (Eds.), *Computers, Phones, and the Internet: Domesticating Information Technology* (pp. 265 – 278). New York: Oxford University Press.

[14] Diener, E., Suh, E. & Oishi, S. (1997). Recent findings on subjective well-being. *Indian Journal of Clinical Psychology*, 24, 25 – 41.

[15] Donath, J. (2007). Signals in social supernets. *Journal of Computer-Mediated Communication*, 13, 231 – 251.

[16] Donath, J. S. & boyd, d. (2004). Public displays of connection. *BT Technology Journal*, 22, 71.

[17] Ellison, N., Steinfield, C. & Lampe, C. (2007). The benefits of Facebook "friends": Social capital and college students' use of online social network sites. *Journal of Computer-Mediated Communication*, 12, 1143 – 1168.

[18] Golder, S., Wilkinson, D. & Huberman, B. A. (2007). Rhythms of social interaction: Messaging within a massive online network. In C. Steinfield, B. Pentland, M. Ackerman & N. Contractor (Eds.), *Proceedings of the Third International Conference on Communities and Technologies*, Michigan State University (pp.41 – 66). London: Springer.

[19] Granovetter, M. S. (1973). The strength of weak ties. *American Economic Review*, 78, 1360 – 1480.

[20] Granovetter, M. S. (1983). The strength of weak ties: A network theory revisited. *Sociological Theory*, 1, 201 – 233.

[21] Hargittai, E. (2007). Whose space? Differences among users and non-users of social network sites. *Journal of Computer-Mediated Communication*, 13, 276 – 297.

[22] Haythornthwaite, C. (2005). Social networks and Internet connectivity effects. *Information, Communication & Society*, 8, 125 – 147.

[23] Helliwell, J. F. K. & Putnam, R. D. K. (2004). The social context of well-being. Philosophical Transactions of the Royal Society B, *Biological Sciences*, 359, 1435 – 1446.

[24] Hewitt, A. & Forte, A. (2006, November). Crossing boundaries: Identity management and student/faculty relationships on the Facebook. Poster presented at the ACM

Special Interest Group on Computer-Supported Cooperative Work，Banff，Canada.

［25］Keefe，K. & Berndt，T. (1996). Relations of friendship quality to self-esteem in early adolescence. *The Journal of Early Adolescence*，16，110－129.

［26］Kenny，D. A. (1979).*Correlation and Causality*. New York：Wiley-Interscience.

［27］Kraut，R.，Kiesler，S.，Boneva，B.，Cummings，J.，Helgeson，V. & Crawford，A. (2002). Internet paradox revisited. *Journal of Social Issues*，58，49－74.

［28］Kraut，R.，Patterson，M.，Lundmark，V.，Kiesler，S.，Mukhopadhyay，T. & Scherlis，W. (1998). The Internet paradox：A social technology that reduces social involvement and psychological well-being. *American Psychologist*，53，1017－1032.

［29］Lampe，C.，Ellison，N. & Steinfield，C. (2006，Nov.). A face(book) in the crowd：Social searching vs. social browsing. Paper presented at the ACM Special Interest Group on Computer-Supported Cooperative Work，Banff，Canada.

［30］Lampe，C.，Ellison，N. & Steinfield，C. (2007，April). A familiar face(book)：Profile elements as signals in an online social network. Proceedings of the SIGCHI conference on human factors in computing systems. San Jose，CA (pp. 435－444). New York：ACM.

［31］LaRose，R.，Lai，Y. J.，Lange，R.，Love，B. & Wu，Y. (2005). Sharing or piracy? An exploration of downloading behavior. *Journal of Computer-Mediated Communication*，11，1－21.

［32］Lin，N. (1999). Building a network theory of social capital. *Connections*，22，28－51.

［33］McKenna，K. & Bargh，J. (2000). Plan 9 from cyberspace：The implications of the Internet for personality and social psychology. *Personality and Social Psychology Review*，4，57－75.

［34］Montgomery，M. J. (2005). Psychosocial intimacy and identity：From early adolescence to emerging adulthood. *Journal of Adolescent Research*，20，346－374.

［35］Morrow，V. (1999). Conceptualizing social capital in relation to the well-being of children and young people：A critical review. *Sociological Review*，47，744－765.

［36］Moyle，K. (2004，Dec. 7). Internet helps people connect with past friends. University Wire. Retrieved July 8，2008，from http://www.dailyevergreen.com/story/10828

［37］Nahapiet，J. & Ghoshal，S. (1998). Social capital，intellectual capital，and the organizational advantage. *The Academy of Management Review*，23，242－266.

［38］Nie，N. (2001). Sociability，interpersonal relations，and the Internet：Reconciling conflicting findings. *American Behavioral Scientist*，45，420－435.

[39] Pavot, W. & Diener, E. (1993). Review of the Satisfaction with Life Scale. Psychological Assessment, 5, 164 – 172.

[40] Putnam, R. D. (2000). *Bowling Alone: The Collapse and Revival of American Community*. New York: Simon & Schuster.

[41] Raghunathan, T. E., Rosenthal, R. & Rubin, D. B. (1996). Comparing correlated but nonoverlapping correlations. *Psychological Methods*, 1, 178 – 183.

[42] Resnick, P. (2001). Beyond bowling together: Sociotechnical capital. In J. Carroll (Ed.), *HCI in the New Millennium* (pp. 647 – 672). New York: Addison-Wesley.

[43] Rosenberg, M. (1989). *Society and the Adolescent Self-image* (revised ed.). Middletown, CT: Wesleyan University Press.

[44] Shaw, B. & Gant, L. (2002). In defense of the Internet: The relationship between Internet communication and depression, loneliness, self-esteem, and perceived social support. *Cyber Psychology & Behavior*, 5, 157 – 171.

[45] Stutzman, F. (2006, Oct.). An evaluation of identity-sharing behavior in social network communities. Paper presented at the International Digital Media Arts Association and the Miami University Center for Interactive Media Studies CODE Conference, Oxford, OH.

[46] Subrahmanyam, K., Reich, S., Waechter, N. & Espinoza, G. (2008). Online and offline social networks: Use of social networking sites by emerging adults. *Journal of Applied Developmental Psychology*, 29, 420 – 433 (this issue).

[47] Sullivan, H. (1953). *The Interpersonal Theory of Psychiatry*. New York: Norton.

[48] Valkenburg, P. M. & Peter, J. (2007). Preadolescents' and adolescents' online communication and their closeness to friends. *Developmental Psychology*, 43, 267 – 277.

[49] Valkenburg, P. M., Peter, J. & Schouten, A. P. (2006). Friend networking sites and their relationship to adolescents' well being and social self-esteem. *Cyber Psychology and Behavior*, 9, 584 – 590.

[50] Wellman, B., Haase, A. Q., Witte, J. & Hampton, K. (2001). Does the Internet increase, decrease, or supplement social capital? Social networks, participation and community commitment. *American Behavioral Scientist*, 45, 436 – 455.

[51] Williams, D. (2006). On and off the "net": Scales for social capital in an online era. *Journal of Computer-Mediated Communication*, 11, 593 – 628.

读后习题

概念与问题

1. 第一个社交网站始于何时? 哪家社交网站拥有最大的用户数?

2. 谁创建了 Facebook? 其动因是什么?

3. 为什么应该就社交网站对年轻人的影响做更多的研究?

4. 为什么本研究应用了纵向研究?

5. 在作者看来,对于美国大学生来说,关于维持友谊的重要性的两个互补的观点是什么?

6. 什么是社会资本?

7. 本研究应用了何种研究方法? 在第一次的数据收集中是否采用了随机选取的方式? 采用随机样本的好处是什么? 网上调查的回复率说是多少?

8. 本研究对自尊是如何测量的? 请举例。

9. 大学生活满意度是如何测量的? 请举例。

10. 桥接型社会资本是如何测量的? 请举例。

讨论题

1. 谈谈你对网络使用、关系构建和自尊之间的关系的看法。本研究对此有何发现? 你对本研究的结果作何评价?

2. 假设你本人有一个社交网站。谈谈这个网站是如何帮助你维持关系强化自尊的。请举例说明。

作业

和同学讨论一下社交网络的使用、关系的维护和自尊的发展之间的关系。对比你们在使用社交网站和加强关系和自尊方面的异同。请写出五点主要的发现。

质量评估及讨论

说明:请从数字 1(非常不同意)到数字 5(非常同意)中圈出一个来说明你

的看法。另附纸写下你每个选择的理由(SA 指非常同意,SD 指非常不同意)。

a. 介绍部分说明了为什么本研究是一个重要的调查。

SA　5　4　3　2　1　SD

b. 文献评述为本调查提供了语境。

SA　5　4　3　2　1　SD

c. 研究问题或假设都做了恰当陈述。

SA　5　4　3　2　1　SD

d. 研究方法的选择恰当。

SA　5　4　3　2　1　SD

e. 对变量进行了充分而良好地测量。

SA　5　4　3　2　1　SD

f. 结果得到清楚地呈现。

SA　5　4　3　2　1　SD

g. 本研究的内涵得以清晰地阐述。

SA　5　4　3　2　1　SD

h. 讨论得以充分恰当地展示。

SA　5　4　3　2　1　SD

i. 本研究对建立传播学领域内的知识体有所贡献。

SA　5　4　3　2　1　SD

第六单元
抽样研究

10 美国媒体接触与自尊对中国城市青少年消费行为的影响[①]

董庆文，曹小兵

摘要：根据对北京市 429 名高中生样本的研究，中国城市青少年的消费行为可以由其自尊加以预见。个体的自我评价激励着他们参与家庭消费行为。这项研究表明，中国消费行为潜在地由认知因素（如自尊）和社会因素（如媒体使用）两方面形成。然而，本研究显示与美国大众媒体的接触对青少年参与家庭消费的行为没有显著影响。这个发现增加了在该领域进一步研究的可能性。文章为今后的研究提出了意见和建议。

引言

自 1979 年的中国经济体制改革以来，中国人的消费行为发生了翻天覆地的变化（Fan & Chern，1997；Yao，1999）。在经济改革之前，中国实行着严格控制消费活动的中央计划经济。在此期间，消费者的作用几乎没有被注意到。经济体制改革后，中国政府向西方世界打开了大门，诸多西方的消费观影响了中国消费者的观念、情绪和行为（Sun & Collins，2002）。

中国开放政策带来的变化体现在两个主要方面：与美国媒体的接触和个人自尊的提升。这两方面的变化极大地影响了中国人的消费观念和消费行为。中国观众能够便利、直接地收看美国电影和电视节目，这对形成中国观众的消费观念、价值观念、行为和生活方式无形中起着重要的作用（Umble，1990）。安博的研究（1990）表明，美国的电影电视节目是有关美国情况的主要信息源，

---

① 董庆文，曹小兵："美国媒体接触与自尊对中国城市青少年消费行为的影响"，《家庭与经济问题学刊》，2006 年 12 月，27(4)：664—674。再版已获得作者授权。

塑造了令人向往的、富裕的生活方式,其所描绘的价值观念往往与国外观众的生活方式和价值观念截然不同。中国人自尊的增强往往来源于自由的经济环境和宽松的政治环境,这些有助于形成中国消费者的价值观念和行为。如果个体认为自身强大、有力和自信,他们就会参与更多的社会互动和其他活动。

对消费文献的回顾显示,关于非西方消费活动的信息很有限。本研究的目的是通过研究接触美国媒体和自尊对中国城市青少年参与消费行为的影响来填补这一研究空白。本研究认为,更好地理解这两个因素的影响有助于家长、决策者及研究人员解释和预测中国青少年对消费行为的参与。

选择中国作为这项研究的重点有两个原因。首先,高速的经济增长对中国消费者价值观念具有巨大的影响,也对中国青少年的消费认知和消费参与产生了巨大的作用。其次,中国有 13 亿人口,这使其潜在地成为全球最大的消费中心。中国的青少年正在成长为这个人群里最大的消费群体,因此值得对他们进行综合的调查。由于中国青少年受到接触美国媒体和自尊的影响,本研究将从社会认知角度去研究他们的消费参与行为。

文献综述

在中国经济体制改革前,消费者和消费这两个概念在中国不为人知,至少人们很少使用这两个概念。在那个阶段,消费行为十分有限,中国市场为人们提供的消费品很有限,主要是生活必需品。许多必需品,如大米、白糖、肉、布料和耐用品,都由政府配给,大部分消费品和服务的价格很低。在城市里,三大高消费项目(医疗、教育、住房),由当地政府几乎是免费地提供给人们。自经济改革后,中国政府放宽了对市场的控制,鼓励市场经济,这有助于形成消费者的价值观和发展消费参与行为(Ferry,2003;Yin,2005)。中国的非国有企业和大众传媒的变化是塑造消费者的价值观和行为的两大关键因素,因此也与消费参与的研究相关(Cao,1996)。

非国有企业

在经济改革前,国有企业是中国经济的主导,企业在生产中没有自己的利益,关于生产什么,如何管理和销售给谁都由政府部门直接决定。自 1979 年,这种情况得以改变,非国有企业出现并得到鼓励与国有企业进行竞争。柴(2000)认为,中国非国有企业包括集体企业和私有企业。集体企业由城镇和乡村企业组成(TVEs)。城镇和乡村企业是中国工业改革的主要资源(Nolan,2004),也是中国经济增长的生力军(Lin,2003;Zheng,2004)。私有企业包括个体和私营部门。柴指出,中国非国有企业出现,为中国经济的增长做出了最大的贡献(2000)。外企在中国雨后春笋般出现,在改变中国经济和人们的消费价值观、态度和行为上发挥着关键的作用。新的经济环境为中国消费者提供了两个重要的好处:消费者的信息和消费者的选择。非国有企业为消费者提供消费品和服务的信息,使消费者能够自己决定消费。市场上有越来越多的消费品和便捷的服务可供选择。在新的经济环境下,中国的消费者已经进入了一个新的消费阶段。由于经济的快速增长和结构的变化,他们的消费价值观和行为受到了极大的影响。

大众媒体的变化

中国的大众传媒多年来被政府当作宣传工具。经济体制改革后,大众传媒的作用发生了变化,有了新的作用。许多媒体被要求部分地自负盈亏,而以前他们完全是政府拨款(Polunbaum,2000)。为了获得资金来源并吸引观众/读者,消费主题的广告被引入中国大众媒体。一些广告具有较强的西方价值观,如拥有奢侈品和安逸的生活。中国的广告有两大作用,一是说服人们购买产品,另一个是为消费者提供信息。后者对当今中国社会的作用尤其值得注意。几十年来,大众媒体在中国受到政府的严格控制,并且大众媒体所提供的全部信息反映了党的政策和意识形态。在这种背景下,国有媒体往往在中国受众中享有很高的信誉和可信度,因为人们倾向于对媒体上的信息坚信不疑。因此中国的大众媒体在塑造人们的价值观念上有强大的力量。美国的电影电视剧正在渗入中国市场。中国的电视网络和影院播放着大量的美国电视节目和电影。美国的传媒信息反映了西方的生活方式和价值观,而这些有望对中国人的消费价值观和消费行为产生很大的影响。人们接触美国/西方大众媒体或将引导中国消费者学习西方消费价值观、理念和行为。

自尊

我们把自尊定义为人们对自身整体的评价。根据戈伽斯和伯克(1995)的看法,自尊是自我概念的主要方面。罗森堡(1965)认为,如果人们有较强的自尊心,他们会更尊重自己并认为自己具有价值。如果人们自尊不足,那么他们更容易产生自我嫌弃、自我不满和自我鄙视的情绪。戈伽斯和伯克(1995)发现较强的自尊心与许多积极的结果有很大的关联性,如个人成功、受欢迎程度和学术成就。

戈伽斯(1986)认为自尊感具有激励性特征,它可以鼓励人们去保持或者加强对自己有利的看法。鲍尔-罗克奇、罗克奇和格鲁伯(1984)发现,维持自尊感的现状能使人们争取平衡,而增强自尊感使人们力争成长。自尊感是通过四种主要途径建立起来的:社会对比、反映评价、自我归因和身份认同(Gecas, 1982)。为了衡量自尊感,戈伽斯(1971)基于13对形容词语义差异量表,建立了一种自尊感程度的测量方法。他和他的团队随后运用这些形容词着重研究了自尊的两个维度:力量感和价值感(Gecas & Schwalbe, 1986)。

自经济改革以来,中国人获得了更多的经济自由,政府的政治控制也更为宽松,这就使其具备了发展更高水平自尊感的潜力。社会变革使中国人感觉良好,感受到了自己的强大。尤其是中国的青少年,他们对于这些变化非常兴奋,并且更愿意加入到大量社会行为中,其中包括消费参与和消费活动(Cao, 1996)。

总而言之,中国消费者的价值观和行为正深受中国经济发展的影响,这一点可以在青少年消费参与中反映出来。中国的非国有企业和大众传媒的变化是形成消费者价值观和行为的两个关键性因素。更多的选择,更多的信息和更多的西方消费者的媒体形象及信息正在为中国人创造一个全新的消费世界。随着中国经济的变革,人们的收入更高了,从美国大众传媒中学到了更多的西方价值观,中国青少年,至少是其中的一部分,被西方的消费价值观和消费行为社会化了。

理论框架和假设

社会认知理论(Bandura, 1986, 1994)解释了个体行为是如何通过个人和社会因素相互作用发展而来的。这项理论观点的一个早期版本被命名为社会学习理论,这项理论认为人们从观察当中学习。这种观察中进行的学习包含四个过程:注意、保持、自动再现和激励。社会认知理论同时强调社会背景和个人的认知过程。根据班度拉的观点,消费者行为由社会背景(如大众传媒)和个人认知过程(如自尊)两个因素形成。班度拉(1994)指出,如果个体仅依赖于他们自己的经历,认知过程和社会发展将受到极大的限制。

我们从社会认知理论当中提取出两项原理,来分析为什么中国青少年会参与到消费活动当中。

原理1:内部和外部因素都会影响消费行为。这项原理表明人类的行为是通过内部和外部因素的相互影响来习得和形成的。内部因素指的是个人性格特征例如自尊。外部因素指的是环境特征,例如观看美国电视节目。这项原理为本研究构建出了核心的理论框架。

原理2:消费价值观和行为可以通过观察来习得。大众传媒影响的核心过程是模仿。消费价值观通过观察大众媒体中的模型来习得。西方大众媒体,例如美国电视节目,在对中国青少年传播西方理念和西方消费观念的过程中起着重要作用。间接的强化是一个过程,在这个过程当中观察者体验着别人受到的奖励和惩罚(Shaw & Costanzo,1982)。如果人们看到其他人因某种行为获得了奖励,观察者就更容易模仿这种行为。如果人们看到其他人因某种行为遭到惩罚,观察者就会更容易避免这种行为。模仿效应通过间接强化的过程对青少年消费者产生影响。中国青少年消费者的直接消费经历和知识储备因其个人经历而非常有限。然而,青少年可以通过社会学习的过程获得知识和经验。大众传媒通过传播消费价值观和行为,在中国青少年消费者社会化过程中起着重要的作用(Moschis,1987)。

根据社会认知理论,可以通过分析接触大众媒体与自尊之间的相互作用来对消费者参与进行研究。这一理论表明中国青少年可以通过电视来学习消费价值观和消费行为。通过观察学习,观察者从中学到了价值观、态度及行为方式。这项理论还表明个体的自尊影响着个体的消费价值观和消费行为。总之,社会认知理论提供了一个框架,运用这一框架,我们可以通过自尊与媒体传播的相互作用来研究消费参与。基于对各种文献进行的回顾,我们提出了以下两种假设:

假设1:自尊心强的中国城市青少年比那些自尊心差的青少年更容易参与到家庭购买活动中。

假设2:经常观看美国电视节目的中国城市青少年比不经常观看的更容易

参与到家庭购买活动当中。

方法

  设计这项研究的目的是调查中国青少年的消费参与是如何受到美国媒体传播以及自尊的影响的。性别、年龄和教育程度这些人口统计学的变量都要进行测量。这些受调查者是依据简单的随机挑选的方法从北京的四所中学中选出的。抽样范围是北京的所有中学。在每个学校挑选班级的过程中也使用了随机程序来避免选择中有偏倚。这四所学校都是公立学校，并且这些调查对象都来自九到十二年级。之所以选择这些年级是因为这些青少年正处在可塑的发展时期，并且正在经历"身份认同危机期"（Erikson，1968）。这些青少年正在经历一个试验期，这也可以看作是他们身份形成过程的一部分。这是个不确定的过程，青少年在这个过程中逐步地社会化为消费者，这就使得这些年级的学生适合作为这项研究的实验对象。

  实验者希望这些样本可以代表中国城市青少年的主要特点，因为在当前经济改革时期，中国许多城市都与北京有相似性。主要城市在经济、社会、文化和政治环境上都具有相似性（Jussaume，2001）。因此，研究者希望北京青少年的研究结果可以概括整个中国城市青少年的情况。

  这些调查问卷由研究者在老师们的帮助下分发到班级当中。这些学生用一节课的时间在教室里填完了这些问卷。在调查对象开始回答问题之前，研究者大致介绍了研究程序。在问卷调查完成之后，研究者立即进行了汇报来解释这个项目。

  所有的调查方法都进行了预测。其中大部分的方法都采用的是已有的测量程序。这项研究的工具最初使用的是英文。然而，由于这些调查对象的母语是中文，这些工具就需要从英文翻译成标准的中文。翻译的过程包括两步：首先，这些工具由一个专业为美国文学的博士生翻译成了中文（借助于南极星电脑软件程序）。随后，这个中文版本又被另一位研究生译回英文以核对意思。这两个英文版本的对比结果显示两者之间具有一些措辞的差异，但是在意义上并没有较大出入。因此，在这个程序之后，研究者仅仅对问卷进行了较少的语言完善。

  这项问卷调查的预测工作是在北京十所高中的学生中进行的。这项工作由中国的中学老师完成,他帮忙找到了与抽样人群相似的学生。完成后调查主管查看了预测调查问卷,对问卷没有做重大调整。

在这项研究中,两个独立的可变因素是接触美国媒体和自尊。接触美国电视节目被定义为观看美国电视节目。对观看美国电视节目的测量就是关注青少年在过去的 30 天里是否观看了美国电视节目,看了多少,方法就是问他们"在过去的 30 天里你看过多少美国的电视节目"这样的问题。

自尊指的是人们对自我积极、中立或消极的感知。对自尊的测量利用了戈伽斯(1971)的 13 项语义差别量表。调查对象被要求在 13 组形容词中每一组都"按照自己对自己的认识"给自己进行评级。比如,在"快乐"和"难过"这组词中,由 7 个数字组成量表,1 意味着非常快乐,而 7 意味着非常难过。这 13 组形容词包括了有力与无力、满意与不满意、强壮与虚弱、聪明与愚蠢、大部分事情都做得好与几乎没有事情做得好、有吸引力与没有吸引力、勇敢与怯懦、诚实与欺骗、好与坏、仁慈与残忍、独立与依赖、慷慨与自私、有用与无用。

本研究中的因变量测量是采购参与(详见结果部分的指数测量)。恩格尔、布莱克韦尔和米尼亚德(1993)指出,当消费者的消费参与度很高的时候,消费行为就会有很大的相似性。他们还指出,消费参与是增加消费行为的一个强有力的标志。人口统计学变量被用于识别调查对象的主要特征。这些问题涉及年龄、性别、年级、学习成绩、英语能力和考试分数。人口统计学变量还包括调查对象的家庭信息,问题还包括他们父母的教育背景和职业。

中国青少年的消费参与指的是他们如何参与家庭购买行为,对"参与"的测量方法是要求调查对象以李克特五点量表对一系列陈述进行评级,比如"我经常建议去哪家商店可能会买到我家需要的产品"。在这个量表里,1 为"强烈同意",5 为"极其反对"。

这些数据通过数据分析系统(SAS)进行分析,既使用了描述性分析也使用了回归分析来测试观看美国媒体和自尊对中国城市青少年参与家庭购买行为的影响。

表 1　主要变量和指标的描述性统计数据

变量	数量	平均值	标准差	范围
家庭消费参与	429	3.1	0.6	1—5

续　表

变量	数量	平均值	标准差	范围
自尊	429	3.2	1.1	1—7
观看美国电视	426	4.4	7.8	0—16
个人经济来源	368	1.1	7.6	0—80
年龄	390	15.6	1.8	14—18

结果

　　本研究的调查样本是 429 名北京青少年,其中 49％为男生,51％为女生平均年龄为 15.6 岁(表 1)。在个人经济资源方面,本研究测量了中国青少年是否在放学后有兼职工作以及他们挣了多少钱。分析结果显示只有很少一部分北京青少年做过兼职。他们中的大部分(97％)报告说没有做过兼职,所有的受访者平均每个月只挣 1.12 元人民币。只有稍多于三分之一(37％)的人有兄弟姐妹,不是家中独子。

　　数据表明样本中有 54％的人观看过美国电视节目,46％的人没看过。结果表明北京青少年常常会有很强的自尊心,并对西方价值观有很高的认同度。另外,数据显示,北京的家长往往会鼓励孩子公开地表达他们的意见并且要看到问题的各个方面。

　　本研究中对因变量的测量是用 11 条陈述来测量购买的参与度。主成分分析结果显示三个成分的本征值大于一。第一个成分是最主要的,解释了 11 条陈述里 30％的变化。所以,只有这一成分被用于测量家庭购买的参与度。这11 条陈述中有 8 条的最大评估值大于 0.5(表 2)。

　　家庭购买参与指数由这些因素构成,比如"在家庭消费中,如果我不能参与到购买活动的决策中,我经常会感到不高兴""我父母想要买某一个产品时,我通常会给出一个我认为我们可以考虑的价格范围""我们需要一个家庭物品时,我会和父母一起去购买"。这些内容和因子载荷在表 2 中会呈现出来。指数的信度系数为 0.77.

表2 家庭购买活动的因素分析

陈 述	指数
1. 我帮助父母决定购买一件物品时我感觉很好	0.49
2. 我父母购买物品时不征求我的喜好我不会觉得不安	0.23
3. 如果我不能参与到家庭购买决策里我会不高兴	0.59*
4. 我父母要购买一件物品时,我会建议一个价格范围	0.52*
5. 我会经常和父母一起去购买一件家庭必需品	0.69*
6. 我会经常建议父母哪家商店购买家庭必需品	0.72*
7. 购物时我不会推荐某一品牌	0.04
8. 购买我喜欢的东西时我通常会提供一些建议,比如颜色或外形	0.54*
9. 我会关注一些新产品或新品牌	0.54*
10. 我经常告诉我的父母什么时候购物	0.70*
11. 我家想要购买一些物品时,我经常会尽量获知最好的购买场所	0.58*

注:"＊"代表指数测量中运用到的陈述。

表3 对预测家庭消费参与行为变量的回归分析的总结

变量	B	SE		P
自尊	0.42	0.14	2.06	0.08*
观看美国电视节目	0.25	0.08	1.89	0.01

注:因变量＝家庭消费参与行为;$N=429$ 和自动调整;$R^2=0.08$,*$P<.05$。

为了检验假设,我们使用了多元回归分析。首先,该研究对有关的关键自变量进行了回归分析。其次,该研究删除了那些被证明在预测因变量(家庭消费参与行为)中不重要的变量。第三,该研究保留了重要的预测项,并检验了模型。结果表明,一个假设得到了支持,而另一个假设被否定(统计数据结果见表3)。

假设1指出:"自尊心强的中国城市青少年比那些自尊心差的青少年更容易参与到家庭购买活动中。"结果表明,自尊对于青少年参与家庭消费行为是一个成功的预测项($B=0.08$,$T=2.06$,$P<0.05$)。这一结果支持了假设1。

假设2指出:"经常观看美国电视节目的中国城市青少年比不经常观看的更容易参与到家庭购买活动当中。"结果未能支持假设($B=0.01$,$T=1.89$,$P<0.10$)。

虽然假设没有明确阐明人口特征对利益与本研究之间关系的影响,但是仍然有了以下发现：来自独生子女家庭的青少年比非独生子女家庭的青少年要更多地参与到家庭消费行为中（$M=3.01$，$T=2.0$，$P<0.05$）。这一发现可能表明，来自独生子女家庭的青少年比那些非独生子女家庭的青少年有机会获取更多的资源。这些资源，例如来自父母的关注，会导致更多的家庭消费参与行为。

讨论

本研究调查的是中国城市青少年接触美国媒体和自尊对他们参与家庭消费活动的影响。结果表明，中国的城市青少年对家庭消费活动的参与可以通过自尊来预测。如果青少年积极地评价自己，他们往往会充满活力并参与到更多的活动中。戈伽斯（1986）说，自尊具有激励的属性，自尊会激励中国城市青少年认为自己是有价值的、真实的和强大的。根据自尊的理论（Gecas，1986），中国青少年积极的自我评价会激发其参与到家庭消费行为中。

接触美国媒体并未显著地影响青少年的消费参与行为，这一发现出乎意料。从理论上说，我们预期通过美国媒体反映出来的西方价值观会影响观众消费中的价值观、态度和行为。涵化理论表明人们从他们所观看的电视上学到了价值观、理想、态度和行为（Gerbner，Gross，Morgan & Signorielli，1980）。看电视能帮助观众根据电视的世界，构建他们的社会世界。作为重要的社会化媒介之一，电视极大地促进了青少年观众的社会化。然而，本研究的结果未能显示接触美国媒体对于参与家庭消费行为的显著影响。这一发现为该领域的进一步研究提出了问题。

这项研究表明，内在因素和外在因素潜在性地决定了中国消费者的消费行为。这个结论有助于研究人员进行理论建设。在本研究中，基于社会认知理论建立了理论模型（Bandura，1994）。经过实证检验的模型表明，社会认知理论可以用来解释消费行为。

这项研究有三个限制条件。首先，消费者社会化能通过一个纵向研究进行最透彻的考察，因为社会化是一个过程。本横断面研究侧重于一个时间段，能让我们在同一时间和同一社会环境下更好地理解受访者。这种类型的研究限制了研究人员观察中国青少年形成消费认知、消费影响和消费行为的完整的过程。复杂社会化进程的研究要求用"摄像头的方法"，以连续的方式观察整个过程,而不是只给一个"快照"。其次,如果能把全国各地的中国青少年作为一个样本用于调查会更好。为了避免偏见,在选择样本和受访者上,我们采取了一定的措施。然而,由于这项研究是在北京进行的,其结果只适用于大城市青少年。用它来解释小城市和农村青少年的状况的可能性是有限的。未来的研究应当选取全国样本以避免这一局限性。

第三,接触美国电视的测量方法应加以改善。例如,媒体接触的测量不包括已在北京非常普遍的有线电视节目。有线电视可以接收几十个频道,包括几个美国的电视节目,如 ESPN 和 MTV,而那些没有有线电视的就只能收到几个频道,无法看到美国的电视节目。

总之,这项研究产生的既有问题也有答案。该研究鼓励研究人员进一步开发有关媒体影响力的研究措施,研究其他社会媒介如家庭、学校、环境和同伴的影响,观察他们如何影响中国青少年参与消费及消费行为。

致谢

我们衷心感谢两位匿名审查员的详细建议和建设性批评,但是对于此中任何可能的错误或遗漏我们一力承担。我们还要感谢华盛顿州立大学多罗西·普赖斯教授和大卫·普赖斯教授为第二作者论文写作所做的指导。

参考文献

[1] Ball-Rokeach, S. J., Rokeach, M. & Grube, J. W. (1984). *The great American Values Test: Influencing Behavior and Belief through Television*. New York, NY: The free press.

[2] Bandura, A. (1986). *Social Foundations of Thought and Action: A Social Cognitive Theory*. Englewood, NJ: Prentice Hall.

[3] Bandura, A. (1994). Social cognitive theory of mass communication. In J. Bryant & D. Zillmann (Eds.), *Media Effects: Advances in Theory and Research* (pp. 121 - 154). Hillsdale, NJ: Lawrence Erlbaum Associates.

[4] Cao, X. (1996). *Chinese family consumer socialization: A study of Chinese urban adolescents' involvement in family purchasing activities*. Unpublished doctoral dissertation. Washington State University: Pullman.

[5] Chai, J. C. (2000). *The Economic Development of Modern China, Volume I.*

Cheltenham, UK: An Elgar Reference Collection.

[6] Engel, J. F., Blackwell, R. D. & Miniard, P. W. (1993). *Consumer Behavior* (7th Ed.), Orlando, FL: The Dryden Press.

[7] Erikson, E. (1968). *Identity, Youth and Crises*. New York: Norton.

[8] Fan, J. X. & Chern, W. S. (1997). Analysis of food consumption patterns in China: Nonparamentric and parametric approaches. *Journal of Family and Economic Issues*, 12,113 - 126.

[9] Ferry, M. M. (2003). Advertising, consumerism and nostalgia for the new woman in contemporary China. *Journal of Media & Cultural Studies*, 17, 277 - 290.

[10] Gecas, V. (1971). Parental behavior and dimensions of adolescent self-evaluation. *Sociometry*, 34,466 - 82.

[11] Gecas, V. (1982). The self-concept. *Annual Review of Sociology*, 8, 1 - 33.

[12] Gecas, V. (1986). The motivational significance of self-concept for socialization theory. In E. Lawler (Eds.), *Advances in Group Process* (pp.131 - 156). Greenwich, CT: JAI Press.

[13] Gecas, V. & Schwalbe, M. L. (1986). Beyond the looking-lass self: Social structure and efficacy-based self-esteem. *Social Psychology Quarterly*, 46, 77 - 88.

[14] Gecas, V. & Burke, P. (1995). Self and identity. In K. Cook, G. Fine & J. House (Eds.), *Sociological Perspectives on Social Psychology* (pp. 41 - 67). Needham Heights, MA: Allyn & Bacon.

[15] Gerbner, G., Gross, L., Morgan, M. & Signorielli, N. (1980). The "mainstreaming" of America: Violence profile wall. *Journal of Communication*,30,10 - 29.

[16] Jussaume, R. A. (2001). Factors associated with modern urban Chinese food consumption patterns. *Journal of Contemporary China*, 10, 219—232.

[17] Lin, Y. (2003). Economic institutional change in post-Mao China: Reflections on the triggering, orienting, sustaining mechanisms. In A. Y. So (Eds.), *China's Developmental Miracle: Origins, Transformations, and Challenges* (pp. 29 - 57). Armonk, NY: M. E. Sharpe.

[18] Moschis G. (1987).*Consumer socialization. A Life-cycle Perspective*. Lexington, MA: Lexington Books.

[19] Nolan, P. (2004).*Transforming China:Globalization, Transition and Development*. London, UK: Anthem Press.

[20] Polumbaum, J. (2000). Political fetters, commercial freedoms: Restraint and ex-

cess in Chinese mass communications. In C. Hudson（Eds.），*The China Handbook：Prospects onto the 21st Century*（pp. 211 - 226）. Chicago，Ill：Glenlake Publishing Company.

［21］Rosenberg，M.（1965）. *Society and the Adolescent Self-image*. Princeton，NJ：Princeton University Press.

［22］Shaw，M. E. & Costanzo，P. R.（1982）.*Theories of Social Psychology*. New York，NY：McGraw-Hill Publishing Company.

［23］Sun，X. & Collins，R.（2002）. Attitudes and consumption values of consumers of imported fruit in Guangzhou，China. *International Journal of Consumer Studies* 26，34 - 43.

［24］Umble，D.（1990）. International cultivation analysis. In N. Signovielli & M. Morgan（Eds.），*Cultivation Analysis*（pp. 141 - 156）. Newbury，CA：Sage.

［25］Yao，S.（1999）. Economic growth，income inequality and poverty in China under economic reforms. *The Journal of Development Studies*，35，104 - 130.

［26］Yin，X.（2005）. New trends of leisure consumption in China. *Journal of Family and Economic Issues*，26，175 - 182.

［27］Zheng，Y.（2004）. *Globalization and State Transformation in China*. Cambridge，UK：Cambridge University Press.

读后习题

概念与问题

1. 引起中国经济改革的两大因素是什么？

2. 为什么作者要选择中国进行调查？

3. 何为集体企业（TVEs）？集体企业在中国经济改革中起何种作用？

4. 很强的自尊心与较差的自尊心的作用是什么？

5. 根据戈伽斯的理论，自尊心形成的四个主要过程是什么？

6. 什么是间接加强？

7. 本研究的样本框架是什么？

8. 本研究是否使用了随机程序？

9. 为什么选取了青少年来进行本研究？

10. 本研究中的因变量是什么？是如何测量的？

讨论题

1. 请讨论一下本研究中使用随机样本的意义。通过使用随机程序研究生能够得到什么好处？使用随机程序有何制约？

2. 请看本研究中对家庭购买参与行为的 11 项测量陈述。以此为例，写出十个句子来测量家庭传播质量。例如："我经常与父母讨论社会问题。"

作业

1. 假设你想研究加利福尼亚斯托克顿市林肯学区学生对班级规模增大的态度，为了使研究更具代表性，应当使用随机程序。请详细列出步骤，描述一下你会如何通过随机样本来搜集数据。

质量评估及讨论

说明：请从数字 1（非常不同意）到数字 5（非常同意）中圈出一个来说明你的看法。另附纸写下你每个选择的理由（SA 指非常同意，SD 指非常不同意）。

a. 介绍部分说明了为什么本研究是一个重要的调查。

SA　5　4　3　2　1　SD

b. 文献评述为本调查提供了语境。

SA　5　4　3　2　1　SD

c. 研究问题或假设都做了恰当陈述。

SA　5　4　3　2　1　SD

d. 研究方法的选择恰当。

SA　5　4　3　2　1　SD

e. 对变量进行了充分而良好地测量。

SA　5　4　3　2　1　SD

f. 结果得到清楚地呈现。

SA　5　4　3　2　1　SD

g. 本研究的内涵得以清晰地阐述。

SA　5　4　3　2　1　SD

h. 讨论得以充分恰当地展示。

SA 5 4 3 2 1 SD

i. 本研究对建立传播学领域内的知识体有所贡献。

SA 5 4 3 2 1 SD

11 社会认知视阈下家庭传播模式与危险行为感知的影响[①]

董庆文

摘要：本文是对影响青少年及其参与危险行为的条件的调查报告，这些危险行为包括饮酒、吸毒或进行可能导致意外怀孕或性疾病传播的性行为等。一项对332名年轻人的抽样调查显示：在社会化家庭中，如果父母不准孩子与权威争论，那么孩子更容易参与危险行为。结果表明，这种控制型家庭中的孩子常常规避与父母谈论危险行为，所以这些年轻人就无法受到相关教育，甚至会对危险行为充满好奇。本研究还发现那些将危险行为看作社会可接受行为的个体更容易参与危险行为。本研究对研究结果的意义进行了讨论，对未来的研究提出建议。

在当今社会，青少年面临各种挑战。其中一个挑战是如何应对社会上占主导地位的危险行为。本研究中将危险行为定义为极有可能会造成个人损失或伤害的行为。不计其数的大学生参与过相当多的危险行为，包括嗜酒、吸毒以及可能导致意外怀孕和性疾病传播的性行为（Dorsey，Miller & Scherer，1999）。年轻人或许感觉进行这些危险行为令人兴奋，进而通过忽视或低估危险行为的后果来使这种享受正当化。

研究中，有两个经常被引用的关键因素在塑造危险行为发展过程中起到重要作用：家庭传播（Booth-Butterfield & Sidelinger，1998；FitzPatrick，Marshall，Leutwiler & Kromar，1996）和对危险行为的感知（Dorsey，Miller & Scherer，1999；Sheeshka，Woolcott & MacKinnon，1993；Schooler，Flora & Farquhar，1993）。这项研究从一个独特的社会认知视角检验这两个因素

---

① 董庆文："社会认知视阈下家庭传播模式与危险行为感知的影响"，《西北传播协会学刊》。再版已获得作者授权。

(Bandura，1986；1994)。社会认知理论表明人类的行为是个人、环境和行为等因素相互作用的结果。既然个人因素如对危险行为的可认知的社会认同,环境因素如家庭传播,行为因素如危险行为之间被认为是相互影响的,因此根据这一理论,人们对危险行为的社会回报的认知可能是进行危险行为的直接回报。同样地,个人家庭传播也可能直接影响他们是否实施危险行为。例如:危险行为可能在家长集权制的家庭传播中形成,这种家庭传播阻碍孩子与父母的交流。最终,这些个体由于无知和缺乏经验而可能会参与危险行为。

这项研究调查了这两个因素在预测年轻人危险行为的发展过程中的作用。研究对象主要是年轻人,这使得此研究可以观察仍处于社会化活跃阶段(Erikson，1968；Booth-Butterfield & Sidelinger，1998)以及被同龄群体和媒体中无数敢于冒险的人包围着的群体(Dorsey，Miller & Scherer，1999)。这项调查旨在帮助家长、决策者和年轻人更好地理解家庭传播和对危险行为的认知如何在年轻人的社会化过程中塑造其行为模式。

文献综述

家庭沟通与危险行为

杰卡斯(1992)确定了五个起主导作用的社会化媒介:家庭、学校、同龄人、环境和大众传媒。其中,家庭是主要的社会化环境,个人在其中塑造自己的价值观、信仰和态度,这些大部分来自于他们的父母。一个能提供支持和帮助的健康的家庭环境可以塑造积极的社会行为 (Farrell & Barnes，1993),而消极的家庭环境会增加危险行为发生的概率(Barber & Buehler，1996；Kostelecky & Lempers，1998)。父母在塑造青少年叛逆行为的过程中起决定性作用(Fondacaro，Dunkle & Pathak，1998),并且家庭互动的质量影响着家庭的凝聚力(Rathunde，1997)。

家庭传播模式反映出父母如何与孩子沟通。查菲、麦克劳德和阿特金(1971)创立了一个家庭传播模式的模型,此模型表明在家庭传播中有两个主要的维度:社会导向型传播和观念导向型传播。前者强调顺从父母的权威、避免争论,从而阻止对权威性的质疑。后者则强调个人的思想、信仰和感觉,孩子得到鼓励来公开表达自己的想法,分析问题的各个方面,甚至挑战他人的观点(Chaffee,McLeod & Atkin,1971)。这类家庭中的父母通常会赋予孩子权利,给他们争论的自由。

这一家庭传播模式的模型遭到许多传播学研究者的质疑和修订(Tims & Masland,1985;Ritchie & FitzPatrick,1990;Austin,1993)。里奇(1991)修订了这一模型,他用两个新的家庭传播模式的维度即一致导向和对话导向分别来代替社会导向和观念导向。此外,修订的模型也表明社会导向应当通过认知到的父母控制来测量,而观念导向应当通过传播评估来测量(Ritchie,1991)。

藤刚与奥斯汀(1999)对家庭传播模式的文献进行了全面的评述。他们认为父母和孩子之间的权力关系在以地位为中心或社会导向型家庭中格外受到重视。在这种家庭中,过分强调了等级秩序而很少关注孩子的观点。在以人为中心或观念导向型的家庭中,强调个人的感受与想法,这表明家庭成员是可以持有个人观点的(Burleson,Delia & Applegate,1995)。

文献表明开放的家庭传播为父母与大学适龄孩子创造了讨论危险行为的机会,讨论的话题范围从性到饮酒(Booth-Butterfild & Sidelinger,1998)。研究显示,年轻人认为自己的父母越开放,彼此的交流也就越多,而危险行为发生的也越少(Miller,Kotchick,Dorsey,Forehand & Ham,1998)。相比之下,社会导向型的家庭中父母通常处于家庭中的权威位置,而孩子则处于服从的位置。孩子总是没有勇气与父母谈论危险行为,结果导致孩子或者对危险行为充满好奇,或者实际进行危险行为以示反抗。

对危险行为的感知与危险行为

"自我调控能力"是社会认知理论的一个关键原理,它表明"人不仅仅是知情者和践行者"(Bandura,1994,p. 63),他们同样会根据对自我处境的理解和评估而调整其行为。根据这一原理,个体通过为自己设定重要的目标作为动力并积极地以此指导自己的行为,并不遗余力去实现那些目标。动机自我调控是一项个体用以评估自己在具体环境下的表现的功能。例如,一个个体也许会设定一个先工作两年再读研的现实生活目标,但其理想的目标可能是在拿到学士学位后立即开始研究生学习。现实和理想目标之间的差距有助于激励个体去评估可感知到的每个行动的回报与付出。如果个体认为立即考取研究生学位从长远来看将会带给他更大回报,那这种感知将激励此个体尽其所有努力去实现这一理想目标。

自我调控中关键性的一点是个体如何认知以及评价一种行为。如果一个个体认知到危险行为是为社会所接受的,他或她可能认知到的代价很少。同时,他或她可能将危险行为认定为一种让人兴奋并有趣的挑战,因此此类行为便被当成了一种回报。于是个体将会以得到回报为动机而进行危险行为。自我调控过程中至关重要的一个方面是人们如何在回报和惩罚的过程中认知目标、行为及眼界。

假设:

社会认知理论的框架帮助我们解释了人类行为是如何习得、发展的。此框架既强调内因,或者说是个体的心理过程(比如认知到社会对危险行为的接受),又强调外因,或者说是社会环境(比如家庭传播)。这一理论对于人类行为的形成、发展和改变提供了广泛而综合的看法。社会认知理论为当前危险行为的认知和家庭传播的调查研究奠定了理论基础。

家庭传播对孩子们的行为发展至关重要,它建立起父母和孩子之间的对话通道,帮助孩子们理解人类行为的种种后果。开放的家庭传播(概念导向型)给予孩子支持,同时帮助孩子积极参与自我发展。家庭传播越是开放,孩子们越有可能学习到应对社会活动的有效策略。因此,我们提出以下假设:

假设1:来自观念导向型家庭的年轻人倾向于避免进行危险行为。

观念导向型的家庭被定义为是开放的、支持型的,这样的家庭鼓励孩子们提出问题、质疑权威。我们认为这种类型家庭中的孩子通常会和父母讨论危险行为,并且了解危险行为带来的种种后果。概念导向型家庭通过一组六个陈述来进行测量,陈述要求调查对象评价父母与其交流的方式。例如,受访者被问到是否同意以下陈述:"你的父母说你应当看看事物的两面。"

文献表明,社会导向型的家庭不给孩子提供一种支持性的、鼓励性的传播环境,让他们去与父母探讨一些重要的个人问题。文献综述显示社会导向型家庭传播与父母的控制紧密联系,减少了与孩子关于社会问题的讨论(Austin,1993)。由社会导向型家庭形成的权威性权力架构可能无法帮助孩子们认识到危险行为的各种社会结果。在社会导向型的家庭中,孩子通常不允许与父母争辩。没有争辩，孩子们可能会缺乏对他们行为含义的全面理解。结果，孩子们在危险行为中形成一种好奇或反叛情绪。因此，我们提出以下假设：

假设2：来自社会导向型家庭的年轻人倾向于进行危险行为。

社会导向型的家庭从概念上被定义为权威性和控制性的家庭，生活在这种家庭中的孩子不允许提出问题和质疑权威，他们被教导要服从命令。同时，由于父母与孩子之间的权威性传播形式，孩子们可能不会被激励学习危险行为的各种社会结果。这些"被控制的"孩子可能在后期产生反叛情绪，这表明太多的控制可能会导致"禁果"效应。换言之，父母过多的行为控制可能会激发孩子去进行危险行为。

社会导向型家庭的指数包含4项陈述，要求调查对象评价他们与父母进行交流的方式。例如，受访者被问到是否同意以下陈述"你的父母经常告诉你他们的想法是正确的，你不应该和他们争论"。

人们根据他们感知到的奖罚调控自己。当他们感知到某些行为可以带来奖赏，他们易于进行这种行为。当他们感知到某种行为可能带来惩罚时，他们往往不会参与那种行为。个体的塑造受社会化媒介的影响，并被激励去遵循社会规范。因此，我们提出了以下假设：

假设3：感知到危险行为可被社会接受的年轻人易于进行危险行为。

此研究中的自变量指人们在社会接受度方面是如何感知危险行为的。在假设1中，对社会可接受的危险行为的感知指数在四个陈述中产生，用于测量危险行为。通过询问调查对象他们感知到的陈述内容是否最能够代表他们对社会可接受行为的观点，来对这一指标进行测量。

这项调查中的因变量是危险行为，这一指数由四项指标构成。它们包括以下陈述："我偶尔吸毒享受一下""有时我以超过限速20英里的速度驾驶""有时我和好友喝得酩酊大醉"以及"有时我进行没有保护措施的性行为"。危险行为指数节选自疾病预防控制中心（CDC）所进行的全国青年危险行为调查。调查对象被要求在李克特5分量表中选择一个数字，1表示"强烈同意"，3表示"中立"，5指的是"强烈不同意"。

方法

我们在北加利福尼亚州中央谷的两所大学进行了一项针对青少年自我管

理的调查。此调查共收集到 332 份调查回馈,其中男生 135 名(41%),女生 193 名(58%)。调查参与者有不同种族背景,其中有 45% 白人,16% 亚裔美国人,16% 西班牙裔美国人和 7% 非裔美国人。调查对象的平均年龄为 22 岁,读大学二年级。谈到父母当前的婚姻状况时,调查对象表示 51% 的父母已婚,18% 离婚,6% 寡居,4% 再婚以及 15% 单身。

测量

这项研究运用多项指数作为主要变量,包括危险行为、危险行为社会接受的认知、观念导向型家庭和社会导向型家庭。表 1 所示为这些变量的描述性统计。

此项研究中的因变量是危险行为。测量危险行为的项目是根据疾病预防控制中心(CDC)的指导方针制定的。CDC 自 1991 年以来,每两年进行一次全国青年危险行为调查。这项调查测量了多种危险行为,包括造成意外伤害和暴力的行为、抽烟、饮酒、吸毒以及造成意外怀孕的性行为。当前研究中的测量手段来自于 CDC 调查。衡量方法最初由 6 项李克特量表陈述组成,但由于因素负荷低,其中的两项("捉弄新人"和"系安全带")从此研究中去除。4 项量表可靠性测验(阿尔法)指数是.86。

表1 关键变量的描述性分析

变　　量	样本数量	平均数	标准方差	范围
危险行为指数	325	3.9	1.1	12
危险行为认知指数	326	3.9	0.9	8.8
观念家庭指数	326	2.8	1.2	7
社会家庭指数	325	3.2	1.3	7

表2 变量预测危险行为的回归分析总结

变　　量	自变量	标准误差	T 分布值	参数
社会可接受的危险行为的认知	.87	.04	23.4	.79***
社会导向型家庭	.05	.03	2.7	.091**

注:因变量=危险行为;样本数量=325;校正复 R^2=.291;

　　**$p<$.01;　***$p<$.001

社会可接受的危险行为的认知指数也是采用测量危险行为的四个项目。感知量表的可靠性测验(alpha)为.70。

家庭传播模式分为两种类型：观念导向型家庭传播(强调开放的传播环境)和社会导向型家庭传播(强调权威性和控制性的传播环境)。十句陈述测量是在蒂姆斯和玛斯兰德(1985)开发的家庭沟通模式量表的基础上发展而来的。测量概念导向型传播模式的六句陈述的可靠性测验值(alpha)为.80,而测量社会导向型传播模式的四句陈述的可靠性测验值(alpha)为.79。

统计分析

在个人计算机中使用了社会科学统计软件包(SPSS)来分析数据。使用了频率分布、相关系数、因素和回归分析来生成研究结果并对假设进行测验。

结论

在假设测验中,使用的是多重回归分析。首先,在研究中对相关主要自变量进行回归分析。这些变量包括同辈传播、家庭互动、收入、性别和年龄。第二,本研究去除了那些被证明对预测因变量(危险行为)无意义的变量。第三,本研究保留了重要的预测项而且完成了模型。结果表明,两个假设得到了支持,一个假设不被支持(统计结果见表2)。

假设1预测来自观念导向型家庭的青少年往往会避免进行危险行为。此假设未得到研究结果的支持。换言之,可以说开放的家庭环境并不能阻止青少年进行危险行为。假设2表明,来自社会导向型家庭的青少年易于进行危险行为。此假设在统计结果方面得到显著支持。换句话说,一些家庭中父母不鼓励孩子们对一些事情进行争辩,或是要求他们等着长大后再做,来自这类家庭的孩子易于从事危险行为。假设3表明,那些认为危险行为是为社会所接受的青少年往往会参与这些行为。这一假设也明显得到此调查结果统计数据的支持。换句话说,那些认为危险行为是为社会所接受的青少年,易于进行危险行为。

讨论

这项研究得出了一些意义重大而且惊人的结论。首先,研究证实,社会导向型的家庭传播结构是孩子倾向于进行危险行为的典型结构。此研究中被测验的危险行为是高度个体性的。在这个国家,这种个体的倾向性被认为是一种强大的文化规范。美国人倾向于个体性;他们依靠自己且认为应当对自己的行为负责。因此,如果有人试图命令或控制他们的行为(例如,父母控制子女的行为),他们可能会很自然地抵制指令。父母的控制可能对孩子来说只是一个短暂的状态,这么说是合理的,但是一旦他们有机会脱离控制,他们就会按照自己的心意行事。在此期间,被控制的孩子或许会变得叛逆或直接忽略父母的命令。结果表明,社会导向型的家庭往往使孩子形成几乎很小的或完全没有对危险行为的抵抗力。无知和好奇可能是激发社会导向型家庭中的孩子从事危险行为的驱动力,而控制性或权威性的模式对危险行为没有预防力。

儿童和青少年需要从他们最信任的社会代理人——父母——那里得到关键信息和帮助。危险行为,如吸毒和无保护措施的性行为,都是非常私人和敏感的问题,孩子们和父母谈起来可能感到不舒服。在社会导向型的家庭,父母鼓励孩子遵守和服从家长的指令。因此,孩子们可能倾向于避免类似敏感话题而不与父母展开讨论。孩子们避免讨论这些话题的结果可能就是导致对危险行为的无知和好奇,而对危险行为的结果没有清晰的认识。

一个惊人的发现是观念导向型家庭无助于孩子们避免从事危险行为。一种解释是,父母和子女可能会以开放的态度探讨社会问题,但不能开放地谈论个人问题。个人问题在概念导向型家庭中可能没有得到充分的重视。换句话说,对观念导向型家庭传播的测量也许并不能直接评估探讨危险行为的传播环境。测量评估应直接关注家庭传播以及危险行为,进而更好地解释观念导向型家庭传播是如何和危险行为相关联的。另一种解释是观念导向型家庭中的孩子可能有强烈的个人观点。他们争辩,甚至认为在有关危险行为这类问题方面自己了解的比父母还要多。因此,观念导向家庭中这些被赋予了权力的青少年可能会自由地做任何自己想做的事。

本研究的两大局限性在此应当指出来。首先,尽管在努力避免数据收集的选择偏见,但取样便利的大学样本可能会对结果的概括性产生影响。其次,家庭传播模式量表是一种对父母和孩子如何传播的大致评估。然而,父母与子女对不同问题可能有不同的传播方式。比如,他们会持非常开放的态度去谈论一些如教育、经济以及职业等社会问题,而对于如生活方式以及人际关系这些私人问题他们的态度便不是很开放。因此,将来的一些研究应当关注建立更具体的测量手段用以研究危险行为以及家庭传播。

这篇文章的早期版本曾在 2002 年韩国首尔的国际交流协会大会上提交。本文作者要感谢大卫·道格拉斯,JNWCA 的编辑,三位匿名审稿人所提出的详细的意见和建议以及院长冈拉克先生的协助。

参考文献

[1] Ball-Rokeach, S. J., Rokeach, M. & Grube, J. W. (1984). *The Great American Values Test*: *Influencing Behavior and Belief through Television*. New York, NY: The free press.

[2] Bandura, A. (1986). *Social Foundations of Thought and Action*: *A Social Cognitive Theory*. Englewood, NJ: Prentice Hall.

[3] Bandura, A. (1994). Social cognitive theory of mass communication. In J. Bryant & D. Zillmann (Eds.), *Media Effects*: *Advances in Theory and Research* (pp. 121 - 154). Hillsdale, NJ: Lawrence Erlbaum Associates.

[4] Cao, X. (1996). *Chinese Family Consumer Socialization*: *A Study of Chinese Urban Adolescents' Involvement in Family Purchasing Activities*. *Unpublished doctoral dissertation*. Washington State University: Pullman.

[5] Chai, J. C. (2000). *The Economic Development of Modern China*, *Volume I*. Cheltenham, UK: An Elgar Reference Collection.

[6] Engel, J. F., Blackwell, R. D. & Miniard, P. W. (1993). *Consumer Behavior* (7th Ed.), Orlando, FL: The Dryden Press.

[7] Erikson, E. (1968). *Identity*, *Youth and Crises*. New York: Norton.

[8] Fan, J. X. & Chern, W. S. (1997). Analysis of food consumption patterns in China: Nonparamentric and parametric approaches. *Journal of Family and Economic Issues*, 12,113 - 126.

[9] Ferry, M. M. (2003). Advertising, consumerism and nostalgia for the new woman in contemporary China. *Journal of Media & Cultural Studies*, 17, 277 - 290.

[10] Gecas, V. (1971). Parental behavior and dimensions of adolescent self-evaluation. *Sociometry*, 34,466 - 82.

[11] Gecas, V. (1982). The self-concept. *Annual Review* of Sociology, 8, 1 - 33.

[12] Gecas, V. (1986). The motivational significance of self-concept for socialization theory. In E. Lawler (Eds.), *Advances in Group Process* (pp.131 - 156). Greenwich, CT: JAI Press.

[13] Gecas, V. & Schwalbe, M. L. (1986). Beyond the looking-lass self: Social structure and efficacy-based self-esteem. *Social Psychology Quarterly*, 46, 77 - 88.

[14] Gecas, V. & Burke, P. (1995). Self and identity. In K. Cook, G. Fine & J. House (Eds.), *Sociological Perspectives on Social Psychology* (pp. 41 - 67). Needham Heights, MA: Allyn & Bacon.

[15] Gerbner, G., Gross, L., Morgan, M. & Signorielli, N. (1980). The "mainstreaming" of America: Violence profile wall. *Journal of Communication*, 30, 10 - 29.

[16] Jussaume, R. A. (2001). Factors associated with modern urban Chinese food consumption patterns. *Journal of Contemporary China*, 10, 219—232.

[17] Lin, Y. (2003). Economic institutional change in post-Mao China: Reflections on the triggering, orienting, sustaining mechanisms. In A. Y. So (Eds.), *China's Developmental Miracle: Origins, Transformations, and Challenges* (pp. 29 - 57). Armonk, NY: M. E. Sharpe.

[18] Moschis G. (1987). *Consumer Socialization. A life-cycle perspective*. Lexington, MA: Lexington Books.

[19] Nolan, P. (2004). *Transforming China: Globalization, Transition and Development*. London, UK: Anthem Press.

[20] Polumbaum, J. (2000). Political fetters, commercial freedoms: Restraint and excess in Chinese mass communications. In C. Hudson (Eds.), *The China Handbook: Prospects onto the 21st Century* (pp. 211 - 226). Chicago, Ill: Glenlake Publishing Company.

[21] Rosenberg, M. (1965). *Society and the Adolescent Self-image*. Princeton, NJ: Princeton University Press.

[22] Shaw, M. E. & Costanzo, P. R. (1982). *Theories of Social Psychology*. New York, NY: McGraw-Hill Publishing Company.

[23] Sun, X. & Collins, R. (2002). Attitudes and consumption values of consumers of imported fruit in Guangzhou, China. *International Journal of Consumer Studies* 26, 34 - 43.

[24] Umble, D. (1990). International cultivation analysis. In N. Signovielli & M. Morgan (Eds.), *Cultivation Analysis* (pp. 141 - 156). Newbury, CA: Sage.

[25] Yao, S. (1999). Economic growth, income inequality and poverty in China under

economic reforms. *The Journal of Development Studies*，35，104 - 130.

[26] Yin，X. (2005). New trends of leisure consumption in China. *Journal of Family and Economic Issues*，26，175 - 182.

[27] Zheng，Y. (2004). *Globalization and State Transformation in China*. Cambridge，UK：Cambridge University Press.

读后习题

概念与问题

1. 为什么年轻人会进行危险行为？

2. 形成危险行为的两个主要因素是什么？

3. 五个社会化媒介是什么？

4. 根据查菲、麦克劳德和阿特金，家庭传播的两个主要维度是什么？

5. 自我管理能力指什么？

6. 第一个假设是什么？

7. 第二个假设是什么？

8. 作者在本项调查中进行了哪种类型的问卷调查？

9. 本研究是否使用了随机程序？

10. 本研究中的因变量是什么？ 是如何进行测量的？

讨论题

1. 讨论一下本研究中选用的非随机样本的因素。从非随机程序中调查者可以得到什么好处？

2. 讨论一下为什么社会导向型家庭往往会使得孩子易于参与到危险行为中。在讨论中请使用你自身经历和例子来加以说明。

作业

以本研究中的危险行为测量法为基础,写出十项陈述来测量大学生的积极行为。请使用李克特量表来完成测量并确保你的测量要精心设计、清晰呈现并易于应用。

质量评估及讨论

说明:请从数字1(非常不同意)到数字5(非常同意)中圈出一个来说明你的看法。另附纸写下你每个选择的理由(SA指非常同意,SD指非常不同意)。

a. 介绍部分说明了为什么本研究是一个重要的调查。

SA　5　4　3　2　1　SD

b. 文献评述为本调查提供了语境。

SA　5　4　3　2　1　SD

c. 研究问题或假设都做了恰当陈述。

SA　5　4　3　2　1　SD

d. 研究方法的选择恰当。

SA　5　4　3　2　1　SD

e. 对变量进行了充分而良好地测量。

SA　5　4　3　2　1　SD

f. 结果得到清楚地呈现。

SA　5　4　3　2　1　SD

g. 本研究的内涵得以清晰地阐述。

SA　5　4　3　2　1　SD

h. 讨论得以充分恰当地展示。

SA　5　4　3　2　1　SD

i. 本研究对建立传播学领域内的知识体有所贡献。

SA　5　4　3　2　1　SD

第七单元
调查研究

12 二元文化身份对美国移民社会化影响中的电视角色分析①

董庆文,迪安·菲利普·冈拉克,约翰·C.菲利普

摘要:以 235 名美国西北部地区亚洲青少年移民为样本,我们发现大多数的受访者形成了他们的二元文化身份:保持原本的文化价值的同时,吸收移入国的主流文化价值。调查结果显示,具有二元文化身份的人倾向于认可他们所观看的电视节目中所展现出的西方文化价值。他们会一边看节目一边评估其功能性,并且接受从电视节目中学习到的西方文化价值。具有二元文化身份的群体与其他剩下的三个群体(边缘的、西方的和亚洲的)之间的差异在数据上是极其显著的。

移民社会化是一个非常复杂的过程。移民需要去调和两种不同的文化环境:他们与生俱来的源文化和使他们找到自我的移入国的主导文化。一旦移居到不同的文化环境,在文化上就要经历一个适应二元文化环境的过程。当尝试改变这种情况时,移民不仅被他们的主流文化价值、态度和理想所影响,而且还被他们的源文化所影响。经过这种努力,移民们在主流文化环境中就获取了二元文化身份(Dong & Gundlach,2004)。

二元文化身份的概念还没有得到深入的研究关注。已经完成的各项研究表明二元文化主义与社会化密切相关(Bernal & Knight,1993;Berry,2004;Buriel,1993;Lambert & Taylor,1990;Berry,Kim & Boski,1987;Ting-Toomey & Chung,2005)。像种族身份、文化身份和社会身份这些术语之间都是相互联系的。它们关注着二元文化身份的不同方面。二元文化身份的概念认为移民在接受移入国的价值观念的同时还能保留他们独特的文化身份

---

① 董庆文,迪安·菲利普·冈拉克,约翰·C.菲利普:"二元文化身份对美国移民社会化影响中的电视角色分析",《跨文化传播研究》。再版已获得作者授权。

（Buriel，1993）。换句话说，社会化或文化渗透发生在移民身上，但并不会使他们失去祖先的文化模式。

在现代社会，一个重要的社会化的中介就是电视。电视上的消息和图像高度承载着移入国的文化价值、观念和看法，由此使个人得以社会化。个体观众通过识别电视节目中的价值观来主动或被动地吸收移入国的价值。识别了价值之后，这些观众就开始评估价值的功能，然后内化那些他们认为会有益的价值。这项研究的目的是调查观看电视是怎样影响亚洲青少年移民二元文化身份的形成以及电视对于他们所接受的文化价值的影响。

选择新来的亚洲移民做样本是因为他们必须应对他们本源文化与接受的文化之间鲜明的差异。这包含了与美国不同的价值观和传播方式。亚洲人的传播方式可能是由孔子来确定的，倡导的是关系取向方式；而美国人的传播方式可能是由亚里士多德来确定的，它强调的是修辞取向（Goodnight，1990）。另一个选择亚洲移民作为样本的原因是，有更多的亚洲青少年移民参与到了这个国家的政治当中。这些年轻人正逐步形成一股潜在的强大政治力量。因此，对这些青少年的研究可能会为教育工作者、政策制定者以及社会科学家理解这类人的经历及他们经历的复杂二元文化"旅程"奠定基础。

文献综述

根据拉米雷兹（Ramirez，1983）的观点，二元文化包含了一个人在两种文化中形成的理解力和敏感性。它展示了两种文化的融合。哈特尼克（Hutnick，

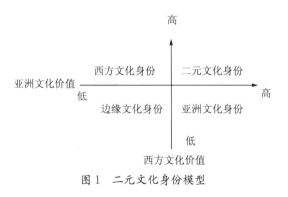

图 1　二元文化身份模型

1986)以对"外部群体"或"大多数群体"及"内部群体"或"少数种族群体"的身份认同程度为基础,提出了二元文化的认同模型。这项研究将二元文化身份(以哈特尼克的概念为依据)定义为对两种文化身份的认同能力。根据哈特尼克的说法,这些拥有二元文化身份的人在保有源文化价值的同时,还能够在新的群体中培养新的价值(图1)。

根据这个概念化的模型可以看出,那些对亚洲文化价值和西方文化价值都高度认可的人被定义为拥有二元文化身份的人。那些只高度认同西方文化价值但并不高度认同亚洲文化价值的人,被定义为已被同化或者是拥有西方文化身份的人。那些高度认同亚洲文化价值但并不高度认同西方文化价值的人被看作拥有种族的或是亚洲文化身份的人。那些既不高度认同西方文化价值也不高度认同亚洲文化价值的人被定义为拥有边缘性文化身份的人。在这项研究中"身份指的是一个人是谁、是什么,也指由自身和他人附加到一个人身上的各种含义"(Gecas & Burke, 1995, p.42)。根据杰卡斯(Gecas)和伯克(Burke)的观点,有两种身份培养的过程:一是"识别",一是"认同"。目前的这项研究主要集中于"认同"这一过程,指的是在新的环境中与文化价值系统相联系的移民。在各类文献中有相当数量的证据表明二元文化身份会给移民带来更多的好处(Dong, 1995;Hinkley et al., 2002)。文化是一个共享的意义系统,通过这个意义系统个体学习价值观、态度和行为方式,以此来培养文化能力(Sanden,1970)。这种能力帮助个体在社会交往中形成自我效能。董(1995)认为,具有二元文化身份的人比较容易适应移入国文化,同时又能与他的源文化保持联系。而这些个体在移入国往往是比较成功的。

一种文化的优势可能会是精通掌握二元文化的一种极其有利的工具。斯万和维斯波特(Weissbort)(2000)指出:"由家庭传承下来的韩国最重要的传统价值包括对长者的尊敬、为家庭所做的牺牲以及对教育的重视。"(p.5)他们也指出,"父母的奉献是家庭成功的关键","尊重是由父母传给子女的最重要的韩国文化价值"(Swan & Weissbort,2000)。这些是人们可以在许多像日本、韩国和中国这样的高语境社会里发现的一些相同特征。而这些相同的特征对于任何一个在新的文化中奋斗着想要达到精通水平的人而言都是很有利的。根据李(2003)的说法,二元文化是韩国孩子为自尊和明确的身份建立强大的心理素质所必需的。

对于移民及一些诸如非裔美国人、西班牙裔美国人和美国印第安人等族群来说,拥有正面的二元文化身份可能是强有力的并可实行的。近期的研究可能表明,在个体行为和身份发展之间存在着一定的联系(Zaff,Blount,Phillips & Cohen,2002)。奥斯曼(Oyserman)和哈里森(Harrison)得出这样的结论:在二元文化身份与个体的自尊之间也存在着积极的相关性(1999)。他们又补充道,对于非裔年轻人来说,二元文化身份可以是一种工具,能使他们在学校里取得好成绩,而且还会减轻他们可能出现的压抑情绪(1999)。二元文化的概念得到了有关西班牙移民研究的实证支持(Buriel,1993)。在美国这样拥有多元文化的环境中,二元文化身份在那些想要融入美国主流文化同时又保有源文化价值观的移民中常常更普遍。这些二元文化的个体在两种文化中被培养起来,并在两种文化中发挥作用获得成功。

总而言之,文献显示,移民往往要经历在移入国身份适应这一过程。证据显示二元文化身份与适应和成功是联系在一起的。那些拥有二元文化身份的人往往在学校、社团或其他环境中表现优秀。

研究问题

二元文化主义可以定义为个体在两种文化中的能力和敏感性,以及它是如何反映这两种文化进行独特的融合的(Ramirez,1983)。根据哈特尼克(1986)的观点,个体可以通过既与多数族群又与少数族群达到身份认同这一过程来使自己拥有二元文化。越来越多的证据表明拥有二元文化身份的个体往往自我感觉良好,并且在移入国环境中表现优秀。了解亚裔青少年移民是如何形成他们的身份及在移入国的文化环境里保持哪种文化价值观是十分重要的。因此我们就提出了如下一些相关问题:

1. 亚洲裔青少年移民在多大程度上形成了二元文化身份?

此项研究中的亚洲裔青少年是指从亚洲国家移民到美国的中学生。这些国家和地区包括:中国、中国香港地区、中国台湾地区、韩国、越南、柬埔寨、泰国和老挝。二元文化身份被定义为个体对源文化价值观和移入国新价值观的内化。就测量而言,本研究的焦点在于认同的过程。这些拥有二元文化身份的人往往既认同西方的文化价值观,又认同东方的文化价值观(详细的测量将在后面的方法部分加以讨论）。

电视在移民社会化进程中发挥着重要作用。大多数移民通过加工和内化他们在电视上的所见所闻来构建他们的移入国社会真实的认知。观看电视中的一种学习机制是观察式学习（Bandura，1994）。通过观察，人们获得有关移入国文化的价值观、理想和态度等。直接的经历和与他人进行大量的人际交往对移民产生的影响要大于大众传播媒体（Austin，Roberts & Nass，1990），然而大众传播媒体，比如电视，在他们社会化的进程中也起到了至关重要的作用。在移入国，新移民往往还没有形成他们的人际网络，特别是在他们最初移民的几年中。通过观看电视节目，移民接受了电视节目内容所展现的价值、信仰和态度，从而实现了社会化。

带着大笔财产移居美国的移民数量很少。因此，大部分人只有很少一部分资金用于参加学习班和课程来提高他们的口语水平，增加对文化的了解。电视对于大多数的新移民来说经济上都不成问题，这就为他们提供了另一种学习的源泉。青少年移民可能会更依赖电视来学习当地的主流文化，以便能在新的文化环境中生存下来并获得成功。这就要得益于电视本身的简单易懂、快捷方便、易于接触等特点，这使其成为移民了解移入国文化的至关重要的信息源。

研究显示，人们通过三个阶段来学习一种新的文化价值：认知阶段、评估阶段和接受阶段（Tan，Nelson，Dong & Tan，1997）。谭和他的同事们认为，人们首先在他们所观看的电视节目中识别文化价值观。比如，观众在看电视节目的时候可能会识别出，财富在美国文化中是十分被看重的。那么他就会评估这一价值观在社会环境中的功能。又比如，在美国，物质财富是一个人获得成功的重要因素，而财富积累的多少是一个人成功层次的一个指标。最终，这些电视观众会根据他们对这些价值观的正面评估来接受这些价值观。以文献资料为基础，本研究又提出了三个问题：

2. 在何种程度上二元文化身份影响着亚洲移民对他们观看的电视节目中描述的西方文化价值的认知？

3. 在何种程度上二元文化身份影响着亚洲移民对他们观看的电视节目中描述的西方文化价值的评估？

4. 在何种程度上二元文化身份影响着亚洲移民对他们观看的电视节目中描述的西方文化价值的接受？

后三个研究问题中的二元文化身份概念与第一个研究问题中的概念是一致的。在问题 2 中,"对电视节目中所描述的西方价值观的认知"的概念就是注意到电视节目中的那些文化价值观。操作性定义就是询问受访对象:"你多长时间能看到一次电视节目中描述的价值观或主题?"

在问题 3 中,"对电视节目中所描述的西方价值观的评估"的概念就是指受访对象如何看待那些文化价值在移入国发挥作用的方式。操作性概念就是询问受访对象:"如果你想在美国取得成功那么这些价值观有多重要?"

在问题 4 中,"对电视节目中所描述的西方价值观的接受"的概念就是指受访对象如何内化那些他们看到和感知到的在移入国发挥着作用的那些文化价值观。操作性概念就是询问受访对象:"这些文化价值观对你个人有多重要?"

方法

样本

这项调查是在三个月左右的时间内在西雅图的一个校区内进行的。西雅图是许多亚洲新移民定居美国的几大城市之一。这项研究调查了这里的三所亚裔学生较为集中的中学。这是根据华盛顿州的公共教育监督办公室提供的"少数族群学生注册报告"来进行的选择。根据这项入学注册报告,第一所被选中的学校共有 375 名亚裔学生,占总人数的 28%。第二所学校共有 353 名亚裔学生,占总人数的 51%。第三所学校共有 391 名亚裔学生,占总人数的 33%。

这项调查的对象主要是十、十一、十二年级的学生。这个实验可以被看成身份形成、探索一个人的角色并做出承诺的过程,由此提升青少年的思想、态度和行为的凝聚力(Erikson,1986)。正在进行中的身份形成使得这些中学生成为当前社会化作用研究的理想受访者。

调查

问卷是由研究助手们进行的,同时得到了每所学校老师们的帮助。调查进行了大概 50 分钟或一节课的时间，就此项调查对学生进行了简要的讲解，但仅仅是告诉他们要参加一项集体问卷调查。这些解释也主要是关于回答问题时的技术性程序。在调查的过程中有几回，班里的老师向那些由于英语语言能力或是文化问题而无法完全理解某个术语或是问题的学生提供了帮助。为了避免在管理问卷中可能会产生的固有印象或歧视，调查完成后会附一份任务报告和对调查目的的说明。受访者也有时间就项目进行提问。

测量与数据分析

为了回答之前提出的研究问题，我们设计了一份问卷。本项研究关注三个主要变量：(1) 传播与人口变量；(2) 媒介使用变量；(3) 社会化成果变量。社会化变量包括从电视中学习的三个步骤，分别是：对电视节目中移入国价值观的认知，评估那些价值观在移入国的作用，然后接受那些价值观。移入国的文化价值观有 12 项指标，其中包括 6 项东方价值观："尊重传统""谦逊""自我约束""由地位决定秩序关系并遵守秩序""不贪婪"和"有荣辱意识"；6 项西方价值观是："财富""个人主义""远大抱负""竞争""自由"和"平等"。在以往文献资料的基础上形成了两个文化价值量表。

我们在三个部分集中探讨了数据分析的方法。描述性分析用于对样本人群的特征提供基本的了解。因子分析识别价值观，这一方法是以二元文化为导向的，或是"东方"或是"西方"。二元文化身份是以因子分析为基础的。方差分析用于检验社会化过程中二元文化身份是如何影响学习的。

结论

研究中的一项描述性分析显示，样本包含 235 名亚洲裔移民青少年，平均年龄为 16.7 岁。平均而言，他们在美国已有 6 年多，在美国上学时间约为 5 年半。这些青少年的平均年级为 10.7 年级，大约是高二下学期。

为了解答第一个研究问题："亚洲裔青少年移民在多大程度上形成了二元文化身份？"本研究对 12 项价值观进行了因子分析，这 12 项价值观包括 6 种西方价值观（个人主义、自由、财富、平等、竞争、远大抱负）和 6 种东方价值观（谦逊、荣辱感、不贪婪、尊重传统、由地位决定秩序关系并遵守秩序、自我约束）。在本研究中这些价值观都被看作"重要的个人价值观"。因子分析的结果表明，四种价值观被归为第一因子，它们是："自我约束""不贪婪""由地位决定秩序关系并遵守秩序"和"荣辱意识"。这一因子反映了东方的文化导向。第二因子有4个突出的项目：竞争、个人主义、远大抱负和财富。这一因子构成了西方文化维度。

因子分析表明东西方文化价值维度出现了。经过因子分析之后，第一因子中的变量（自我约束、不贪婪、由地位决定秩序关系并遵守秩序和荣辱意识）加在一起形成了东方文化价值维度的指数。第二因子中的变量（竞争、个人主义、远大抱负和财富）加在一起形成了西方文化价值维度的指数。每个维度的范围都是 4 至 28 分，因为每个指数是 7 分。这些维度和数据的操作化分类如图 2 所示。

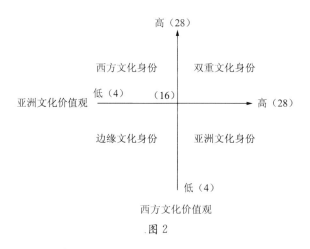

图 2

一个二元文化身份的人会认同西方和东方两种价值观。如果个体在西方文化价值观和亚洲文化价值观上都超过 16 分，如图 2 所示，那他就属于二元文化群体。如果在西方文化价值观和亚洲文化价值观上都少于 16 分，就形成了边缘文化身份群体。如果西方文化价值观得分大于 16 分，同时亚洲文化价值观得分低于 16 分，就构成了西方文化身份群体。如果西方文化价值观低于 16 分而亚洲文化价值观得分大于 16 分，就形成了亚洲文化身份群体。

目前的研究结果显示，受访者中二元文化身份群体占 117 人（57％）为；边缘群体 32 人（16％）；西方文化身份 39 人（19％）；亚洲文化身份 16 人（8％）。四个族群的总结见表 1。

　　研究的结果似乎清晰地回答了第一个研究问题。他们认为,大多数亚裔移民青少年往往都在中学期间形成二元文化身份。他们既能高度认同西方的文化价值观,如竞争,并加以接受,同时又保留了他们的源价值,如荣辱意识。

　　问题2是:"在何种程度上二元文化身份影响着亚洲移民对他们观看的电视节目中描述的西方文化价值的认知?"为了调查这一问题,研究者对四组调查对象进行平均数对比,来看看二元文化身份群体是怎样影响个体认知电视节目中呈现的西方价值观的。表2所报告的方差分析检测表明,四组在识别他们所观看的电视节目中的西方价值观上有明显不同。

　　表2显示二元文化身份一组比其他三组更易于识别电视节目中的移入国文化价值。西方文化身份小组列第二名,虽然它与边缘群体一组没有太显著的区别,亚洲文化身份组位列最后一名。此结果表明,在观看电视节目时学习到的价值观与知识可能正是二元文化身份群体学习西方文化价值观的一个因子。

表1　价值认同分组

群体名称	特征	人数	比例
二元文化群体	高西方价值观 高东方价值观	117	57%
边缘身份群体	低西方价值观 低东方价值观	32	16%
西方文化群体	高西方价值观 低东方价值观	39	19%
亚洲文化群体	低西方价值观 高东方价值观	16	8%

表2　小组对电视中西方价值观认知的平均数比较

变量	二元文化身份	边缘文化身份	西方文化身份	亚洲文化身份	F 值
西方价值观认同	5.1	4.7	5.0	4.6	3.26*
	(0.9)	(0.8)	(0.9)	(0.8)	
	<u>a</u>	<u>ab</u>	<u>ab</u>	<u>b</u>	

1. 下划线字母表示用邓肯氏多重范围测验法对小组得分进行平均数比较。相同字母的平均数没有显著

差异。

2. 括号内为标准差。

3. $* = p < .05$。

表 3　各群体对西方价值观念评价平均数比较

变量	二元文化群体	边缘群体	西方群体	亚洲群体	F 值
对西方价值观念作用的评价	5.8	5.2	5.8	5.4	6.45**
	(0.8)	(0.9)	(0.9)	(0.9)	
	<u>a</u>	<u>b</u>	<u>a</u>	<u>ab</u>	

1. 下划线字母表示用邓肯氏多重范围测验法对小组得分进行平均数比较。相同字母的平均数没有显著差异。

2. 括号中的数字是标准差。

3. $** = p < .01$。

第三个研究问题是:"在何种程度上二元文化身份影响着亚洲移民对他们观看的电视节目中描述的西方文化价值的评估?"表 3 中的方差分析结果显示,在对所观看的电视节目中包含的西方文化价值观念功能的评价中,二元文化身份群体与西方群体一起位列第一。

表 3 显示,在四组当中,二元文化身份群体与西方群体在对西方文化价值观念的功能评价中排名第一。这表明对在移入国文化环境中电视节目所描述的西方文化价值观念,这两个群体更有可能做出肯定的评价。这两个群体的人数要远远多于亚洲群体和边缘群体。边缘群体在对电视节目中描述的西方文化价值观念的功能评价中位列最后。

表 4　各群体对电视中的西方价值观接受程度平均数比较

变量	二元文化群体	边缘群体	西方群体	亚洲群体	F 值
对西方价值观念的接受	5.8	4.3	5.4	4.5	42.00**
	(0.7)	(0.8)	(0.8)	(0.5)	
	<u>a</u>	<u>c</u>	<u>b</u>	<u>c</u>	

1. 下划线字母表示用邓肯氏多重范围测验法对小组得分进行平均数比较。相同字母的平均数没有显著差异。

2. 括号中的数字是标准差

3. $** = p < .01$

第四个研究问题是:"在何种程度上二元文化身份影响着亚洲移民对他们观看的电视节目中描述的西方文化价值的接受?"表 4 中的方差分析结果显示,

这四个群体对西方文化价值观的接受方面数据上有较大的差异。

表4显示，二元文化身份群体对电视节目中所描述的西方价值观念的接受上遥遥领先。西方群体位列第二，之后依次是亚洲群体和边缘群体。对此变量的方差分析测试意义重大，数据显示，四个群体在对（移民观看的电视节目中描述的）西方价值观的接受方面具有显著的差异性。显然，二元文化身份群体在保持自身源文化价值观念的同时，接受了从电视中获取的西方价值观。

讨论

移民群体文化适应性这个课题可以追溯到美国社会学的早期阶段。在那个时期，移民群体从固守"旧"文化到文化边缘化，再到坚守美国文化，这种变化被看作一种进步。在这种旧观念中，移民及他们的文化被看成问题，而非资源。而这个移民群体文化适应性的早期观点中并不存在二元文化身份个体这一概念。

本研究的结果显示，亚洲青少年移民在西方主体文化环境中的身份形成是有差别的。结果显示，移民中的大部分都会转变为二元文化身份群体。此群体中的个体在保留其源文化价值观的同时，积极接受移入国的文化价值观。结果还显示，相较于其他群体，二元文化身份群体更易于识别电视节目中所包含的西方文化价值观。

研究发现，二元文化群体在评估电视节目中所呈现的西方价值观的功能时，与西方群体相似。边缘群体与亚洲群体在评估步骤上明显落后于前两个群体。结果还显示，二元文化身份群体更易于接受他们所观看的电视节目中描述的西方价值观。二元文化群体与其他三类群体有着显著的差异，表明这个群体通过诸如电视之类的大众媒体在持续不断地学习西方价值观。

根据当前的文献资料，移民群体在向双语转变时，往往也在向二元文化身份转变，因为他们必须适应新的文化环境。他们会利用任何可获得的资源来学习文化价值观。虽然人际影响可能会更有效，但是若缺乏西方的朋友，他们会利用大众媒介，例如电视，去缩小自身的差距。

当前研究结果表明，二元文化身份似乎是一种心理上更舒适的状态。在这种状态下，这一群体能将自身与自己的过去和现在紧密相连，以此来消除不和谐。通过这样的方式，他们不断适应新的文化价值观、理想以及态度，同时又不失去完整的自我。二元文化身份群体通过与移入国人群一起工作、交往来适应新的文化环境。同时，这一群体在新的文化环境中能够保留他们的源文化身份，他们的文化智慧、理念及知识。

如前所述，二元文化身份群体往往积极参与学习移入国文化、价值观和态度。本研究认为与包括西方群体、亚洲群体和边缘群体在内的其他群体相比，二元文化身份群体在电视学习的三个阶段都处于领先位置。结果表明，相较于其他三个群体，二元文化身份群体更能识别出所观看的电视节目中的西方文化价值观，更能评估文化价值观的功能并将其纳入自身的文化体系。

美国是一个由多种族构成的多元文化社会。美国人应该理解并接受文化差异，这一点很关键（Chen & Starosta，2003）。极其重要的一点是，人们应该意识到二元文化身份是一种舒适的状态，在这种状态下，移民可以在他们接受了的文化环境中表现优异，同时又保持着自己的源文化传统。本研究已经表明了观看电视对移民理解美国文化的重大影响。帮助移民形成二元文化身份的一个关键因素是他们对其他文化的欣赏及由这种包容思想而产生的好处。只有在一个充满理解与尊重的兼容并包的环境中，移民群体才能在移入国文化中成为感觉舒适而又卓有成效的行动者。

后记

作者意识到"文化"是一个社会学概念，这个概念描述的是群体而非个体。例如"越南文化"，描述的是越南人整体，而非某个单个的越南人。而另一方面，一种最有效的文化定义认为，文化存在于社会规范、价值观、信念以及象征符号当中（Sanden，1970）。其中前三项在调查研究中常被测量。当然，本研究测量的是价值观。

参考文献

［1］Austin，E. W. (1993). The importance of perspective in parent-child interpretations of family communication patterns. *Journalism Quarterly*，70，558 - 568.

［2］Bandura，A. (1986). *Social Foundations of Thought and Action：A Social Cogni-*

tive Theory. Englewood Cliffs，NJ：Prentice Hall.

［3］Bandura，A. (1994). Social cognitive theory of mass communication. In J. Bryant & D. Zillmann (Eds.)，*Media Effects：Advances in Theory and Research* (pp. 61 - 90). Hillsdale，NJ：Lawrence Erlbaum Associates.

［4］Barber，B. K. & Buehler，C. (1996). Family cohesion and enmeshment：Different constructs，different effects. *Journal of Marriage and the Family*，58，433 - 441.

［5］Booth-Butterfield，M. & Sidelinger，R. (1998). The influence of family communication on the college-aged child：Openness，attitudes，and actions about sex and alcohol. *Communication Quarterly*，46，295 - 308.

［6］Burleson，B. R.，Delia，J. G. & Applegate，J. L. (1995). The socialization of person-centered communication：Parents' contributions to their children's social-cognitive and communication skills. In M. A. Fitzpatrick and A. L. Vangelistic (Eds.)，*Explaining Family Interaction* (pp. 34 - 76). Thousand Oaks，CA：Sage.

［7］Chaffee，S. H.，McLeod，J. M. & Atkin，C.K. (1971). Parental influences on adolescent media use. *American Behavioral Scientist*，14，323 - 340.

［8］Dorsey，A.M.，Miller，K.I. & Scherer，C.W. (1999). Communication，risk behavior，and perceptions of threat and efficacy：A test of a reciprocal model. *Journal of Applied Communication Research*，27，377 - 395.

［9］Erikson，E. (1968). *Identity，Youth and Crises.* New York：Norton.

［10］Farrell，M. P. & Barnes，G. M. (1993). Family systems and social support：A test of the effects of cohesion and adaptability on the functioning of parents and adolescents. *Journal of Marriage and the Family*，55，119 - 132.

［11］Fitzpatrick，M. A.，Marshall，L. J.，Leutwiler，T. J. & Kromar，M. (1996). The effects of family communication environments on children's social behavior during middle childhood. *Communication Research*，23，379 - 406.

［12］Fondacaro，M. R.，Dunkle，M. E. & Pathak，M. K. (1998). Procedural justice in resolving family disputes：A psychological analysis of individual and family functioning in late adolescence. *Journal of Youth and Adolescence*，27，101 - 119.

［13］Fujioka，Y. & Austin，E. W. (1999). *The Relationship of Family Communication Patterns to Parental Mediation Styles.* Paper presented at the annual meeting of the International Communication Association Conference，San Francisco，CA.

［14］Gecas，V. (1992). Socialization. In Borgatta，E. F. Borgatta，M. L. (Eds.)，*Encyclopedia of Sociology*，*Vol.4* (pp. 1863 - 1872). New York：MacMillan Publishing Company.

［15］Kostelecky，K. L. & Lempers，J. D. (1998). Stress，family social support，distress，and well-being in high school seniors. *Family and Consumer Sciences Research Journal*，1，125 - 135.

［16］Miller，K. S.，Kotchick，B. A.，Dorsey，S.，Forehand，R. & Ham，A. Y. (1998). Family communication about sex：What are parents saying and are their adolescents listening? *Family Planning Perspectives*，30，218 - 222.

［17］Rathunde，K. (1997). Parent-adolescent interaction and optimal experience. *Journal of Youth and Adolescence*，26，669 - 689.

［18］Ritchie，L. D. (1991). Family communication patterns：An epistemic analysis and conceptual reinterpretation. *Communication Research*，18，548 - 565.

［19］Ritchie，L. D. & Fitzpatrick，M. A. (1990). Family communication patterns：Measuring intrapersonal relationships. *Communication Research*，17，523 - 544.

［20］Rubin，B. R.，Palmgreen，P. & Sypher，E. H. (1994). *Communication Research Measures：A Source*. New York，NY：The Guilford Press.

［21］Sheeshka，J. D.，Woolcott，D. M. & Mackinnon，N. J. (1993). Social Cognitive Theory as a framework to explain intentions to practice healthy eating behaviors. *Journal of Applied Social Psychology*，23，1547 - 1573.

［22］Schooler，C，Flora，J. A. & Farquhar，J. W. (1993). Moving toward synergy：Media supplementation in the Stanford Five-City Project. *Communication Research*，20，587 - 610.

［23］Tims，A. R. & Masland，J. L. (1985). Measurement of family communication patterns. *Communication Research*，12，35 - 57.

读后习题

概念与问题

1. 什么是二元文化身份？

2. 根据本文，谁是亚洲传播模式的作者？

3. 根据本文，谁是美国传播模式的作者？

4. 哈特尼克在 1986 年提出的模式是什么？

5. 按照根据杰卡斯和伯克的观点,身份形成的两个过程是什么?

6. 自尊与二元文化主义之间是什么关系?

7. 本研究中的数据搜集自哪里?

8. 样本中的受访者是谁?

9. 本调查是怎样进行的?

10. 数据分析的三步骤是什么?

讨论题

1. 本研究运用了什么项目来测量东方价值观和西方价值观?

2. 以你个人的经验和知识为基础,讨论一下性别对移民/难民在移入国社会化进程的影响。

作业

1. 设计一个一页纸的问卷,测量一下正面传播与加强大学生人际关系/恋爱关系之间的关系。请以专业方式设计问卷,要有标题,有结语。

质量评估及讨论

说明:请从数字 1(非常不同意)到数字 5(非常同意)中圈出一个来说明你的看法。另附纸写下你每个选择的理由(SA 指非常同意,SD 指非常不同意)。

a. 介绍部分说明了为什么本研究是一个重要的调查。

SA　5　4　3　2　1　SD

b. 文献评述为本调查提供了语境。

SA　5　4　3　2　1　SD

c. 研究问题或假设都做了恰当陈述。

SA　5　4　3　2　1　SD

d. 研究方法的选择恰当。

SA　5　4　3　2　1　SD

e. 对变量进行了充分而良好地测量。

SA　5　4　3　2　1　SD

f. 结果得到清楚地呈现。

SA　5　4　3　2　1　SD

g. 本研究的内涵得以清晰地阐述。

SA　5　4　3　2　1　SD

h. 讨论得以充分恰当地展示。

SA　5　4　3　2　1　SD

i. 本研究对建立传播学领域内的知识体有所贡献。

SA　5　4　3　2　1　SD

13 社会智力、自尊与跨文化传播敏感性[①]

董庆文,兰德尔·J.科佩尔,克莉丝廷·M.克拉克

摘要:传播技术的进步为社会传播提供了人类历史上前所未有的机会。跨文化传播敏感性可以减少文化障碍,从而使人们能更好地利用这一巨大的潜能。研究表明,跨文化传播敏感性由多种因素形成。这项研究将着重于其中的两个因素:社会智力和自尊。我们以美国西部两所大学的 419 名本科生为样本检验了社会智力和跨文化传播敏感性的关系。此外,也研究了自尊和跨文化传播敏感性之间的关系。研究结果验证了所假设的关系,并且表明了社会智力(SI)和跨文化传播敏感性(ICS)之间存在一种重要的数据上的关联性,那就是在跨文化传播敏感性中,社会智力占有超过 10% 的变化值。此外,自尊的两个维度——自我价值和自我效能——与跨文化传播敏感性有重要的关系,在跨文化传播敏感性中占有 4% 的变化值。这项研究的含义和局限性我们也会提及。

人类是文化的产物,正如人们在工作地点、社区以及学校进行互动一样,文化也是如此。为了获得成功并和谐地生活,个体需要成为有效的跨文化传播者以便克服生活中出现的文化障碍。但是在成为有效的跨文化传播者之前,他们需要了解其他文化,对文化差异具有敏感性,并且尊重他人的文化(Bhawuk & Brislin,1992)。

2004 年,贝内特与贝内特提出了一种跨文化传播模式,在这个模式中个体形成跨文化传播敏感性需要经过六个步骤:否定、抵触、轻视、接受、适应和整合。根据这个跨文化传播敏感性的发展模式,起初人们处于民族优越感阶段,认为"自己的文化是中心"(Bennett & Bennett,2004,p. 152);最终他们会处

---

① 董庆文,兰德尔·J.科佩尔,克莉丝廷·M.克拉克:"社会智力、自尊与跨文化传播敏感性",《跨文化传播研究》,2008,17(2):162—172。再版已获得作者授权。

于民族相关的阶段,认为"自己的文化以其他的文化为背景"（p. 152）。跨文化敏感性是跨文化传播能力中的情感方面,表明了"在跨文化传播中愿意理解和欣赏文化差异的发展过程"（Chen & Starosta, 2003, p.344）。最近形成了一份可靠的能很好预测跨文化有效性的跨文化敏感性量表（Chen & Starosta, 2000）。

理论学家已经提出了几个社会智力的定义,但是几乎所有定义都具有两个共同因素：（1）对他者的察觉；（2）对他者和社会环境的反应和适应（Goleman, 2006; Kobe, Reiter-Palmon & Rickers, 2001）。马洛（1986）表明相对于缺乏情感体验的人,具有社会智力的个体似乎会经历丰富而又有意义的生活。此外,人们还发现社会智力的许多方面与很强的解决社会问题的能力（Jones & Day, 1997）、有经验的领袖能力（Kobe et al., 2001）和积极的人际经验（Cheng, Chiu, Hong & Cheung, 2001）有关。

自尊是自我概念的一个方面,被认为可以调和所有的行为选择。如果个体对自己的认知是积极的,他们会非常自信,觉得自己很有价值。因此,积极的自我评价往往能促使个体很好地处理与他人的关系,包括那些文化背景不同的人。

文献综述表明人们对于社会智力以及社会智力、自尊与跨文化传播敏感性三者间的关系的认识很有限。这项研究弥补了这个缺陷,对于社会智力的理论概念以及社会智力、自尊与跨文化传播敏感性的关系提出了一个很好的理解。具体讲,本研究有两个目的：首先,它揭示了社会智力与跨文化传播敏感性的内在关系；其次,它阐释了跨文化传播敏感性与自尊及作为其子集的自我概念之间的内在联系,包括自我效能和自我价值。

文献综述

社会智力

在过去的 30 年中社会学家一直在研究社会智力,但是最近却得到了更加广泛的关注。丹尼尔·戈尔曼在情绪智力方面著述甚丰,于 2006 年末出版了《社会智力》。根据戈尔曼（2006）所述,心理学家爱德华·桑代克于 1920 年形成了社会智力的初始定义：一种区别于抽象的和机械的智力能力。桑代克(1920)把社会智力定义为"在人类关系中表现明智的能力"(p. 228)。

福特和提萨克(1983)根据行为结果为社会智力进行了定义，成功地证明了社会智力的一个截然不同的领域。他们将社会智力定义为"一个人在特定社会环境中实现相关目标的能力"(1983，p. 197)。马洛(1986)视社会智力与社会能力为等同。他把社会智力定义为"在人际交流环境中理解人们的——包括自己的——感受、思想以及行为，并在此理解基础上做出适当行为的能力"(1986，p. 52)。最近，戈尔曼(2006)的定义把社会智力划分为两个大的类别：社会意识和社会能力。他把社会意识定义为"我们对其他人产生的意识"，把社会能力定义为"我们如何处理这种意识"(2006，p. 84)。

一些研究已经表明社会智力是多维度的，有别于一般的智力范畴(Jones & Day，1997；Marlowe，1986；Weis & Süb，2007；Wong，Day，Maxwell & Meara，1995)。这些社会智力的概念包含内在的和外在的感知力，社会技能和其他社会心理变量(Taylor，1990)。这些研究使用的方法有自我报告、同伴或他人评级、运用行为标准和业绩测量。马洛(1986)的社会智力模式包含五个方面：亲社会的态度、社会行为技能、移情能力、情感表达力和自信心。亲社会的态度指关注并关心他人；社会行为技能表现为与他人恰当的交流；移情能力指的是认同他人的能力；情感表达力描述了一个人对他人的情感性；社会环境中的信心基于一个人在社会环境中的舒适程度。

有一项研究着重于社会智力的认知和行为这两个层面(Wong，Day，Maxwell & Meara，1995)。这项研究的第一个实验结果表明社会感知与异性互动是彼此不同的，与学术智力也不相同。第二个实验评价了学术智力与社会认知智力的三个层面：社会知识、社会感知和社会洞察力之间的关系。社会知识被定义为了解社会礼仪规范。社会感知被定义为理解和解码他人言语和非言语行为的能力。社会洞察力被定义为理解并解释社会环境中观察到的行为的能力。他们发现社会智力的这些方面与学术智力是有区别的，而社会感知和社会洞察力之间并没有明显的区别，但是，社会感知力和洞察力的构建却与社会知识无关。

琼斯和戴(1997)发现了一些证据表明社会智力可以被划分为社会知识和洞察并适应不确定社会环境的能力。他们的结果扩展了先前对于社会智力多维度的发现,并表明灵活运用知识的能力可能是社会智力一个重要的认知层面。韦斯和萨博(2007)认为社会理解力和社会知识是社会智力的两个不同的构成部分。另外,他们的模式对深层的一般社会智力及可能的社会智力等级模式的存在提供了支持。

戈尔曼曾提出,要想全面理解社会智力,我们需要有"非认知的"才能:"比如,这种才能可以让一个情感细腻的护士不假思索地通过恰当的抚摸来使一个哭泣的孩童平静下来。"(2006,p. 83)他的模型强调情感交互的状态,在这种状态下,社会意识和社会能力涵盖了从基本能力到更为复杂的高端表达的范围。社会意识由四个维度构成:原始移情、调和、移情精确度和社会认知。原始移情是指能够感受他人的非语言情感信号。调和是指积极倾听,全身心关注对方。移情精确度是一种认知能力,它建立在原始移情的基础之上,也就是说,一个人不仅能感受而且也能够理解另一个人所经历的。社会认知指对这个社会是如何运行的认识和了解,例如礼仪规则,找到社会困境的解决方法或者解码社会信号(Goleman,2006)。社会能力在这种意识的基础上扩展并增加了顺利、有效的互动。社会能力包括四个维度:共时、自我展示、影响以及关心。共时被定义为与另一个人优雅地共同滑出非语言的舞步。正如音乐能激发起旋律和节奏以吸引我们,我们的非语言舞蹈也创造了和他人相处的舒缓和轻松。自我展示是指能够很好地展示自己,比如说留下好印象。影响是指从与他人的交往中建设性地产生效果的能力。关系是指不仅关心他人的需要并且采取相应的行动。尽管考虑到软技能,这些因素是培养和维持人际关系的基本要素(Goleman,2006)。

社会智力是文化的一个功能。换句话说,一种文化认可的社会智力的行为和特征并不一定被另一种文化所认可。威尔曼、菲尔特和阿梅尔朗(1997)曾说,中国受访者认为维护人际和谐与恢复人际平衡是具有社会智力的行为,而德国受访者则认为追求个人目标,维护社会整体价值并能够影响他人是具有社会智力的行为。中国受访者还认为满足社会期望(按照他人的期望来行事)和积极的社会参与是更具有社会智力的行为,而德国受访者并不这么认为。这些发现说明"社会智力和社会智力在人际交往中某个特定方面的表现看起来会受文化的影响"(Willmann et al.,1997,p. 337)。

自尊

班度拉因其社会认知理论(1986)以及自我效能理论(1999)而著名,他认为人的信念通过四个主要过程调节人的功能,包括认知过程、动机过程、情感过程和选择过程。他指出自我评估在形成动机中起关键作用:

> 大多数的人类动机都是从认知产生的。人们通过深谋远虑使自己产生动机、指导自己按预期行事。他们形成自己能做什么的信念。他们预期未来行动的可能性后果。他们为自己设置目标、计划设计行动路线以实现有价值的未来。他们任意支配着资源努力使其满足自己成功的需求(Bandura,1999,p. 6)。

根据班度拉的观点,个体如果认为自身强大、有力并优秀,就能激励自己。预先对自己进行积极评价能促使个体在工作、学校和其他场合表现得更好。

比如,加利福尼亚提升自尊心和个人以及社会责任感任务小组报告指出,自尊赋予人们能力来有责任地生活,并使个体远离多种多样的社会恶疾,包括罪犯、吸毒、虐待儿童、福利依赖症和教育失败(1999)。

按照定义,自尊具有两个维度:自我效能和自我价值(Gecas & Schwalbe,1986)。能力维度是指一个人对自身社会能力的认知。价值维度指人感觉自己是个有价值的人的程度。罗森伯格(1981)认为维护和强化自尊心有很多方法。如果个体自尊心较差,他们可以通过一些行为来提升自尊,以便感觉更好,更有满足感。另一个方法是个体重新定义形势,对自己产生一个新的、更为积极的印象。还有一种增强自尊的方法是通过与个体的交往以确立自己的正面形象(Swann,1990)。

在为小学、初中学生建立自尊的途径方面,比恩(1992)认为构成学生自尊心的有四个条件:联系性意识、独特性意识、权力意识和榜样意识。比恩指出有强烈自尊心的学生更容易"为他们的成就感到自豪,能独立行动,更容易承担责任、忍受挫折和充满热情地迎接新的挑战并感觉能影响他人"(p. 9)。自尊心弱的学生"更容易规避产生恐惧和焦虑的情况、贬低自己的才能、感觉自己不被喜欢和不被需要、为自己的失败去责备他人、被他人过度影响、很容易有挫折感和无力感"(p. 9—10)。

研究表明积极的自我评价能形成良好的人际关系(Sternberg & Vroom,2002)。如果个体认为自己具有价值,他们在人际关系中往往付出更多。如果个体自尊心较差,他们往往更加具有防御性,在人际关系中付出较少(Kernis,Paradise,Whitaker,Wheatman & Goldman,2000)。

在社会关系的接受程度上自尊心强和自尊心差的人之间也有所不同。如果个体拥有自信,他们便感觉自己不管成功或是失败都能为他人所接受;然而,如果个体自尊心差的话,他们的归属感便有条件地建立在他们的成功或失败上(Baldwin,Baccus & FitzSimons,2004)。另外,自尊心差的人对于拒绝表现得更为敏感,有时还会感受到其实并不存在的拒绝(Koch,2002)。

跨文化传播敏感性

尽管跨文化传播敏感性可能会涉及我们与他人互动时的认知、情感和行为等多方面,但它主要集中在个体的情感能力上,比如控制和调节情绪。文化意识为跨文化传播敏感性提供基础,而反过来,跨文化传播敏感性形成跨文化传播能力(Chen,1997)。换句话说,跨文化传播意识和跨文化传播敏感性是跨文化传播能力的先决条件(Chen,1997)。

跨文化传播敏感性是一个过程,通过这个过程人形成了认知、情感和行为能力,而这些能力又有助于成功的跨文化传播(Peng,2006)。贝内特(1993)的跨文化敏感性发展模式(DMIS)支持并详细阐述了这个形成过程。这一模式认为具有跨文化敏感性的个体倾向于把自己从种族优越感阶段转向种族相对阶段。

跨文化敏感性发展模式(DMIS)由六个发展阶段组成(Bennett & Bennett,2004)。前三个阶段——否认、防御、轻视——可以看作种族优越感。个体把自己的文化视为现实的中心,"否认文化差异性的存在,提升对差异的提防心,并最小化其重要性,从而避开文化差异性"(Bennett & Bennett,2004,p. 153)。后三个阶段——接受、适应、整合——被认为是种族相对阶段,此阶段个体在其他文化的背景中感受自己的文化,可以解释为"通过接受文化差异的重要性,换取一个新的角度去考虑文化差异,或者通过整合整个观念以形成一个一致性的定义来寻找文化差异"(Bennett & Bennett，2004，p. 153)。

这个模型表明由于人们对于文化差异性的感受变得越发复杂，人在跨文化形势下的能力就提高了(Greenholtz，2000)。奥尔森和克勒格尔(2001)发现精通英语之外的其他语言以及有出国经验的职工和教师更有可能形成跨文化传播技巧，在跨文化敏感性发展模式(DMIS)量表中能够达到更高的等级。

威廉斯(2005)发现有海外学习经历的学生比国内的学生在对文化间的相对性问题的理解上有更大的进步。他指出，只有海外学习的经历并不够，要想获得不断进步的跨文化传播技能，个体必须在这个文化中有互动。马奥尼和尚贝尔(2004)发现在普通教育的全部课程中运用文化差异的分析和评价能够更加有效地提高学生跨文化传播敏感性的水平。

学者们认为跨文化传播敏感性体现出理解和尊重他人的意图。克努森和珀西瑞苏克(2006)提出通过不断思考措辞和避免利己主义行为，个体可以形成并且保持对其他文化的敏感性。赛佐、伊斯卡、普兰克和赛瑞(2003)发现拥有文化敏感性的雇员能够为外国顾客提供更好的服务从而使他们的管理者得到满意的结果。这些人渴望去理解、欣赏和接受文化的差异，并且在跨文化交际中创造积极的结果(Chen，1997)。

陈(1997)将跨文化传播敏感性(ICS)定义为"个体对于理解和欣赏不同文化建立一种积极的情感从而促进跨文化传播中恰当而有效的行为的能力"(p. 5)。跨文化传播敏感性较高的人乐于和来自不同文化的人进行交流(Sizoo et al.，2003)。他们能够调节自我行为，领会他人观点，积极诚恳地聆听，反应灵敏，颇具洞察力，并且周到细致(Chen，1997)。这些人更加满意自己的生活(Sizoo et al.，2003)。根据陈的理论，正是由于这种对文化异同进行学习、理解、认同和尊重的积极情感才促进了跨文化意识的形成。

简言之，跨文化传播敏感性对于个人应对与自己拥有不同文化背景的人是至关重要的。这种敏感性使得个体能更好地理解和尊重他人与自身。研究表明，跨文化传播敏感性可以帮助人们更好地达到目标并防止出现误解。文献综述表明在形成跨文化传播敏感性中有许多因素在发挥作用。本研究计划提出如下假设：

假设1：社会智力与跨文化传播敏感性呈正相关。

假设2：自尊与跨文化传播敏感性呈正相关。

研究问题：自我价值与自我效能在与跨文化传播敏感性的关系中是否不同。

方法

样本

受试者是美国西部两所大学的 419 名本科生。本研究的样本包括来自一所小型私立大学的 248 名本科生(59％)和来自一所大型州立大学的 171 名本科生(41％)。受试者的年龄在 17 到 51 岁之间，平均年龄为 20.6 岁。样本包括了 138 名男性(33％)和 276 名女性(66％)。其中有白人 209 名(50％)，亚裔美国人 137 名(33％)，还有非裔美国人(5.5％)，西班牙裔(7.2％)和其他族裔(2.4％)。另外 10 名参与者(2.4％)没有标明他们的族裔。

实验步骤

实验者在上课时间将一份自制的调查表分发给受试者，这个调查表有 5 页，分成了 7 个部分，其中包括测量社会智力、自尊与跨文化传播敏感性的方法。参与者被告知进行此项研究的目的是调查传播行为，并被告知此调查是自愿的，信息完全保密而且是匿名的。参与者花费了 10—15 分钟来完成调查。

测量方法

标准的测量量表被用于确定三个关键变量。跨文化传播敏感性项目节选自陈和斯塔罗斯塔(2000)的跨文化敏感性量表。这个量表包括了 24 个李克特项目，旨在测量个体与来自不同文化背景的人进行交流时的感受。这个量表包括了 5 个附属量表：互动参与、尊重文化差异、互动信心、互动乐趣和互动专注。

自尊量表(Gecas，1971)由 11 种不同语义项目组成，用来评估自我效能和自我价值两个维度。社会智力量表(Dong et al.，2005)由 8 个李克特项目组成，包括："我能认同他人""我是个好的倾听者""我尝试与他人找话题""我能够理解他人的观点""我善于领导小组任务""我与他人讨论我的观点""我善于劝说他人""我常常在某种形势下影响他人"。这个社会智力量表包括两个附属量

表:移情和社会技巧。

结果

测量模型

三个量表的手段、标准偏差和克隆巴赫阿尔法可靠性系数列于表1。

表1 测量量表数据汇总

	平均值	标准差	克隆巴赫阿尔法
社会智力	3.92	.51	.90
自尊	2.42	.81	.91
跨文化传播敏感性	3.85	.44	.88

假设

假设1预测了社会智力和跨文化传播敏感性之间存在一种积极的关系。基于样本的数据统计——$r(407)=.32$，$p<.001$——得到了一个对假设1不合格的支持。由此产生的相关性表明了重要关联，在跨文化传播敏感性中社会智力占10%的方差。

假设2预测在自尊和跨文化传播敏感性间是一种积极的关系。目前的数据支持了这种假设的关系——$r(393)=.18$，$p<.001$——在跨文化传播敏感性中自尊占约4%的方差。

研究问题

研究问题是要探寻自尊的两个附属维度——自我价值和自我效能与跨文化传播敏感性的关系是否不同。最初的相关分析表明自尊的这两个维度与跨文化传播敏感性的关系是近似相等的。如自我价值为$r(397)=.19$，$p<.001$，自我能效为$r(397)=.13$，$p<.05$。然而，这两个维度之间存在着很高的多重共线性$r(397)=.55$，$p<.001$，这就要求在解释这些相关性的相对数量级时要多加小心。

讨 论

歧义与无法做出正确的判断在一定程度上导致了无效的跨文化传播,而来自不同文化背景的人又使这种情况更趋恶化。我们觉察到文化的不同——恐惧和不确信——促使我们去行动。这些情感十分强大,我们可以用否认差异、故步自封、退避甚至敌视其他文化(如停留在种族中心主义阶段)等态度来对待这种情感,也可以变得敏感,暂时抛掉我们的判断和偏见,这样就能够引领我们走向第三种文化(Dodd,1998)。

本研究认为,社会智力可以作为跨文化传播敏感性的基础,并且有助于促进其发展。组成社会智力的因素,例如对他人有兴趣、为他们担心或者表现出同情心,能够使我们去接受和适应。在文化价值中形成社会知识使得我们具备了进行有效的跨文化传播的基础。我们能够实现共享的意义并满足我们的具体需求。

此外,本研究认为,形成较强的自尊可以使我们建立更有效、更满意的跨文化关系。自信的个体防备心较弱,更容易接受他人。有正面自我评价的个体往往会参加更多的跨文化活动。作为一个中介,较高的自尊可以激励我们去了解文化的相似和差异(去国外学习、工作和旅行),而作为一个产物,也可以让我们更了解我们自身和周围的世界。

理解跨文化传播敏感性的一些关键因素是非常重要的,因为我们可以开发和拓展一些多样性培训项目以增强和提高个体的跨文化传播敏感性的意识,从而提升了跨文化传播的能力。

无论个体是在工作中,还是在家中,抑或是在其他地方"到处忙着他们的事务",他都可以因为更感性、更理解和尊重他人而受益。此外,我们也期待这些成果将对现有的传播、教育以及多样性的文献做出补充。

本研究首次在社会智力和跨文化传播敏感性之间建立了一种关系;然而其中还有一些局限。第一个局限是测量基于自我报告,加上观察到的行为准则,同伴或他人的报告,可能会有助于证实这些结论。第二个局限是样本的特点——坐落于美国西部的大学本科生,这样一来,其概括性就有了局限性。未来的研究者可能需要在其他国家进行跨文化传播敏感性的研究,拓展他们的研究去检验这些关系以及情感智力和其他自我建构可能对跨文化传播敏感性所产生的影响。

参考文献

［1］Austin，E.W.，Roberts，D.F. & Nass，C.I. (1990). Influences of family communication on children's television-interpretation processes. *Communication Research*, 17，545 – 554.

［2］Bandura，A. (1994). Social cognitive theory of mass communication. In J. Bryant & D. Zillmann (Eds.)，*Media Effects*：*Advances in Theory and Research*. (pp. 121 – 154). Hillsdale NJ：Lawrence Erlbaum Associates.

［3］Bernal，M.E. & Knight，G. P. (1993). *EthnicIdentity*. Albany NY：State University of New York Press.

［4］Berry，J. (2004). Fundamental psychological processes in intercultural relations. In D. Landis，J. Bennett & M. Gennett (Eds.)，*Handbook of Intercultural Training* (3rd ed.). (pp 166 – 184). Thousand Oaks CA：Sage.

［5］Berry，J.，Kim，U. & Boski，P. (1987). Psychological acculturation of immigrants. In Y.Y. Kim & W. Gudykunst (Eds.,)，*Cross-cultural Adaptation*：*Current Approaches*，(pp 62 – 89). Newbury Park CA：Sage.

［6］Buriel，R. (1993). Acculturation，respect for cultural differences，and biculturalism among three generations of Mexican American and Euro American school children. *The Journal of Genetic Psychology*，154，531 – 543.

［7］Chen，G. & Starosta，W. J. (2003). Intercultural sensitivity. In L. A. Samovar & R. E. Porter (Eds.)，*Intercultural Communication*：*A Reader*，(pp. 406 – 413). Belmont CA：Wadsworth.

［8］Chu，G. C. & Ju，Y. A. (1993). *The great wall in ruins*：*Communication and cultural change in China*. Albany NY：State University of New York Press.

［9］Dong，Q. (1995). *Self*，*identity*，*media use and socialization*：*A study of adolescent Asian immigrants to the United States*. Unpublished doctoral dissertation. Washington State University，Pullman WA.

［10］Dong，Q. & Gundlach，D. (2004). *The Effect of Bicultural Identity on Self Esteem*. Paper Presented at the Annual Conference of the World Communication Association. Palm Desert CA.

［11］Erikson，E. H. (1968). Identity，Youth and Crises. New York NY：Norton. Gecas，V. & Burke，P.J. (1995). Self and Identity. In K. S. Cook，G. A. Fine & S. House

(Eds), *Sociological Perspectives on Social Psychology*. (pp. 41 – 67). Needham Heights MA: Allyn and Bacon.

[12] Goodnight, G.T. (1990). The rhetorical tradition, modern communication and the grounds of justified assent. In D.C. Williams & M.D. Hazen (Eds.). *Argumentation Theory and the Rhetoric of Assent*, (pp. 173 – 195). Tuscaloosa AL: The University of Alabama Press.

[13] Hinkley, J.W., Marsh, H.W. & Mckerney, D.M. (2002). In W.J. Lonner, D.L. Dinnel, S.A. Hayes & D.N. Sattler (Eds.), *Online Readings* in Psychology and Culture (Unit 3, Chapter 5), (http://www.wwu.edu/~culture), Center for Cross Cultural Research, Western Washington University, Bellingham Washington USA. Retrieved April 13, 2004 from http://www.ac.wwu.edu/~cultiire/H:in.kley_etal.htm.

[14] Hutnick, N. (1986). Patterns of ethnic minority identification and modes of social adaptation. *Ethnic and Racial Studies*, 9, 150 – 167.

[15] Jandt, F. E. (2001). *Intercultural Communication: An Introduction* (3rd Ed.). Thousand Oaks CA: Sage.

[16] Lambert, W. E. & Taylor, D. M. (1990). *Coping with Cultural and Racial Diversity in Urban America*. New York NY: Praeger Publisher.

[17] Lee, G. (2003, Summer). *Understanding Immigrated Korean Children's Educational Needs*. Kappa Delta Pi Record. Retrieved April 17, 2004 from http://www.findarticles.com/p/articles/mi_qa4009.

[18] Oyserman, D. & Harrison, K. (1999). *African American Identity in Adolescence*. Institute for Social Research-Research on Group Dynamics, University of Michigan. Retrieved April 17, 2004 from http://www.rcgd.isr.umich.edu/prba/perspectives/falll999/doyserman.pdf.

[19] Park, R. E. & Burgess, E. W. (1921). *Introduction to the Science of Sociology*. Chicago IL: University of Chicago.

[20] Ramirez, M. (1983). *Psychology of the Americas: Mestiz Perspectives on Personality and Mental Health*. New York NY: Pergamon.

[21] Sellin, J. T. (1938). *Culture Conflict and Crime*. New York NY: Social Science Research Council.

[22] Swan, C. & Weissbrot, J. (2000). A Generation in transition: A study of Korean-American youth. *Electronic Magazine of Multicultural Education*, *Vol. 2, No. 1. Retrieved April* 17, 2004 *from http://www.eastern.edu/publications/emme/2000sprmg/*

weisbrot_swan.html.

[23] Tan, A. S., Nelson, L., Dong, Q. & Tan, G. (1997). Value acceptance in adolescent socialization: A test of a cognitive-functional theory of television effects. *Communication Monographs*, 64, 82－97.

[24] Ting-Toomey, S. & Chung, L.C. (2005). *Understanding Intercultural Communication*. Los Angeles CA: Roxbury Publishing Company.

[25] Sanden, V. (1970). *Sociology: A Systematic Approach*. New York NY: Ronald.

[26] Zaff, J.F., Blount, R.L., Phillips, L. & Cohen, L. (2002). The role of ethnic identity and self-construal in coping among African American and Caucasian American seventh graders: an exploratory analysis of within-group variance. *Adolescence*. Retrieved March 20, 2000 from http://ww.findarticles.com/cf_O)/m2248/14837/97723211/print.jhtml.

读后习题

概念与问题

1. 具有跨文化传播敏感性为什么非常重要？

2. 贝内特和贝内特(2004)提出的跨文化传播的模型是什么？

3. 什么是社会智力？

4. 社会智力是多维度的吗？

5. 马洛提出的5个社会智力模式是什么？

6. 本研究中的样本规模是多大？

7. 样本中受试者的人口统计学的信息是什么？

8. 调查中运用了哪种调查方法？

9. 是否告知了受试者本调查是自愿和匿名的？

10. 本调查花费了多长时间？

11. 测量跨文化传播敏感性时使用了谁的量表？

12. 测量社会智力时运用了哪个量表？

质量评估及讨论

说明：请从数字1(非常不同意)到数字5(非常同意)中圈出一个来说明你

的看法。另附纸写下你每个选择的理由（SA 指非常同意，SD 指非常不同意）。

a. 介绍部分说明了为什么本研究是一个重要的调查。

SA　5　4　3　2　1　SD

b. 文献评述为本调查提供了语境。

SA　5　4　3　2　1　SD

c. 研究问题或假设都做了恰当陈述。

SA　5　4　3　2　1　SD

d. 研究方法的选择恰当。

SA　5　4　3　2　1　SD

e. 对变量进行了充分而良好地测量。

SA　5　4　3　2　1　SD

f. 结果得到清楚地呈现。

SA　5　4　3　2　1　SD

g. 本研究的内涵得以清晰地阐述。

SA　5　4　3　2　1　SD

h. 讨论得以充分恰当地展示。

SA　5　4　3　2　1　SD

i. 本研究对建立传播学领域内的知识体有所贡献。

SA　5　4　3　2　1　SD

第八单元
实验

14 情感激励与情感效价对电视受众认知能力与记忆的影响[①]

安妮·兰,库尔金德·德黑兰,董庆文

摘要:本研究检测了激励和效价对受众关于电视信息的能力分配和记忆的综合影响。结果表明,当效价受到控制时(无论是正面消息还是负面消息),激励性消息比静态消息能记得更清楚。当激励受到控制时,正面消息比负面消息能记得更清楚。反应时间的研究结果表明,能力分配既是效价的功能也是激励的功能。受众把最大的能力分配给正面激励信息,把最小的能力分配给负面激励信息。静态消息(无论是正面的还是负面的)则介于这两者中间。

设计本项研究的目的是为了评估情感激励和效价对电视受众关于电视信息的认知能力和记忆所产生的独立的和互动式的影响。使用情感上的诉求和内容来吸引和保持受众的注意力,说服并娱乐他们,这是非常常见的。已经进行了大量的研究来判定情感类信息是否更具说服力(Tan,1986),是否更能吸引注意力(Gunter,1987;A. Lang,Newhagen & Reeves,1993;Newhagen & Reeves,1992),或者更能使人印象深刻(Basil,Schooler & Reeves,1991;A. Lang & Friestad,1993;Newhagen & Reeves,1991;A. Lang,1991;Thorson & Friestad,1985)。

这项研究的大部分都已经检测了情感效价(一个信息是正面还是负面)对各种加工变量和效应变量的影响(A. Lang,1988;A. Lang,1989;A. Lang and Friestad,1993;Lang and Sumner,1989;Reeves,A. Lang,Thorson & Rothschild,1989;Reeves et al.,1991;Thorson and Christ,1992;Thorson and Friestad,1985)。大体上来说,效价被作为以下四类中的两个或者更多来

[①] 安妮·兰,库尔金德·德黑兰,董庆文:"情感激励与情感效价对电视受众认知能力与记忆的影响",《广播与电子媒介学刊》,1995年夏,39(3):313—327。再版已获得作者授权。

进行操控,它们分别是:正面的、负面的、中立的和混合的(既正面又负面)。

通过运用多种不同类型的信息,我们已经就信息的效价对记忆力的影响进行了研究。这其中包括了如下研究:① 新闻中负面形象的影响(Newhagen & Reeves,1992);② 正面和负面的公共服务通告的影响(A. Lang & Friestad,1993;Reeves,Newhagen,Maibach,Basil & Kurz,1992);③ 正面和负面的政治宣传的影响(Biocca,1990;Garramone,Atkin,Pinkleton & Cole,1990;A. Lang,1991;Shapiro & Reiger,1989);④ 不同类型的情感诉求的说服力(Tan,1986)。

虽然这些调查的结果并不完全一致,但是我们仍可以得出三个结论。第一,通常情况下,一个电视信息的效价对于电视信息的记忆确实具有重要的影响。第二,大多数研究显示,负面信息比正面信息更容易被受众记忆。第三,事实上,所有的研究都显示,情感类信息比非情感类信息更容易被受众记忆。

从理论上来说,大部分研究都注重信息的认知加工过程,并以正面或负面作为变量影响着加工过程。研究很少关注情感加工过程理论来探索情感类信息是如何被加工的。这项研究旨在通过运用情感维度理论去挖掘情感类信息的加工过程。

情感维度理论(P. Lang,1979;P. Lang,1985;P. Lang,Bradley & Cuthbert,1992;Osgood,Sued & Tannenbaum,1957;Russell & Mehrabian,1977)把情感定义为具有两或三个潜在维度。最常被定义的两个维度为效价和激励。第三个极少使用的维度是支配。尽管具体定义不尽相同,但是这些维度通常被如下定义。效价维度被定义为从愉快(或正面)到不愉快(或负面)的持续的情感回应。激励维度被定义为,从"有能量的、兴奋的、思维敏捷的"到"平静的、昏昏欲睡的或安静的"的一种持续的回应。支配被定义为一种从"可控"到"不可控"的持续性的量表。

在这个结构框架中,关于情感效价对于电视信息加工的影响的前期研究变成了仅仅一维的情感调查。然而,令人吃惊的是,关于情感信息的激励性(在与效价的结合中)是如何影响加工的我们却知之甚少。这也许可部分归因于激励已经被定义为一个因变量或者是电视的影响(Zillmann,1971;Zillmann,1973),而不是一个可以被当作电视信息的属性来操作的自变量。这项研究在维度情感理论的框架中把激励和效价都定义为影响着信息加工过程的自变量,并且研究它们对认知能力和记忆的影响。

情感加工和记忆

这项研究中所使用的维度情感理论（Bradley，in press；Bradley，Greenwald，Petry & P. Lang，1992；Greenwald，Cook & P. Lang，1989；P. Lang，1979；P. Lang，Bradley & Cuthbert，1992）把情感定义为三个维度：激励，效价和支配。这三个维度相结合创造了情感空间。任何一种指定的刺激因素都可以在激励、效价或支配上加以排序，并且可以被放置在这个三维的情感空间里。

为了给这个情感空间制定出一个图谱，P.朗制作了一组被称为"国际影响力图片秀或 IAPS"的幻灯片（Greenwald & P. Lang，1985）。这些幻灯片与每个情感维度有关，运用一个叫作 SAM（自我评估模型）的量表，来自不同文化和地区的许多受访者都将他们看到这些幻灯片时的感受进行了排序。

朗和他的同伴通过幻灯片，在观看者中引发不同的情感，并且评定这些情感对受众的认知，情感和生理反应方面的影响。在这个框架中，布莱德雷（Bradley et al.，1993）发现有激励作用的幻灯片比那些无激励作用的幻灯片更能够被受众记住。此外，她还指出，如果情感的激励维度得到控制，效价对记忆力的影响就微乎其微。不论是正面还是负面的幻灯片都比那些中立的（或是非感情的）幻灯片更能够被受众记住。如果发现一个效价的影响很微小，并且从反方向来说，在上文所讨论的电视研究中可发现，正面的幻灯片（加以控制用以进行激励）就会比负面的幻灯片更容易被记住（Bradley et al.，1992）。

对于这些具有差异性的结果，有两个解释也许讲得通。一个是效价影响的不同是基于信息的媒介物的不同。令人信服的是，以幻灯片形式所呈现出来的静止视觉图像的记忆，效价对其的影响，与对电视中所呈现的影音信息的记忆的影响也许是不同的。另一个解释也许更有可能性，那就是，在电视研究中所使用的负面信息，也许比正面信息更能够引起人的兴趣。

这项研究调查了情感类电视信息是如何通过控制情感的效价和激励性来进行加工和记忆的。信息完全通过激励和效价的自变量交叉挑选出来，以深化我们对于电视上呈现的情感类信息是如何加工和记忆的这一问题的理解。

我们在布拉德利和 P.朗的工作基础上预测如下：

假设 1：对于激励有一个主要的作用：明确来说，当效价得到控制，评级为具有较高激励性的信息会比那些评级为低激励性的信息更容易被记忆。

假设 2：对于效价来说存在一个主要的影响：明确来说，当激励受到控制时，评级为正面的信息会比评级为负面的信息更能让人记住。

情感与认知能力

在这项研究中第二个待解决的问题是：激励与效价对认知能力产生怎样的影响。本研究运用从限制能力理论方法到电视的观看来逐步揭开加工能力问题(A. Lang, 1992; A. Lang, Newhagen & Reeves, 1993; Thorson & A. Lang, 1993)。这一方法认为电视受众对于资源的处理能力是有限的。这些资源的配置受到受众和电视信息结构的双重制约。这一理论提出，受众通过有意或无意地选择是否观看、观看什么及对此付出多少努力来部分地控制资源的分配。然而，资源的配置也受到信息结构的控制。一些信息要比其他的信息要求有更多的加工资源来进行充分加工。很多信息的结构特征能够增长(或降低)处理信息的容量的大小，包括删减和编辑(Ceiger & Reeves, 1993; A. Lang, Ceiger, Stickwerda & Sumner, 1993)，消息难度(Thorson & A. Lang, 1993)，叙事结构(A. Lang, 1990; A. Lang, Sias & Chantrell, 1995)和步测信息等(Anderson, Levin & Lorch, 1977; A Lang, Chaffeur, Davidson, Funabiki & Reeynvan, 1992; Watt & Krull, 1974; Watt & Krull, 1977)。

情感的效价和激励或许也是消息的内容，能够对处理资源的配置产生影响。里夫斯等人将这两个理论一直视为与这样的问题相关联，即一个消息的情感效价是否影响能力的配置。

第一个理论方法认为有机体本能地回应消极刺激因素是一种生存功能。因此，加工消极刺激因素是自动的，需要较少的认知能力(Bradley, 1993; P. Lang, 1985; Reeves et al., 1991; Zajonc, 1984)。这就意味着处理负面情感不需要额外的处理资源。如果情况如此，那么正面的消息(这些消息不是自动处理的)应该比负面信息要求更强的认知能力。

另一个理论认为人们倾向于达到娱乐功能的最大化，因此，人们都避开了负面信息而趋向正面信息(Fiske & Taylor，1984；Bradley，1993；Reeves et al.，1991)。这样的趋向行为增强了分配给促进因素的能力，而逃避行为导致分配给促进因素的资源的减少。这个理论也预示了，正面信息会比负面信息需要更多的加工资源。

这两个理论都提出负面信息比正面信息需要的能力要弱。由此产生了第三个假设：

假设3：效价对于反应时间数据的主要作用是：分配给负面信息比分配给正面信息的认知能力要少。也就是说，这预示了对于负面信息的反应时间会比对正面信息的短。

对于电视信息的情感激励如何影响了处理信息的要求这一点，我们知之甚少。有一种方法(Kahneman，1974)认为，这种激励会增加一个人能够分配给一项工作的能力的绝对数量。在卡尼曼的注意力限制能力模式中，他提出尽管能力有限，但它也是一种可变因素，并且这种可变性是由情感激励所决定的。他认为当人们获得更多的激励之后，就会具有更强的能力；人们受到的激励越少，具有的能力就会越弱。

如果情况属实，那么把次要任务的反应时间(如果激励不被控制)解释成对电视信息需要多大的能力的测量就完全不可能了，因为更短的反应时间或许就意味着下面两种情况之一：① 信息需要的能力少，② 可以运用的能力更多。正如卡尼曼指出的，激励能够提高能力。那么，总的来说，对于激励性信息其反应时间应该更短。基于此，得出第4个假设：

假设4：

激励对反应时间数据起主要作用，因而分配给激励性信息的能力所占比例会比分配给平静性信息的要少，也就是说，这预示着对激励性刺激因素的反应时间要比对平静性刺激因素的反应时间更短。

互动

激励和效价是否产生互动？正面的激励与负面的激励对记忆和能力的影响是否不同？对此有关电视信息的研究中没有相关数据。然而，直接来看，或许真是如此。由此就提出了：

研究问题：效价和激励对记忆和能力的影响之间是否会相互作用？

方法

设计

这个实验的整体设计是一个混合的阶乘设计,即 2(激励)×2(效价)×3(信息)×4(呈现顺序)。唯一的受试者间因子就是呈现顺序。受试者被随机分配到四个不同的呈现顺序中的一个。三个内在因素是:① 激励,有两个层面:高与低;② 效价,有两个层面:负面与正面;③ 每一组中的三个信息都具有三个层面的信息。所有的受试者都看到了所有层面的内在变量,都完成了记忆测试和反应时间的测量。

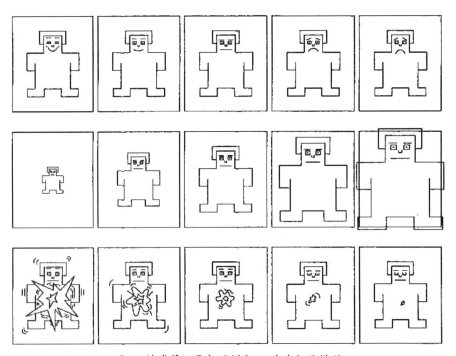

图1 情感等级量表:SAM——自我评估模型

刺激因素

此实验的刺激因素包括 12 个 2—3 分钟的视频片段,其中三个是高激励性的负面内容,三个是高激励性的正面内容,三个是低激励性的负面内容,三个是低激励性的正面内容。这 12 个视频片段是从用于预测试的 31 个片段中挑出来的。预测试中的所有 31 个片段都没有用于播出。选出的 12 个片段中,三个是情景喜剧(三个平静性正面内容,两个激励性正面内容),三个是黄金时段的电视剧(一个激励性正面内容,一个激励性负面内容,一个平静性负面内容),两个是黄金时段的记录剧(全是激励性的负面内容),三个新闻节目(一个平静性正面内容,两个平静性负面内容)及一个肥皂剧(平静性正面内容)。

预测试程序

在预测试中所用的信息都由本科生专门挑选出来以获取实验学分。我们要求这些学生通过频道搜索来收集情感类信息,选择那些使他们感到非常积极或非常消极的信息,或是选择那些会让他们非常平静或非常兴奋的信息。一旦找到这样的信息,他们就录制两分钟的节目。他们要在一个逻辑终止点上停止录制(一个句子或一个场景等的结尾)。

信息选好之后,由 30 个广告专业的本科生组成一组观看这些片段。他们要观看每一个片段并且对这些片段在激励、效价、控制这三种情感维度上带给他们何种感受进行评级。

表 1　每一刺激因素组激励和效价平均得分

刺激因素组	激励性	效价
平静性正面内容	5.56	4.03
平静性负面内容	6.33	5.63
激励性正面内容	3.53	2.00
激励性负面内容	3.03	7.30
平静性	5.95	—
激励性	3.28	—
正面内容	—	3.02

刺激因素组	激励性	效价
负面内容	—	6.47

注:激励性量表值区 1—9,1＝激励性,9＝平静性。效价值区 1—9,1＝正面,9＝负面。

评级是通过自我评价模型 SAM 做出的,运用这一测量方法进行的广泛研究表明这是可靠和有效的(A. Lang & Friestad,1993;P. Lang & Creenwald,1985)。这个评级量表是一个非语言的图片量表,如图 1,每个维度由五张图片表示,这些图片再翻译成一个九点量表。激励性量表与像皮肤传导性这样的心理生理学对激励的测量高度相关。而效价维度与如面部肌电图这样的对效价的心理测量高度相关(Creenwald,Cook & P. Lang,1989;P. Lang et al.,1993)。这一次,在控制层面上,我们做的微乎其微。虽然预测中受试者在控制层面上对信息进行了评级(为了遵循这些文书协议),但是这些评级并不用于此分析中。

有三个片段最充分地证实了激励—效价的四个种类,然后两两一组,从预测片段中挑选出最后的刺激因素的录像带,每一个类别中使用三种信息,来有效控制可能也会影响记忆的信息生产中的第三个变量。表 1 表示的是四组刺激因素的平均激励和效价得分。在预测验的 SAM 评级上进行的单向方差分析显示:① 激励性信息($M = 3.28$)与非激励性的信息($M = 5.95$)大不相同($F(1,11) = 47.58$, $p < .0001$, epsilon-squared $= .83$);② 负面信息($M = 6.47$)与正面信息($M = 3.02$)大不相同($F(1,11) = 21.80$, $p < .0009$, epsilon-squared $= .69$)。然而特定的信息类型更容易出现在特定的情感类型中(像两种正面类型中的喜剧片段),没有哪个类别只包含一个单一类型的信息。

在刺激因素的选择之后四个不同顺序的刺激因素已经准备就绪。要运用这四个顺序来控制信息、效价、激励等表现的顺序。这是通过制备四个录像带使每第三个刺激因素录像带(每四个信息一组每一组)包含着四组中每一组中的一个信息(平静性正面信息、平静性负面信息、激励性正面信息、激励性负面信息)。交叉这些顺序每个信息在每第三个刺激因素录像带中至少出现一次(第一组、第二组、第三组)。而且,交叉这些顺序,每个信息在一组中的四个位置中每一个都出现一次(四个中的第一个、四个中的第二个、四个中的第三个、四个中的第四个）。另外还建构了这些顺序以便于使其中两个以平静性信息为开端、以激励性信息为结束，另两个以激励性信息为开端、以平静性信息为结束。在每四个一组中，四种信息的顺序形式在交叉的录像带中是有系统差异的。交叉这些顺序，每一个信息都是以不同的信息开始和结束的。最终的刺激因素录像带长 24 分钟。

因变量

认知能力——反应时间

认知能力是运用次要任务的测量来实施的。有大量的文献支持运用次要任务反应时间来测量加工资源配置（A. Lang, Geiger, Strickwerda & Sumner, 1993；Posner, 1978；Reeves, Thorson & Schleuder, 1986；Thorson, Reeves & Schleuder, 1985）。这种方法已由许多研究人员扩大到了电视收看环境中（A. Lang et al., 1993；Meadowcroft & Reeves, 1989；Thorson, Reeves & Schleuder, 1985）。在这项研究中，电视收看是首要任务。对电视节目的音频中嵌入的口音做出反应（尽可能快地）是次要任务。分配给看电视的能力越多，用于反应口音的能力就越少，就减缓了受试者的反应。受试者的反应越快，可用的能力就越多。

每个片段中放入五个反应时间信号，共计 60 个反应时间信号。第一个反应时间信号放在信息的开头，但不用于分析中，因为其相当有预见性。接下来的三个反应时间信号随机地放在 40 秒的周期中，这样第一个信号出现在第一个 40 秒中的任意一个地方，第二个信号出现在第二个 40 秒中的任意一个地方，第三个信号出现在第三个 40 秒中的任意一个地方。最后一个反应时间信号放在结束部分的 10 秒中。由于这些片段并不是一定要以场面、故事、情节结论为结束，所以这些都是不可预测的，而且前一个信号到当前信号之间的时间也不是固定的，因为每个片段的长度从 1 分 50 秒到 2 分 25 秒不等。

设备

这项实验由一台装备有实验管理平台 AD/DA 主板的电脑控制。置于录像带音频轨道2的数字信号会发射反应时间信号并且给出反应时间过程的开始信号。每个反应时间按钮按下后就会向电脑发送一个数字信号。电脑会计算从开始到按钮按下的毫秒时间,其精确性在1毫秒之内。

记忆

在这项研究中,记忆是作为自主回忆和提示回忆两种形式来进行操作的。在所有12个视频片段播出之后,首先要求受试者写下所有他们能够回忆起来的片段。这就是自主回忆的部分,这项工作完成之后,结果会被汇总起来。

提示回忆是通过给受试者一沓随机排序的12页纸张来进行测量。在每页纸的开头,都要求受试者尽可能多地写下他们所能回忆起来的一个特定片段的信息。每个片段都由一个能识别出此片段主要情节的线索来进行识别(比如婚礼片段、骑术表演片段等)。

编码

在回忆研究中,有六个标准被编码,即单词数量、句子数量、音频句子数量、视频句子数量、概括性句子的数量、局部性句子的数量。选取这六个标准是有理论和实践双重根据的。首先,选取句子数量和单词数量是作为纯粹回忆量的指标,因为这些假设关系到对一个信息的记忆是多是少。所以,至少一个人写下来的内容理应成为某个受试者能回忆起多少信息的指标。选取其他四个标准是因为研究表明,负面的和正面的电视信息可能会呈现完全不同形式的大脑半球活跃状态(Reeves, A. Lang, Thorson & Rothschild, 1988),并且因此导致对不同类型的信息进行记忆(A. Lang & Friestad, 1993)。具体来说,概括性与局部性信息记忆数量的不同及音频与视频信息回忆数量的不同,已经与回忆起来的电视信息的情感联系了起来。所以,这些标准都被包含了进来,以确保左右大脑记忆信息的可信性。这些标准共同构建了整个记忆的标准,因为它们好像都体现的是一个观看者回忆的不同方面,却可能构成了回忆出的信息数量的基本结构。这些标准被编码成如下方式:

音频句子描述的是音频频道里发生的活动。视频句子描述的是视频频道里发生的行为。概括性句子描述的是长期的,一个片段的概括性的方面,比如"天很黑"或者"那是在一个岛上"。局部性句子描述的是详细的短期动作和词语，比如"他说，倒点水"或者"她接了电话"，最后，一个大体的记忆标准就确立了，叫作整体记忆，把提示回忆协议中创立的六种标准进行了汇总。

每个协议都由两个独立工作的编码员来进行编码。每个信息每种回忆类型都计算了编码员交互信度。产生的 60 个信度值由.86 到.99。接下来，又把信息中每种记忆类型都计算了编码员交互信度，这些信息包括：音频的，$\alpha =$.996；视频的，$\alpha =$.985；句子数量，$\alpha =$.997；概括性的，$\alpha =$.978；局部性的，$\alpha =$.996。最后，整体记忆标准的全部信度计算数据是 $\alpha =$.991。

研究对象

研究对象由 48 名广告专业的本科生组成，有 31 名男生和 17 名女生。研究对象因参加这项实验研究而获得了额外的学分。

实验过程

两名实验人员，一男一女，用 4 天时间对实验对象进行了测试。在测试开始时，实验者为研究对象随机安排了一个刺激程序。研究对象以每组 4 人参加实验。先是对研究对象进行了问候，然后分配了座位。研究对象阅读并且签订同意的表格。接下来，发放给每个人一个反应时间按钮并且教给他们如何使用。

研究对象被告知要格外关注电视信息，但是无论什么时候听到信号都要尽快按下按钮。接下来，研究对象会观看一段 3 分钟的视频，其中包含着 8 个练习反应时间的声调。练习磁带播放完之后，研究对象有机会提问。所有的研究对象都准备好了以后，实验者会提醒研究对象要密切关注电视，并且开始播放刺激磁带。

看完全部刺激磁带之后，研究对象在完成一个自主回忆问卷之后要完成提示回忆问卷。研究对象完成问卷之后，得到了感谢后就解散了。对研究对象完成问卷中提示回忆部分的时间并没有加以限制。

分析

记忆数据用一个混合 2（刺激）×2（效价）×3（信息）×4（顺序）方差分析法（ANOVA）进行分析。包含要素有：刺激，有两个层级，高或低；效价，有两个层级,积极或消极;信息,有三个层级,代表每个分类中的三种信息,这个分类是由两个接两个的刺激×效价所产生。顺序因素是唯一一个研究对象间的因素,代表了三四种刺激表现顺序。

反应时间数据由一种混合 2(刺激)×2(效价)×3(信息)×4(顺序)×4(时间)方差分析法(ANOVA)进行分析。时间因素是唯一一个新因素,并且是一个研究对象内因素,它的层级是四种反应时间的嘟嘟声,这四种声音会分别在开始后 40 秒、第二个 40 秒、第三个 40 秒及在信息还剩最后 10 秒的时候出现。

对反应时间分析来说,丢失数据被重新编码成一个平均数,因为由于信息顺序中丢失了提示,2.9%的反应时间丢失了,所以在 2304 个数值中有 48 个被重新编码成一个平均数。

结果

假设 1

这个假设预测激励性信息比静态信息更容易被回忆起来。使用因变量对激励产生的主要影响非常明显,这些因变量包括句子的数量($F(1,37) = 204.06$, $p < .001$, epsilon-squared $= .85$),单词的数量($F(1,37) = 125.12$, $p < .0001$, epsilon-squared $= .77$)和整体记忆($F(1,37) = 172.33$, $p < .0001$, epsilon-squared $= .82$)。正如所预测的,研究对象回忆激励性信息时写下的句子($M = 11.02$)比回忆静态信息时写下的句子($M = 6.23$)更多;回忆激励性信息时写下的单词($M = 42.53$)比回忆静态信息时写下的单词($M = 26.04$)更多。而且激励信息的整体回忆分数($M = 67.63$)比静态信息($M = 43.31$)的整体回忆分数更高。

假设 2

这个假设预测了效价对回忆数据的一个主要影响。运用整体的设计,这一影响对整体回忆测量($F(1,37) = 4.80$, $p < .0349$, epsilon-squared $= .09$)和句子数量测量($F(1,37) = 24.31$, $p < .0001$, epsilon-squared $= .38$)都很显著,但对单词数量测量的影响并不大。总体来说,研究对象对正面信息的整体回忆分数

（$M=58.17$）比对负面信息的整体回忆分数（$M=52.07$）更高,并且在回忆正面信息时写下的句子（$M=9.295$）比回忆负面信息时写下的句子（$M=7.96$）更多。

假设 3

这个假设预测了效价对反应时间数据的主要影响,这个影响并不大（$F(1,44)=.31,p<.5821$）。

假设 4

这个假设预测了激励信息的反应时间会比非激励信息的要快。激励对反应时间数据的主要影响并不明显（$F(1,44)=.54,p<.4651$）。

研究问题 1

研究问题提出效价和激励对记忆或者反应时间数据是否存在明显的相互影响。为了回答这个问题,对记忆数据和反应时间数据进行了整体设计。效价和激励对记忆的影响没有明显的相互影响。然而,反应时间数据显示出一个有趣的相互影响,有一个明显的激励×效价×时间的相互影响[$F(3,132)=7.51,p<.00019$,epsilon-squared$=.13$],见图 2。

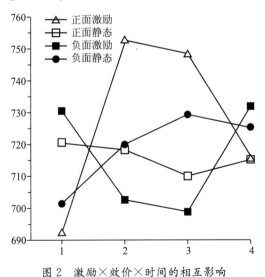

图 2　激励×效价×时间的相互影响

整个信息过程中对能力的分配变化甚微,然而激励性的正面信息随着时间的推移,对信息分配的能力则表现出了明显的增加。同样,不具激励性的负面信息在信息过程中能力的分配量上变化甚微,然而激励性的负面信息则随着时间的推移,对信息分配的能力表现出了明显的减少。

讨论

总体来看,本研究结果表明,信息的"激励性"在决定分配给负面信息和正面信息的加工层级以及如何更容易记忆信息方面都扮演着十分重要的角色。

简而言之,结果表明,当效价得以控制时,激励性信息比静态信息更容易被记忆(平均 ε 正方值为 0.81)。与过去的许多调查研究不同,本研究表明,如果激励性得以控制,正面信息比负面信息更容易被人记忆(平均 ε 正方值为 0.24)。

从实践者的视角来看,这表明一个信息(比如商业广告、公共服务声明或新闻简讯)能否被记忆,激励性层级要比诉求效价更能够起到决定性作用。有趣的是,记忆数据并没有显示出激励与效价之间有任何相互作用。

然而,反应时间数据表明激励性是一把双刃剑,一个具有激励性的负面诉求似乎会导致分配给此信息的能量更少。这可能是因为激励性信息在现实中会引起人们的规避反应。如果是这样的话,那么在自然环境中来看,电视节目中的激励性负面消息很可能事实上被有选择性地规避了。另一方面,激励性正面信息则会形成巨额产能分配。这就表明,制作人如果想要引起人们的注意或者被人们记住,就应该创造激励性正面消息。

另外一个非常有趣的现象是,无论是效价还是激励性,都不会对认知能力产生独立的影响。所做的这两种理论预测都没有证据支持。这两种理论都预测,正面信息比负面信息需要更多的能力进行加工。

如果只看激励性信息的话,那么由里弗斯等人(1991)提出的两个理论原则便都具有了可操作性。第一,如"硬连接"理论所预测的,(激励性)负面信息能够引发更快速的反应时间。第二,如"娱乐最大化"理论所预测的,激励性正面信息会导致反应时间的增加。

如果你认为,负面刺激体现了应该规避的危险,这是伴随负面信息加工的理论优势所建立的理论基础,那么刺激因素是否具有激励性就有可能会使这种规避反应得到缓和。如果每一个负面信息都会引起规避行为,那么我们就真会成为胆小的生物,并且我们也就很难操控我们所处的环境来消除负面刺激。然而,如果激励性负面刺激能够引发自动的规避行为,那么这就会允许我们接近负面刺激物以达到改变它们的目的。

这一理论让我们想起了前面的定义:激励性是一种内驱力(Duffy,1962;Hebb,1955)。如果一个刺激是负面的但不具有激励性,那么就不存在进行规避的内驱力。但是如果它是激励性负面刺激,那么人就会自动脱离。同样的,对于正面信息而言,在增加认知参与和某种认知空虚之间存在着激励等级的差异。

另外,值得一提的是,即便分配给激励性负面信息的能力资源极少,这些信息仍然比静态信息更容易被人记忆。这可能会增加对负面激励性信息关于"硬连接"和"加工自动化"两个概念的支持。自动化加工通常被定义为一个既不能制止又无损耗的加工过程。由于这些信息起初被进行了充分加工,它们在暗示回忆任务中很容易被检索到,但是这些信息被分配的能力也极少,事实上它们可能受到了某种程度的自动加工。另一方面,激励性正面信息(也很容易被人记忆)似乎被分配了更多的能力。这些似乎表明,正面信息和负面信息,至少在具有激励性的时候,对它们进行的加工是非常不同的。

最后,调研结果表明,激励性的增强可能会导致所需能力的增加,从而使反应时间变得更加快速。并没有证据表明反应时间变快与被效价瓦解的激励有联系。但是由于信息其他方面不被控制,因此不可能得出结论认为激励性无法增加可以获得的能力。未来的研究应该关注具有不同激励性的刺激因素的能力需求,对这一问题进行更深层次的探索。

未来有关情感对电视信息记忆和加工的影响的研究,应该从信息的效价和激励性这两个方面的影响来进行。

参考文献

[1] Baldwin, M. W., Baccus, J. R., & Fitzsimons, G. M. (2004). Self-esteem and the dual processing of interpersonal contingencies. *Self and Identity*, 3, 81-93.

[2] Bandura, A. (1986). *Social Foundations of Thought & Action: A Social*

Cognitive Theory. Upper Saddle River, NJ: Prentice Hall.

[3] Bandura, A. (1999). Exercise of personal and collective efficacy in changing societies. In A. Bandura (Ed.), *Self - efficacy in Changing Societies* (pp. 1 - 45). Cambridge, United Kingdom: Cambridge University Press.

[4] Bean, R. (1992). *The Four Conditions of Self - esteem*. Santa Cruz, CA: ETR Associates.

[5] Bennett, J. M. (1993). Cultural marginality: Identity issues in intercultural training. In R. M. Paige (Ed.), *Education for the Intercultural Experience* (2nd Ed.), pp. 109 - 135. Yarmouth, ME: Intercultural Press.

[6] Bennett, J. M. & Bennett, M. J. (2004). Developing intercultural sensitivity: An integrative approach to global and domestic diversity. In D. Landis, J. M. Bennett & M. J. Bennett (Eds.), *Handbook of Intercultural Training* (pp.147 - 165). Thousand Oaks, CA: SAGE Publication.

[7] Bhawuk, D. P. S. & Brislin, R. (1992). The measurement of intercultural sensitivity using the concepts of individualism and collectivism. *International Journal of Intercultural Relations*, 6, 413 - 436.

[8] California Task Force to Promote Self - esteem and Perisonal and Social Responsibility (1990). *Toward a State of Esteem: Final Report*. Sacramento, CA: California State Department of Education.

[9] Chen, G. M. (1997). A review of the concept of intercultural sensitivity. *Human Communication*, i, 1 - 16.

[10] Chen, G. M. & Starosta, W. J. (2000). The development and validation of the Intercultural Communication Sensitivity Scale. *Human Communication*, 3, 2 - 14.

[11] Chen, G. & Starosta, W. J. (2003). Intercultural awareness. In L. A. Samovar & R. E. Porter (Eds.), *Intercultural Communication: A Reader* (10th ed., pp. 344 - 353). Belmont, CA: Wadsworth/Thomas Learning.

[12] Cheng, C., Chiu, C., Hong, Y. & Cheung, J. S. (2001). Discriminative facility and its role in the perceived quality of interactional experiences. *Journal of Personality*, 69 (5), 765 - 786.

[13] Dodd, C. H. (1998). *Dynamics of Inter Cultural Communication*. Boston, MA: McGraw - Hill.

[14] Dong, Q., Aden, T., Araisa, 8., Armagnac, W., Cartwright, P., Domingo, B., Kemper, M. & LaMay, B. (2005). *The Impact of Self Esteem and Media Information*

Seeking on Emotional Intelligence. Paper presented at the International Communication Association Conference, New York City, New York, May, 2005.

[15] Ford, M. E. & Tisak, M. S. (1983). A further search for social intelligence. *Journal of Educational Psychology*, 75(2), 196–206.

[16] Gecas, V. (1971). Parental behavior and dimensions of adolescent self – evaluation. *Sociometry* 34, 466–482.

[17] Gecas, V. & Schwalbe, M. L. (1986). Beyond the looking – glass self: Social structure and efficacy – based self – esteem. *Social Psychology Quar*terly, 46, 77–88.

[18] Goleman, D. (2006). *Social Intelligence: The New Science of Human Relationships.* New York: Bantam Books.

[19] Greenholtz, J. (2000). Accessing cross – cultural competence in transnational education: The intercultural development inventory. *Higher Education in Europe*, 25(3), 411–416.

[20] Jones, K. & Day, J. D. (1997). Discrimination of two aspects of cognitive – social intelligence from academic intelligence. *Journal of Educational Psychology*, 59(3), 486–497.

[21] Kernis, M., Golman, B., Paradise, A., Wheatman, S. & Whitaker, D. (2000). Master of one's psychological domain? Not likely if one's self – esteem is unstable. *Society for Personality and* Social Psychology, 26, 1297–1305.

[22] Knutson, T. J. & Posirisuk, S. (2006). Thai relational development and rhetorical sensitivity as potential contributors to intercultural communication effectiveness: Jai yen yen. *Journal of Intercultural Communication Research*, 35(3), 205–217.

[23] Kobe, L. M., Reiter – Palmon, R. & Rickers, J. D. (2001). Self – reported leadership experiences in relation to inventoried social and emotional intelligence. *Current Psychology: Developmental, Learning, Personality and Social*, 20(2), 154–163.

[24] Koch, E. J. (2002). Relational schemas, self – esteem, and the processing of social stimuli. *Self and Identity*, *J*, 271–279.

[25] Mahoney, S. L. & Schamber, J. F. (2004). Exploring the application of a developmental model of intercultural sensitivity to a general education curriculum on diversity. *JGE: The Journal of General Education*, 55(3–4), 311–334.

[26] Marlowe, H. A. (1986). Social intelligence: Evidence for multidimensionality and construct independence. *Journal of Educational Psychology*, 78(1), 52–58.

[27] Olson, C. L. & Kroeger, K. R. (2001). Global competency and intercultural sen-

sitivity. *Journal of Studies in International Education*,5(2),116 - 137.

[28] Peng, S. (2006). A comparative perspective of intercultural sensitivity between college students and multinational employees in China. *Multicultural Perspectives*,8(3),38 - 45.

[29] Rosenberg, M. (1981). The self - concept: Social product and social force. In M. Rosengerg & R. H. Turner (Eds.), *Social psychology: Sociological perspectives* (pp. 593 - 624). New York: Basic Books.

[30] Sizoo, S., Iskat, W., Plank, R. & Serrie, H. (2003). Cross - cultural service encounters in the hospitality industry and the effect of intercultural sensitivity on employee performance. *International Journal of Hospitality & Tourism Administration*, 4, 61 - 77.

[31] Steinberg, R. J. & Vroom, V. H. (2002). The person versus the situation in leadership.*Leadership Quarterly*, 13, 301 - 323.

[32] Swann, W. B., Jr. (1990). To be adored or to be known? The interplay of self - enhancement and self - verification. In R. M. Sorrentino & E. T. Higgins (Eds.), *Motivation and Cognition* (pp. 404 - 448). New York: Guilford Press.

[33] Taylor, E, H. (1990). The assessment of social intelligence. *Psychotherapy*, 27(3), 445 - 457.

[34] Thorndike, E. L. (1920). Intelligence and its use. *Harper's Magazine*, 140, 227 - 235.

[35] Weis, S. & Süb, H. (2007). Reviving the search for social intelligence—A multitrait - multimethod study of its structure and construct validity. *Personality and Individual Differences*, 42, 3 - 14.

[36] Williams, T. R. (2005). Exploring the impact of study abroad on students' intercultural communication skills: Adaptability and sensitivity. *Journal of Studies in International Education*, 9(4), 356 - 371.

[37] Willmann, E., Feldt, K. & Amelang, M. (1997). Prototypical behavior patterns of social intelligence: An intercultural comparison between Chinese and German subjects. *International Journal of Psychology*, 32(5), 329 - 346.

[38] Wong, C. T., Day, J. D., Maxwell, S. E. & Meara, N. M. (1995). A multitrait - multimethod study of academic and social intelligence in college students. *Journal of Educational Psychology*,87(1),117 - 133.

读后习题

概念与问题

1. 什么是情感效价？本研究是如何操控效价的？

2. 什么是自我评价模型？

3. 本研究中的前两个假设是什么？

4. 人们加工负面信息和愉快信息是否会使用相同的方法？

5. 本实验的设计是什么？

6. 本实验中是否使用了随机选择？

7. 刺激因素是什么？

8. 在实验中是否进行了预实验？

9. 本实验的因变量是什么？如何进行测量的？

10. 实验涉及多少受访者？

讨论题

1. 实验过程中采用了什么步骤？

2. 本研究的主要发现是什么？

作业

1. 设计一个实验来检验广告中如何利用性话题来推销？你的假设是什么？设计是什么？步骤是什么？用一页的长度来完成此作业，包括对结果的预测。

质量评估及讨论

说明：请从数字1（非常不同意）到数字5（非常同意）中圈出一个来说明你的看法。另附纸写下你每个选择的理由（SA指非常同意，SD指非常不同意）。

a. 介绍部分说明了为什么本研究是一个重要的调查。

SA   5   4   3   2   1   SD

b. 文献评述为本调查提供了语境。

SA　5　4　3　2　1　SD

c. 研究问题或假设都做了恰当陈述。

SA　5　4　3　2　1　SD

d. 研究方法的选择恰当。

SA　5　4　3　2　1　SD

e. 对变量进行了充分而良好地测量。

SA　5　4　3　2　1　SD

f. 结果得到清楚地呈现。

SA　5　4　3　2　1　SD

g. 本研究的内涵得以清晰地阐述。

SA　5　4　3　2　1　SD

h. 讨论得以充分恰当地展示。

SA　5　4　3　2　1　SD

i. 本研究对建立传播领域内的知识体有所贡献。

SA　5　4　3　2　1　SD

15 对判断新闻可信度的影响：新闻来源 vs.新闻内容[①]

艾丽卡·温特劳布·奥斯汀，董庆文

摘要：本文运用组间 3×3 析因实验(N-516)检验了信息类型和来源声誉对判断新闻可信度的影响，对界定为来源可靠性的判断(对来源的判断)的影响，以及对评估外在真实性(对信息内容的判断)的影响。从因子分析中我们得到结合了来源可靠性和信息外在真实性的测评的三项指数，包括：(1) 对来源真实性和信息准确度的判断；(2) 对来源专业性与信息典型性的判断；(3) 对来源偏向和个人视角的判断。实验结果显示，越是无关紧要的信息，对可信度的判断越是正面，但来源的声誉对可信度的判断无直接影响，也与信息类型无关。结论是，至少有一部分公众对于新闻可信度的判断更多的是基于信息内容的外在真实，而不是媒介来源的声誉。

大多数的媒介效果研究者认为，一个积极而理性的受众，往往通过对社会现实和媒介报道进行判断来适应社会变化。这种决策过程取决于人们先前的经验，个人素养以及环境。例如，根据社会认知理论，如果人们认为相关报道是真实的、正当的、有价值的，他们便会在现实生活中对示范行为进行模仿。因此，一个通过观看新闻来对现实世界的人和事进行决策(如是否投票给某个候选人或者支持某项议题)的人，会对新闻报道的可信度进行判断，对新闻的真实性做出基本的认知判断。

然而，新闻真实性的检测已经被研究者们概念化为来源可信度的问题，人们在多大程度上认为媒体信息源如实地记录了真实世界，而不是感知到的现实性，人们在多大程度上相信电视中的虚拟信息描绘的现实与真实世界相符。来

---

① 艾丽卡·温特劳布·奥斯汀，董庆文："对判断新闻可信度的影响：新闻来源 vs.新闻内容"，《新闻学季刊》，1994 年冬，71(4)：973—983。再版已获得作者授权。

源可信度关注传播者——通常是一个机构或者新闻人,而不是信息本身,尽管研究越来越把来源可信度作为一种对特定内容的回馈加以关注,而非一种一般化的倾向性特点。

根据冈特(Gunther)和拉索尔萨(Lasorsa)的观点,来源可信度的概念包括对媒体进行事件报道的专业度和偏向性的判断。但是社会认知理论也表明,受众会斟酌传播者的偏见和专业性之外的因素来评估信息。比方说,个人可能会估量诸如传播渠道、来源、内容、背景、来源的动机或者以上因素的任意组合。然而,由于来源可信度研究往往没有明确的对象,所以就不能清晰地给出在何种程度上对新闻真实性的判断是基于来源声誉上的,而不是基于信息的内容和发生背景等其他因素。

本研究的目的是检测信息内容在何种程度上能单独预测对特定新闻报道的可信度的判断,在何种程度上与公共机构层次的来源声誉相结合后对特定新闻报道的可信度进行判断。奥斯汀最近对于信息评估的概念化,被称为“外在真实性评估”(ARA),即个人相信媒体对人和事的描述反映现实的程度。这为根据信息内容和背景来检验可信度判断提供了一种途径。

奥斯汀的概念化是将关注虚拟信息的感知真实的文献中的架构,运用于非虚拟信息领域。对ARA架构的支持来源于关注虚拟信息的感知真实的平行研究,及关注非虚拟信息来源的来源可信度的研究。ARA架构将可信度判断概念化从三个维度来进行,这三个维度与常运用于感知真实和可信度判断的维度相平行,在此过程中,将非虚构内容的可信度假设与关注信息内容评估而非来源的感知真实相结合。因此,外在真实性评估可以被看作认知现实主义和来源可信度的混合物:依照可信度和感知真实的平行维度来评估非虚拟(可信度)信息(感知真实)。

来源可信度研究和感知真实(常称为感知真实性)研究之间的相似度非常惊人。不论是新闻来源可信度的研究,还是虚拟信息感知真实的研究都表明,判断是多方面的而且高度依托环境。这就表明个体不仅分析信息的背景,也分析新闻来源。每个领域的研究者也已经发现,相关因素(比如可信度或者喜好)以及倾向性因素(比如对媒体的不信任或依赖)都会影响判断。例如,知识或者真实生活的经验已经表明都会影响对来源可信度和感知真实性的判断。此外,对问题的个人视角——取决于个人价值观和期望——也已表明会影响客观性的判断,因为文化差异会影响人们对于社会和感知真实的判断。

这些存在于 ARA 和来源可信度研究之间的相似度,就提供了一个机会来区分在何种程度上人们是通过对来源的判断,而非对信息内容的判断来确定信息可信度的。ARA 架构被假设为多维度的,是与感知真实性和来源可信度相似的维度,包括称为准确性、代表性和个人视角的维度。代表性是指个体能感受到在媒体对人或事进行的描绘之外还存在一些重要方面的程度,这与来源可信度中的专业性和感知真实性中的社会期望(貌似真实性或效用)的架构相一致。一则消息被认为不具代表性,可能是因为记者拙劣或者片面的报道(来源可信度问题),或者是因为某些因素超出了记者的驾驭能力,比如获得机密信息,即来源可信性未列出的可能性。准确性是指媒介对于人或事描述的真实性程度,这与来源可信性中的真实性和感知真实性中的想象窗口相似。同时,准确性判断可能部分受来源可信度的引导,也可能受其他因素的引导,比如个人知识,以及对于被信息源用于搜集信息的个人和组织的不信任等。个人视角是指个人认为的媒体对于新闻事件中的人或事合理强调的程度(换言之,是指个人对于社会现实的观点和媒体观点的相符程度)。这与来源可信度及政治传播文献中对偏见、问题重要性、参与度以及争议性的评价相似,也与感知真实性判断中的认同和喜好的评价相一致。此外,观点判断也受到媒体是有偏见的这种信念的引导,但是也有可能受到个人自己对某一问题偏见的影响。根据 ARA 的概念化过程,两个认为一份报纸同等可信的人,仍然可能会在下列方面有分歧:对于获得医疗服务的报道中对问题的重要性是强调得不够还是强调得过头,医疗问题的责任更多地应该由个人、医生、机构、保险公司负责还是该由政府负责。他们对于代表性、准确性和个人视角的判断不仅受来源可信度的引导,同样也受个人的经验、价值观、信念和态度影响。

总之,外在真实性评估——个人感知媒体描述反映现实的程度——将有关信息的认知与有关来源的认知加以区分。这种区分应该使研究非虚构的感知真实成为可能,而不用假设这些信息完全是虚构的。关注于非虚构内容分析而非其媒介来源的架构也应该使得检验对新闻报道的怀疑态度成为可能,而这种怀疑与对媒体机构的悲观情绪是不同的。然而,这种架构的有效性取决于它与来源可信度的解释性差异,它反映出,一个人可能会相信来源有很高的可信性,但是信息却是令人难以置信的。因此,假设如下:

假设 1:外在真实性评估和来源可信度的判断将会分解成不同的架构,并展示作为独立架构的更高可靠性。

假设 2:来源声誉更好的信息比那些来源不明确或者来源声誉不够好的信息将被评价为更可信。

假设 3:一个无关紧要的信息比那种含糊不清或者轰动性的信息将被评价为更可信。

假设 4:来源声誉和信息类型将会互相影响来预测信息的可信度。

1993 年 2 月,西北部某大学传播学入门课程的总共 516 名学生参加了一个组间 3(来源类型)×3(信息类型)的析因实验。在完成了一项对于新闻和新闻机构怀疑态度倾向性水平评估的预测验后,参加者被随机分配阅读一个虚构的新闻报道,并被告知这个报道是上周某个时间报纸上真正刊载了的。然后受调查者回答后测试问题,来检测对报道外在真实性的判断和报纸以及人口统计学的数据来源可靠性(参见附录)。

来源可靠性问题改编自之前对来源可靠性的研究,外在真实性评估则改编自奥斯汀。人口统计学数据的检测是要求受访者圈出他们所属的任何一种或者全部种族,并且用一个连续的七点量表(从"低收入"到"高收入")询问他们如何描述他们的家庭,还要求他们圈出其在学校的地位("新生""二年级学生"等)及性别。

每一个信息类型的条件都由两个新闻报道组成,以避免信息特殊的影响。为了此次研究,我们在新闻中真正出现的报道的基础上,编写了六个报道。这些逼真却是虚构的报道篇幅相当,用来要求参加者在第一时间做出关于报道可信性和来源可信度的判断。本文第一作者和第二作者写了这几篇大约 400 个单词的报道并由一位报道技巧指导老师进行了审查。然后把一个标题列表交给十位教育水平不同的成人以评定报道类型。几乎被一致评定为"容易相信"的报道被标明为"无害的",几乎被一致评定为"难以相信"的报道被标明是"耸人听闻的",那些被一些回答者评定为容易相信而被另一些人评定为难以相信,或者处于中间状态的报道被标明是"模糊不清的"。这些报道就按照其假装登载的报纸所使用的字体进行排版,使用了长度几乎一致的标题行。这些报道周围还有广告片段以增加它们表面上的真实性,但同时又要避免广告可能造成的混乱。

来源包括《纽约时报》(声誉良好的)、《星空》(声誉不好的)及第三份虚构报纸《路易斯维尔编年史》(模糊不清的)。之所以为虚构的报纸选择这个名字是因为路易斯维尔是一个中等规模的城市,样本中的大部分学生都可能不熟悉这个城市。

方差分析法及阶层多元回归分析方法被用于检测这些假设,在整个数据表中删除缺失变量,从而用于测试波特和冈特提出的曲线影响。人口统计学的控制被放在了第一板块,紧接着是主要效果,然后是它们的二次项。

结论

我们对来源和信息条件进行了控制检查。假设1,外在真实性评估和来源可信度的判断应当单独构建,这个假设通过方差最大正交旋转析因法来进行测试。如表1所示,只出现了三个因素而不是之前预想的六个,每一个都由预计是相似但又独立建构的元素或者外在真实性评估和可信性判断组成。因此,假设1没能得到确证。

进一步分析需要的最可靠的联合指数与因子分析的结果大致相符。然而,评估视角和偏见的几个变量在几个因子上载荷有些高,就从准确性/真实性及典型性/专业性指标中删去,添加到了视角/偏见的指标中。由此得出的指数比把准确性(阿尔法系数=.86)从真实性($r=.61$, $p<.01$)中分离出来、把代表性(阿尔法系数=.67)从专业性(阿尔法系数=.45)中分离出来、把视角(阿尔法系数=.69)从偏见($r=.29$, $p<.01$)中分离出来的结果显示出更高的可靠性。最终的指数包括准确性/真实性(阿尔法系数=.88),代表性/专业性(阿尔法系数=.73)和视角/偏见(阿尔法系数=.75)。

假设2认为一个声誉更好的来源会引发对来自那个来源的特定信息更正面的可信度判断,而在方差分析中却没有发现支持因素。假设3认为越无关紧要的信息内容越会引发正面的可信度判断,这却得到了确证,并且信息类型对准确性/真实性($F[2,511]=142.31$, $p<.001$)、典型性/专业性($F[2,512]=36.56$, $p<.001$)及视角/偏见($F[2,510]=18.21$, $p<.001$)产生了显著的影响。组对比的单向分析表明判断在假设的方向上存在不同,如表2所示。没有发现来源与信息之间有相互作用,所以假设4也没有证据支持。

表1 后测验变量因子分析

主要因素	准确性和真实性	代表性和专业性	视角和偏见
报道的准确性	.81	−.31	−.11
记者的可信度	.81	.01	−.19
报道的价值	.77	−.23	−.11
报纸真实性	.77	−.04	−.11
来源真实性	.75	−.24	−.01
记者的能力	−.69	−.12	.13
来源知道发生了什么	−.56	.31	.07
报道叙述的公正性	−.49	.28	.39
记者对现实的获得	.10	.69	.12
报道所需的更多信息	.01	.68	.28
报纸出错	−.32	.65	−.02
来源误导记者	−.15	.60	.17
报纸的琐碎化	−.22	.46	.37
报道的完整性	−.42	.46	.22
报纸的轰动效应	−.32	.45	.41
记者的专业性	−.37	.39	.02
报道的偏见	−.19	.20	.82
记者的偏见	−.04	.16	.81
特征值	6.46	2.15	1.14
总变量的百分比	35.9	12.0	6.3
信度系数	.88	.73	.75

分层回归分析方法用于测试对属性变量和情境变量可能存在的曲线影响,其结果显示只对信息类型的准确度产生曲线效应。我们看到对信息类型的准确性有一个正值的主要效果($b=.56,p<.001$),解释了32%的方差($F[2,511]=122.21$,$p<0.01$),来源没有受到显著影响。信息类型的二次项对准确度的预测是负值($b=−1.36,p<.001$),对所解释的方差($F[4,509]=72.63$)增加

了 4%,表明对模糊信息准确度的判断有轻微的下降。因此,对新闻报道可信度的判断总是完全建立在信息类型的基础上,与来源的声誉没有区别。

表2 信息类型可信度方法比较

	准确性和真实性	代表性和专业性	视角和偏见
轰动性的	13.6	43.0	26.1
模糊性的	20.6	39.5	24.9
无害的	22.5	37.0	22.8

注:除了准确性和真实性的模糊和无害条件的差异($p<0.001$)及视角和偏见的轰动性和模糊性条件的差异($p<0.05$)之外,所有差异都明显处于 $p<0.001$ 的水平,利用的是合并方差预测基础上的方差分析。

讨论

实验操作确认了把对信息的怀疑区别于对媒体机构的怀疑进行测量的重要性。毫无例外,对信息可信度的情境判断更多建立在信息内容上而非来源声誉上。对于这些受访者,信息源并没有影响到确切信息的判断。这令人意外,因为在文献中已经对来源可信给予了关注,并且如冈特所观察到的,媒体机构倾向于认为新闻声誉是其最为宝贵的财富。对于关系密切的那些公众,如典型的"华盛顿知情人",来源的可信度可能会影响对具体信息的判断,但它显然对这批公众没有产生这样的作用。

这就使得无关紧要的报道应该受到读者更可信的评价变得合理。但是如果面对的是一个模棱两可的或令人难以置信的故事,我们可能就期望读者利用来源信息来降低对信息可信度的不确定。但这些研究结果意味着普通公众(或至少是一般大学生)对来源没有多少分辨。一份报纸就是一份报纸,报道更大程度上是要看其自身的优点。

如果声誉好坏没有影响评估,或是具体的信息内容和其来源没有影响,那么这就出现了这样的问题,本研究中结合了表面真实性问题和来源可信度问题的特有情境架构是否确实呈现了一个表面真实性而非来源可信度的概念。至少有一些公众在分析信息时可能没有顾及来源的声誉,这种可能性令人好奇,也令人担心。正如伊泽德指出的,读者是积极的和理性的,他们知道他们的想法创造了好的新闻。

情境——信息类型——盖过了来源声誉的任何影响，这个发现表明，今后对具体情境的信息可信度的判断，应当在多大程度上取决于表面真实性评价，而不是来源可信度，判断所进行的调查应该需要集中在以下几方面：第一，个体背景不同，文化修养水平不同，是不是调查的过程就不同？ 比方说，冈特已经发现来源可信度的判断是曲线的，这取决于个人对特定问题和团体的参与水平。在来源声誉上没有这些曲线效应，但是此项研究中的受访者大体上同质，因此一个更多样化的样本可能会提供不同的结果。第二，信息渠道不同，比如电视与印刷品，或流派不同，比如新闻与社论，那么判断就会不同吗？ 本研究只是测量了对印刷新闻消息的反应。第三，如果使用真实的报道而不是虚构的，那么这些结果还会相同吗？ 有可能那些意识到这些新闻报道不是真实的被调查者在进行分析时采用了不同于分析真实报道的策略。第四，来源可信度和外在真实性的先导和含义是什么？ 外在真实性和来源可信度判断似乎不太可能来源于"稀薄的空气"。此外，根据社会认知理论，由于认知非虚构现实主义已经被用于预测对电视中人物和场景的模仿、相似度的感知以及认同，那么应用于非虚构的概念可能就意味着公共事务知识、部署和行为，比如政治功效和投票行为。

最后，在来源可信度的判断与外在真实性评估的判断之间是否存在重大区别需要进一步的研究。尽管在三个假定为对于可认知现实主义、可信度及外在真实性评估都很常见的三个维度上，的确出现了情境的判断，在这些数据中并没有找到简单的证据证实在来源可信度和内容外在真实性之间存在假定的概念性差别。假定的六个维度有可能因为测量的问题而非理论的问题合并为三个维度。比如，调查问卷中对外在真实性的测量要多于对来源可信度的测量。学者们，嘉兹艾诺、麦格拉及迈耶，所运用的方法的附加成分，包括对社区关怀的评价，对隐私的尊重，对利益的关注及不道德性，可能会提供一个更具综合性的可信度对外在真实性的测试。

总之，本研究已经证实个体会相信享有较高声誉的来源也可能会产出不可信的报道。如果真实世界中的来源声誉与此小型研究中的差别不大的话，我们就必须思考到底是什么线索在示意读者事实与解释的任何一种特别的整合——不管是多么平淡无味，还是多么耸人听闻——都真正反映了事物本身。

附录

外在真实性及来源可信度指数测量

准确度及真实性指数：

准确度：

1. 总体上讲，你认为此报道准确吗？

2. 你认为事情正如报道中看起来的那样吗？（完全是；完全不是）

真实性：

1. 你认为登载此报道的报纸报道真实吗？（总是真实；从不真实）

2. 你认为该记者可信吗？

代表性与专业性指数：

代表性：

1. 你认为本报道中引用的来源的确知道事情的真相吗？

2. 总体上讲，你认为此报道完整吗（你已被告知你需要了解的内容）？

3. 你认为此记者可能没有得到足以完全改变此报道的重要事实吗？

4. 你认为此报道可能还会有更多内容，而不只是此文章中显示出来的吗？

5. 你认为记者可能已经被某个新闻来源误导了吗？

专业性：

1. 你认为该记者在此话题上是专家吗？

2. 你认为此报纸可能在此报道上搞错了某些事实吗？

3. 你认为该记者胜任此工作吗（能做好工作）？

个人视角和认知偏见指数：

个人视角：

1. 总体上讲，你认为此报道在某方面有偏见吗？

2. 你认为此报纸对本报道的某方面做了夸大吗？

3. 你认为此报纸对本报道的某方面做了简化吗？

认知偏见：

1. 你认为此报道公正地描述了每个相关人了吗？

2. 你认为该记者在某方面可能存有偏见吗？

注：所有都是基于七点度量表（完全同意；完全不同意），除非专门指出。

参考文献

［1］Anderson, D. R., Levin, S. R. & torch, E. P. (1977). The effects of TV program pacing on the behavior of preschool children. *AV Communication Review*, 2, 158 – 166.

［2］Basil, M., Schooler, C. & Reeves, B. (1991). Positive and negative political advertising: A study of television commercials. In F. Biocca (Ed.), *Television and Political Advertising*, *Vol. I*, *Psychological Processes* (pp. 197 – 220). Hillsdale, Nj: Lawrence Erlbaum Assoc. Inc.

［3］Biocca, F. (Ed.). (1991). *Television and Political Advertising*, *Volume* 1: *Psychological Processes*. Hillsdale, NJ: Lawrence Erlbaum Assoc. Inc.

［4］Bradley, M. M. (1993). Emotional memory: A dimensional analysis. In S. Van Goozen, N. E. Van de Poll & A. Sergeant (Eds.), *Emotions: Essays on Emotion Theory* (pp. 97 – 134). Hills- dale, NJ: Lawrence Erlbaum Assoc. Inc.

［5］Bradley, M. M., Creenwald, M. K. and Elamm, A. O. (1993). Affective picture processing. In N. Birbaumer & A. Ohrnan (Eds.), *The Structure of Emotion: Psychophysiological*, *Cognitive, and Clinical Aspects* (pp. 48 – 65). Toronto: Hogrefe & Huber Publishers.

［6］Bradley, M. M., Greenwald, M. K., Petry, M. C. & Lang, P. J. (1992). Remembering pictures: Pleasure and arousal in memory. *Journal of Experimental Psychology*, 18 (2), 379 – 390.

［7］Duffy, E. (1962). *Activation and Behavior*. Wiley: *New York*.

［8］Fiske, S. & Taylor, S. (1984). *Social Cognition*. New York: Random House.

［9］Garramone, G., Atkin, C., Pinkleton, B. & Cole, R. (1990). Effects of negative political advertising on the political process. *Journal of Broadcasting and Electronic Media*, 34, 299 – 311.

［10］Geiger, S. & Reeves, B. (1993). The effects of scene changes and semantic relatedness on attention to television. *Communication Research*, 20, 155 – 175.

［11］Greenwald, M. K., Cook, E. W. & Lang, P. J. (1989). Affective judgment and psychophysiological response: Dimensional covariation in the evaluation of pictorial stimuli. *Journal of Psychophysiology*, 3, 61 – 64.

［12］Hebb, D. O. (1955). Drives and the CNS (conceptual nervous system). *Psychological Review*, 62, 243 – 254.

［13］Kahneman, D. (1974). *Attention and Effort*. Englewood Cliffs, NJ: Prentice

Hall.

[14] Lang, A. (1989). *Effects of Structural Features and Emotional Impact on Learning from Televised Political Commercials*. Presented to the American Academy of Advertising, San Diego, CA.

[15] Lang, A. (1990). The effects of chronological presentation of information on processing and memory for broadcast news. *Journal of Broadcasting and Electronic Media*, 33, 441 -452.

[16] Lang, A. (1991). Emotion, formal features and memory for televised political advertisements. In F. Biocca, (Ed.), *Television and Political Advertising. Vol. I: Psychological Processes* (pp. 221 - 244).Hillsdale, New Jersey: Lawrence Erlbaum.

[17] Lang, A. (1992). *A Limited Capacity Theory of Television Viewing*. Paper presented to the Information Systems Division of the International Communication Association, Miami, FL.

[18] Lang, A., Chaffeur, C., Davidson, T, Funabiki, R. & Reynvaan, J. (1992, May). *Political Commercials, Mental Effort, Verbal and Visual Memory and Television Processing*. Paper presented to the International Communication Association, Miami, FL.

[19] Lang, A. & Friestad, M. (1987). *Differences in Memory for Emotional Television Messages and Hemispheric Specialization*. Paper presented to the International Communications Association, Montreal, Canada.

[20] Lang, A. & Friestad, M. (1993). Emotion, hemispheric specialization, and visual and verbal memory for television messages. *Communication Research*, 20, 647 - 670.

[21] Lang, A., Geiger, S., Strirkweda, M., Sumner, J. (1993). The effects of related and unrelated cuts on viewers' memory for television: A limited capacity theory of television viewing. *Communication Research*, 20, 4 - 29.

[22] Lang, A., Sias, P., Chantril, P. & Burek, J. A. (1995). Tell me a story: Narrative structure and memory for television messages. *Communication Reports*.

[23] Lang, A. & Sumner, J. (1990). *Emotion,arousal and memory for public service announcements: Murky but interesting?* Presented to the Information Systems Division of the International Communication Association, Dublin, Ireland.

[24] Lang, P. J. (1979). A bio-information theory of emotional imagery. *Psychophysiology*, 16, 495 - 512.

[25] Lang, P.J., Greenwald, M., Bradley, M. M. & Hamm, A.O. (1993). Looking at pictures: Evaluative, facial, visceral, and behavioral responses. *Psychophysiology*, 30, 261

– 273.

[26] Lang, P.J. (1985). The cognitive psychophysiology of emotion: Fear and anxiety. In A. Tuma & J. Maser (Eds.), *Anxiety and the Anxiety Disorders* (pp.131 – 170). Hillsdale, NJ: Lawrence Erlbaum Assoc. Inc.

[27] Lang, P. J., Bradley, M. M. & Cuthbert, B. N. (1990). Emotion, attention, and the startle reflex. *Psychological Review*, 97, 377 – 395.

[28] Lang, P. & Greenwald, M. K. (1985). *The International Affective Picture System Slides and Technical Report*. Gainesville: University of Florida, Center for Research in Psychophysiology.

[29] Meadowcroft, J. & Reeves, B. (1989). Influence of story schema development on children's attention to television. *Communication Research*, 16, 352 – 374.

[30] Newhagen, J. and Reeves, B. (1991). Positive and negative political advertising: Effectiveness of ads and perceptions of candidates. In F. Biocca (Ed.), *Television and Political Advertising*, *Vol.I*: *Psychological Processes*, (pp. 197 – 220). Hillsdale, NJ: Lawrence Erlbaum Assoc. Inc.

[31] Newhagen, J. & Reeves, B. (1992). This evenings bad news: Effects of compelling negative tele- vision news images on memory. *Journal of Communication*, 42, 25 – 41.

[32] Osgood, C, Succi, G. & Tannenbaum, P. *The Measurement of Meaning*. Urbana, IL: University of Illinois Press.

[33] Posner, M. (1978). *Chronometric Exploration of the Mind*: *The Third Paul M. Fits Lectures*. Hillsdale, NY: Lawrence Erlbaum Associates.

[34] Reeves, B., Thorson, E. & Schleuder, J. (1986). Attention to television: Psychological theories and chronometric measures. In J. Bryant & D. Zillmann, (Ed.), *Perspectives on Media Effects*. Hillsdale, NY: Lawrence Erlbaum Associates.

[35] Reeves, B., Lang, A., Thorson, E. & Rothschild, M. (1989). Emotional television sciences and hemispheric specialization. *Human Communication Research*, 15, 493 – 508.

[36] Reeves, B., Newhagen, E., Maibach, E., Basil, M. & Kurz, K. (1991). Negative and Positive television messages: Effects of message type and message context on attention and memory. *American Behavioral Scientist*, 34, 679 – 694.

[37] Russell, J. A. & Mehrabian, A. (1977). Evidence for a three-factor theory of emotion. *Journal of Research in Personality*, 11, 179 – 183.

[38] Shapiro, M. & Rieger, R. (1989, May).*Comparing positive and negative politi-*

cal advertising. Paper presented to the Political Communication Division of the International Communication Association, San Francisco, CA.

[39] Tan, A. (1986).*Mass Communication Theories and Research*. New York, NY: Macmillan Publishing Company.

[40] Thorson, E. &. Friestad, M. (1989). The effects of emotion on episodic memory for television commercials. In A. Tybout and P. Cafferata, (Ed.), *Advertising and Consumer Psychology* (pp. 305 – 325). NY: Lexington Press.

[41] Thorson, E. &. Christ, B. (1992). *Attitudinal effects of commercials representing six categories of emotional response*. Paper presented to the Conference of the American Academy of Advertising, Athens, GA.

[42] Thorson, E. and Lang, A. (1992). Effects of television videographics and lecture familiarity on adult cardiac orienting responses and memory.*Communication Research*, 20, 4 – 29.

[43] Thorson, E., Reeves, B. &. Schleuder, J. (1986). Attention to local and global complexity in television messages. In M. McLaughlin (Eds.), *Communication Yearbook* 10 (pp. 366 – 383). Beyerly Hills: Sage.

[44] Watt, J. H. &. Krull, R. (1977). An examination of three models of television viewing and aggression. *Human Communication Research*, 3, 99 – 112.

[45] Watt, J. H. &. Krull, R. (1974). An information theory measure for television programming. *Communication Research*, I, 44 – 65.

[46] Zajonc, R. b. (1984). The interaction of affect and cognition. In K. R. Scherer and P. Ekman (Eds.), *Approaches to Emotion* (pp. 239 – 246). Hillsdale, NJ: Lawrence Erlbaum Assoc. Inc.

[47] Zillmann, D. &. Johnson, R. C. (1973). Motivated aggressiveness perpetuated by exposure to aggressive films and reduced by exposure to nonaggressive films. *Journal of Research in Personality*, 7, 261 – 276.

[48] Zillmann, D. (1971). Excitation transfer in communication-mediated aggressive behavior. *Journal of Experimental Social Psychology*, 7, 419 – 434.

[49] Zillmann, D. (1982). *Television and Behavior: Ten Years of Scientific Progress and Implications for the Eighties* (Vol.2). Washington, DC: U. S. Government Printing Office.

读后习题

概念与问题

1. 本研究的目的是什么?

2. "ARA"指的是什么?

3. 本研究中代表性的概念是什么?

4. 本研究中准确性的概念是什么?

5. 本研究中个人视角的概念是什么?

6. 本实验涉及几个主题?

7. 本实验的设计思路是什么?

8. 本研究中是否使用了随机取样?

9. 本研究中是否使用了预测试?

10. 进行本实验的步骤是什么?

讨论题

1. 本实验中的论述是什么? 讨论一下信息类型和来源分类。

2. 本研究结果是什么? 本研究暗示了什么?

作业

1. 设计一个实验来检验一下学生是如何感知网站可信度的。设计一个研究问题或是假设,利用实验(选择一个实验设计)来检验此假设,并回答此研究问题。注意实验设计的选择、从属的测量、论述及进行实验的步骤。

质量评估及讨论

说明:请从数字1(非常不同意)到数字5(非常同意)中圈出一个来说明你的看法。另附纸写下你每个选择的理由(SA 指非常同意,SD 指非常不同意)。

a. 介绍部分说明了为什么本研究是一个重要的调查。

SA　5　4　3　2　1　SD

b. 文献评述为本调查提供了语境。

SA　5　4　3　2　1　SD

c. 研究问题或假设都做了恰当陈述。

SA　5　4　3　2　1　SD

d. 研究方法的选择恰当。

SA　5　4　3　2　1　SD

e. 对变量进行了充分而良好地测量。

SA　5　4　3　2　1　SD

f. 结果得到清楚地呈现。

SA　5　4　3　2　1　SD

g. 本研究的内涵得以清晰地阐述。

SA　5　4　3　2　1　SD

h. 讨论得以充分恰当地展示。

SA　5　4　3　2　1　SD

i. 本研究对建立传播学领域内的知识体有所贡献。

SA　5　4　3　2　1　SD

第九单元
定性研究

16 空乘人员的困境：飞行突发事件的传播行为与意义建构分析①

亚历山德拉·G.墨菲

摘要：基于过去的调查研究，本文认为组织生活可以有效地构建为一系列日常话语实践中嵌入和实行的传播行为。本研究尤其要探索的是，当面临知道何时以合适的方式来回应而不是机械地束缚于陈规这一两难境地的时候，个体所进行的意义构建过程。本调查提出了案例研究佐证，这些证据来源于对参与者的观察和对美国一家主要航空公司的乘务人员的访谈。佐证显示，处于高度情感化和印象管理的条件下，乘务人员扮演了一个视调节矛盾优先于权威、视安抚乘客优先于安全的女性化角色，这种角色会影响他们在紧急状况下的表现。本研究最后对主要航空公司在飞行安全方面的表现进行了评价，并对如何提升乘务人员和飞行员之间的交流和协调提出了建议。

1989年3月10日，一架安大略省航空公司的飞机在加拿大德莱顿起飞的时候坠毁。事故造成包括驾驶员、副驾驶和两个高级空乘人员在内的24人丧生(Chute & Wiener, 1996；Moshan-sky, 1992)。官方给出的坠毁原因是"机翼结冰"；然而，国家运输安全委员会(NTSB)的调查显示，造成这起灾难的原因是机组人员之间缺乏沟通。那是一个周五的晚上，这架飞机是整个周末开出德莱顿的最后一班飞机。那天雪下得很大，但是即使在这样的天气状况下，飞机在这一天也进进出出安大略省好多次了。在登机过程中，索尼娅——一名幸存的飞机乘务员——看到一个乘客把一名高级乘务员拉到一边，告诉她："机翼上似乎积了好多雪。"这个乘务员解释道，飞机有自动除冰功能。这个乘客回答道："是，但那只是在机翼的前沿部分。"这个乘务员再次向他保证一切状况都良

① 亚历山德拉·G.墨菲："空乘人员的困境：飞行突发事件的传播行为与意义建构分析"，《应用传播研究学刊》，2001年2月，29(1)：30—53。再版已获得作者授权。

好,而后继续登机进程。起飞前,机长照例问询高级乘务员是否一切准备就绪。"是的。"她回答道。30秒后,飞机坠毁。

为什么在应对危机状况方面训练有素的乘务员,却不愿向驾驶员传达机翼上有积雪的信息呢?原因很复杂,这也正是本研究的焦点。简单来说,在一个正在上演的空中飞行剧中,乘务员是主要演员,他们强调一切正常,从而将乘客从对飞机可能面临的风险上的注意力转移开来。他们显示出高度情感性和印象管理(Hochschild,1983)——保持一种视调节矛盾优先于权威、视再三安抚乘客优先于安全的女性化角色(Murphy,1998a),这有可能会在处理紧急事件时影响他们的表现。在尽力安抚乘客一切情况都正常时,这架安大略省航班的乘务员也许低估了甚至忽视了有关飞机安全的重要信息(Chute Wiener,1996;NTSB,1992)。此外,规章性和固定陈规性的障碍也强化了主要空乘人员的客户服务角色,而不是安全角色。幸存下来的乘务员索尼娅解释说,公司并不鼓励乘务人员参与安全问题,飞行员也不欢迎来自于乘务员的"操作性"信息。在接受国家运输安全委员会的问询时,索尼娅称,飞行员让乘务人员感觉自己很愚蠢,飞行员无论如何也不想听从他们的建议(Chute Wiener,1996;NTSB,1992)。因此,乘务人员面临着一个两难的境况,那就是知道什么时候应该遵循主要的日常条例,什么时候应该冒着可能出现的组织性的和/或人际的处罚或制裁的风险去打破常规。本研究利用组织和行为理论以及阐释研究方法,探索当面临这种困境时,个体进行意义建构的过程。

首先,我将探讨通过行为视角观察组织相互作用的理论意义。行为语言提供了一种方法来探讨组织的参与者如何创建、维护并挑战引导他们行为的常规条例规定。其次,我将探索对主导行为的干扰是如何在一个高可靠性的组织中被理解为意义建构的时刻(Weick,1993;1995),并揭露服务型行业中的情感劳动行为惯例(Hochschild,1983)。最后,我将提供有关航空乘务人员意义建构的案例研究作为佐证,这些案例研究来源于参与者的观察以及对美国一家主要航空公司的乘务人员的访谈。作为探讨的一部分,我将总结航空飞行行为是如何经过仔细的设计来分散乘客对飞行潜在风险的注意力的。另外,我将对乘务人员的女性化角色以及此角色在航空主流行为中的作用进行历史分析,并将举出突发事件的例子说明这些事件如何阻碍主流航空飞行行为并形成空乘人员的困境。根据维克(1995)提出的意义建构的七大特点,我将对与安全相关的航空主流行为做出评价，并在文章结束时对如何加强乘务人员和飞行员之间的沟通和协调提出建议。

组织文化行为

组织曾经被定义为容器，拥有严格界限的实证对象，是一个拥有实际的不同等级和部门的固定结构，静止不变，无视组织成员的心声等。最近有学者称，组织是通过成员间的交际性的意义建构过程而加以定义并构成的（Putnam，Phillips，Chapman，1996；Taylor，1993；Smith，1993）。在一份发表的与约翰·杰米耶的对话中，斯图尔特·克莱格谈道："我再也不确定'组织'是否还具有作为一个种类的特别的必要。然而，随意地说，如果我们继续谈论所谓的组织，那么我们正在将其建构为有关存在的、当前的东西。"（Jermier & Clegg，1994，p.10）这样说来，组织就不再是一个我们可以进入并且对其进行观察的固定"场所"了。组织可以被视为一个反映周围文化的微观世界，一个由多种文化力量共同横切出来的任意的点（Martin，1992）。然后我们为其命名并使其具体化为组织。在为其命名的过程中，我们就已经创造了它。通过表现"组织"这个名字所期望的行为，我们复制它。因此，组织可以被有效地理解为一系列传播行为，存在于日常不经意的行为中并得到执行（Pacanowsky & O'Donnell-Trujillo，1983）。

一些理论家，比如戈夫曼（1959）、特纳（1988）、康科古德（1991）以及潘卡诺斯基与奥唐奈-特鲁希略（1983），他们都成功地运用"戏剧的语言和行为思考和谈论人，把人看作创造性地演绎、即兴表演、解释并且反复重现角色和脚本的演员"（Conquergood，1991，p.187）。从这些理论家（尤其是 Pacanowsky & O'Donnell-Trujillo，1983）的研究可以看出，组织行为中有一些很重要的特征需要思考。

首先，组织行为不是独角戏，而是不同的人共同建构的对话（Pacanowsky & O'Donnell-Trujillo，1983）。组织中的演员不是机械地背诵剧本配合彼此；而是共同创造一个真实的情境，在这个情境里面，他们串联起来，每一个交际行为都使后一个行为得以实现，并约束着后一个行为的发展。

第二，组织行为被嵌入了过去共同建构的真实之中，同时，从历史的角度看,也被约束在了这真实之中。为了了解该如何演绎,组织中的表演者把历史上典型的文化实践、故事还有仪式作为意义的来源并从中发掘意义(Berger & Luckmann,1966;Blumer,1969;Carey,1989;Giddens,1984;Mead,1977),寻求以往对自己是谁的理解——社会角色、身份和关系结构(Winograd & Flores,1986;Weick,1995)。

第三,组织行为是"与情境相关的和可变的"(Pacanowsky & O'Donnell-Trujillo,1983,p. 130)。组织中的演员见面、说话、倾听以及使彼此处在一个历史舞台之上;但是,他们并不总是遵循着相同的脚本。通过这种方式,过去的经历并不是意义的唯一来源;互动的特定语境也为理解提供了一个来源。

最后,组织行为出于政治目的。关键是要记住,组织意义被创造、维护和转换的过程,并不是中立的过程(Deetz,1995;Mumby,1988,1993)。权力在所有的行为中循环作用,产生各种可能性或各种互动的类型,从而使其中一些可行并约束其余。以这种方式来看,组织行为几乎常常是意义的角力场,拥有不同利益和立场的派别聚合在一起去理解一种经历。

这四个特点(共同构建的、受历史限制的、与情境相关的及政治的)都呈现在组织行为中;但是,他们对紧急行为的影响并不总是处于同等水平。事实上,这个项目的一个关键议题就是行为者如何忽略不同情境的线索从而复制一个主流的历史文本。或者,政治统治(包括突出的和不明显的)如何强迫个体遵循具有代表性的行为和仪式。根据谢克纳(1988),不管是正式的庆祝仪式这种明确的行为,如集会、婚礼、葬礼、毕业典礼,还是日常生活这种隐性的行为,"所有的行为都有一个核心的常规行动;都有一个'行为的恢复'"(p. 7)。凯里(1989)在他关于传播的仪式观点中对此有所描述,在传播中所有的意义都是由个体创造、维护和转换的一个社会过程。

维克托·特纳(1988)也通过他的社会戏剧理论解释了人们对恢复行为(或者常规行为)的渴望,这个理论有四个阶段:(1) 在被接受了的控制社会关系的规则中出现了违规或是违反行为,这将导致(2) 一个危机,人们被诱导着去站队,要么支持要么反对那些发起违反行为的人,从而产生一种需求;(3) 即补偿性行为,或在导致危机的事件中群体成员对自己所起的作用的反身自检;这又反过来提供了(4) 必要的满足,这种满足是通过重新整合或使行为正当化以进入到进行中的戏剧的社会结构中,或承认一个不可挽回的分裂来获得的。换句话说，一个社会戏剧是"从正在进行中的社会生活的表面喷发而出，伴随着合作，交易，相互作用，制定一系列常规有序的行为的习惯"（Turner，1988，p. 90）。这种喷发，通过提醒我们控制着我们日常生活的规则，从而打破了我们对于一致的有意义的现实的幻觉。因此，这些在我们自以为是的感性现实中发生的破坏或是"冲击"，描绘了意义建构的时刻（Weick，1995）。

高可靠性组织中的意义建构和情绪管理

在特定情境下，行为可能性的突发性存在于传播源、个体能力和参与者目标的相互作用中。个体对这些因素之间相互作用的反应程度可以产生意义建构的机会。根据维克（1995）的观点，将行为和情境整合在一起的意义建构有七个特点。这些特点在后文会有详细的阐述。这七个特点可以"大致以一系列事件进行呈现（人们在他人参与的事件语境中关注其身份，从这些事件中提取线索，并在事后合理地建构其意义，同时给那些事件制定或多或少的规则）"（p. 18）。

另外，与这个项目最为相关的是在事件进行中出现的违反或者是"冲击"构成了意义建构的时刻（Weick，1995）。当冲击产生时，原以为理所当然的组织行为就出现了问题。在恢复的渴望（将脱轨的行为恢复到所熟悉的进行中的社会结构上）和反应的必需（对现状进行意义建构，且在转向不同的程序或临时创作一个新程序上保持灵活度）之间存在着一个临界张力。这个张力在考虑到高可靠性组织中的行为实践时尤为关键。在 1991 年有关消防员的研究中，维克发现，在高可靠性组织中工作增加的压力，使人们更渴望回到熟悉的程序上，或者回到一系列指导行为的准则上。对消防员而言，主导的准则就是"不丢弃工具"，这个准则深深地嵌入到消防员的意识中，即使有权威人士告诉他们说丢掉工具是唯一活下去的途径，他们大多数也不会那么做。

就像在高可靠性组织中的工作人员一样，飞机乘务人员面临着相似的困境，要知道什么时候在占主导地位的平凡日常常规中保持弹性，什么时候在面对中断时转变到紧急行为。"不丢弃工具"这个主导准则也已经嵌入乘务人员的日常行为中。但是，对于乘务人员来说，所携带的这个工具已不再是沉重的斧头或镐。乘务人员不仅仅是在一个高可靠性行业中工作，他们同时是在服务行业工作,他们最主要的行业工具是保持"微笑的面容"。霍赫希尔德（1983）在她常被引用的著作中提供了关于乘务人员的广泛研究,她指出:"通过对情感的管理建立公开可见的面部和身体表现",以此来获取工资,这构成了情绪劳动（p. 7）。霍赫希尔德（1983）专注于研究在情绪劳动中引起的"情绪失调"或是内在情感和外在表达发生冲突时产生的心理问题。

霍赫希尔德的研究触发了人们对某些职业中需要的情绪劳动和员工用于减少情绪失调的策略的兴趣。[1] 比如创伤护理工作者（Miller, Zook, Ellis, 1989）、殡仪业者（Barley, 1991; Eisenberg, Goodall, 1997）、警察（Waldron, Krone, 1991）及911接线员（Tracy, K. & Tracy, S.J., 1998; Tracy, S. J. & Tracy K., 1998）,这些人员都必须学会根据组织的期望去管理、协调和控制情绪。[2] 根据S. J.特雷西和K.特雷西（1998）的研究,员工通过参与"深层伪装"来完成情感行为,而这种"深层伪装"要求人们通过改变内心的情感来改变他们的情感表达（p. 392）。此外,很多关于情绪劳动的研究关注的是内心情感和外在情绪表现之间发生冲突时所造成的伤害。事实上,霍赫希尔德发现,许多乘务人员在"伪装"时——或仅仅是表达情绪,而不是去内化情绪,会感到愧疚。另一方面,米勒、祖克和埃利斯（1989）发现,卫生保健工作者越是平衡他们的内在情绪和外在表达,压力就越大,就越倦怠。

自从霍赫希尔德（1983）进行有关乘务人员情绪劳动导致更多潜在情绪倦怠和压力的研究后,在航空领域发生了很多此类状况。1979年开始放松管制,20世纪90年代又推行了削减成本的措施,这一系列的变化挑战着曾被视为理所当然的飞行模式。比如,在许多航班中,人们期待的餐饮服务几乎已经消失不见,这迫使乘客去寻找新的方式来打发时间。乘客的空间被不断削减,使得乘客不再感觉自己处于像家一样舒适的环境中。分配到航班工作的空乘人员更少了,这降低了服务的水平和速度。在航班中,粗暴不守规矩的乘客呈不断上升的趋势。一些新闻栏目,比如Dateline、Primetime Live及20/20,报道了

---

[1] 更多有关工作场合情感劳动的文献参见Tracy & Tracy(1998)。

[2] 同时,我们必须小心不要跌入和霍赫希尔德（1983）相同的陷阱。霍赫希尔德引用了戈夫曼（1955）的印象管理理论,创建了用于替代虚假自我和真实自我的公共自我和私人自我这种错误的二分法（Wouters, 1989）。就像戴上和摘掉面具一样,工作人员被看作在公共场合表现出虚假的自我,而仅在私下里表达一个真实的自我。

几起高调的"空中愤怒"事件，引起了公众的关注。① 这些变化不仅增加了情绪工作中产生倦怠和压力的潜在挑战，它们还制造出一种打破航空日常文化行为的成熟情境。

这个研究的核心是乘务人员"深层伪装"行为的弹性，同时探索在飞行中，当常规化的行为面临飞机突发紧急状况的挑战时，乘务人员该如何去应对。具体来说，这个研究涉及：

研究问题 1：航空文化行为中的主导常规行为是什么？在这个高可靠性行为中，对空乘人员的制度性期望是什么？

研究问题 2：当常规的航空文化行为被破坏时，乘务人员的反应是什么？

研究问题 3：在紧急情况下，意义建构行为如何为促进有效的机组成员沟通提供途径？

研究方法

参与者

这个项目的数据来源于一家美国主要的航空公司，应航空公司代表的要求，这家公司将被称为国家世界航空公司（NWA）。40 多名航空乘务员参与了调查，其中包括 29 名白人女乘务员，4 名白人男乘务员，6 名非裔美国女乘务员和 1 名非裔美国男乘务员。他们的服务经验从新学员（入职少于一个月）到超过 30 年的飞行服务经验不等；年龄跨度则从 20 岁到 57 岁。参与调查研究的乘务员来自于不同的飞行路线，包括盐湖城、奥兰多、芝加哥、波士顿、西雅图和亚特兰大。

我研究航空乘务员，特别是研究 NWA 的航空乘务员，有以下几个原因。我本人曾经就是 NWA 的雇员，我对这个航空公司及机组人员之间的关系存在个人兴趣。我于 1994 年通过自愿离职项目离开公司，之前我已经在这个公司

---

① 最严重的一起事件发生在 1996 年 10 月，当时警察逮捕了一家大公司的高管杰罗德·B. 芬纳兰，因为在从布宜诺斯艾利斯到纽约的航班上，他涉嫌醉酒和使用暴力，推搡一名空乘人员，又在餐车上小便。

做了 2 年航空服务人员,在培训部工作了 3 年。做这项研究之时,我的处境得天独厚,因为我享有航空公司给予的自愿离职中延长飞行的配套福利。因此,我有资格跟随 NWA 机组人员一起飞行,对他们的采访不需要我或是公司来支付费用。NWA 公司知道我所做的这项研究,但是我并不需要向 NWA 公司的管理层递交书面报告。这在我的谈判中是很重要的一部分,因为我不想让航空服务人员担心我在采访中代表的是公司管理层。

这种研究方法使得我能够在以定量研究或实证研究为主的传播学研究领域进行定性研究。事实上,绝大多数关于机组成员的传播学研究都通过向机组成员和顾客发放调查问卷的形式来确定态度(如 Cardosi & Huntley,1988;Chute & Wiener,1994;1995;1996),或者给机组人员设定一个模拟的危机环境来考察他们可能出现的传播反应(如,Degan & Wiener,1995;Kayten,1993)。因为机组成员不可能被放置在"真正的"危机情境中,这些研究提供了有价值的信息,并且让机组成员从飞机上并无真实生命存在时所犯的错误中汲取教训(Helmreich,1997)。然而,这些研究在对"训练模块"和"在线执行"的区别做出说明方面存在局限性,不可能真正揭示人们在理解他们面临的现实时复杂而多元的阐释。

研究步骤

我对这个问题的研究致力于了解在飞行文化行为中乘务人员所面临的困境的复杂性和独特性。没有一个单一的方法能够反映文化行为的动态性能。研究人员必须找到"不同的方式来呈现协商中的现实的多主观性、权力承载性和不一致性"(Clifford,1986,p.14)。首先,需要进行历史分析以理解过去构成常规和计划的意义模式。其次,参与者的观察对环境、场景和语境提供丰富的描述。再次,也是最后一步,访谈中通过对他们讲述的故事进行叙述分析以揭示行为者的观点。

历史分析

我使用一系列的主要和次要来源以研究主要行为活动及飞行中乘务人员的角色。我找到 58 种报纸杂志自 20 世纪 30 年代以来的文章,以调查这些年来随着这一职业的变化，大众媒体是如何对其进行呈现和定义的。我也在 NWA 公司总部研究了档案。我用了 2 天的时间来研究 20 世纪 40 年代以来的乘务人员服务手册、向公众宣布新空姐职位的新闻稿以及从 1940 年到 1990 年乘务人员制服变化的照片。指导这项研究的历史部分的是这样一个假设，即过去与现在有着持续相关性，这并不仅指那些历史事件，例如战争、社会运动或是经济萧条，也包括我们琐碎的日常生活（Tuchman，1994）。

参与者观察

除了历史研究，我还利用我享有的航空公司的飞行优惠，来体验乘务人员的表现是如何与情境相关的，并观察机舱的布置和场景。为了此项研究，我在六个月内飞了 50 多条航线，目的地各不相同，其中包括三个国际港。这大概接近于 185 小时的飞行时长。在每一趟飞行中，作为一名乘客及研究者，我都与乘务人员进行了密切接触，采访和观察他们的日常飞行活动。通过这种方式，我应用了一种诸如康奎古德（1991）、克利福德（1988）、格尔茨（1973）和古多尔（1989）等学者所倡导的研究模式，我不仅通过场景来观察被研究者的互动，也通过嗅觉、触觉和听觉等手段进行观察。我依照推荐指南上参与观察的方法，使用录音设备，做现场笔记，每次飞行后都把这些资料详细整理到我的研究笔记中（Atkinson & Hammersley，1996；Lindlof，1995；Loftland & Loftland，1984）。我也密切关注乘务人员的日常服务行为，例如登机、餐饮服务和离机，以了解一次"典型"的执飞是怎样的。

调查采访

对历史资料的研究让我了解了飞行中的行为限制，我的实际观察让我能够分析行为的具体情境，但我仍然需要从乘务人员的角度来理解其行为。因此，除了在飞行观察中采访了 30 多名乘务员外，我还在 10 名乘务员的家里对他们进行了深入采访，每次采访时长约 1—3 小时，我用磁带记录了所有的采访，又转成了文字，并与接受采访的乘务员签订了保密协议。这些采访给乘务员提供了思考和理解自己工作经历的机会。这种回顾性意义建构（Weick，1995）让我们得以深入理解人们如何构建现实，为什么要这样构建以及会产生何种影响。这种意义建构的实质就存在于经验被强调和被标注的方式。"行动是转瞬即逝

的,而对行动的描述则不是。"(Weick,1995,p.127)

我分析的重心脱胎于多来源数据——历史文件、日常现场记录和采访录音(Smircich,1983)。应用规定的定性研究方法,根据主要的主题将数据进行分类(如 Bantz,1993;Denzin and Lincoln,1994;Lindlof,1995)。特别是我着重使用了历史性的、观察性的和叙述性的线索,反映了在应对飞行时预想会发生的事件和真正发生的事件之间紧张关系中乘务人员的角色。

就此而言,这些研究成果总结为两个方面。第一,为了给紧急情况下处于两难境地①的空乘人员提供一个情境,我总结了构成飞行文化行为模式的历史上的惯例做法。我还讨论了空乘人员女性化角色是怎样成为这些行为中的关键部分的。第二,我展示了在飞行中遇到紧急事件时,空乘人员必须选择是否重复日常主要的飞行行为,此时两难境地是如何出现的。

研究成果:惯例、紧急事件和乘务人员的困境。

作为文化行为的航空飞行活动

就像其他文化行为一样,航空飞行中组织化的参与者都参与到了意义的共建中,而这一意义也会受到历史的和政治的约束。航空飞行文化行为中两项历史的和政治的约束是飞行中的主导惯例和乘务员角色的女性化。

航空飞行的主要惯例

谈到铁路旅行时,西佛布希(1986)写道:"(火车旅行)开辟了之前不容易到达的新的空间。另一方面,它这样做也摧毁了空间,即点与点之间的空间(p37)。"空中旅行是 20 世纪萎缩的世界的延伸,是时间和空间观念的改变。里程再也不会分割出点,而是被起飞和着陆所取代。对速度的概念已经改变,变幻的风景消失了,空中旅客攀越的是舷窗外团团白云所掩盖着的微型世界。因此,航空旅客在距离地面 4 万英尺的地方穿越时区和大陆,但是在美学上却哪里都没去(Murphy,1998 a)。

然而,这个哪里都没去在一定程度上却充斥着日常惯例行为,是明显的非

---

① "空乘人员的困境"这一说法首先由丘特和威纳(1996)提出的。

日常经验情景下的日常生活的缩影。这个行为本意很简单：你进入一个房间，吃饭，也许看上一部电影，而你离开时碰巧到了一座不同的城市。可能会威胁到这一行为的风险掩盖在了委婉语和舞台艺术之后；乘客被告知"水上着陆"而不是"海上失事"，安全设备塞在柜子里和座位下；乘客们被鼓励看电影和喝酒，而不是去思考在4万英尺高空飞行的危险。即便是安全示范也已被证明是用言辞来巧妙地隐藏飞行的危险（Bank，1994），如"客舱压力经过精心的控制以保证你的舒适"，这实际上是在说客舱注入了足够的氧气，因而可以保证乘客呼吸。

在一项相关的研究中，我着重探讨这些飞行中的日常惯例在行为上是如何表现的，是如何服务于这个目的——航空旅行的日常文化行为会习惯性地否认死亡（Murphy，1998 a）。欧内斯特·贝克尔（1973）写了大量关于人类需要参与一个否认死亡的"弥天大谎"的文章。人类为了创建生存意义而压制死亡，就此方面来说否认死亡是至关重要的。否认死亡是一个谎言，从某种意义上说这是一个错觉：人终有一死。对于贝克尔来说，由社会创造和维护的虚构现实，其后果是严重的：人类必须相信虚构的现实是真实的，而且必须时刻"想象和相信一个'第二'现实或有比自然所赋予的这个世界更好的世界"（p.188）。维克托·特纳（1988）认为这个假扮的世界是游戏的框架，这个世界被展示得"好像"是某种方式，而非"正是"。空中飞行的文化行为因为参与各方有意识和无意识的执行而成为可能。但是，作为主要的行为者，正是空乘人员面临着管理日常沟通行为的最重要责任，也正是这个沟通构成了这一乌有空间。

乘务员角色的女性化

早期的航空女乘务员，或如许多人所称的"空姐"，被塑造成空中家庭主妇的形象。航空公司推销这个形象来吸引旅途中的商务人士进入这个如家般温暖舒适的环境，在这里，会有一位亲切的女工作人员帮他脱鞋，将他的座位斜倚，并给他端来食物和饮料。1936年《科学和医学》中的一篇文章描述了这种新职业："外在形象不完美的年轻女性可能还会放弃她变成国家女强人的梦想。"（p.22）但是，航空公司管理者在雇佣身体健康的空姐时有着更多的考虑。他们提出了史蒂文·斯廷普森（联合航空公司的人事经理，这是第一家雇佣女航空乘务员的美国航空公司）所谓的"心理冲击"（Nielson，1982）。由于大部分乘客是富有的男性商人,航空公司认为如果让年轻女士担任机组工作人员,男性旅客就会对飞行的恐惧难于启齿。所以,在早期空中飞行行为中,年轻女性空乘服务人员成了一种不可或缺的否认死亡的方式。一个经验丰富的旅行者回忆说,没有空姐之前他已经养成了在起飞前做祈祷的习惯。然而,在引入空姐后,他觉得再也不必寻求神灵的保护了。这些穿制服的年轻女性使他充满信心,他说:"既然连这些女孩子都可以这么勇敢,那么我也可以。"(Hudson,1972,p.26)

今天,空乘人员仍然能够充分说明组织是如何管理面部和身体的外在表现的。她的脸是规定的妆容;她的身体要测量身高体重是否符合要求;她的微笑总是不断被监管者以及乘客强调为她的制服中最重要的方面(Hochschild,1983;Mills,1995;Murphy,1998a;1998b)。

历史上保留女性空乘人员角色的公众行为有重要原因。空中飞行规定要求空乘人员在看似相互排斥的角色之间控制紧张感:安慰和安全、食宿和权威。换句话说,空乘人员必须安排住宿以及顺从这些大家都看得见的女性角色,以保持对死亡的否认。想象一下,如果由男性穿着管理员的制服行使服务员的职责,空中旅行将会多么不同。而飞机上有年轻漂亮的女性和他们玩扑克牌,给他们端来五道菜的餐饭,把他们的座椅放倒,把他们的鞋子擦亮,这对那些可能担心这种新型交通形式的男人来说是一种"心理冲击"。今天,空乘人员可能不再和乘客打牌,也不再为他们擦拭鞋子,但是她们的主要任务就是通过提供膳食帮他们打发时间,使他们不再关注他们是坐在一个金属仓里飞行在40000英尺的高空。这些女性空乘人员的形象甚至是女孩子的形象在几代商业航空业中保留了下来。即使在20世纪70年代引入了男性空乘人员后,也几乎不能动摇这一职业中女性的主导地位。一般来说,男性空乘人员是自我选择或自我归因于女性特征,甚至有性取向的问题(Murphy,1998b)。

米歇尔是一位有着30年经验的空乘人员,她表示:"我们登上飞机80%是为了安全,20%是为了服务。但是,乘客们并不想知道这些。他们想要看到的是80%为服务,20%为安全。他们想要我们给他们一个枕头和毛毯让他们感到舒服。"因此,一方面空乘人员必须提供大家都看得到的专业食宿服务,另一方面他们还必须维持对形势的控制,使可能无序的空间秩序井然,这是大家看不到的。下一个部分将探讨空乘人员的这种大家看不到的作用变得可见时会发生什么。如果进行中的航空文化行为被打破，空乘人员如何回应？

飞行紧急情况和空乘人员的困境

介绍空乘人员困境最好的方法是记录一位空乘人员的声音和经验。特蕾西是有着 13 年经验的资深空乘人员，她讲的下面的故事，体现了主流航空文化行为被打破时空乘人员必须做出的艰难抉择：

> 我经历的最可怕的事情是有一次尝试降落在堪萨斯城。由于龙卷风改航，湍流简直难以置信。机舱内的气氛极压抑。其他两个乘务人员在后厨哭着。而我不得不坐在机舱中间部位。于是，我只好保持微笑，跟所有人说："这太好玩了！"

空乘人员的微笑是空中旅行中惯例的一部分，通过情感行为，它更看重食宿安排而非安全，更看重安慰而非权威。没有微笑的话，乘客可能会担心事情有什么不对头。回想一下，早期的飞机乘客看到"小女孩们"是如此勇敢时他就放松了。但是，当环境或外部事件形成新情况，就像前面特蕾西所讲述的，惯例此时似乎不再有用，个人必须决定要做什么。特蕾西选择重构主导行为——她继续微笑，好像一切正常。在其他情况下，或许不可能遵照脚本，个人不得不进行即兴发挥。

空乘人员的困境存在于这样的现实中，有时候一趟成功的飞行需要修复一次意外，没有什么干扰就把乘客重新引导到主导行为上；还有的时候一次成功的飞行需要空乘人员扮演安全角色，而这一角色是他们经过精心培训而隐藏起来的。下面的事例，包括言行无状的乘客、医疗状况、与天气相关的紧急情况以及机械故障，都展现了这两种选择。每种状况都表现了特纳（1988）所谓的违反社会角色，或是维克（1995）所说的在构建意义过程中的打击，揭示了鼓励飞机乘客忘记他们是在 40000 英尺的空中飞行的这种想当然的组织行为。在事例之后，我将通过分析机组成员基于意义构建特点进行的沟通来讨论造成这种困境的障碍，并就从主导行为成功转移到应急程序提出一些建议。

维持主导的惯例

不了解飞行惯例的乘客会给空乘人员造成独特的难题。雪莉是一位有15年飞行工作经验的空乘人员，她讲述了一次从西雅图到盐湖城的飞行经历。当时飞机上有位年轻人，飞机快到盐湖城的时候，负责的空乘人员进行例行广播："我们正在逐步接近目的地，几分钟后我们将在盐湖着陆。"这时雪莉的这个乘客一下子就炸开了锅，扯着嗓子尖叫："没有人告诉我们要降落在一个湖里，我再也不坐你们这个航班了。没人告诉我会降落到湖里！"雪莉一想起当时的场景，就忍不住想笑，她解释道："我不得不安慰他，说并不是真的降落在湖中，只是那里的机场叫盐湖。"那个人很不容易说服，他站起来用很高的嗓音尖叫着。"他把周围的人吓坏了，"说到这里，雪莉严肃了一些，"我不确定他周围的人是否也会要问我：'我们要降落在湖里吗？'"

在这种情况下，乘客的行为就会打乱飞机的主导程序，但是雪莉可以不用牺牲安慰与膳宿这些主要的女性行为来解决这个问题，实际上，她开始利用女性固有的交流资源来伪装自己的权威。就像母亲安抚小孩，她一边控制局面，一边安慰他，使他平静了下来。

空乘人员的日常工作很大一部分就是打消乘客对飞行陌生的顾虑。"乘客总是把我们叫过去指给我们看机翼上有油，或者是空调冷凝中冒出来的烟。你不得不向他们解释，这些都是正常现象，告诉他们不要担心。"有5年工作经验的空乘人员辛迪这样告诉我。一些空乘人员常常报告说，乘客其实并不相信他们。"他们希望我们能去告诉飞行员"，"我会微笑着告诉他们我会的，但是我当然不会"。这强化了情感表达的概念，对于许多空乘人员来说，告诉乘客"一切正常"已经成了习惯，就像问乘客想喝什么一样。

空乘人员接受了深度训练，通过随时转移注意力或者掩盖飞行的风险来保持主导行为的完整，安慰的情感表达可能是这种训练产生的一种反应。比如，飞行指南上说"人们不会死在国际航班上"，他们只是觉得"非常非常不舒服"。空乘人员真的会被训练去处理一个人的尸体，因为尸体影响了飞机的正常飞行运作。他们会让尸体靠在机身上，合上他们的眼睛，盖上毛毯，告诉其他人他们"正在睡觉"。

东京到洛杉矶的航班上就发生过这样的情况，一个女子心搏停止，空乘人员发现她以后，试图使用心肺复苏术来救她，但是已经太晚了。根据程序，他们让这个女子的尸体靠坐在座位上，给她戴上了墨镜，告诉其他乘客这个女子非常非常不舒服，正在睡觉。一名空乘人员的首要任务就是在机舱的有限空间内伪装并尽量消弭死亡这一事实。在上文的陈述中，这个角色具有了其字面意义。他们能够应对突发事件，通过直接伪装死人来试图保证他们的工作正常进行。在航班剩下的六个小时中，空乘人员成功地掩盖了这个威胁飞机主导行为的真实存在的死亡。

为了保持这种安慰与安排餐饮的主导行为，对于潜在的紧急情况，乘客会被尽可能长时间地排除在传播圈之外。事实上，在紧急情况下给乘客传递多少信息对于飞行员和空乘人员来说都是一种两难之境。作为组织行为者，他们必须持续地"评估这些毁灭性的信息"（Goffman，1959，p.141）。在危险即将发生时要特别小心。如果乘客知道得太多，他们可能开始恐慌并自行进行不必要的撤离。

有3年空乘工作经验的莎拉讲了下面的故事，进一步说明了对可以透露给乘客的安全信息数量进行估算的愿望。

飞机起飞之后我还在坐在我的弹射座椅上，这时当班的空乘跑过来小声对我说，我们将返回洛杉矶，因为我们的液压不够。我们没有告诉乘客飞机返回的原因，因为我们不想吓着他们。我一点也不担心，只是把它当成了类似指示灯什么的问题。我很生气，因为飞机晚点了，这可是我们3天之行的最后一站。可是着陆时，我惊讶地看到所有的消防车都冲到了飞机旁边。

因为他们在空中要呆那么久，他们必须处理好有可能面临死亡的这一意识和向乘客否认这一可能性的组织行为以及对自己否认这一可能性意愿之间的关系。否认可能是降低参与到情感劳动中的服务人员情感失调水平的一种策略（Hochschild，1983）。换句话说，空乘人员通过内化符合自己身份的社交法则来保护自己远离施威尔布茨所说的事故打击。"社交法则和技术上产生的刺激以一种熟悉的方式构建个体，按照固有的法则来规范、调节和塑造个体。"

(Schivelbusch，p.168)尽管他们经常探讨社交角色和规则的复杂性，内化了权威与食宿、安全和安慰之间的矛盾，但是他们的日常规则更注重权威与安慰。通过这种方式，很多空乘人员可以明白有些事情可能会发生，但是不相信会发生在他们身上。

在以上的案例中，那些威胁着主导行为完整性的破坏行为被成功地控制和恢复。因此，与引言中提到的安大略航空公司的悲剧不同，这些案例中什么都没有发生。然而，当无法或者难以掩盖的灾难发生时，这种掩盖潜在危险的形式会影响飞行员与空乘人员的有效沟通吗？

打破主导程序

现在，新出现了一种不守规矩的乘客和闹事的人，他们在飞机飞行过程中造成了许多不稳定因素。空乘人员的第一反应就是以"良好客户服务"这种群体控制的方式来安抚这个不守规矩的乘客。然而，以下 NWA 的事故案例档案显示，这种方式几乎是不可能的。在从纽约飞往盐湖城的一次航班上，有一位乘客非常激动，他想让飞机掉头返回纽约。一位空乘人员以为自己已经把他安抚好了，但是，那个人等到空乘人员从驾驶舱出来时，把她推到一边，袭击了机长。他打破了机长的眼镜并把碎玻璃揉进机长的眼睛里。大副把那个人从机长身上拽开，但是又都滚到了头等舱的过道处。头等舱坐满了乘客，但是没有人提供任何帮助，这些乘客都僵硬地坐在他们的座位上，反应消极。后来，一位男乘客刚好从洗手间出来，他和一个空乘人员帮忙制服了那个男人。然后从驾驶舱中取来了手铐，那个男人被从飞机上带走并在辛辛那提被捕。

这个事故的发生有几种原因，反映了机组成员必须要承担的保护航班安全的潜在角色，同时也反映出，当行为遭到破坏的时候，乘客并没有能力做出反应。乘客们就好像是在看电影，当这些事情发生在他们眼前时，他们坐在座位上一动不动。在飞机上，他们是消费者，他们不能发生动摇，使自己脱离他们认真模仿的世界（Baudrillard，1988a；1988b）。

然而，一场事故最终提示我们，在空中旅途中否定死亡是一种仔细编好脚本的行为，一旦遭遇中断将不可挽回。谈及火车旅程中的技术事故，埃里克森（1875）写道："事故瞬间发生在这些遇难者身上，没有任何征兆，即便有也只有几秒钟的准备时间,然后在一系列的行动中,一个人彻底的无助使得这些事故变得格外可怕。"(Schivelbusch,1986,p.143)考虑到飞行中旅客更为无助,埃里克森的观察就更能说明问题。

萨曼莎是一名资深空乘,具有 25 年飞行经验,她讲述了一个故事,非常有启示作用。"在我身上发生的最恐怖的事情,是在 L-1011 航班上。那时空调是在机翼上,有根巨大的管子通过去,在圣地亚哥机场滑行的时候管子爆炸了。"萨曼莎开始讲道。飞机满载着乘客刚刚开始滑动(起飞前的加速阶段)就发生了爆炸。萨曼莎说:"那声音太大了,在飞机后面坐的乘客都以为是有炸弹爆炸了。"一些人开始启用内部电话,向驾驶舱拨出了紧急信号,[①]但是飞行员没打算停下来。"他们仍然在滑行,"萨曼莎无法相信就再次拨打了信号,"于是我离开折叠椅,跑到驾驶舱咣咣地敲门。"就在她敲门的时候,萨曼莎都能听到驾驶舱门里的紧急铃声在响。"他们仍然不理会这个信号。"最后飞行员终于不再前进停了下来。

用萨曼莎的话说:"飞行员停下的唯一原因是他们听到了铃声和我咣咣的敲门声,他们好像认为:'究竟发生了什么,竟然是个空乘。'"

飞行员们并没有听到爆炸声,对他们而言这只是一次常规的飞机滑行。但是对于萨曼莎和其他 300 多名坐在客舱的人来说这是相当可怕的。"靠门坐着的乘客甚至哭起来,"萨曼莎说道,"简直太可怕了。"无论主导行为是如何细致地转移参与者对飞行风险的注意力,但事故还是会"立即重新唤起被遗忘的危险记忆和潜在的暴力记忆"(Schivelbusch,1986,p.30)。

飞机一停下来后美国联邦航空管理局就安排其停飞。其中一个飞行员走下舷梯去检查损坏部分并拾起来飞机的碎片。"那个管子像我的身体一样大,"萨曼莎解说着她记忆中的事故场景,"这么大的管子竟然被完全吹成了碎片。"有官员告诉她如果他们真的起飞了,他们"可能不会死或怎么样"。被修剪过的碎片不会刺穿液压装置;但是,它们会刺穿飞机的外壳。萨曼莎心里五味杂陈,她总结了当时的情况:"这真的是一次恐怖的经历。但是,最后什么也没发生。我们在圣地亚哥做了一次很惬意的停留!我们玩得很开心。但是,这个经历真

---

① 紧急信号是一系列标准的铃声和停顿,用于提醒飞行员机舱出现紧急状况。在 L-1011 内部电话上确实有一个按钮,按下去就可以激活紧急信号。

的非常恐怖。"

最令萨曼莎吃惊的是所有空乘人员当时马上进入了紧急模式。借用艾森伯格（1990）的一个词，他们是"抱团儿的"。即使人们之前并无与他人合作的经验，也会有紧密合作的可能。按艾森伯格的话来说，"抱团儿"是一种参与者超越经验的合作产物，它通过参与者暂停自我意识，相互适应对方以及向经验屈服来实现。因为大多数机组人员只有很少的和他人合作的历史，甚至有人没有，但他们需要很熟练地执行惯例，同时在需要的时候也能临时拼凑或者团结在一起。"每个人都知道要做什么，"萨曼莎说，"我们采取了控制措施，因为我们不想让乘客们撤走。我们认为人们马上要蹦起来了；这是多么的糟糕。"当萨曼莎跑向驾驶舱的时候，其他的空乘人员正在告诉乘客们要坐好，他们会设法查明出了什么状况。"接下来就是怎么安慰他们了。'你们没事的。我们没事的。我们可能在这之后就没问题了。'但是我们并没有那么做。"

尽管空乘人员立即进入了紧急合作模式，飞行员们却并没有那么快地做出转变。我问萨曼莎为什么飞行员会那么慢地做出回应，难道他们没有听到紧急信号吗？萨曼莎解释道，他们当时正全神贯注地查看核对表。"他们认为我们是在无菌驾驶舱阶段呼唤。[1] 我觉得他们对三次响铃置之不理。他们在想：'为什么他们要在无菌驾驶舱阶段呼叫呢？'这并没有给他们任何提示。"甚至当他们听到萨曼莎重击驾驶舱的门时，他们也并没有从常规飞行程序转换到获知某些东西可能会危及飞机安全的紧急模式。隔绝叫喊声的不只是驾驶舱门，还有他们自己对于死亡的否认，因为飞行员们并没有听到爆炸声。他们听到的只是低沉的声音，他们完全忽略了。机长羞愧地对机组成员说："我们再不会做这样的事了，我得到了一次很好的教训。"飞行员们体验到一种"由无法推断目前的行动并无法预见能构建某种意义的后果所引起的冲击"（Weick，1995，p. 98—99）。

---

[1] 无菌驾驶舱是一项联邦法规，要求飞行员和空乘人员在飞机推迟起飞、起飞和10000英尺高度之间及10000英尺高度和落地之间只能就安全问题进行交流。我在下一部分会把无菌驾驶舱的规定视为意义构建的障碍。

意义建构的障碍

　　航空飞行的组织文化行为是通过生产和再生产主导性常规工作去假装乘客们不是以每小时 600 英里的速度在空中盘旋。女性空乘人员已经在维持这种"表演的框架"方面成了历史性的关键（Turner，1988）。然而，虚构的现实不能，在某些情况下也不应该，继续加以维持。[①] 无论是对付不守规矩的乘客，与天气有关或医疗上的紧急情况，还是机械故障，空乘人员的困境在于，低权力的女性化身份的设定和照顾食宿的工作内容与应对非常规或紧急情况所需要的权威之间的紧张关系。如前面提到的，紧急状况下行为的质量，其可能性在于交际对象、个人能力和参与者的目标之间的相互作用。个人对于这些元素之间相互作用的反应程度会产生建构意义的机会（Weick，1995）。对于空乘人员困境的认知，对空乘人员与飞行员缺乏团队般"抱团儿"的能力，对于性别刻板印象的压倒性信赖，这些因素促使我向大家简要介绍这些意义建构的每一个特点，并试图分析使空乘人员和飞行员在空中飞行中的合作行动变得迟滞或顺畅的可能性。[②]

　　1. 身份。这种形式[③]是否提供了一种他们是谁、代表什么的清晰而稳定的认识？认为空乘人员或飞行员的身份一成不变的任何看法都是典型的不切题的构建。他们的身份是在相互交流中建构的，不断地形成和再形成一种性别刻板印象：具有女性气质、专职服务的空乘人员和具有男性气质、专职操作的飞行员。如此一来空乘人员和飞行员就反映了韦斯特和齐默尔曼（1987）和之后的巴特勒（1990；1993）所说的"做符合性别的事"，也就是在公众面前并最终在体制的领域内按性别行事。值得注意的是这些在社会中建构的性别行为有一些后果。定了型的飞行员个性成为很多研究的主题，并被引用为开启机组成员之间交流的一个障碍（如：Cardosi ＆ Huntley，1988；Chute ＆ Wiener，1995；1996；Novello ＆ Youssef，1974）。例如在模拟的情境中，副驾驶一再让机长将

---

①　在此意义上，所谓虚构并非不真实，而是指人造的现实（Geertz，1973）。

②　关于有组织的意义构建中这些术语及其内涵的详细解释请参见维克（1995）。

③　"形式"指的是国际航空公司的组织结构和文化。

飞机置于危险之中,而不是出言反对他们的权威(Linde,1988)。[1]

此外,空乘人员的刻板身份可以被看作是机务人员交流的一个障碍。一个在美国西北航空公司工作了六个月的空乘人员金确认了刻板印象的存在,她说:"我获得这份工作时,我的男朋友说:'噢,你要成为一位空中的女服务员了。'他说得对,我的意思是,我们真的是这样。"如前所述,维持空乘人员的女性化特性有重要理由。它强化了航空旅行是安全的和在客舱中不需要安全权威的文化行为。然而空乘人员的确肩负客舱中的安全职责,但是这一职责又必须是不为人知的。如果飞行员没有认可这些责任,就会出现问题。在20世纪30年代,一名飞行员的话被引用过,他是这样说的,他们有足够的理由担心飞行中的飞机,他们并不需要被身后那些"无用的女性"打扰。许多空乘人员认为这个说法在20世纪90年代可能仍然存在。雪莉是一位具有16年经验的空乘人员,她指出:"飞行员,总的来说,当然并非所有人,都认为我们只是在这里切开柠檬和酸橙。"很多空乘人员或者全盘接受这种表述,或者认为飞行员和航空公司官员负责安全,于是她们对于操作或有关安全的问题更加沉默寡言。

2. 社会环境。这一形式是否会鼓励交谈?正如维克(1995)所说:"研究意义建构的人格外关注谈话、话语和交谈,因为这就是很多社会联系得以调节的方法。"(p.41)首先,高频率的机务人员调换限制了空乘人员和飞行员展开持续谈话的可能性,限制了他们之间的关系。我的受访者指出,飞行员和空乘人员之间的关系在过去几年中恶化了。"它变得更糟了,"萨曼莎告诉我,"我们曾经更像一个团队一样一起飞。那时有更多的乐趣和同事之谊。但是,现在我们几乎看不到那些家伙(飞行员)。"许多人指责美国西北航空公司的空乘人员和飞行员不飞同一航班这一事实。最常见的情况是,空乘人员在每个班次都会和一组不同的飞行员合作。很多时候他们甚至都见不到新的飞行员,更不用说把自己介绍给他们。"在他们登机时,我们忙得没有时间和他们说话,"雪莉说道,"他们只是在最后一刻带着他们的TCBY酸奶轻轻松松踏上飞机。"

联邦法规也禁止机组人员之间的交流。的确,丘特和威纳(1996)宣称,没

---

[1]　引进更多的女飞行员或许可以模糊性别界限;然而,这一点尚未有传播学方面的研究。

有什么比无菌驾驶舱规则更令机组人员困惑的了。在航空业受可控飞行撞地事故①困扰之后，美国联邦航空管理局在 1981 年设立了无菌驾驶舱章程（Chute ＆ Weiner，1996）。章程（故障分析报告 121.542）上说，"除了飞机安全运行所需的职责外，任何机组人员都不得在飞行的关键阶段履行任何职责"（Chute ＆ Weiner，1996，p. 217）。飞行的关键阶段包括"所有的地面操作，从滑行到起飞和着陆以及所有其他低于 10000 英尺的飞行操作"（p.217）。此外，禁止客舱和驾驶舱内的人员之间进行非必要的沟通。对于"非必要沟通"的定义最令机组人员困惑，特别是空乘人员。对于空乘人员来说，"他们早已受够了来自于驾驶舱的权力压迫，现在希望能够有权力决定哪些情况是重要的"，并且认为打破无菌驾驶舱规定的做法是正当的（p.217）。丘特和威纳（1996）解释道："她们这些空乘人员不仅必须想着驾驶舱的人员会对她们做出怎样的反应，还必须要判断她们传达给机长的信息是否'重要'。"（p.217）

国际航空公司的机组人员可能对无菌驾驶舱的规定要比大多数航空公司更敏感一些，这是由于美国国家运输安全局（NTSB）对 20 世纪 80 年代末发生的一起严重飞机失事事故所做的裁定。这起空难的发生是因为在飞机起飞时机翼没能正确设置。在飞机滑行的大多数时段里，一名空乘人员就站在驾驶舱内与飞行员聊着天。令人惊讶的是，根据文字记录显示，当时机组人员正在讨论因空乘人员和飞行员讨论中途休息时去做什么而遭遇过紧急状况的另一条航线。在这两个案例中，美国国家运输安全局均裁定检查表中的项目没有得到重视，因为飞行员和空乘人员之间的谈话使飞行员分了心。"如果机长尽到他的职责要求空乘人员离开驾驶舱，或者至少是停止这些不相关的谈话，那这 25 分钟的滑行就应该得到更充分的利用，缝翼部分的问题很可能也就会被发现了。"（Chute ＆ Wiener，1996，p.218；NTSB，1989）结果是，在国际航空公司，事情就成了"无交流"要比"违规交流"的做法更好。

3. 进行中的项目。这种组织形式会使人们在面临阻碍的时候随机应变吗？空乘人员们陷入一种不间断的相互影响的趋势中。当这种趋势被中断的时候就更清晰地显现出来。在多数情况下，这些中断（无论是顺带发生的还是偶然的事故）都会引起一些情绪反应。然而，对于空乘人员而言，空中飞行的形

---

　　① 可控飞行撞地事故是由人为错误导致的事故，与机械和天气因素无关。

式要求他们无论何时都要尽可能地保持"一张笑脸"去灵活应对中断——在面临潜在的危险时，看起来一点都不担忧。想想特蕾西在堪萨斯城遇到龙卷风的飞行经历，当时应该也吓坏了，但是她继续保持微笑，为的是不辜负组织和公众对她情感工作的期望。雪莉虽然可能想要"责备"那些不守规矩的旅客，但她还是通过耐心的劝导使旅客平静下来，从而降低了其行为导致局面恶化的可能性。在这些案例中，空乘人员的情感工作是"诚心诚意地"进行的（Rafaeli & Sutton，1989）。也许他们认同表现出虚假的情感也是他们成功完成工作的一部分，因而就不会感受到霍赫希尔德（1983）所描述的情感不一致了。正因如此，航空飞行的形式允许在面临中断时灵活应变，以避免潜在的问题出现。

然而，如果这种弹性不允许有行动上的灵活应变的话就仍然会出现问题。在对高度可靠性的组织，特别是特内里费空难的分析中，维克（1991）发现"在一个不稳定的环境中，一个有组织的、灵活的结构能更好地适应不安定"（p.175）。他解释道：任何一个系统，无论它如何松散，如何呈线性发展，都可能会因为信息的"超载、理解不当、往复和个性化反应"而变得严密和复杂（p.130）。当压力出现时，任何想要平等互动的尝试都可能因为已感知到的、清晰的等级而被放弃，这样就限制了组织体系潜在的效力。

确实，航空飞行的行为也许能被证明在面临中断时过于灵活了，萨曼莎和萨拉遇到机器故障的经历就可以表明这一点。意外事件让我们思考应该怎样严格遵循日常工作程序。就如以上几个例子所展示的那样，日常程序的成功直接与应对紧急状况程序的成功相冲突。

4. 暗示。这种形式能够提高暗示的可见性吗？维克（1995）提醒我们，我们需要"密切关注人们是如何关注、提取暗示和怎样进行修饰的"（p.49）。航空飞行行为提高了日常生活中暗示的可见性，掩饰了有关突发状况或安全的暗示。飞行的风险被隐藏在飞机上具有装饰性的门板后面，被安全示范的委婉用语所掩盖，被吃东西、看电影和电视情景喜剧、甚至是购物这样的日常行为所破坏。空乘人员女性化的、以服务为定位的角色起着额外的暗示作用，掩盖了飞行中潜在的危险。在飞行中，对掩盖死亡暗示的熟悉度胜过了其他更为紧急的暗示，所以这些紧急暗示经常被忽视或抑制。辛迪是一名具有 5 年工作经验的空乘人员，她说在一次飞行中遇到一名失去知觉的德国年轻人。她说："我们都在照顾这名男孩，其他旅客在等餐的时候开始变得焦躁不安，特别是有一位女士硬要我们为她提供食物。"每次辛迪路过她的时候,她都大喊大叫着"我们什么时候能吃饭"。辛迪告诉我说:"我们不得不在辛辛那提迫降。飞机刚刚再次起飞,还在向上爬升,呼叫按钮就响个不停,旅客们在索要食物。"在这个案例中,空乘人员使一般看不见的安全职责变得可见,这招致了很多乘客的不满。

5. 似真性。这种形式能鼓励人们积累和交流看似可信的解释吗? 意义建构有关似真性、连贯性与合理性。换句话说,经验教训可以从社会上可接受的可信故事中学到,而这些故事的真实性能否得到验证则无关紧要。空乘人员坐在折叠椅上或在厨房里很随意地交流着这些故事。然而对于空乘人员和飞行员来说,除了往来于宾馆的路程外,他们之间很少有机会分享这些看似可信的故事。日常社交时间的不足又使个人工作关系的发展进一步复杂化。有一名空乘人员告诉我说:"以前不是这样。以前机组人员都打成一片,并且你真的可以相信这些人,因为你对他们都很了解。"然而现在没有了个人印象,只有刻板成见引领着空乘人员或飞行员之间的互动。国际航空公司通过多种训练项目来积极纠正这些问题。然而,空乘人员和飞行员仍然每年只有 2 个小时在一起训练。这也许就能解释一名空乘人员的说法了:"这也就在训练时奏效,飞行当中我没看到什么变化。"

6. 回顾。这种形式能保护过去的数据并使得对这些数据的使用合法化和有价值吗? 进行有意义的回顾才能产生更多的意义。正如前面提到的"交流看似可信的解释"的例子,空乘人员通过她们的叙述随意地给过去的事件赋予了价值。有一些正式的训练手段可以用来分析过去的经历的价值。比如,1993年国际航空公司在飞行员和空乘人员联合训练中曾用安大略湖空难来作为案例进行学习。很显然这给他们留下了深刻的印象,因为几年后进行这项研究的时候,一些空乘人员在接受采访时同时都回想起了这次事件。然而,空乘人员还认为很难将训练中的互动转化到工作行为中,特别是在飞行员和空乘人员之间。

7. 制定法令。这一形式是鼓励行动还是鼓励犹豫不决呢? 维克(1995)的"制定法令"一词指的是建立一种环境的能力,让人们普遍相信她们只能对这个环境做出回应。许多空乘人员都处于一种犹豫状态,担心她们的行为会产生负面影响。流传的那些看似可信的故事营造了一种氛围,使空乘人员感到并不被公司支持。例如,空乘人员需要在乘客登机前进行飞行前的安全检查。她们会检查舱门的运行状况、应急装备是否完好和客舱的完整性。然而，严格的政策强化了空乘人员低级的服务岗位，如果她们认为飞机不安全而离开，就会被停职，甚至被解雇。她们唯一能做的就是向飞行员报告，而飞行员最终决定飞机能否起飞。几位空乘人员讲述了接下来的故事，为空乘人员规定了沉默的道德。一名空乘人员发现有一扇舱门不能操作了，于是她就通知了机长。机长决定他们可以起飞，因为其余的舱门都还能用。因为知道那扇门就在自己折叠椅的旁边，在紧急状况下那扇门会被封住不能使用，这名空乘人员选择了离开飞机，然后就因不服从命令而被解雇。

丘特和威纳(1996)同样发现："天平开始向不采取行动这边倾斜，而不是出错，并因此触犯法律，或者起码是使自己难堪，或被机长训斥，由此空乘人员很可能选择不与飞行员交流有价值的和有关安全的信息。"(p.218)与我交谈过的空乘人员大多数在与飞行员说话的时候都会变得沉默寡言。这种状况在年轻的(少于5年工作经验的)机组人员身上更加明显。许多空乘人员就安全问题和飞行员沟通时都有过不愉快的经历。"我首次执飞的一架737上，我注意到机翼上喷出许多液体，"辛迪回忆道，"我跑过去告诉了飞行员，却遭到了他们的取笑。他们说：'你肯定是新来的，新来的姑娘们都会提出这个问题。别瞎担心啦，本来就是那样的。'我觉得我跑过去打扰他们简直是蠢极了。"

建议

在非常规的紧急状况下，没有简单方法能解决机组成员的交流问题。发生突发性事故是因为打破了日常的惯例，这可能是因为遗漏了检查清单中的一项，也可能是因为机械故障。即使在维持惯例的情况下，也可能发生事故，比如因为驾驶员在无菌驾驶舱阶段没有回应空乘人员而导致事故。在紧急状况下，人们必须能够搞清楚自己究竟处于何种境地才能找出最合适的解决办法，而不应该机械地囿于文化行为中以往的惯例。基于以上这些分析，就促进机组成员之间的意义构建，我提出以下五点建议：

1. 空乘人员和飞行员应该作为一个团队来执行飞行任务。他们应该以固定搭配的方式分配到同一架飞机上，这样他们就可以有共同的航班和临时滞留机会。这样可以为他们提供戈夫曼称之为"分期谈话"的时间和空间。所谓分期谈话，也可以称之为行内谈话或者是闲谈。这个谈话发生在乘客看不见的地方，为他们提供了一条重要途径来讨论以往的合作并构建其意义。事实上，飞行员和空乘人员在个人问题上的交流要稍多一些，而与他们服务的乘客交流很少。由于工作性质不同，双方很难就此话题展开对话。空乘人员在旅客登机和飞行中是最忙碌的，而飞行员在飞机起飞和降落的时候是最忙碌的。尽管其他航空公司认可飞行员和空乘人员固定搭配的好处，西北航空公司却由于成本问题不愿意这么做。简言之，相对于给非西北航空公司在编职员的空乘员的少量休息时间，飞行员协会（以下简称 ALPA）要求给飞行员更多休息时间，且比没有工会组织的空乘人员的休息时间要多。而一旦把他们分配为固定搭配的话，就要求给空乘人员更长的中途休息时间和更短的工作时间。

2. 如果上述建议无法采纳，航空公司至少应该限制机组每日更换的人数。正如维克（1995）所说，航空事故多发生于机组人员换班前后。消防界有句话："永远别在炎热的天气中交班。"事实上，西北航空公司的空乘人员在一天五段的飞行当中很可能就和五位不同的飞行员搭档，很多时候他们甚至不知道已经换了搭档。

3. 在每次飞行前，应该给全机组成员更长的时间进行相互介绍和沟通。人和人之间的熟悉能对他们之间的交往产生正面的影响（Foushee，Lauber，Baetge & Acomb，1986）。当前只有机长和空乘人员领班掌握空乘人员和飞行员的个人资料（虽然我强烈建议所有人员都要做自我介绍）。而且这些个人资料还要由西北航空公司的训练师进行严格审查，试图改善他们交流的语气和内容。然而，个人资料很少在一般的航班中有用武之地。空乘人员通常在起飞前 40 分钟才能见到其工作的飞机，而飞行员则要求在起飞前 30 分钟登机。一般情况下乘客也是起飞前 30 分钟开始登机，飞行员到的时候空乘人员正忙于服务登机乘客，随后就必须选择放弃对乘客的照顾来和飞行员就乘客的安全进行沟通。如果要解决这个矛盾，就需要在起飞前 40—45 分钟为他们预留出正式的沟通时间。

4. 空乘人员和飞行员需要更多的时间共同进行课堂培训。也许对机组人员沟通研究的最大收获就是联邦航空管理局授权各大航空公司每年开设驾驶舱资源管理培训课程。开设这门课的目的是为了改善飞行员彼此之间的关系。尽管有几家航空公司也将机组空乘人员纳入了培训中，但是几乎没有什么实质性措施来解决空乘人员和飞行员之间的关系问题。

西北航空公司的飞行员和空乘人员每年有一次 4 个小时的共同培训（1991 年为 2 小时）。但是仍需要增加时间。而且一年一次的培训对于每天的交流互动是远远不够的。现有的培训可以解决紧急程序中的实施细则，然而仅仅是参考性别角色的刻板印象作为临时的关注点。正如之前所示，空乘人员也许知道与飞行员沟通的法定程序，但是在安全问题上却仍然谨言慎行。培训须关注依赖于女性化情感劳动的空乘人员身份定位是如何在飞行中形成传播障碍的。此外，应该发展飞行员和空乘人员在工作中相配合部分的培训。相较于单纯依赖课堂互动来转变认识和交流模式，应该由一位经验丰富的培训者将机组成员聚集在一起，进行每年至少一次的为期三天的旅行，让他们有时间进行共同的讨论和处理问题。

5. 应该确立一种正式的认可机制来奖励对安全问题发言的职员，即便最后证明并没有出现什么问题。通过在人事档案中或者是公司新闻册这种公共平台以文件形式进行认可，可以有助于消除集体思考的负面因素，解决空乘人员在说与不说这个问题上的两难选择。这种认可取决于航空公司。但是空乘人员应该参与到决策制定中。泰瑞是一位有 23 年从业经验的空乘人员，当她看到自己的照片悬挂于空乘人员休息室的墙上并配有"本月最佳空乘人员"的文字时大吃一惊，这就是在认可这位空乘员本年度全年没有休过病假。她说："这样做真傻，我觉得还是给我一张餐厅或商店的礼品卡吧，但是不要把我的照片这么挂上去。"

结语

正如大多数需要组织的场合一样，航空飞行起初对应该采取什么样的行为并没有一个确切的解释。早期的航空公司管理者确立了使航空旅行看起来安全的方式，以鼓励那些忧心忡忡的旅客选择这种出行工具。于是，对于那些年纪较大的男性商务人士来说，年轻而富有魅力的女空乘人员就是一种安全的象征。此外飞机上的食物和娱乐制造出一种脚踏实地的安全感，虽然是在高高的空中。此后，这些解释明确了下来，具体化为通行规则，航空旅行进化为一种自然而然并且安全的过程，充斥其中的是日常生活行为。

　　本研究探索了进行中的航空飞行文化行为被打断的时候会发生什么。对于空乘人员来说，困境在于什么时候应该将事件恢复到主导性常规行为来解决危机（如安抚不守规矩的乘客），什么时候应该通过改变和拒用主动性常规行为来应对危机（如危机时狠敲驾驶舱门）。恰恰是在前一个场景中起到帮助作用的传统女性角色，在后一个场景中产生了抑制作用。这样一来，这项研究就充分表明了在历史和现场的背景中对行为的政治性进行分析的必要性。简要地说，社会构建是有其后果的。如果一位空乘人员不情愿向飞行员提供安全信息，她面对的不是个人，而是男性化的飞行员所代表的社会和职业身份，而飞行员并不想从一个女性化的空乘人员那里听到信息。然而，组织行为还与情境相关并且各有不同。因此，对于个人来说，仍然有机会改变他们的常规反应。航空飞行中开放的交流怎么强调都不为过，因为飞机上有活生生的生命。

　　雪莉讲述的故事概括了空乘人员的两难之境。近日一次从辛辛那提飞往芝加哥的航班中，在她关上舱门的一刹那，乘客们和空乘人员都听到了飞机底部一阵奇怪的砰砰声。他们立即通知了飞行员，飞行员回到舱门。飞行员向乘客们宣布航班延时，并要求他们坐在自己的座位上不要到处走动。机械工程师登上飞机，却无法找出故障所在。由于飞行员并没有听到这个声音，他们决定继续飞行。一位乘客叫来空乘人员表达了他的担心，空乘人员也认为这趟航班不够安全，她告诉这位乘客可以小题大做一下，她说："你们要说出来，因为我们空乘人员不可以。他们不会听我们的，但是他们必须听你的。"他确实嚷了出来。他因为飞机不够安全而大光其火，于是所有的乘客都下了飞机，换乘了另外一架飞机。这个乘务员怕自己的意见得不到重视，她拉来了乘客的声音作为反抗的方式。作为文化行为中的表演者，要受历史性力量的制约，并且要与其女性化的职业地位保持一致，空乘人员就只能"发挥附属性的功能，并且要学会应对这种附属地位的必备技能，而这些技能正是她们作为'女性化角色'的那部分通常已经学会了"（Ferguson，1984，p.93）。

参考文献

[1] Albert Bandura, Social Foundations of Thought and Action: A Social Cognitive Theory, Englewood Cliffs, NJ: Prentice-Hall, 1986; Garrett J. O'Keefe and Kathaleen Reid

Nash, "Socializing Functions", in *Handbook of Communication Science*, ed. Charles R. Berger and Steven H. Chaffee, Newbury Park: Sage, 1987.

［2］Bandura, Social Foundations, 1.

［3］Albert C. Gunther, "Biased Press or Biased Public?" *Public Opinion Quarterly*, 56 (Summer 1992): 147 - 167; Carl I. Hovland and Walter Weiss, "The Influence of Source Credibility on Communication Effectiveness", *Public Opinion Quarterly* 15 (Winter 1951): 635 - 650.

［4］Gunther, "Biased Press", 147.

［5］Albert C. Gunther, "Extremity of Attitude and Trust in Media", *Journalism Quarterly*, 65, Summer 1988: 279 - 287; Albert Gunther and Dominic L. Lasorsa, "Issue Importance and Trust in Mass Media", *Journalism Quarterly*, 63, Winter 1986: 844 - 848.

［6］Erica Weintraub Austin, "Putting Politics into Context: How Adolescents Use Experiences with Media and Parents to Assess Issues in the News", Paper delivered at the International Communication Association Annual Meeting, 1990.

［7］David K. Berlo, James B. Lemert and Robert J. Mertz, "Dimensions for Evaluating the Acceptability of Message Sources", *Public Opinion Quarterly*, 33, Winter 1969: 563 - 576; William R. Elliott, Robert L. Rudd, and Leslie Good, "Measuring the Perceived Reality of Television: Perceived Plausibility, Perceived Superficiality and the Degree of Personal Utility", Paper presented at AEJMC Annual Meeting, Corvallis, OR, 1983; StevenH. Chaffee, "Mass Media and Interpersonal Channels: Competitive, Convergent, or Complementary?" in *Inter/Media*, ed. J. Gumpert and R. Cathcart, NY: Oxford University Press, 1982, 57 - 75; W. James Potter, "Perceived Reality and the Cultivation Hypothesis", *Journal of Broadcasting and the Electronic Media*, 30, Spring 1986: 159 - 174.

［8］Alex S. Edelstein and Diane P. Tefft, "Media Credibility and Respondent Credulity with Respect to Watergate", *Communication Research*, 1, October 1974: 426 - 439; Aimee Dorr, "No Shortcuts to Judging Reality", in *Children's Understanding of Television: Research on Attention and Comprehension*, ed. Jennings Bryant and Daniel R. Anderson, NY: Academic Press, 1983; Barbara M. Brown, Erica W. Austin, and Donald F. Roberts, " 'Real Families' Versus 'Television Families': Children's Perceptions of Realism in The Cosby Show", Paper presented at International Communication Association Annual Meeting, New Orleans, 1988; Melvin L. DeFleur and Lois B. DeFleur, "The Relative Contribution of Television as a Learning Source for Children's Occupational Knowledge", *American Sociological Review*, 32, October 1967: 777 - 789; Bradley S. Greenberg, "Children's

Reactions to T. V. Blacks", *Journalism Quarterly*, 49, Spring 1972: 5 - 14; Bradley S. Greenberg and Byron Reeves, "Children and the Perceived Reality of Television", *Journal of Social Issues*, 32, Fall 1976: 86 - 97; William A. Donohue and Thomas R. Donohue, "Black, White, Gifted, and Emotionally Disturbed Children's Perceptions of the Reality of Television Programming", *Human Relations*, 30, July 1977: 609 - 621.

[9] Michael D. Cozzens and Noshir S. Contractor, "The Effect of Conflicting Information on Media Skepticism", *Communication Research*, 14, August 1987, 437 - 451; Brown, Austin, and Roberts, "Real vs. TV Families"; Carl I. Hovland, Irving L. Janis, and Harold. H. Kelley, *Communication* and Persuasion, New Haven, CT: Yale University Press, 1953; Gunther, "Extremity of Attitude"; Gunther, "Biased Press"; Laurie Mason and Clifford Nass, "Partisan and Non-partisan Readers' Perceptions of Political Enemies and Newspapers Bias", unpublished manuscript, Stanford University, Institute for Communication Research, 1989; Erica Weintraub Austin, Donald F. Roberts, and Clifford I. Nass, "Influences of Family Communication on Children's Television Interpretation Processes", *Communication Research*, 17, August 1990: 545 - 564.

[10] Gunther, "Biased Press"; Mason and Nass, "Perceptions of Political Enemies".

[11] DeFleur and DeFleur, "Television As Learning Source"; Greenberg, "Children's Reactions"; Greenberg and Reeves, "Children and Perceived Reality"; Donohue and Donohue, "Black, White, Gifted".

[12] Hovland, Janis, and Kelley, *Communication and Persuasion*.

[13] Robert P. Hawkins, "The Dimensional Structure of Children's Perceptions of Television Reality", *Communication Research*, 4, July 1977: 299 - 320; W. James Potter, "How Do Adolescents' Perceptions of Television Reality Change Over Time?" *Journalism Quarterly*, 69, Summer 1992: 392 - 405.

[14] Gunther and Lasorsa, "Issue Importance".

[15] Hawkins, "Children's Perceptions"; Potter, "Adolescents' Perceptions".

[16] Hovland, Communication and Persuasion; Robert P. Vallone, Lee Ross, and Mark R. Lepper, "The Hostile Media Phenomenon: Biased Perceptions and Perceptions of Media Bias in Coverage of the Beirut Massacre", *Journal of Personality and Social Psychology*, 49, September 1985: 577 - 585.

[17] Gunther and Lasorsa, "Issue Importance".

[18] Gunther, "Extremity of Attitude".

[19] Donald F. Roberts and Aimee Dorr Leifer, "Actions Speak Louder Than Words—

Sometimes", *Human Communication Research*, 1, Spring 1975：257－264.

[20] Potter, "Adolescents' Perceptions".

[21] Austin, "Politics Into Context".

[22] William J. Potter, "Perceived Reality in Television Effects Research", *Journal of Broadcasting* and Electronic Media, 32, Winter 1988：23－41.

[23] Gunther, "Extremity of Attitude".

[24] Gunther, "Biased Press".

[25] Ralph S. Izard, "Public Confidence in the News Media", *Journalism Quarterly*, 62, Summer 1985：247－255.

[26] Gunther, "Extremity of Attitude".

[27] Bandura, "*Social Foundations*".

[28] Austin, Roberts, and Nass, "Influences of Family Communication"；Greenberg and Reeves, "Children and Perceived Reality"；Potter, "Perceived Reality".

[29] Cecilie Gaziano and Kristin McGrath, "Measuring the Concept of Credibility", *Journalism Quarterly*, 63, Autumn 1986：451－462.

[30] Philip Meyer, "Defining and Measuring Credibility：Developing an Index", *Journalism Quarterly*, 65, Fall 1988：567－574, 588.

读后习题

概念与问题

1. 为什么安大略省航空公司的飞机会在加拿大德莱顿起飞时坠毁？

2. 作者运用了什么视角来分享组织性互动？

3. 成员在交流中的意义构建程序将用于什么？

4. 组织行为的四个特点是什么？

5. 维克托·特纳通过他的社会戏剧理论解释了人们对恢复行为的渴望，这个理论的四个阶段是什么？

6. 文章中提到的"笑脸"是什么意思？

7. 霍赫希尔德运用的"情绪失调"指的是什么意思？

8. 根据 S. J. 特雷西和 K. 特雷西（1998）的描述，"深层伪装"是什么？

9. 数据是从何处收集而来的？

10. 在本研究中为何对空乘人员进行了检测？

11. 本调查使用了什么方法？

12. 调查中使用了哪三种途径？

讨论题

1. 在社会科学研究中使用定性研究方法的优缺点是什么？

2. 作者提出了哪五个建议？与合作者进行讨论。

作业

假设我们要研究难民是如何在当前的社会中完成社会化的。描述一下你的研究问题，研究方法的设计，数据收集的步骤及数据分析。长度一页纸。

质量评估及讨论

说明：请从数字1（非常不同意）到数字5（非常同意）中圈出一个来说明你的看法。另附纸写下你每个选择的理由（SA指非常同意，SD指非常不同意）。

a. 介绍部分说明了为什么本研究是一个重要的调查。

SA　5　4　3　2　1　SD

b. 文献评述为本调查提供了语境。

SA　5　4　3　2　1　SD

c. 研究问题或假设都做了恰当陈述。

SA　5　4　3　2　1　SD

d. 研究方法的选择恰当。

SA　5　4　3　2　1　SD

e. 对变量进行了充分而良好地测量。

SA　5　4　3　2　1　SD

f. 结果得到清楚地呈现。

SA　5　4　3　2　1　SD

g. 本研究的内涵得以清晰地阐述。

SA　5　4　3　2　1　SD

h. 讨论得以充分恰当地展示。

SA　5　4　3　2　1　SD

i. 本研究对建立传播学领域内的知识体有所贡献。

SA　5　4　3　2　1　SD

17 信息共鸣与新媒体的力量：奥巴马的总统竞选活动分析[①]

董庆文，肯尼斯·D.戴，拉曼·多尔

摘要：巴拉克·奥巴马的总统竞选活动被广泛地看作史无前例的美国历史上最为成功的总统竞选活动之一。竞选文献表明在促成一场成功的竞选活动中有两个因素是十分关键的，那就是信息的清晰度和媒体的利用率。本研究采用了定性研究方法，以奥巴马竞选活动的文献综述为基础，对竞选信息及传递信息的通信系统进行文本和修辞的分析。基于这一分析，本研究发现奥巴马竞选活动成功地传达了一个一致的信息，这个信息重点关注了公众感受、承诺以及意图使国家做出积极变革的个体参与。通过使用本构修辞技巧将每个个体称颂为"你"并且在竞选运动中赋予其享有权力的国民地位，使得支持和行动在这个组织松散的草根运动中得以发展。本研究还发现像社交网络、网站、电子邮箱和短信等新媒体在接触公众上发挥了重要作用。该研究的结论为，奥巴马竞选运动中使用的本构修辞技巧传达的引发共鸣的信息和基于互联网的社会网络是奥巴马竞选成功的两大关键因素。奥巴马的竞选活动可能会永久地改变竞选活动运作的方式，并可能最终会在未来形成更大的选民参与度。本文也对未来的研究提供了建议。

奥巴马的总统竞选活动被广泛看作一场史无前例的竞选活动，或许是美国历史上最成功的总统竞选活动之一。戴和董认为"巴拉克·奥巴马作为总统候

[①] 董庆文，肯尼斯·D.戴，拉曼·多尔："信息共鸣与新媒体的力量：奥巴马的总统竞选分析"，明尼苏达州双子市明尼苏达大学奥巴马效果研讨会论文，2008年10月23号至25号。再版已获得作者授权。

选人所取得令人震惊的成功,部分原因是他铿锵有力的言辞和对新媒体的运用。"[1] 赖斯和阿特金认为竞选者的理念和对新媒体的运用在告知、劝说和促进信息接受者在其行为上的改变方面起着重要的作用。[2] 本文的重点在于奥巴马竞选活动中的共鸣性信息和用来传播这些信息的强有力的新媒体。

引起共鸣的信息

奥巴马的竞选活动有一个简单的主题——我们能信赖的变革。奥巴马的竞选口号非常明确有说服力,能够反映许多信息受众的意愿和合理的意图。奥巴马竞选活动的官方网站进一步解释了这一信息的本质:"我请求你相信,不只是相信我有能力给华盛顿带来真正的改变,我也请求你相信你自己的能力。"这一信息激发了受众的自我效能感,使每个受众能够相信自己有能力参与政治,并且能够"积极地改变国家"。自我效能理论表明相信自己的个体能够更易于参与到政治和社会中并且表现良好。[3] 因此,上述奥巴马的竞选信息利用基层网络号召人们相信自己有能力参与到政治行动中而使美国发生积极的改变。

询唤与本构修辞

根据戴和董的说法,"民间运动是奥巴马竞选活动的核心,而询唤和本构修辞是民间运动中有力的手段"。[4] 路易·阿尔都塞完善了询唤或致敬的概念,用来描述在他们所属的社会中从社交方面构建"你"的概念。阿尔都塞把致敬

---

① Kenneth Day and Qingwen Dong, "Constructing Presidential Candidate Ethos: The Case of Barack Obama", Paper presented at the Western States Communication Association Annual Conference in Denver/Boulder, Co. (2008), 12.

② Ronald Rice and Charles Atkin, "Communication Campaigns: Theory, Design, Implementation, and Evaluation," In *Media Effects*, ed. J. Bryant & D. Zillmann, 427 - 451, Mahwah, NJ: Lawrence Erlbaum Associates, 2002.

③ Albert Bandura, "Exercise of Personal and Collective Efficacy in Changing Societies." In *Self-Efficacy in Changing Societies*, ed. Albert Bandura, 1 - 46, Cambridge, UK: Cambridge University Press, 1995. and Albert Bandura, *Self-Efficacy: The Exercise of Control*, New York: Freeman, 1997.

④ Day and Dong, Presidential Ethos, 8.

或询唤看作管理资本主义社会的一个控制机制，但是却没有把它看作一种修辞策略。①

米歇尔·福柯发现话语文本与主体的位置有关，根据自己的观察他扩展了询唤的定义。由此询唤被理解成了一种修辞策略。② 戴和董指出，福柯关于询唤的定义说明话语可以不使用第二人称单数和复数代词这一明显的机制来达到询唤主体的目的。"大多数情况下，即使并非所有文本都与主体位置有关，但是询唤在采用'你们''我们'或者其他形式的代词的文本中是最显而易见的。"③

这些代词的应用有助于塑造话语接收者在对话中感受到的共鸣信息的本质。询唤的使用已在一篇平面广告的分析中做了详解。④ 例如，一则广告可以通过致敬和运用代词"你们"来瞄准它的受众，暗示"像你一样的人们"使用这个产品。这种方法形成了受众和产品之间的紧密关系：其使用的产品定义了受众。在某种程度上，这些共鸣信息形成了演讲者/发送者和听众/接收者之间高水平的共享意义。戴和董发现许多广告的致敬技术可以轻松地运用到政治言论中，"在这些政治言论中人们被告知他们所支持的竞选者恰恰是他们自己的反映"⑤。

查兰对于运用询唤去创造本构修辞十分感兴趣。⑥ 在此，人们获取了自己所处的意识形态和历史背景中以修辞手法构建的关于自己的定义。根据查兰的说法，"一个有效的本构修辞不仅要成功询唤主体还要形成行动上的结果"⑦。正如我们在本研究中所阐述的那样，本构修辞在奥巴马竞选活动的核心环节即民间运动中起着重要作用。

---

① 　Day and Dong, Presidential Ethos, 8.

② 　Day and Dong, Presidential Ethos, 8.

③ 　Day and Dong, Presidential Ethos, 10.

④ 　Judith Williamson, "*Decoding Advertisements: Ideology and Meaning in Advertising.*" New York: Marion Bowers, 1994.

⑤ 　Day and Dong, Presidential Ethos, 11.

⑥ 　Maurice Charland, "Constitutive Rhetoric: The Case of the Peuple Québécois." In *Landmark Essays on Rhetorical Criticism*, ed. Thomas Benson, 213 - 234. Davis, CA: Hermagoras Press, 1993.

⑦ 　Day and Dong, Presidential Ethos, 12.

莱夫以询唤的概念为基础,并声称,为了在一个组织中激发起行动,修辞学创造了一个"模糊的代理的概念,将演说家既定位为引导观众的个人,又定位为受观众所需引导和限制的团体成员"。[1] 这些对修辞学者的限制是以传统形式进行的,因为传统"能够作为个人和集体认同之间的调停力量",因此,呼唤传统和传统价值观被视为一种间接模式的询唤。[2] 因为可以参考不同的传统和不同的传统价值,其中有许多特别有利于竞选者,这就使得奥巴马的竞选在信息策略上具有了灵活性。

有力的新媒体

互联网在"控制转移"中被看作一场革命,意味着人们趋向于控制自我而不是被制度所控制。[3] 赖斯和哈森维特提出互联网具有增强个人控制力的六个核心特征。[4] 这些特征包括交互作用,电子内容,在如何储存、使用和操作方面使沟通具有灵活性,小容量为基础的分散式网络设计,使信息能够在具有宽带容量以及通用接入的网络中自由流通的互联网互通性。

奥巴马的竞选团队通过利用新媒体技术和互联网的优势进行了一场卓有成效的竞选活动。其团队建立了一个信息量大且说服力强的非常吸引人的网站来吸引人们关注奥巴马的竞选状态。注册之后,每个投票者会不断收到竞选团队的电子邮件,包括有关奥巴马、竞选活动结果、征集捐款和招聘请求的信息,以便在总统预选和总统选举之前进行电话联系。

尼尔森媒介研究数据表明,奥巴马在利用互联网吸引竞选支持者方面完胜其他所有候选人。此外,互联网在帮助奥巴马筹集资金、深入接触竞选中传统媒体难以企及的人群方面,起到了独一无二的决定性作用。尤里斯塔、董和戴

---

① Michael Leff, "Tradition and Agency in Humanistic Rhetoric," *Philosophy and Rhetoric*, 36 (2003): 135.

② Michael Leff, "Tradition and Agency in Humanistic Rhetoric," *Philosophy and Rhetoric*, 36 (2003): 135.

③ Shapiro and Leone, 1999.

④ Ronald Rice and Caroline Haythornwaite, "Perspectives on Internet Use: Access, Involvement and Interaction," In *The Handbook of New Media*, ed. L. A. Lievrouw & S. Livingstone, 92-113, Thousand Oaks, CA: Sage Publications, 2007.

注意到,两个主要的在线社交网站(SNS)——MySpace 和 Facebook,均在年轻人中颇受欢迎。[①] 人们可以定制自己的个人主页,展示出自己在音乐、电视、政治等流行文化元素中的个人兴趣。这些社交网站吸引了数以百万计的成员,他们都在寻求通过互联网与他人进行交往。相比于传统的社会化媒介(家庭、学校、同龄群体和环境),这些新媒体吸引人们进入一个由来自不同背景和地方的成员组成的相互影响的社交网络。

戴伊认为这种新媒体创造了一批新生代,他们的身份由他们的网上关系和在网上创建的内容来定义。[②] 这些社交网站使人们能够十分方便地与家庭成员、朋友、陌生人等各种各样的人建立联系进行交流。社交网站能够使个人用户的需求和欲望持续不断地得到满足。社交网站不同于其他形式的大众传媒,因为它使得个体能够在社交网络向他人发送信息时发挥更积极的作用。这种积极作用具有革命性,它改变了大众媒体的传统影响模式。在这种新的模式下,通过使用社交媒体提供的社会化交往和可供选择的高度可用的媒体内容,人们的需要能够得到及时的满足。

研究表明,奥巴马的竞选通过使用社交网络而大获全胜。[③] 欧文指出这次竞选采用与建立社交网络相同的方式为奥巴马树立了形象,使他的网站更友善、更社会化、更亲民。这次竞选通过使用有影响力的新媒体,将陌生人紧密联系起来,使这些陌生人能够分享他们的故事、进行捐款,来回应奥巴马的竞选宣言所产生的共鸣。本研究在回顾文献的基础上,提出了以下两个研究问题。

1. 奥巴马的竞选活动是如何生成使人产生共鸣的信息的?

2. 奥巴马的竞选活动是如何利用新媒体传达信息的?

[①]　Mark Urista, Qingwen Dong and Kenneth Day, "Explaining Why Young Adults use MySpace and Facebook Through Uses and Gratifications Theory", Paper presented at the Annual meeting of the National Communication Association in San Diego, CA., 2008.

[②]　Jessica Dye, "Meet Generation C: Creatively Connecting Through Content", *Econtent* (2007).

[③]　Joe Erwin, "Brand Obama was Builtto Thrive on Social Networking", *Advertising Age*, 79 (2008): 18, and Roy Mark, "Tech's So-So-Showing in Politics", *Eweek Online*, http://www.eweek.com, Jan 14, 2008, and Mike Shields, "Obama Cues Web Video as Tuesday Primaries Loom", *Media Week*, 18 (2008): 10.

方法

本课题在对奥巴马竞选文献进行回顾的基础上采用了定性研究的方法,对竞选信息进行了文本及修辞的分析,并分析了传递信息所使用的信息交流渠道。对文本及修辞的分析包括了对奥巴马及其竞选团队的重要演讲、文件和邮件信息的分析。这一分析方法就奥巴马到底使用了哪些技巧使其竞选信息在听众或接受者中产生了共鸣提出了系统阐述。另外,此方法有助于对奥巴马的竞选是如何利用新媒体来发起一场极其高效的竞选活动这一问题提供一种描述性分析。

就其分析的步骤而言,此研究首先为其信息分析构建了一个理论框架,对竞选信息所使用的询唤和基本修辞进行了检验。其次,笔者分析了不同来源的竞选信息,包括竞选总部发送给志愿者的邮件,奥巴马的演讲,寄送给潜在的选民和志愿者的私人信件,书、报纸以及其他媒介形式。对信息的分析主要是介于加州初选(2008 年 2 月 5 日)到丹佛的民主党大会(2008 年 8 月 30 日)这段时间来进行的。第三,笔者综合现有文献对奥巴马如何利用各种新媒体的优势来传达其有影响力的信息这一问题进行了分析。接下来,笔者通过检验奥巴马网站的网络系统和其他特征来判断奥巴马使用了哪些技能以及如何利用这些特征的。最后,综合研究成果和整合分析的结果,来回答两个研究问题。

结果

研究问题 1

第一个研究问题是:奥巴马的竞选活动是如何生成使人产生共鸣的信息的? 结果显示:在奥巴马的竞选信息中广泛使用了询唤和本构修辞的形式。这些信息使演讲者或发送者与其他听众处于同一个立场。结果还显示:奥巴马的竞选信息中经常使用"你"和"我们"这些词,这些词"将听众视为奥巴马的政治活动伙伴中的一员，视为包括奥巴马本人在内的团体中的一员"①。下面的例子表明"我们"这个词经常被用到。

庆文——

从明天开始的一周将会成为竞选中决定性的日子。

俄亥俄州和德克萨斯州将从3月4日开始投票，**我们**比这两大州起步要晚，但**我们**将时间花在了有用之处，**我们**正在增强实力。

对**我们**来说，这也没什么可大惊小怪的，**我们**起步时在各方面本来就是弱者，正因为有全国范围内不断壮大的普罗大众的支持行动，**我们**从落后发展到已经接连赢得了11场竞选活动。

我们还会成功的。

（来自2008年2月25日奥巴马的个人邮件）

庆文——

从开始这段旅程那天起，**我们**就知道，这条路将十分漫长，**我们**也知道**我们**将要面对些什么。

我们知道**我们**离**我们**追寻的改变越近，**我们**从**我们**正试图结束的政治中看到的东西也就越多。

你们将要和我一起推动这项运动，使上面所提到的改变在十一月得以实现。

谢谢。

巴拉克

（来自2008年3月5日奥巴马的个人邮件）

这两封奥巴马的邮件内容显示出了明显的询唤效果，使信息接受者感受到他们和信息发送者是在同一个团体里，有着相同的目标、情感、经验和结果。这一本构修辞使得说话者和接受者成了"我们"。在3月5日的电子邮件中，一个短句里一连使用了5个"我们"，这种重复旨在强化信息的共鸣效果。同样，2

---

① Day and Dong, Presidential Ethos, 10.

月 25 日的邮件最后一句,尤其表明了询唤效果的重要性:"我们还会成功的。"这一句子简洁明了表达直接,将寄件人和收件人紧密联系在了一起。邮件中的句子频频使用代词,就产生了连贯一致的共鸣作用。

戴和董认为,如果这种询唤技巧被应用到了政治辩论当中,那么使用"你"这个代词时,询唤也就最容易被认出。[①] 在他们的研究中,两位作者还发现,询唤的信息表现出明显的"致敬"色彩,不会让接受者或听众觉得他们只是信息的接受方,而是觉得他们与讲话者或发送者立场一致。下面的例子中"你"一词就经常被用到:

> 庆文——
>
> ……如果你受够了这些老掉牙的攻击,你可以立刻采取行动……你可以亲眼看看这是一场什么样的运动。当你捐款的时候,你会看到那些跟你水平相当的人姓甚名谁和来自哪里。如果他们愿意写下来,你还能读到他们的故事和捐款的原因。
>
> 如果你当下就能做出相应的抗击,你的捐款将产生双倍的力量。你愿意帮助我们进行反击吗?
>
> 大卫
>
> 大卫·普罗夫
>
> 竞选经理
>
> 天佑美国奥巴马
>
> (2008 年 4 月 14 日大卫·普罗夫的私人电邮)
>
> 亲爱的庆文,
>
> 现在正是选举的关键时期,当前你的反馈将决定竞选的下一步走势……你的工作、你的热情和你的故事奠定了竞选的基调,推动我们迈向成功——随着我们进入竞选的下一阶段,你的投入将比以往更宝贵……
>
> 乔恩
>
> 乔恩·卡森

---

① Day and Dong, Presidential Ethos, 10.

选民联络主任

天佑美国奥巴马

（2008 年 5 月 23 日乔恩·卡森的私人电邮）

上面这两封电子邮件体现了代词"你"的用法。这种大量使用"你"的修辞方法能使读者/收件人感受到强烈的赋权作用。对代词的强调使读者/收件人成为事件的主体，加入到寄信人一方，成为同一个团体的一员，并在形成话语中起到决定性作用。

与约翰·麦凯恩邮件中使用的"你"和"我们"进行对比研究也许会很有帮助。看一下约翰·麦凯恩 2008 年 9 月 26 日寄出的一封电子邮件：

我的朋友们，

今晚，我和奥巴马议员参加了大选的第一场辩论。这是一场激情四射的辩论，我相信我们两人对美国未来发展的不同观点已经表达得非常明显。

再过几个小时，我就要返回华盛顿，继续同来自两党的政府和国会领导人进行商谈，以期达成应对经济危机的共同解决方案。我有信心我们很快就能达成最终的协议。在最终协议中，各界的声音都能得到体现，特别是那些来自纳税人和房主的意见。

我们不能只关心谁将因为找到解决措施而获得拥护，谁会因为没有达成协议而遭到指责。我们在应对经济危机时必须把国家放在首位。因为说到底，这是一个国家的领袖们在应对危机时应该做到的。

我们的下一任总统和国会将面对一个艰难的时期，这需要无私的领导层。他们必须找到有效解决经济危机、国家安全和能源独立等问题的方法。我已经准备好与佩林州长以及我们的国会同盟们一道努力来应对国家面临的最紧迫的挑战。毫无疑问，我们已经做好了治理国家的准备，而奥巴马—拜登领导的民主党却没有。

但是事实上，没有你们的支持，我们就不会胜出。我们距离大选之日已经不足 40 天了，双方的全国民意调查结果非常接近。在竞选活动的最后几周里，我们需要至关重要的资金支持来进行投票动员和有助于整体得票数的基层活动，从而能够全面确保投票当天的胜利。我在此呼吁你们立刻伸出援手，为麦凯恩—佩林搭档 2008 年选举的胜利来捐款。

尽管我们看到了"你们"和"我们"这样的词汇，但是这封邮件并没能制造出本构修辞的主体地位。麦凯恩使他自己和副总统候选人搭档脱离了听众。"我们"被理解成是麦凯恩和佩林。而"你们"是一种询唤，向孤立的个体致敬，要求他们帮助这些领导人取得胜利。即使是在以"我们不能只关心……"开头的模棱两可的第三段，"我们"可能被认为指的是说话人和听众，但是这一可能性在结尾处被打破了，"因为说到底，这是一个国家的领袖们在应对危机时应该做到的"。麦凯恩高高在上，脱离了他的支持者。

如果强调听众和说话人之间共享的"更大的领域""共同的努力""共同目标""国家利益"等，就可能会间接产生询唤的效果。接下来的三封电子邮件说明了这种效果。

庆文——

从一开始我们的目标就是要**接触到不同种族、不同年龄以及不同背景的人**，将他们带回到政治进程中来。我们必须抓住目前这罕有的机遇，把人们团结在一起，**为所有的美国人创造一个更美好的国家**。

……如果我们要改变这个国家，就必须从最底层做起。也就是说要深入到你的社区、你的交友圈，甚至是你的家庭……

米歇尔

（2008 年 5 月 1 日米歇尔·奥巴马私人电邮）

庆文——

我的父亲号召所有的美国人都扪心自问，自己能为**国家做些什么**。

那些响应这一号召的人们发起了一项改变我们的国家的运动，激发出了最好的**民族精神**。

巴拉克·奥巴马一直**遵循这一传统**——投身公共服务，不管他的角色是芝加哥南区的社区组织者，还是后来的州议员和国会议员。

现在，巴拉克呼吁新一代领导人能参与进来，为**国家的转变**做出贡献。

......

谢谢。

卡洛琳·肯尼迪

（2008 年 5 月 3 日卡洛琳·肯尼迪的私人电邮）

　　这个例子中本构修辞是通过使用传统网络或其他听众可以参与的沟通方式构建的。莱夫指出，在间接询唤中，"传统是修辞产生的最初来源"[1]。上述几封电子邮件都使用传统和社区作为着力点进行呼吁，能够激活听众生活中现有的社交网络，把他们带入信息之中，不直接使用"你们"和"我们"，而使收信人和发信人形成联盟。

　　在这两封邮件中，"传统"被着重选作一种询唤的技巧。例如，在 5 月 1 日的电子邮件中，我们看到了一条非常传统的信息"为每个人创造更好的国家"，这句话与卡洛琳·肯尼迪的电子邮件中的话相呼应，使我们想起了她父亲的名言，这句名言已经成为美国历史和传统的一部分。"社区"也成了一种询唤技巧，呼吁听众们有所作为。米歇尔·奥巴马呼吁听众们深入自己的社区，为巴拉克·奥巴马提供支持。而卡洛琳·肯尼迪则提醒听众们，奥巴马是社区的一员，同时也是社区领袖。这种面向社区的号召把奥巴马和听众们放在了相同的起点上，使他们有了相同的关联和联系，使选民们对他有了更多的认同感。有趣的是，似乎只有奥巴马自己在邮件中使用本构意义上的"我们"来直接对选民进行询唤。这表明本构修辞有一些可能存在的限制。

　　询唤也可以用来面向假想的听众，不是为了增加支持者和成员，而是为了在已有的团队内部建立亲密感和联系性。询唤的这种用法可以见下面的例子：

庆文——

这已经成了关键时刻的惯例……他们不只依靠巴拉克和乔——他们还依靠你。希拉里说得好："**我们**谁也输不起。"

......

巴拉克

---

[1]　Leff，Tradition，135.

（2008 年 8 月 17 日巴拉克·奥巴马的电邮）

庆文——

这样的夜晚在 40 年前是不可能出现的——就算是 4 年前也不可能。如果没有你，这一切也不可能发生。

尽管困难重重，你还是相信改变是有可能的。今晚我能感受到你的热情，我知道这种热情是成千上万推动这一运动的美国人共同分享的。

今晚是属于你的，但今晚仅仅是个开始。

……感谢你所做的一切。

巴拉克

（2008 年 8 月 28 日巴拉克·奥巴马的电邮）

上面使用的"你"和分析的第二组电子邮件信息略微有些不同。上述信息使用询唤技巧的"你"有一种祝贺的意味。这种形式的询唤是假设"你"这个受众帮助奥巴马走到了这一步。这种技巧不仅使收件人与发件人站在了统一阵线，使他们成为队友，而且奖励收件人成为团队的一部分，使得这一邮件不是在招募或增加受众，而是认可一个已经加入的受众。例如，奥巴马在 2008 年 8 月 28 日的信息中使用了过去时来描述受众的行为，比如受众所想的和所感觉的。过去时的使用假设受众已经完成了所提到的行为，最后一行信息特别强调了这一点，同时还感谢了受众为他们所做的一切。

上面分析的这些电子邮件信息都显示了询唤的使用，有的是直接的，有的是间接的。"我们""你"和"传统"的使用构成受众并且激励他们采取某种行动。询唤的使用创造了共鸣性信息。在代词和共同的目标、关切、传统和奖励中，这些消息的共鸣体现在发送者和接收者的组合和结盟。正如电子邮件信息的分析显示，奥巴马和他的竞选团队使用了询唤的方式以便通过共鸣性来构建受众。"我们"和"你"的使用使得接收者成为修辞的一部分，因此也成了发件人的一部分，从而使得信息特别具有共鸣性。传统和社区的使用使得接收者将发送者看作是同他们自己相似的人，使间接询唤以不同的方式产生共鸣。假想受众的使用使得接收者可以分享竞选的成果，使得为发送者采取的任何行动都更个性化更受欢迎，由此创建了第三层次的共鸣。

研究问题 2

第二个研究问题是："奥巴马的竞选活动是如何利用新媒体传达信息的？"一个有效的办法就是在讨论开始前先检测一下巴拉克·奥巴马官方网站 http://www.barchobama.com 的特征。奥巴马的网站有别于约翰·麦凯恩的官方网站，在竞选过程中，约翰·麦凯恩的网站从奥巴马的网站复制的特征越来越多。候选人提供订阅邮件列表和多媒体信息并非巴拉克·奥巴马官方网站的独有特征，试图让人们签字来支持竞选或试图联系朋友也不是。当前版本的奥巴马和麦凯恩网站都有醒目页面（该网站的主页页面之前的一个初始页面）鼓励人们提供他们的电子邮件地址。麦凯恩的醒目页面甚至还有一个视频。一旦进入了两个网站的主页，就有捐款的链接，有在特定的地区参与竞选的链接和招募朋友的链接。

奥巴马网站更具社交网站的特性，就像 MySpace 或 Facebook 一样，它提供机会在互联网上注册并构造一个 MyBO（我的巴拉克·奥巴马）的网页来展示自己。这个页面更像 MySpace 而不是 Facebook，不需要显示个人的真实身份或者也可以选择隐藏，让大家看不到或搜索不到。与其他社交网站一样，在这里你可以写博客，也可以与在该网站上注册过的其他人聊天。在这个网页里也可以很方便地了解到一个人所感兴趣的竞选活动的方方面面，同时又是对自身的展示。你还可以阐明自己为什么支持奥巴马来明确自己奥巴马支持者的身份。个人所隶属的与竞选相关联的团体也会出现在这里。还有更令人惊奇的事，比如一个人为竞选捐了多少钱，一个人开创的或参与的竞选活动，会根据一个人在竞选活动中的活跃程度在一个方格中用数学公式计算出他的等级得分。分数来自他们主持或参加的活动，打的电话，上门拜访的次数，发表的博文篇数，个人募捐的捐赠者，筹集到的金额数，参加的团队。这个得分既是对参与活动的一个奖励，也是在激励大家更加活跃。

麦凯恩的网站，最初试图复制奥巴马网站，想要实施一些远不如 Web 2.0 的相似功能。一旦登录到 web 站点，这一点并不容易做到，因为用户试图注册后就会认为用户已经注册成功，就会要求登陆，然后用户就会面临一个前往"仪表板"的选择，上面提供了不同活动可得的分数，也为创建一个麦凯恩空间页面提供一个链接。在奥巴马网站上的仪表板是 MyOB 页面，但麦凯恩网站上社交网站的页面埋得更深。在原始页面局限性受到许多批评之后,麦凯恩网站在 2008 年 8 月发布了一个更 Facebook/MySpace 化的页面版本。正如许多人所报告的那样,我们甚至在登录系统方面都有相当大的困难。

在奥巴马的网站上拥有 MyOB 页面的人可以通过名字或邮编地址搜索其他人。这样不但可以建立一个好友列表,而且他们可以就网站上发布个人信息与这些朋友进行内部交流。因此,奥巴马的支持者在他们的努力下可以联合起来,并且结交朋友作为他们支持的一部分。

奥巴马的网站也和互联网连接成了一个整体。主页上提供了 MySpace 和 Facebook 上奥巴马页面的链接、Flickr 上的照片、YouTube 网站上的视频、Digg 网的奥巴马书签、关于奥巴马最新动态的报道和根据不同种族和其他人口统计学标准提供的社交网络的链接列表。对奥巴马来说所有这些网站都可以互相引用。

我们的研究结果表明,奥巴马竞选活动对新媒体的运用是竞选成功的关键。基于对现有文献进行的综合分析的结果(奥巴马竞选团队没有给调查提供任何面谈),本研究为奥巴马的竞选班子在使用新媒体方面推导出了四项原则。

利用新媒体来传达共鸣性信息

奥巴马的竞选活动使新媒体的功能最大化并且利用新媒体个人化、互动性、即时性和便捷性的独特特性。新媒体的这些功能或特性有效地帮助奥巴马竞选传达了共鸣性信息。正如我们在前一节中讨论的,奥巴马和他的竞选团队成员倾向于经常给其志愿者和那些想要了解竞选活动的人发送电子邮件信息。这些电子邮件消息往往非常个人化(如他们对每个人都直呼其名)且具有关联性,正如询唤和本构修辞的过程所展现的那样。私人接触帮助接收者和发送者更好地看清对方,更好地理解,分享更多的情感。

互联网的互动性质给志愿者和竞选活动工作人员提供了一个相互沟通的机会。不像传统的大众媒体(往往有一个延迟反馈),互联网、手机、短信和社交网站允许发送方和接收方之间进行自由的互动,这样就使得竞选活动信息产生共鸣性成为可能。换句话说,没有新媒体传送信息,奥巴马的竞选活动信息很难引起共鸣。互联网的即时性使竞选任务在传递信息、交换信息和分享这些信息的感受方面更容易。最后一个特征是互联网应用的便捷性。互联网为竞选活动提供了各种方便快捷的方式，向数百万人传递奥巴马的竞选信息。可以通过短信、电话、网络、电子邮件、社交网站和许多其他方式将信息传递给人们。这些不同的媒体为发送者和接收者之间提供了一个方便快捷的交流方式。

利用互联网来赢得年轻人的心

许多分析家认为奥巴马竞选成功的一个关键因素是他有能力利用社交网站，比如 MySpace 和 Facebook。MySpace 和 Facebook 都是在年轻人中非常流行的在线社交网站。个人用户可以在上面创建一个"主页"，包含自己喜欢的图片、音乐和其他材料。MySpace 和 Facebook 已经成了全球性的、主导性的在线社交网络。

奥巴马竞选时将新媒体作为其活动的核心。据新媒体的主管罗兰说，乔·罗斯帕斯在推动网上竞选活动中起到了决定性的作用。[1] 作为前佛蒙特州州长霍华德·迪恩在 2004 年竞选中的新媒体战略专家，罗斯帕斯被广泛认为是第一位成功的互联网专家。为了最大限度地引领社交网站的应用，奥巴马雇用了 Facebook 的合作开发者克里斯·修奇斯来开发竞选机器的核心部分。[2] 希夫尔斯指出，与任何官方竞选组织都无关的支持者在 MySpace 上建立的一个网页很快便注册了 160000 个支持者，这一事实确实对奥巴马要竞选总统的决定产生了影响。[3] 研究证明，在 Facebook 上奥巴马远比包括希拉里·克林顿和约翰·麦凯恩在内的其他候选人要受欢迎。[4] 由于此类社交网站在今天成了主导性的社交平台，一个人在 MySpace 或 Facebook 上发布了支持奥巴马的想法就会被同事、邻居和同伴发现。在某种程度上，这类社交网站趋于刺激个人从认知上、情感上和财政上继续支持竞选。

---

[1]　Kara Rowland，"High-tech Campaign Media Race Favors Obama"，*The Washington Post*，July 1，2008.

[2]　David Talbot，"How Obama Really Did It：Social Technology Helped Bring Him to the Brink of the Presidency"，*Technology Review*，111 (2008)：78 - 83. 2008.

[3]　Steve Schifferes，"Internet Key to Obama Victories". BBC News，http：//news.bbc.co.uk/go/pr/fr/-/1/ hi/technology/7412045.stm，accessed June 12，2008.

[4]　Steve Schifferes，"Internet Key to Obama Victories". BBC News，http：//news.bbc.co.uk/go/pr/fr/-/1/ hi/technology/7412045.stm，accessed June 12，2008.

利用互联网来迅速筹集资金

资金是竞选机器的燃料。在当今的总统竞选中，谁拥有足够的资金，谁才能继续战斗，才有可能获胜。过去，一个候选人不得不四处奔走，拍几百张照片，握几百次手，为的就是筹集有限的资金。如今，互联网彻底改变了筹集资金的方式。谁能利用新媒体，并精心创作一封能够引起共鸣的电邮，谁就可以在鼠标点击的瞬间筹到钱。

希夫尔斯注意到，互联网倾向于帮助那些局外人，提供获得线上支持和资金的机会。[①] 在竞选早期阶段，奥巴马只有有限的知名度，他的竞选起初资金不足。塔尔博特发现希拉里·克林顿的竞选活动更多地依赖于传统的策略，比如举办大型的筹款活动；而奥巴马则更关注用新媒体来获得拥戴和资金支持。[②] 据塔尔博特说，克林顿的竞选阵营在德克萨斯州有大约 2 万的志愿者在工作，而却有超过 10 万的德州人在网址是 www.barackobama.com 的奥巴马官网上类似于 Facebook 的 MyBO 注册了社交网页。[③] 塔尔博特指出，MyBO 及奥巴马网站的其他部分在为竞选筹集资金方面十分成功，它在美国历史上创造了一个月内募集 5500 万的记录。与之相反，资金匮乏迫使克林顿不得不动用自己的钱，也限制了竞选活动的开展。希夫尔斯指出一些观察家预测"奥巴马先生在 2008 年的竞选中将从网上筹款 10 亿元，这相当于约翰·克里 2004 年竞选时在网上筹款的 12 倍"。

很明显，新媒体为奥巴马竞选在筹集资金的活动中扮演了关键角色，它保障了竞选的持续、壮大和首屈一指。就像中国一句谚语所说：众人拾柴火焰高。

以创新的方式来使用新媒体以达到最佳效果

在 2008 年的选举中对互联网的使用并没有什么创新之处。不过奥巴马竞选活动的成功是通过使用每种新媒介来获取最高利益。奥巴马竞选尽量多地利用新媒体，因为这些媒体往往都有奥巴马的支持者在使用，而且几乎不花钱。

---

① Steve Schifferes, "Internet Key to Obama Victories". BBC News, http://news.bbc.co.uk/go/pr/fr/-/1/ hi/technology/7412045.stm, accessed June 12, 2008.

② Talbot, 2008.

③ Talbot, 2008.

这些新媒体包括维基（一个帮助创建合作网站的网络页面的集合）、MySpace和 Facebook、网站、电子邮件、博客、微博、推特和短信。

奥巴马竞选团队找到了使用每种媒体达到最好效果的方法。例如，在奥巴马宣布副总统人选的时候，竞选团队让民众注册来接受本团队发送的电子邮件和短信息。由此团队就获得了数以千计的通讯数据，这些通讯数据可以在选举日用来动员基层力量。罗兰解释说在选举时利用短信是很关键的，因为一般民众可能都已经不再使用固定电话了。

尽管奥巴马的网站募集的是小额捐款，但并不是每个人都向竞选活动捐款。奥巴马团队倾向于使用创新的方法来确保每个人都有机会做点什么来推动竞选。在选举过程中，奥巴马团队要求他的支持者们打电话给自己的邻居们和在其他州（竞争激烈的地方，比如俄亥俄州、德克萨斯州和宾夕法尼亚州）潜在的选民，说服他们选奥巴马。大多数时候，奥巴马竞选团队给人们提供 20 个电话号码和一份草稿来用于打电话说服别人为奥巴马投票。这在选举过程中牵扯到了更多的人，他们有信心参与其中。这些人成了赢得胜利的一种“基层战争”的力量。

简而言之，这项研究为之前提出的两个问题提供了丰富而充足的答案。结果表明，奥巴马竞选通过询唤的过程成功地创造了共鸣的信息。这种同构修辞的方法使得那些持有相同政见的个人拥有了力量，使得选举的信息非常有效和有说服力。结果还表明，奥巴马竞选团队成功地运用了新媒体传达了其具有共鸣的信息，因为新媒体具有独特的特征，包括个人性、互动性、即时性和便利性。新媒体在筹集资金，动员民众和让人们参与进来方面起到了关键作用。

讨论

我们已经讨论和观察了奥巴马在总统选举期间利用互联网新媒体和有效的修辞策略来吸引大量的捐款和竞选志愿者的方法。通过使用互联网的电子邮件以及社交网络的功能，开发出来一套新的行之有效的竞选技术。通过询唤进行的同构修辞在竞选活动产生的信息中被认为是一种连贯的动员技术。

似乎奥巴马的竞选活动已经深刻地改变了政治竞选的面貌。麦凯恩竞选团队刻意模仿奥巴马竞选活动中的一些新技术，尽管拙劣，但也证明了这些技术现在已经变得很普遍了。

我们对竞选技术的定性评估会受益于更加以经验为基础的人种志和社会科学的研究,而且也试图证明其对那些能收到竞选信息的人或直接参与竞选活动的人所产生的作用。还有可能就是年轻的民众更容易受到社交网络上竞选活动的影响,因为他们更有可能使用互联网的这些功能。

个人对政治活动进程的更大程度的参与似乎相当符合大多数人对民主的愿景。而从长期来看这对政治进程是否有益,则仍有待观察。

参考文献

[1] Kenneth Day and Qingwen Dong, "Constructing Presidential Candidate Ethos: The Case of Barack Obama", Paper presented at the Western States Communication Association Annual Conference in Denver/Boulder, CO., 2008.

[2] Ronald Rice and Charles Atkin, "Communication Campaigns: Theory, Design, Implementation, and Evaluation", In *Media Effects*, ed. J. Bryant & D. Zillmann, 427-451, Mahwah, NJ: Lawrence Erlbaum Associates, 2002.

[3] Albert Bandura, "Exercise of Personal and Collective Efficacy in Changing Societies". In *Self-Efficacy in Changing Societies*, ed. Albert Bandura, 1-46, Cambridge, UK: Cambridge University Press, 1995; and Albert Bandura, *Self-Efficacy: The Exercise of Control*. New York: Freeman, 1997.

[4] Day and Dong, Presidential Ethos.

[5] Judith Williamson, "*Decoding Advertisements: Ideology and Meaning in Advertising*", New York: Marion Bowers, 1994.

[6] Day and Dong, Presidential Ethos.

[7] Maurice Charland, "Constitutive Rhetoric: The Case of the Peuple Québécois". In *Landmark Essays on Rhetorical Criticism*, ed. Thomas Benson, Davis, CA: Hermagoras Press, 1993.

[8] Day and Dong, Presidential Ethos.

[9] Michael Leff, "Tradition and Agency in Humanistic Rhetoric", *Philosophy and Rhetoric*, 36, 2003.

[10] Ronald Rice and Caroline Haythornwaite, "Perspectives on Internet Use: Access, Involvement and Interaction", In *The Handbook of New Media*, ed. L. A. Lievrouw & S. Livingstone, Thousand Oaks, CA: Sage Publications, 2007.

[11] Mark Urista，Qingwen Dong and Kenneth Day，"Explaining Why Young Adults use MySpace and Facebook Through Uses and Gratifications Theory"，Paper presented at the Annual meeting of the National Communication Association in San Diego，CA. ，2008.

[12] Jessica Dye，"Meet Generation C：Creatively Connecting Through Content"，*Econtent*，2007.

[13] Joe Erwin，"Brand Obama was Builtto Thrive on Social Networking"，*Advertising Age*，79，2008：18，and Roy Mark，"Tech's So-So- Showing in Politics"，*Eweek Online*，http：// www. eweek. com，Jan 14，2008，and Mike Shields，"Obama Cues Web Video as Tuesday Primaries Loom"，*Media Week*，18，2008：10.

[14] Day and Dong，Presidential Ethos.

[15] Kara Rowland，"High-tech Campaign Media Race Favors Obama"，*The Washington Post*，July 1，2008.

[16] David Talbot，"How Obama Really Did It：Social Technology Helped Bring Him to the Brink of the Presidency"，*Technology Review*，111，2008，2008.

[17] Steve Schifferes，"Internet Key to Obama Victories". BBC News，http：//news. bbc.co.uk/go/pr/fr/-/1/ hi/technology/7412045.stm，accessed June 12，2008.

读后习题

概念与问题

1. 奥巴马总统竞选成功的主要武器是什么？
2. 为什么你认为奥巴马总统竞选的信息具有共鸣性？
3. 什么是询唤和同构修辞？
4. 传递信息过程中使用这种修辞会产生什么影响？
5. 奥巴马竞选团队是如何充分利用媒体的？
6. 本研究中的两个研究问题是什么？
7. 本研究在调查中使用了何种研究方法？
8. 在使用新媒体方面奥巴马竞选团队的四个成功原则是什么？

讨论题

1. 讨论一下本研究中的分析步骤。作者是如何回答研究问题的？

2. 举例说明奥巴马竞选团队在建构竞选信息中如何使用了询唤和同构修辞?

作业

假设你要帮助一名候选人竞选斯托克顿市市长。设计一场公关传播活动,重点关注信息的形成和媒体的选择。用一页纸记录你的竞选活动设计并解释信息及媒体选择的理由。

质量评估及讨论

说明:请从数字1(非常不同意)到数字5(非常同意)中圈出一个来说明你的看法。另附纸写下你每个选择的理由(SA指非常同意,SD指非常不同意)。

a. 介绍部分说明了为什么本研究是一个重要的调查。

SA　5　4　3　2　1　SD

b. 文献评述为本调查提供了语境。

SA　5　4　3　2　1　SD

c. 研究问题或假设都做了恰当陈述。

SA　5　4　3　2　1　SD

d. 研究方法的选择恰当。

SA　5　4　3　2　1　SD

e. 对变量进行了充分而良好地测量。

SA　5　4　3　2　1　SD

f. 结果得到清楚地呈现。

SA　5　4　3　2　1　SD

g. 本研究的内涵得以清晰地阐述。

SA　5　4　3　2　1　SD

h. 讨论得以充分恰当地展示。

SA　5　4　3　2　1　SD

i. 本研究对建立传播学领域内的知识体有所贡献。

SA　5　4　3　2　1　SD

第十单元
定量分析

18 使用与满足理论视阈下青少年使用 MySpace 和 Facebook 之原因分析[①]

马克·A.厄瑞斯塔，董庆文，肯尼斯·D.戴

摘要：通过运用扎根理论研究方法以及使用与满足理论框架，这项探索性研究基于焦点小组，考察了为什么年轻人使用社交网站（MySpace 和 Facebook）。结果发现年轻人严重依赖互联网来寻求娱乐以及信息。基于焦点小组讨论中出现的一贯性主题，我们提出个体使用社交网站是为了体验与他人有选择性的、高效的、直接的联系，从而获得人际传播的满足感，同时作为一种不断寻求他人认可和支持的方式。希望这个理论能帮助传播学研究者和教育工作者更好地理解社交网站对用户的强大影响。我们还提出了本研究的局限性以及关于未来研究的建议。

MySpace 和 Facebook 是两个主要的网络社交网站，备受年轻人欢迎。在那里，他们可以建立个人主页，内容包括喜欢的音乐、电视节目以及照片。这些社交网站已经吸引了数以百万计的用户在网络上与其他人进行社交活动，它们涵盖了甚至有时候取代了传统的社交媒介（家庭、学校、同龄群体以及环境）。MySpace 和 Facebook 能够使个人在社会化以及建构自己身份的过程中发挥积极的作用。戴伊（2007）指出这种新的媒介已经塑造出新一代的个体，他们的身份由其在网上建立的关系和发表的内容来确定。

社交网站为成员提供了一个与家人、朋友以及其他人进行沟通的简单方便的媒介。此外，个体用户的需求和愿望可以不断地得到即时满足。过去，人们综合使用面对面的人际互动以及电视、广播和电影等大众媒介来实现这些需求和愿望。通常，由于无法接通，无应答，节目安排以及时间安排等因素的影响而

---

① 马克·A.厄瑞斯塔，董庆文，肯尼斯·D.戴："使用与满足理论视阈下青少年使用 MySpace 和 Facebook 之原因分析"，《人类传播》。再版已获得作者授权。

导致这些满足被延误。与之相反,社交网站不同于这些形式的大众媒介,因为它们能够使个体在社交网站中向他人发送信息时发挥积极作用。而且,这种积极作用还具有革命性,它改变了大众媒介效应的传统模式。在这种新型模式中,个体可以间接进行社交接触和有选择地按需访问其他媒体内容,这些媒体内容成为社交网站服务的一部分,通过这种方式使用社交网站可以使个体即刻得到满足。

在过去的五年中,MySpace 和 Facebook 已经发展成为现今最受欢迎的两个社交网站。尽管最近有关社交网站的研究已经有很多,但是对于人们为什么会使用这两个社交网站这一问题的理解上仍存在空白。本研究的主要问题是:这些社交网站的用户是如何通过网站来满足他们的愿望和需求的?我们希望对这个问题的解答能够帮助我们更好地了解为何年轻人如此沉迷于这些社交网站。

文献综述

背景

哈森维特(2005)认为,社交网站的独特性不在于它们有能力让个体结识陌生人,而在于它们有能力使用户形成自己的社交网站并使其对他人可见。许多社交网站用户并不是为了结识新朋友去构建一个网络,而是为了与他们社交网站中已有的人进行交流(Boyd & Ellison,2007)。

MySpace 最初是由现任 CEO 汤姆·安德森的互联网公司 eUniverse 创办的。作为公司的 CEO 以及最大股东,安德森认识到网络社区是互联网的未来,于是决定运用 eUniverse 的技术、资源和资金于 2003 年 8 月创办 MySpace 公司。MySpace 的首批用户是 eUniverse 公司的员工,他们展开竞赛看谁为网站招募的好友人数最多。随着其用户邀请更多的朋友和熟人加入网站(Free-MySpace),他们的良好口碑促进了 MySpace 的发展。洛杉矶地区的独立摇滚乐团是 MySpace 网站最早的一批用户。"这些乐队开始创建简介,并且由当地的推广者使用 MySpace 来宣传流行俱乐部的贵宾通行证"(Boyd & Ellison,2007, p.7)。到 2004 年,青少年开始一起加入 MySpace 网站。这些青少年注册加入网站后，他们鼓励朋友们也加入网站。这种口口相传最终让 MySpace 取得了今日的成就，成为美国第三大最受欢迎的网站，大约占据了所有社交网站访问量的 80％（Alexa.com）。

Facebook 于 2004 年初启动，当时是只供哈佛大学使用的一个社交网站（Cassidy，2006）。新注册用户必须有哈佛大学网站的电子邮件地址。这种排他性是这个网站吸引大学生的主要特点之一。"随着 Facebook 开始进入其他学校，也要求那些用户必须有相关院校的邮箱地址。这一要求使得网站相对封闭，让用户感觉这是一个内部的私人社区（Boyd ＆ Ellison，2007，p.8）。"2005 年 Facebook 向高中生敞开大门，进而在 2006 年对广大受众开放，为商业组织创建了社区（Smith，2006）。据报道，截止到 2007 年，Facebook 的注册用户超过 2100 万，每天的访问量达到 16 亿（Needham ＆ Company，2007）。2006 年，Facebook 的使用范围涵盖了美国 2000 多所高校，同时也成为万维网页面总浏览量排名第七的最受欢迎的网站（Cassidy，2006）。

社交网站的几个功能使它们对用户极具吸引力。这些功能包括留言板、日志、公告栏、个人资料和相册。留言板是用户个人资料里的评论区，好友可以在上面留言。人们浏览某成员个人资料时可以看到其留言板上朋友们的评论。克劳斯（2002）将日志定义为"编辑者定期访问的其记录都注明日期的网站"。社交网站的很多用户通过日志来抒发自己的思想和感受。克劳斯还指出，日志可以用于广泛的群体进行传播，包括社会大众、朋友和家人。公告栏里是用户发布的信息，这些信息可以被该用户网络中所有成员浏览到。个人资料展示了用户的照片、个人兴趣爱好以及经历，而相册可以让用户把照片上传到个人资料中。

使用与满足

使用与满足可以被视为一种心理传播视角，它关注的是人们如何运用大众媒介以及人际沟通等其他传播方式来满足人们的需求和愿望（Rubin，2002）。这种心理学视角改变了认为个体媒介受众是被动的这种机械的传统方式。

根据使用与满足的观点，媒体使用由一系列的关键因素决定，这些因素包括"大众进行传播的需要与动机、心理与社会环境、大众媒介、媒介使用的功能选择、传播行为及其后果"（Rubin，1994，p. 419）。卡茨、布鲁勒和古雷维奇

(1974)将使用与满足观点定义为关注于"需要的社会与心理起源，由此对大众媒介或其他资源产生期望，导致不同的媒介暴露模式，从而引发受众的需要满足或产生其他结果"（出自 Rubin,1994，p.419）。

萱原和韦尔曼（2007）在前期进行的"使用与满足理论"研究中，将媒介满足分成了两大类：过程满足和内容满足。过程满足产生于行为表现，如非结构化的网页浏览或者创建个人资料中的相关内容，而满足感就产生于获取信息内容（Kayahara & Wellman,2007）。此外，巴兰和戴维斯（1995）提出这样的概念："人们追随自己的兴趣，根据自己的需要选择媒介内容，并综合那些内容来满足这些需求。"（p.219）简而言之，对媒介的选择和使用是以目标为导向、有目的、有动机的行为（Rosengren,1974）。

"使用与满足理论"研究通常关注媒体是如何用于满足人的认知需要和情感需要的，主要涉及个人需求和娱乐需求（Rubin,2002）。其中包括了个人身份、逃避和自我展现的需求。斯塔福德和戈尼尔（2004）已经确定了几个互联网应用中激励用户行为带来的满足。这些包括网页搜索、获取信息、参与人际传播的能力及社会化。重要的是要注意，其中一些满足是面对面人际传播的媒介化版本。随着社交网站成员数量的不断增加，利用网站来满足认知需求和情感需求就更加普遍。研究表明，大学生每天至少花 100 分钟上网（Anderson,2001），"互联网服务于人际实用功能（如建立关系、社会维护和社会认可）以及娱乐和信息的实用功能"（Leung, 2007，p. 205）。斯达克曼（2007）已经证实了人们使用互联网的动机主要是由获得"放松，趣味，鼓励和层次"的欲望引起的（p.211）。其他有关网络形象塑造和关系维护的研究指出了类似的"人们使用互联网的动机，（比如）人际关系、信息和娱乐"（Ho Cho, 2007, p. 341）。

沃尔夫拉德和多尔的互联网动机量表包含了使用互联网的三个潜在动机：信息、人际传播和娱乐（Matsuba, 2006, p.278）。根据松叶（2006）的研究，某些人更易于使用互联网进行情绪管理（如寻求娱乐和信息）及社会补偿（如获取认可和关系维护）（p.278）。他们也可以使用互联网来"连接和维护社会关系"（Stevens & Morris,2007）。在 1995 年关于大学生上网的一项研究得出了"六个动机类型：娱乐、社交、打发时间、逃避现实、信息和网站偏好"（Kaye, 1998, p. 34）。

正如前面提到的，很多人使用互联网的动机是他们渴望与他人交往。帕帕加里斯和鲁宾(2000)提出,互联网可以通过电子邮件和聊天室等功能满足人们的人际传播的需求。宋、拉罗米、伊斯汀和林(2004)指出,人们作为虚拟社区成员获得的满意是由于这样的事实,即他们可以生成自己的内容并且用其来满足他们的欲望。多米尼克(1999)证实,人们用个人主页与有共同兴趣的他人进行联系,来加强相互扶持的关系。即使是观察别人的行为也能使观看者产生某种满足感(Eastin,2002)。简而言之,如果网络有助于达到个体与他人交往的目标,他就会积极地使用互联网。

雷(2007)探讨了社交网站同时完成娱乐、信息、监督、消遣和社会事业等需求的多功能用途。在她的研究中,雷表明,社交网站在一个中心位置上满足了人们的各种需要,从而成为受众多网络用户欢迎的目的地。这一点反过来又增加了人际间的连接,并且使这些网站的注册成员有组织地联系在一起(Wellman et. al.,2001)。通过结合和沟通,人们增加了网络熟人,同时也增加了个人可获得的社会资本(Ellison et. al.,2007)。多纳特和博伊德(2004)假设社交网站有能力大大提高社区中薄弱的人际关系,因为这项技术廉价、便捷,有利于维持这种关系。

总结与研究问题

使用与满足的视角提出了个体利用媒体来满足他们的各种需求(Blumler & Katz,1974)。这个视角最基本的原则是人们会根据他们的期望和获得令人满足的体验这一动机来选择媒体。这个视角假定人们是媒体中积极的消费者(Katz et al.,1974),他们自主选择去哪里以及注意什么。这个有关积极观众的假设似乎特别适用于研究为积极使用而设计的以互动而知名的媒介(Morris & Ogan,1996;Stafford & Stafford,1998)。通过使用 MySpace 和 Facebook 这样的社交网站,其成员现在能够在一个中心位置,在由不同个体群组成的大网络环境中满足他们的各种需求。在文献综述的基础上,本研究提出以下研究问题:在何种程度上年轻人使用社交网站(MySpace 和 Facebook)来满足他们的需要和需求。

本研究试图去理解这些激发个体使用社交网站来满足其需要和需求的因素。社交网站已经成为许多用户生活的一个中心组成部分,原因很简单,即人们渴望参与各种形式的网上互动。这个问题的目的是揭示隐藏在这些愿望背后的动机及人们用于满足需要和需求的策略。

方法

为了调查为什么人们使用社交网站，我们选择了焦点小组访谈方法，因为其在探索性研究方面具有优势。这种定性方法能深入了解社交网站成员在使用网络资源来满足个人需要和需求的想法、概念、观念和态度。这种归纳的过程非常符合这一调查的焦点小组访谈方法，便于收集丰富的数据来回答研究问题。通过系统的经验主义归纳，本研究形成了一种理论原理，解释了为什么人们使用社交网站。

斯图尔特和沙姆达萨尼(1990)指出，焦点小组访谈方法往往被用来"获得一个感兴趣的话题的一般信息"(p. 15)。克鲁格和凯西(2000)观察到"焦点小组访谈方法尤其在确定人们有关问题和产品的认知、情感和想法上有效"(p. 12)。此外，焦点小组访谈方法相比其他研究方法是独一无二的，比如个人访谈和问卷调查。克鲁格和凯西(2000)补充说："焦点小组提供了一个比个人访谈更自然的环境，因为参与者影响着他人并且受他人的影响——就像他们在现实生活中一样。"(p.11)此外，斯图尔特和沙姆达萨尼(1990)指出："因为焦点小组能产生一个用受访者自己的语言和语境表达的非常丰富的数据体……这种回应的人为因素最小，与要求在5点评级量表或其他限制类别下进行回应的调查问卷不同。"(p.17)

受访者

共有50名来自加州中部大学的大学生参与到了6个焦点小组中。学生们是通过使用任意抽样的方式遴选出来参与这些焦点小组的。作为一个参与此项研究的动机，我们给那些参加大学通识教育大课的学生提供了额外的分数。为了避免选择性偏见，研究者非常重视选择在性别、种族和专业方面具有广泛代表性的焦点小组来进行调查。选择受访者的标准主要包括：1)是 MySpace 或 Facebook 的用户；2)想要与其他学生分享使用社交网站的想法和经验。在进行研究之前首先获得了大学受试者面试委员会的批准。

程序

每个焦点小组的调查都使用了焦点小组讨论指南。我们就社交网站成员的网站使用及应用策略提出了问题,鼓励参与者详细说明相关的研究问题。一位在此数据收集方法的使用上具有丰富经验的主持人指导了这些访谈。在每个焦点小组的访谈中,都给学生提供了食物和饮料,以创建一种轻松、舒适的环境,使得主持人能熟悉每个参与者。焦点小组的讨论都进行了录音记录,并且由一位助理誊写给主管研究员。随后,焦点小组参与者的直接引用由主要研究人员从录音再进行转录。

数据分析

主要的研究人员首先认真地听取录音,并阅读完整的记录以获取与研究问题相关的关键概念和观点。其次是确定主题。对直接引言进行提炼来详细阐述与研究问题相关的各个主题,并归类到恰当的主题下。最后,在主要概念、主题和直接引言的基础上,为相关研究问题提供答案。

研究结果

通过深层分析所有的结果,我们得出五大主题以回答此研究问题:"在何种程度上,年轻人使用社交网站(MySpace 和 Facebook)来满足他们的需要和需求?"个人使用社交网站满足他们的需要和需求的主题包括:(1) 有效的传播,(2) 便捷的传播,(3) 对他人的好奇心,(4) 人气,(5) 关系的形成和强化。

有效的传播

绝大多数参与者表示,他们使用社交网站是因为这是与朋友们进行传播的有效途径。一位参与者说:"如果你想快速地传播一件事情,那么使用 MySpace 就能很容易做到。"许多参与者喜欢这个功能,它能够在同一时间将消息发送给多位朋友。正如一位参与者所说:"通过 MySpace 我可以把同一件事情告诉所有的人,省得被问一百万次。"

参与者指出,通过社交网站可以分享和了解许多重大事件。"我发现我的朋友要结婚了,另外一个朋友出车祸了。"一位参与者说她喜欢通过社交网站非正式地同他人分享这些事情。"我有一个朋友通过 MySpace 宣布她订婚了,还做了一个视频上传到了 MySpace 上。"当他或她渴望受到关注时,使用公告帖子是一个能快速得到他人回应的有效方法。一个参与者表示:"人们发帖说自己很无聊,就会收到一些人的电话和短信。"由此看来,用户们使用社交网站与他人进行传播以满足自己的需要和需求。一位参与者说道:"有时人们发布公告只是为了得到他人的关注和安慰。"社交网站使用户仅通过一个公告就能快速高效地获取他人的关注。

很多参与者表示,他们使用社交网站发布消息,同朋友们分享生活琐事。一位参与者说:

> "这不是什么麻烦事(如进行个人谈话)。如果在我的生活中发生了什么大事,我不想被 30 个人反复问我同一个问题,发生了什么,我不想一一回答他们。"

参与者还指出,迅速传播的能力是促使他们使用社交网站的另外一个具有吸引力的功能。一位参与者说:"如果你想和某人说些事情,但不希望进行对话,你可以在 MySpace 上迅速地评论他们。"另外一位参与者补充道:"(相比)进行一场对话,在 MySpace 或 Facebook 上评论他们要更加容易。"

便捷的传播

焦点小组访谈指出社交网站的便捷性主要体现在两个主要方面:与家人朋友保持联系及传播管理。所有参与者都指出与朋友保持联系的能力是使用社交网站最具吸引力的特性之一。绝大多数参与者都承认,他们注册 MySpace 或 Facebook 账号最主要的原因是由于他们受到朋友或家人的鼓动。能和远方的朋友、家人保持联系尤其具有吸引力。一位参与者说:"这是一个与他人保持联系的简单方法,有利于维持远程关系。"另外一位补充道:"我使用 MySpace 是因为我不想花费长途车费回到家去和人们交谈。"

许多参与者承认,他们很享受社交网站为传播管理提供的便捷。一位参与者说:"社交网站的便利性在于人们可以在闲暇时间随意登录。"另外一位指出:

"这样更容易与人交谈。你有机会去思考要说什么以及它将得到对方怎样的回应。"还有一位参与者补充说："你不必马上应对或回应。"这样看来,社交网站使个体能够用他(她)期望的速度和方式来进行传播。一位参与者将此方式与必须立刻做出回应的传播方式进行了比较,指出："在 MySpace 你无须马上进行回复,而电话交谈则不然。"一些参与者承认,他们喜欢做传播的接收方而无须进行任何对话。一位参与者说:

> "我个人使用社交网站是因为相比其他传播方式,在这种方式下我不用真的问对方问题也能了解他们,不用和他们交谈也能知道他们生活中发生了什么。有时候我很忙,没时间和他们交谈,或者去发现他们的生活中发生了什么。"

总的来说,参与者都认为,他们很喜欢社交网站提供的与他人进行交流的便利性和可操作性。

对他人的好奇心

每个焦点小组中的大多数参与者都承认,他们使用社交网站来获取他们感兴趣的人的信息。这包括倾慕对象、老朋友、新室友、同班同学和一些他们想了解得更多的同社区的人。参与者也谈到其他用户个人主页的可访问性问题。虽然很少人承认,他们通过社交网站获取了自己所倾慕的对象的更多信息,但大多数人承认他们知道其他人这么做。一位参与者说:"我注册 MySpace 账号,就是为了可以更了解我觉得很可爱的女孩。"另一位参与者透露,她妹妹利用社交网站来了解她想约会的对象的更多信息。

许多参与者都说,他们通过社交网站了解老朋友的最新动态。一位参与者说:"我很高兴能了解高中朋友的最新状态。"另外一位则公然表示:"我使用 MySpace 来暗中关注高中的同学,因为我想知道每个人都在做什么。"还有另外一位参与者指出,她很高兴了解到既小气又坏心眼的那些老同学身上发生的事情。"我想看看是否有坏事情在他们身上发生,尤其是那些曾经对我不好的人。"这表明了人们渴望使用社交网站来满足对那些在自己生活中留下痕迹的人的好奇心。

有些参与者说他们通过阅读用户个人主页的评论模块中的讨论，来获取有关对方生活近况的信息。一位参与者说：

> "我一位朋友的主页每天都更新关于她订婚的评论。（在这些评论中）有她与别人进行的对话。（通过这些评论）我可以知道这是怎么回事以及她目前生活的状况。这是一个信息的来源。"

大部分的参与者也承认他们利用社交网站来获取新朋友的更多信息。一位参与者认为，社交网站对于大学生而言最大的用途之一是掌握有关新同学、新舍友和新室友的更多资料。"能提前知道你的室友、和你结伴上学的同学是什么性格是很值得高兴的。"另一个焦点小组中的一位参与者说，她基于对未来室友的个人资料了解，在开学之前更换了室友。"我使用 Facebook 对我的未来室友进行了调查。我注意到我们之间（在口味和生活方式上）的差异，马上就知道我们是不能和谐相处的。"这些事例表明，许多用户使用社交网站来获取那些会和自己经常生活在一起或长期交往的人的信息。

参与者还说他们使用社交网站获取信息，以帮助自己判断对方是一个什么样的人。许多参与者指出他们通过了解自己感兴趣人的主页来形成对这个人的看法。一位参与者说："你可以在（一个人的）MySpace 的个人主页中发现很多信息，这能让你很好地去了解他们在真实生活中是一个什么样的人。"参与者讲述了他们为了深入了解感兴趣的人，在个人主页中查看的特定项目。一位参与者说："我查看他们'关于我'的模块和所发布的人格测试。从中我就可以了解对方的性格，进而判断这是一个怎样的人。"

便捷传播这方面的最后一个问题是可访问性。大部分参与者表示，他们的个人档案都有隐私设置以避免陌生人的打扰。一位参与者提出："为了免于受到陌生人的打扰，我对个人资料进行了隐私设置，我想有一个只有我朋友才能看到的页面。"许多参与者都表达了同样的观点。有几位参与者表示由于受到陌生人的骚扰，他们不得不终止了用户资格。然而有一位参与者却表示她很乐于把自己的个人档案对公众开放："我不在乎陌生人的访问，而且很喜欢社交网站的开放性。我希望老朋友搜索我的时候，能够找到我并浏览我的个人档案。"颇为讽刺的是，许多参与者承认，尽管被人搜索使自己心里不舒服，但他们确实也会通过社交网站搜索别人。一位参与者就说道："我们喜欢窥视别人，但是如果有人窥视我们，我们就会不高兴。"其他参与者补充道，如果他们想要查询某人的信息却因为这个人设置了隐私而无法做到，他们就会觉得很郁闷，而绝大多数的用户表示自己的个人档案都有隐私设置。

人气

绝大多数参与者都认为许多人使用社交网站是为了使自己更受欢迎。在焦点小组访谈中出现了一些关于增加人气的策略，其中包括：用户的在线好友数量，其他用户对主页主人或其图片给予的评论，以及进入 MySpace 好友榜"前八"。

大部分参与者都发现，许多用户为了提高人气而在主页上添加尽可能多的好友。一位参与者表示："在 MySpace 上添加尽量多的好友是有益的。"另一位参与者补充道："这像是一个人气比拼，高中时期 MySpace 初一面世时，拥有大量好友就会使你大受欢迎。"许多参与者也谈到，许多人在社交网站拥有好几百位好友，但是这些"好友"实际上并不如现实中的"好友"亲密可靠。

参与者一致认为获得其他用户的评论是在社交网站增加人气的有效方法。一位参与者指出："人们喜欢借用他人评论来树立自己的形象。"另一位参与者补充道："人们（为了使自己显得受欢迎）会发公告让其他人去评论他（她）的图片。"各组参与者都承认图片的评论和留言确实使人觉得自己人气高。而且，大量评论会使一个人显得更受他人欢迎，因为他们受到了关注。因此，一些社交网站用户会与别的用户比拼受关注度。正如一位参与者所说的："我有一些朋友喜欢攀比谁的评论多。上传同一个事件的相似图片，一位好友可以收到 300条评论，另一个却只能收到 10 条。我的一个好友平均每张图片可以获得 300条评论，这就好像是一场攀比谁能得到更多评论的竞赛。"这就促使了有些用户利用社交网站虚构内容来非法获得积极反馈。

参与者们还讲述了他们关于 Myspace 主页"前八名"好友排行榜的经历。正如一位参与者所描述的，"有了'前八名'排行榜，就有了等级之感。人们都觉得这是根据关系的亲疏来排行的"。许多参与者承认他们的确很在意自己在好友榜上的排名。一位参与者表示："我很在意我在别人排行榜上的位置，也会在意他们提高或降低我的排名，甚至根本不把我放在他（她）的前八名榜上。"这就在朋友或情侣间制造了很多矛盾。有一位参与者讲道："对于那些有对象的人，如果他们发现自己不是对方好友榜第一名，可能会很生气。有时候甚至会因为对象和最好的朋友谁排在首位而发生争执。"有位参与者这样说道：

> "'前八名'排行榜的榜首是非常关键的位置。我只是随便把我女朋友和最好的朋友放在排行榜上，结果却令我的女朋友非常伤心，就因为没把她放在榜首。"

一些参与者承认他们为了避免这些冲突和伤害别人而取消了好友榜模块。"我撤掉了我主页上的好友榜，因为它只会制造不愉快。总会有人因为不在榜首而觉得难过。"使用社交网站是为了提升人气，但在上述情况下似乎得不偿失。

最后，值得注意的是，一些参与者发表了关于青少年新生群体的见解，在MySpace上这个群体自称为"非主流少年"。这些青少年主要通过MySpace提升自己在网上的人气，而不再通过诸如在现实生活中参加校园团体之类的传统方法。有位参与者说："（非主流少年）是一种亚文化人群，他们拍照时都要把相机举过头顶，这样拍出的效果会让他们觉得自己像朋克摇滚歌手。他们中还有人拍了半裸照。"这位参与者进一步补充道："他们可能没有很多朋友，因此他们认为在网上自己可以变得不同，变得比现实中的自己更酷。他们只是在'非主流少年'群体中交到更多朋友，得到尽量多的关注。"而当这个青少年亚文化的现象在另外一个焦点小组提起来时，一位参与者说她很了解这个社会群体，她指出："他们走到哪里都带着相机，总是对别人吹嘘自己有多少好友，得到了多少评论，上传了多少图片。"

关系的形成与强化

许多参与者都认为社交网站十分有助于结识新朋友和维持旧有的关系。此外，一些参与者还承认通过社交网站的互动可以让你明确谁是自己真正的朋友。

关于建立新的人际关系，一位参与者这样说道："我能利用MySpace查找大学校友，因为我刚上大学时谁都不认识。这是一个很好的认识和结交新朋友的方式。"另一位参与者也说道:"我常通过 MySpace 开启一段新的关系:我会在网上给他们发信息说:'我那天见过你……'"许多参与者也都表示如果在现实生活中遇见一个人,并有兴趣与之建立一段更有意义的关系,他们就会利用社交网站获得更多有关这个人的信息。

许多用户都发现社交网站非常有助于维系既有的人际关系。一位参与者表示:"如果没有 Myspace 和/或 Facebook,我就可能不会和这么多人还有联系……社交网站能够方便人们维系彼此之间的关系。"如前所述,社交网站十分便于联络朋友和熟人。因此,两个人就会有更多机会联络彼此,进而加强两人之间的关系。一些参与者表示他们把社交网站当作承载回忆的"年鉴"。有一位参与者这样说道:"我永远不会删除我的页面,因为上面有人们给我的评论。返回去浏览以前的评论感觉很好。有时候你回忆一件事,但记不清细节,你可以重读当时的评论,这样就可以想起许多有趣的事。"

值得重视的是,许多参与者都注意到通过社交网站进行传播可以增进或削弱关系,这取决于好友对帖子的回应、评论或是忽略。一位参与者说道:

> "通过 MySpace 和 Facebook 你能够根据谁给你留言、谁给你评论或谁记得你的生日来搞清楚谁是你真正的朋友。如果做不到这些,那就说明他只是你的一个熟人,算不上挚友。"

另一位参与者谈到,你可以从留言板看出谁在关注自己,甚至可以用于衡量友谊。"如果人们回复了你,(这就是在告诉你)他们确实在关注你的生活,在关心你。"其他的参与者对这个观点表示赞同,他们都经历过这样一种情况:当他们发帖讲述了一件自己觉得很重要的事时,却没有得到关注。许多参与者认为,如果人们为了保持或增进关系而不得不发表留言是非常荒唐可笑的。正如一位参与者所说的:"如果一个人真的关心你,你完全没必要发表那么多留言。"对此,另一位参与者补充道:"如果一个人只是通过 MySpace 联系我,这会让我觉得我对他其实没那么重要。我会电话联系我觉得重要的人。"基于上述这些有趣的讲述,可以看出人们会通过社交网站来判断其他好友对自己的态度以及对彼此间关系的看法。

结果总结

这些研究结果告诉我们为什么年轻人使用社交网站来满足他们的需要和需求。由于个体的好奇心和建立发展人际关系的渴望,社交网站的用户享受着使用强大的媒介带来的便捷、高效和流行来传达信息和找寻答案。这些结果说明,一种受即时性驱使的倾向激励着年轻人去使用社交网站。从更抽象的层面看,这表明用户会通过社交网站来满足他们所寻求的某种特定的满足感。

本研究的问题是"年轻人如何使用社交网站(MySpace 和 Facebook)来满足他们的需要和需求"。以这五个主题为依据,很显然,个体正在使用社交网站来满足个人和人际的愿望。在此范围内,参与者表示他们很喜欢社交网站带给他们的自由和空间,使他们能够以有利于自己的方式生产和消费内容。魏玛尔和多米尼克(1994)提出,媒介选择是个体基于个人对媒体使用的期望来进行的,这些期望来源于个体的性情、社会交往和环境因素。在社交网站上,个体能够制作内容来满足自己作为一个媒介消费者的期望。这包括创造一个引人入胜的主页来赢得他人的关注,还包括通过编写内容和网上制定的语篇的方式使用社交网站来加强和保持与他人之间的联系。

我们提出一个"使用与满足"理论:用户们使用社交网站来体验一种可选择的、高效的和即时的与他人的交往以获得(有中介的)人际传播的满足感,以及作为一个寻求他人支持和认可的持续方式。社交网站允许用户自由地选择谁可以或谁不可以看到他或她的帖子和网站上的其他信息。用户网站上的信息可以非常有效地按选择好的朋友圈来量身制定。从某种意义上来说,用户成为一个面向自己创造并给其提供访问机会的受众的"广播者"。此外,其他网友以留言板帖子的形式进行的回应以及好友请求,成为来自这种中介关系的认可和支持,而这种关系每天都在变化。结果,许多用户就上了瘾地不停查看自己网站,看看人们对自己的自我展示或是在每日博客上表达的关注,给予了什么样的回应。

讨论

通过归纳推理,本研究开发了一种"使用满足"理论:用户们使用社交网站来体验一种可选择的、高效的和即时的与他人的交往,以获得(有中介的)人际传播的满足感,并以此作为一种寻求他人支持和认可的持续方式。这种使用方式只有通过互联网提供的新技术才有可能实现。今天的年轻人是电子产品的核心消费者,在电脑技术的影响下他们变得缺少耐心,要求什么都立竿见影。这些年轻人不断地发信息、打电话,以期获得当前的信息或者了解正在发生着什么。社交网站是一种有用的便捷工具,能使他们轻松地与朋友的生活现状保持同步。相较于给对方打电话或交谈,社交网站用户可以访问一位用户的页面或者发送讯息来搞清楚自己想知道的内容。此外,社交网站用户可以通过更新页面向更大的受众群来传递自身的想法和自己生活中发生的事情,而无需和受众中的每个人进行一对一的接触。

结果还表明,社交网站的开放和透明在用户中是最受欢迎的。许多参与者表示这种透明可以让他们更快地获得有关他人的信息。此外绝大多数参与者声称,他们在对一位用户一无所知的前提下,已经通过社交网站获取了这一用户的个人信息。加德纳和英格(2005)认为 1982 年后出生的大学生大多数都要求对信息的获取要迅捷。因为社交网站很开放,非常便于访问,现在许多年轻人使用这些站点来获得他们感兴趣的人的信息,其中一个原因可能是因为访问一个人的网站来获得信息,要比面对面的谈话或是从他人那里获取相关信息更快更便捷。此外,社交网站具有的开放性和高透明度在用户中极其受欢迎,似乎因为它是一个与老熟人重新建立联系的简便方式。由于大量的年轻人是 MySpace 和 Facebook 的用户,许多用户就能够使用社交网站和以前的朋友和同学重新建立联系。

结果还表明,许多年轻人使用社交网站来使他们自己看起来更具有吸引力以增加社会资本。在非主流少年的身上得出的实验结果表明,现在许多年轻人使用社交网站来创建一个类似理想化自己的虚拟身份,这样就可以在网上和"真实"世界中提高个人的地位和自尊。总之,社交网站是走出舒适家庭并改善自我形象的一种有效方式。因此,许多用户使用社交网站使他们自己在外观上更有吸引力,以期获得爱慕者和朋友。

最后,这个研究表明网上的朋友和真实世界的朋友之间存在着显著的区别。许多参与者举出例子来说明网友的话显得很虚伪和肤浅。因此,这表明了应该有一个更深入的检验来说明相对真实世界的朋友,网上朋友指的是什么。

这一探索性研究的结果为未来社交网站的定性和定量研究提供了基础。

本研究结果部分中的每个主题都提供了敏锐的见解,来阐释那些为了娱乐和展示自我而使用社交网站的个体的行为和动机。该项研究的发现也支持了许多前期回顾的文献中得出的结论。此项研究的参与者认为社交网站是建立和保持关系的一种非常有效的方法。这也支持了多纳特和博伊德(2004)的假设,社交网站有能力大幅提高一个社区薄弱的联系,因为高科技能很便宜又很容易地保持这种关系。许多参与者承认社交网站使他们与朋友保持联系变得更便捷,反过来,又增加了他们通过社交网站进行传播以维持关系的积极性。参与者们也分享了他们使用社交网站强化新关系的经验。这也支持了多米尼克(1999)的发现:个体使用网络来寻找可以建立关系的其他个人;也支持了梁(2007)的观点:网络具有人际间多用途的功能,例如建立关系和维持社会交往。在自己的主页上创建内容是促进人际关系发展的一种普遍策略。自我表达是焦点小组访谈中出现的另一个普遍主题。许多参与者承认他们在自己的主页上创建内容来满足他们的需求需要,这一事实支持了萱原和韦尔曼(2007)的发现:人们会在网上创建内容来获得满足。

这个研究仍存在一些缺陷。缺陷之一是缺少足够的时间利用"使用满足理论"模型来全面检验社交网站的主题。由于时间的限制,我们只进行了五个焦点小组访谈。虽然焦点小组提供了大量的信息,但是每个焦点小组中少量的参与者仍不能代表一个足够大的人群作为人口样品。参与者的人口构成也存在问题,那就是每个参与者都是四年制大学的在校学生。因此,收集的数据都来自于大学生的观点。因此用它来概括不同背景和不同教育水平的社交网站用户的整体情况是有问题的。

缺少一个外部主持人是本研究的另一个缺陷。虽然研究者花费了很多心思来组织和帮助每个焦点小组,但是依然有可能提出存在偏见的问题。研究者还担当了本次研究的主要程序员。如果能有另一个程序员的话,那么另一个程序员所提供的援助和肯定将会提高本研究的可靠性。

本研究中的几个成果还未在当前文献中得到检验,也不能保证未来的研究。首先,新的研究应当检验与真实世界对比而言,社交网站上关系的亲密性和真实性。其次,研究人员还应该检验新兴的非主流少年亚文化,并收集有关数据看看社交网站如何影响人们在线上和离线时的行为。再有就是应当研究用户对社交网站的隐私和便利性的态度。最后,未来的研究应当检验一下线上和线下的伙伴通过社交网站对自我表现的影响。

参考文献

［1］Alexa. com's website ranking system and Top 500 global websites. Retrieved September 22，2007 from http：//www. alexa. com/site/dstop _ sitescc ＝ US&ts _ mode ＝ country&lang＝none.

［2］Anderson，K. (2001，July). Internet use among college students：An exploratory study. *Journal of American College Health*，50(1)，21. Retrieved October 13，2007，from Academic Search Premier Database.

［3］Baran，S. & Davis，D. (1995). *Mass Communication Theory*. Belmont，CA：Wadsworth.

［4］Blumler J. G. & E. Katz (1974). *The Uses of Mass Communication*. Newbury Park，CA：Sage.

［5］Boyd，D. & Ellison，N. (2007). Social network sites：Definition，history，and scholarship. *Journal of Computer-Mediated Communication*，13(1)，article 11. http：//jcmc. indiana. edu/vol13/issue1/boyd. ellison. html.

［6］Cassidy，J. (2006，May 15). Me media：How hanging out on the Internet became big business. *The New Yorker*，82 (13)，50.

［7］Cross，A. (2002). Society's efforts this year will have long-lasting effects. *Quill*，90 (4).

［8］Dominick，J. (1999). Who do you think you are? Personal home pages and self-presentation on the World Wide Web. *Journalism and Mass Communication Quarterly*，76 (4)，646 - 658.

［9］Donath，J. & Boyd，D. (2004). Public displays of connection. *BT Technology Journal* 22(4)，71.

［10］Dye，J. (2007，May). Meet Generation C：Creatively connecting through content. *EContent*. Retrieved September. 20. 2007，from EBSCO Host Database.

［11］Eastin，M. (2002). *From Internet Use to the Unique Internet User：Assessing Information，Entertainment and Social Cognitive Models of Internet Use*. Paper presented to the National Communication Association，New Orleans，LA.

［12］Ellison，N.，Steinfield，C. & Lampe，C. (2007). The benefits of Facebook "friends"：Exploring the relationship between college students' use of online social networks and social capital. *Journal of Computer-Mediated Communication*，12 (3)，article 1. Retrieved October 30，2007 from http://jcmc.indiana.edu/vol12/is- sue4/ellison.html

[13] FreeMyspace. (2007). *Myspace History*. Retrieved September 23，2007，from http://freemyspace. com/? q＝node/13

[14] Haythornthwaite，C. (2005). Social networks and Internet connectivity effects. *Information，Communication，& Society*，8 (2)，125 – 147.

[15] Ho Cho，S. (2006). Effects of motivations and gender on adolescents' self-disclosure in Online Chatting. *Cyber Psychology & Behavior*，10 (3)，339 – 455

[16] Katz，E.，Blumler，J. G. & Gurevitch，M. (1974). Uses and gratifications research. *Public Opinion Quarerly*，37(4)，509 – 524.

[17] Kaye，B. K. (1998). Uses and gratifications of the World Wide Web：From couch potato to Web potato. *The New Jersey Journal of Communication*，6(1)，21 – 40.

[18] Kayahara，J. and Wellman，B. (2007). Searching for culture — high and low. *Journal of Computer-Mediated Communication*，12(3)，article 4. http://jcmc. indiana. edu/vol12/issue3/kaya- hara.html

[19] Kreuger，R. & Casey M. (2000). *Focus Groups：A Practical Guide for Applied Research. 3rd ed*. Thousand Oaks，CA：Sage

[20] Leung，L. (2007). Stressful life events，motives for Internet use，and social support Among Digital Kids. *Cyber Psychology & Behavior*，10(2)，204 – 211. Retrieved October 13，2007，from EBSCO Host Database.

[21] Matsuba，K. (2006). Searching for self and relationships online. *Cyber Psychology & Behavior*，9(3)，275 – 284.

[22] Morris，M. & Ogan，C. (1996). The Internet as mass medium. *Journal of Communication*，46(1)，39 – 50.

[23] Papacharissi，Z. & Rubin，A. (2000). Predictors of Internet usage. *Journal of Broadcasting & Electronic Media*，44，175 – 196.

[24] Rosengren，K. (1974). Uses and gratifications：A paradigm outlined. In J. G. Blumler & E. Katz (Eds.)，*The Uses of Mass Communications：Current Perspectives on Gratifications Research* (pp. 269 – 286). Beverly Hills，CA：Sage.

[25] Rubin，A. (1994). Media uses and effects：A uses- and-gratifications perspective. In J. Bryant & D. ZiIImann (Eds.)，*Media effects：Advances in Theory and Research* (pp. 417 – 436). Hillsdale，N J：Lawrence Erlbaum Associates，Inc.

[26] Rubin，A. (2002). The uses-and-gratifications perspective of media effects. In J. Bryant & D. Zillmann，Eds.，*Media Effects：Advances in Theory and Research* (2nd ed.，

pp. 525 - 548). Hillsdale, NJ: Lawrence Erlbaum Associates, Inc.

[27] Stafford, T. & Gonier, D. (2004). What Americans like about being online. *Communications of the ACM*, 47(11), 107 - 112.

[28] Wellman, B. (2001). Physical place and cyber - place: The rise of networked Individualism. *International Journal for Urban and Regional Research*, 25, 227 - 252.

读后习题

概念与问题

1. Facebook 是何时创办的?

2. MySpace 公司是何时创办的?

3. 社交网站对用户特别有吸引力的主要功能有哪些?

4. 使用与满意理论的观点是什么?

5. 本研究的研究课题是什么?

6. 本调查使用了什么研究方法?

7. 在科学调查中使用焦点小组访谈方式的好处有哪些?

8. 本研究中涉及了多少受试人?

9. 本研究中采取了什么步骤来避免选择中的偏见?

讨论题

1. 就调查中受试人的选择和数据收集的步骤进行讨论。

2. 讨论一下本研究的结论。运用你个人的经验来详细说明结论中的五个主题。

作业

1. 采访一位你的社交网站的用户朋友,看看使用社交网站是如何影响他/她在现实生活中与朋友保持关系的。请用一页纸记录你的发现,并总结调查结果。

质量评估及讨论

说明:请从数字 1(非常不同意)到数字 5(非常同意)中圈出一个来说明你

的看法。另附纸写下你每个选择的理由(SA 指非常同意,SD 指非常不同意)。

a. 介绍部分说明了为什么本研究是一个重要的调查。

SA　5　4　3　2　1　SD

b. 文献评述为本调查提供了语境。

SA　5　4　3　2　1　SD

c. 研究问题或假设都做了恰当陈述。

SA　5　4　3　2　1　SD

d. 研究方法的选择恰当。

SA　5　4　3　2　1　SD

e. 对变量进行了充分而良好地测量。

SA　5　4　3　2　1　SD

f. 结果得到清楚地呈现。

SA　5　4　3　2　1　SD

g. 本研究的内涵得以清晰地阐述。

SA　5　4　3　2　1　SD

h. 讨论得以充分恰当地展示。

SA　5　4　3　2　1　SD

i. 本研究对建立传播学领域内的知识体有所贡献。

SA　5　4　3　2　1　SD

19

传播学的关系取向：起源、基础与理论家[①]

董庆文，肯尼斯·D.戴

摘要：本文提出关系取向深深地植根于中国文化之中。这一取向很大程度上受到了孔子和老子的影响。孔子和老子分别因其人文视角和自然视角而为人所熟知。这两个视角被认为是关系取向的基础视角。本研究分别从孔子的《论语》和老子的《道德经》中各提取了五个原则。将这些原则用于构建一个关系取向框架，以便我们更好地理解东方的传播方式。

传播有两种不同的视角：一种是西方传播传统，另一种是东方传播传统。西方传播传统因修辞取向而闻名（Shepherd，1992），它深深地植根于西方（个人主义）文化中。这个取向强调个人价值观，例如自由、创新和竞争。它强调自我是基于独立的，并且宣扬自我管理、自力更生和自我效能（Goodnight，1990）。这一取向也因其低语境传播方式而为人熟悉。通过低语境传播，西方个人可以传递那些通过阅读信息本身就可以轻松加工的信息（Hall，1976）。

修辞取向深深植根于论证的发源地古希腊。这一取向对西方文化发展的影响长达几个世纪（Goodnight，1990）。亚里士多德被视为修辞取向的领袖理论家（McCroskey & Richmond，1996）。他在构建说服和修辞知识体系上的贡献是无穷的。修辞取向深刻植根于西方文化。最引人注目的现象之一就是西方的立法和司法系统。该系统鼓励人们争论和明确表达自己的观点。在这一系统中，亚里士多德对于证据、来源可信度及观众的情绪等概念给予高度强调。在西方，辩论是至关重要的。

东方传播传统因其关系取向而闻名（Shepherd，1992）。它侧重于传播者

---

① 董庆文，肯尼斯·D.戴："传播学的关系取向：起源、基础与理论家"，《跨文化传播研究》。再版已获得作者授权。

之间的关系,并强调集体价值观,例如社会和谐、社会尊重和合作(Chen & Sta-rosta, 2003)。这个取向强调自我是相互依存的,它宣扬自我连通、自我制度化和自我价值。东方的这一传统因其高语境传播而闻名,通过高语境传播,东方的个体传递着植入于信息和文化语境中的间接信息(Hall, 1976)。即使关系取向得到了恰当的定义,但是对其理论基础和理论起源并没有进行广泛的调查。本研究的目的在于调查其起源、基础以及传播关系取向的理论家。本文将着重关注两位杰出的理论家以及他们在形成关系取向观点上的贡献。

老子

老子是中国历史上的一位传奇人物。他写了一本伟大的著作《道德经》。在长达 2600 多年的时间里,世界各地的人们都从这部著作中获得了启发。这部古老的经典著作以 81 篇抒情诗的方式体现了东方文化并且塑造了中国人的传播方式。在中文中,"道"这个字可以翻译成"路"。"道"这个汉字表现了走在路上的人。这个汉字的含义就是在路上走着的人遵循着自然法则。"德"这个字意味着美德和善良,指的是个体的内在。"经"这个字指的是经典。这本著作包含 81 章,分为两部分。第一部分侧重于"道"这一方面,第二部分侧重于"德"。这部仅 5000 字的经典著作反映了中国人对于生活的独特观点。

奥利弗(1971)发现道教鼓励洞察力,而不提倡本本主义。道家与儒家不同,儒家呼吁人们的行为要符合社会规范,而道家提倡寻求和谐与接受,避免对抗和冲突(Chen & Holt, 2002)。陈(Chan, 1963)指出,儒家思想强调社会秩序、社会规范和积极的社会作用。而道家专注于个人自由、创造力和自然地生活方式。在道家看来,个人、组织、团体和社会应该遵循"道",而且应该利用道来规范自己的行为。道家提倡一种简单平静的生活,要顺其自然。然而这并不意味着道家提倡倒退,不要进步或是社会地位的提升。事实上道家引导个人要积极遵循自然,不依道而行会限制个体的地位提升。

道家进一步解释这种生活方式时,就对个人和社会的传统理解提出了质疑。他们使用辩证的方法来审视社会现象。我们可以从老子和《道德经》中提炼出五个主要原则:自然、无为、均衡、互利和无私。其中自然原则为道教之核心,这一原则提倡运用自然法则作为我们人类行为的准则。一切都是伟大的,但自然是伟大中之伟大。只有当我们遵循自然法则的时候，我们才能解决问题并取得进步。这一原则在老子的《道德经》第二十五章中得到了阐释：

> 故道大，天大，地大，人亦大。域中有四大，而人居其一焉。人法地，地法天，天法道，道法自然。（Chan，1963，pp.152—153）

崇尚自然乃道家的核心所在。陈（1963）指出，这种自然法则促进了中国普遍的因果观念的发展，其强调的是过程。老子强调：自然是人类行为的决定因素，自然是描述和解释道家的最佳途径。根据老子的说法，"道"与自然高度相关，自然是道家的基本特征。自然途径是老子思想的核心。这一途径提出，人们应该随波逐流，顺其自然。人们应该更多地利用自然潮流的非否定手法而非干预其中，人们应该遵循自然法则而非个人法则。

第二个原则被称为"无为"。"无为"是道家的关键理念之一。这个原则提倡以自然的方式或是非直接的方式来解决问题。在《道德经》第43章中，老子写道："天下之至柔，驰骋天下之至坚。无有入无间，吾是以知无为之有益。不言之教，无为之益，天下希及之。"（Chan，1963，p. 161）老子将无为作为一种最有效的解决问题的方式来加以宣扬。想要做到无为并非易事。"无为"可以解释为一种与世无争的行为能力。比如，水可称得上是世上最柔软的东西，但它却可以磨穿岩石，尽管后者是世上最坚硬的东西。这种无为的方式在解决问题时是极其有力的。

第三个原则是均衡。老子采用了一种非常辩证的角度观察人类行为和社会发展。他认为，一切事物都是均衡的，人的行为也应该在均衡中发展。他鼓励人们在做出决定时，要综合考虑各种因素。在第二章里，老子写道：

> 天下皆知美之为美，斯恶矣；皆知善之为善，斯不善已。故有无相生，难易相成，长短相形，高下相倾，音声相和，前后相随。（Chan，1963，p. 140）

老子的《道德经》是一部哲学著作，其均衡的原则告诉人们要用一种综合的、均衡的方法来观察事物。这是因为，自然具有相对性或均衡的特征。如果个人采取一种非均衡的方式对待事物,他们则可能陷入偏见,无法把事情做好。老子的均衡原理认为,统治者应当首先对社会现象的极端性具有更透彻的理解。两个对立面或两个极端不仅互斥,而且互补。这种辩证的视角对老子思想学派的理论基础来讲是极其关键的。

第四个原则为互利。人相互依赖并相互帮助,这种依赖帮助人们生存与成功。老子主张统治者应该更多地关注子民的需求。他认为,如果子民的需求得到满足,那么统治者的需求亦将得到满足。在第 61 章中,老子写道:"故大邦以下小邦,则取小邦;小邦以下大邦,则取大邦。故或下以取,或下而取。大邦不过欲兼畜人,小邦不过欲入事人。夫两者各得所欲。大者宜为下。"(引自 Heider,1997,p.121)

第五个原则是无私。此原则引导统治者更加关注他人,而非他们自己。这正是集体主义文化的特点,强调相互依存的自我而非独立的自我。这条原则提出,集体比自我和个人重要得多。如果统治者的计划对于高效的集体运行没什么用处,那么为了集体就可能不得不改变他原本的计划。在第七章中,老子说道:"是以圣人后其身而身先,外其身而身存,非以其无私邪?故能成其私。"(引自 Heider,1997,p.13)无私无损于自我,恰恰相反,它增益自我。这种自我的增益是长期的而非短期的过程。在这个过程中,自我变得强大有力。这条无私的原则反映了东方式的处事方式:强调他人的关注,促进妥协与合作,不注重对自我的关注并要避免竞争。

总之,"自然""无为""协调""互利"和"无私"的原则为道家提供了一个独特的理论视角。此视角注重人处事的自然方式。它强调协调、互利、相互依存的自我或者无私。这种观点为集体主义文化和关系取向的传播奠定了坚实的理论基础(后文将会进行进一步的研究和整合)。

孔子

孔子(公元前 551 年—公元前 479 年)是著名的中国思想家、教育家和政治家,他对中国社会和文明影响巨大(Chan,1963)。儒家思想塑造了中国 2500 年来的主流文化价值观,比如"恭""仁""和"。他关于人类行为的观点折射了他对人类行为和自身发展的社会及心理历程的深刻认识和分析。

《论语》收录了孔子主要的理论学说。在《论语》里，孔子说："知之者不如好之者，好之者不如乐之者。"（Chan，1963，p.30）按照孔子的理解，学习的目标不仅仅是为了理解。理解是学习的第一步。学习的第二步则是去爱它或者喜欢它。如果对学习对象没有炽热感情的话，这样的学习是不完整的。学习的第三步，即最后一步，是从中发现乐趣。为了解释学习的这最后一步，孔子提出学习的目标是"践行"。这是指只有你去践行，你才会在学习的过程中发现乐趣。

许多儒家学说对创建东方式的传播理论具有重大意义。在这里我们主要关注五个主要学说："仁"（善良和人性）、"礼"（礼节、仪式和等级）、"义"（忠诚、正直和公正）、"中庸"（平均或极端的反面）及"和谐"。

"仁"是儒学的核心理论。仁是指仁慈、文雅或善良的美德。个人发展的终极目标就是"仁"（Oliver，1971）。根据孔子的理解："何事于仁，必也圣乎！……夫仁者，己欲立而立人，己欲达而达人。"（Chan，1963，p.16）孔子说个人应该约束自己，使自己的行为符合社会规范和社会秩序。"仁"的概念是中国哲学思想的核心价值。这一概念与亚里士多德注重真诚和善良的社会精神类似（Oliver，1971）。"仁"也指人和自然的统一。孔子在《论语》中说："子贡问曰：'有一言而可以终身行之者乎？'子曰：'其恕乎！己所不欲，勿施于人。'"（《论语》15.24）"仁"是儒家思想最基本的理论学说。"仁"显现了人文主义的维度。它意指人类是独一无二的，彼此之间存在感情，需要彼此间的爱和仁慈。孔子提出人类之间应该共享和谐的关系。这种人文主义代表了孔子学派的核心价值。

这里要谈到的儒家学说的第二个基本学说是"礼"（礼节，仪式和秩序）。孔子强调建立在等级秩序之上的社会结构。根据儒家思想，人们之间的关系都是一对等级关系，这种等级关系包括君与臣、父与子、夫与妻、兄与弟以及朋友之间的关系。那些处于从属地位者应该服务和遵从那些处于高等地位的人。奥利弗（1971）指出《礼》对人类几千种行为模式的相关行为准则进行了详细的阐述，人们被要求铭记并在相应的情景中坚守这些准则。在《论语》中，孔子对仁的解释清楚地显示了"礼"（礼仪和仪式）在社会中的重要性：

非礼勿视，非礼勿听，非礼勿言，非礼勿动。

"礼"也指引导人们认知、关系和行为的一套社会规范。人们在社会规范中接受社会价值、理想、态度和行为,完成社会化,进而成为一位社会或"礼"的合格成员。人们的行为是在社会秩序下社会化的结果。换句话说,"礼"也可以作为一种无形的社会控制来帮助社会成员遵守社会秩序并发展自己。

"礼"和"仁"是相互关联。"仁"要求一个人应该根据一种高标准来行动,这种标准注重仁慈、真诚和内省力,而"礼"具体指明了高标准是什么和个体如何遵守。陈和张(1994)提出"礼"是"仁"的外在形式,认为两种学说是相互依存的。"仁"通过仁慈、自我约束和自我提升反映了人的内心世界,而"礼"通过引导人符合社会规范和社会标准来反映人的外部世界。所有的社会个体都需要在"仁"和"礼"之间寻求平衡。如果一个社会群体中只有"仁"而没有"礼",群体成员会缺乏动力来表现他们对他人的仁慈和关爱。人们往往会按照他们个人的兴趣、意愿和目的来行事。在模糊的社会关系中,一种混乱的局势或许会占据主导(Pan,1996)。

另一方面,如果社会群体中有"礼"而无"仁"时,群体成员之间易形成紧张的关系。由于缺失社会结构和社会规范,就会出现更多的控制和更多的危机。因此,礼和仁之间的良好平衡会在很大程度上帮助社会群体,避免浪费和惩罚,并产生益处和回报。

第三个准则是义,即正义、诚信和公正。陈和张(1994)指出,"义是社会相互作用的合力"(p.97)。这里"义"解释了为什么个人能受到激励与他人进行互动。如果他们受到义(正义、信任及正直)的激励,他们往往会通过社会交往获得回报;如果他们不是受义的激励而是为了个人的获得,他们往往就会受到惩罚,义也可以代表道德。孔子着重强调道德的重要性:"君子义以为上,君子有勇而无义为乱,小人有勇而无义为盗。"(《论语·阳货》17.23)尤姆(1988)发现义是一种很难翻译的概念。他提出一种更好的途径来理解这个概念,也就是通过展示此概念的对立面,即个人所得和个人利益。尤姆提出义引导着个体超越个人利益并且通过社会交往寻求公正。

孔子一直宣扬,君子或者士人应当将义置于所有引导他们行为的准则之上。对于孔子来说,义应当激励人们为民做善事。然而,孔子并没有完全排除个人利益(Pan,1996),而是认为利应该是义的成就。

第四个原则是中庸。这个原则也体现了中国文化的独特性和集体主义的特征。中庸表示平均或避免两种极端。中庸是由两个字构成。第一个字"中"代表中间或中心，表示人不应该行动得太快或太慢。第二个字，"庸"，表示普通或平凡。因此，中庸代表走中间道路或是处于中心。中庸和西方的个人主义概念有着强烈的反差。个人主义促进自我完善，并且"做到最好"是自我完善的主要驱动力。但中庸不强调极端，认为极端行为会导致竞争与混乱。孔子将中庸奉为最高美德："中庸之为德也，其至矣乎！民鲜久矣。"（《论语·雍也》6.29）丁（1997）指出孔子经常教导他的学生以中庸为行为准则，不要走得太远或者不能走得足够远。他说走得太远或走得不够远都一样糟糕。

中国文化很大程度上受到中庸思想的影响。中国人不愿意与意见相左的人争论而更愿意妥协。根据孔子的说法，中庸是与他人交往并且与他人建立良好关系的最佳途径。

第五个准则是和谐。这个准则倡导两个传播者之间温暖、安静的会谈环境，礼貌的、相互尊重的社会交往，还有人与人之间良好、相互促进的关系。和谐不代表少有争论，而是有更多的一致。这个准则引导中国人更关注传播对他人的影响（接受者为导向）而不是如何通过传播来释放情感。孔子相信和谐是社会发展、团体、个人的重要因素，但是他说和谐建立在以下准则的基础上：

> 君子和而不同，小人同而不和。

丁（1997）指出和谐是社会和自然的基本法则。和谐维护了社会稳定，帮助人们安居乐业。

基于以上仁、礼、义、中庸与和谐这五个准则的探讨，我们可以很清晰地看到这些准则的共同主题，那就是自然中的人文主义关怀。这些准则都相互依赖，相互影响。"礼"关照的是社会准则和社会水平这样的外部结构，而"仁"关注的是宽容、善良和与他人共享和谐关系的人的内部品质。"义"是正义和公平，具有激发性特征。如果个人为正义和公平所激发，他们就会合乎"礼"或社会结构的要求，然后成就"仁"；但是如果他们由个人利益驱使，他们就会不合乎"礼"的要求而无法实现他们的目标。同时，人们也受中庸或者中间道路的激励，以期变为与他人和谐相处的普通一员。

总而言之，老子建立了自然主义视角。他倡导简单自然的生活。道家倡导通过自然而没有冲突的方式寻求和谐。道家思想认为人们应该遵循自然法则，应该顺其自然，不加干预。孔子形成了人文主义视角。他强调个体应该心存仁善，遵循社会规则做正确的事，应当避免极端，要通过和谐给社会带来稳定。这两种伟大的观点形成了关系取向（表1是对两位伟大思想家主要观点的一个总结）。

传播中关系取向框架

在总结了中国这两大理论家及其伟大的思想的主要原则后，我们试着去构建关系取向框架。儒家的五个准则是：仁、礼、义、中庸和和谐，五个准则相互关联且相互依赖。孔子思想的核心主题是人本主义。这种人本主义的观点为关系取向的传播做出了特有的贡献。这一观点关注仁慈、和谐、善良这些美德，促进了人与人之间的和谐关系。根据这一观点，人们在公平原则（义）的激励下与他人交流，以符合社会规范（礼）并促进人与人之间的和谐。同样，人们会因为仁慈和善良的感召而遵守社会规范（礼）。与此同时，人们遵循着中间道路（中庸）以避免极端。中庸之道为人们带来了和谐并使人们团结在一起。关系取向关注传播者之间的关系，强调社会和谐、社会尊重、合作这些集体主义价值观，这种人本主义的观点恰为关系取向奠定了坚实的基础。

这种人本主义的观点构成了东方传播方式的许多主要特点。由于注重和谐与仁慈，东方人倾向于相互依赖以求得共同生存与成功。这种依赖在理论上形成了个体相互依赖的取向，这意味着一个人的自我依赖于团体中的其他人。换句话说，个体的自我依赖于团体中的其他成员比如家人、密友及其他一些重要人物等。这种相互依赖的自我使得东方人形成了一种面子文化：个人的问题成为群体的问题，个人的成就也成为集体的荣耀。因此，一个人的自我非常倚重于别人。这种面子文化可以追溯到孔子的人本主义。比如，东方人往往会尊重他人，不愿将他人置于尴尬的境地。结果人们更加注重语境、周围的情况和环境，以确保自己的信息不会使他人失去尊严或丢了面子。爱德华·霍尔（1976）将这种传播方式看作高语境文化。

表 1   中国哲学家及其思想

两位哲学家	理念及其关系取向
老子(公元前 604 年—卒年不详)	
自然	道家思想的核心。道是人类行为发展和社会进步的关键。
无为	这是一个非常哲学化的术语。无为意在无为而治。由此可以衍生出很多含义,比如典型化。无为意味着不直接行动,是潜意识中采取的行动,比如不战而胜。
平衡	是指用辩证法的眼光来看待社会现象和人类行为。
互利	人与人之间是互惠互利的。人们相互依靠、相互帮助以求共同生存共同成功。
无我	为了完善自我,个体应首先忘我。无我并不会削弱自我,而是在此过程中完善自我。一个真正的王者会把别人看得比自己更重。
孔子(公元前 551 年—479 年)	
仁	仁慈、善良、高雅的美德。人性以及人与人之间的和谐关系。自我完善的终极目标便是仁。
礼	社会结构、社会规范、礼节以及仪式。人们的行为应该受到社会规范和社会结构的引导。
义	正义、正直与忠诚。正义具有激励性。与"义"相对立的是个人所得或个人利益。
中庸	走中间路线,不侵犯任何一边的人。中庸之道使人们避免冲突,寻求妥协与合作。
和谐	和谐是人类社会和自然界的一个基本原则。和谐能维护社会稳定,使人们安居乐业。

老子思想的五个理念是自然、无为、平衡、互利和无我。这些理念的共同主题就是顺其自然而没有冲突。道家的核心思想可以解释为自然主义观点。这种观点认为人类是伟大的,而自然是人类发展和社会进步的决定性因素。道家提倡无为的观点,即个体无须冲突就可解决问题,不战而胜。老子提出,个人能够以自然的方式解决问题、处理冲突而不伤害相关的人,也无须直接冲突或干涉。老子用水的比喻来论证他的观点,他指出水滴可以石穿。水的运动过程很难观察到,尤其是从远处来看,但渐渐地水可以侵蚀最坚硬的石头。这便是通过"无为"而获得的成果。

根据这种自然主义的观点,东方人强调互利和无我。结果便是人们往往会采用自然的传播方式。他们注重平衡、互利、语境、周围的情况和环境,以确保人们的信息不会使其他人失去尊严或丢面子。这种传播方式更倾向于间接的、含蓄的、非线性的。爱德华·霍尔(1976)将其归类为高语境文化。

这两种观点(人本主义和自然主义)一道形成了关系取向传播方式的框架。这一框架反映了东方的文化价值观,比如和谐、自轻、高语境、平衡、互利、中庸等。这一框架有助于我们更好地了解东方传播方式的主要特征,比如减少争论与使用间接、含蓄的传播方式。陈和斯塔罗斯塔(2003)认为建立和谐的人际关系是东方人传播的终极目标。他们指出亚洲的哲学假设导致了大多数亚洲文化更加强调相互关系、尊重与诚实这些核心的亚洲传播模式。这些亚洲模式反映了关系取向传播的主要特征。

总之,关系取向在中国文化中根深蒂固。这种取向受到孔子和老子的影响(Chan,1963;Dong & Day,1998)。孔子的人本主义观点与老子的自然主义观点奠定了这种取向的基础。这两位理论家通过注重尊重、互利、和谐和无我这些集体价值观形成了这种取向。这些核心价值观后来变成了这种关系取向的基本原则。由于儒家和道家思想在东方产生了重要影响,所以许多东方民族都具有这种关系取向的传播模式。

参考文献

[1] Chan,W. (1963). *A Source Book in Chinese Philosophy*. Princeton,NJ:Princeton University Press.

[2] Chen,G. & Chung,J. (1994). The impact of Confucianism on organizational communication. *Communication Quarterly*,42,93 – 105.

[3] Chen,G. & Holt,R. (2002). Persuasion through the water metaphor in Dao De Jing. *Intercultural Communication Studies*,11,153 – 171.

[4] Chen,G. & Starosta,W. (2003,July). *Asian Approaches to Human Communication:Adialogue*. Paper presented at the 9th International Association for Intercultural Communication Studies Conference on Cross-Cultural Communication,Fullerton,California.

[5] Ding,W. (1997). *Understanding Confucius*. Beijing,China:Panda Books.

[6] Dong,Q. & Day,K. (1998,November).*The Influence of Chinese Thinkers on Theory Building in Organizational Communication*. Paper presented at Annual National

Communication Association Convention, New York City, New York.

[7] Goodnight, G. T. (1990). The rhetorical tradition, modern communication, and the grounds of justified assent. In D. C. Williams & M. D. Hazen, Eds., *Argumentation Theory and Therhetoric of Assent* (pp. 173- 195). Tuscaloosa, AL: The University of Alabama Press.

[8] Hall, E. T. (1976). *Beyond Culture*. Garden City, NY: Doubleday & Company. Heider, J. (1997). *The Tao of leadership*. Atlanta, GA: Humanics New Age.

[9] McCroskey, J. & Richmond, V. (1996). Human communication theory and research: Traditions and models. In M. Salwen & D. Stacks, Eds., *An integrated approach to communication theory and research*, pp. 233 – 242. Hillsdale, NJ: Lawrence Erlbaum Associates.

[10] Oliver, R. T. (1971). *Communication and Culture in Ancient India and China*. Syracuse, NY: Syracuse University Press.

[11] Pan, N. (1996). *Confucius on Modern Management. Beijing*, China Economics Press.

[12] Shepherd, G. J. (1992). Communication as influence: Definitional exclusion. *Communication Studies*, 43, 203 – 219.

[13] Yum, J. O. (1988). The impact of Confucianism on interpersonal relationships and communication patterns in East Asia. *Communication Monographs*.

读后习题

概念与问题

1. 传播中的两个视角是什么？

2. 定义修辞取向。

3. 定义关系取向。

4. 老子是谁？他对关系取向的贡献是什么？

5. 孔子是谁？他对关系取向的贡献是什么？

6. 定义仁、礼、义。

7. 定义中庸。

8. 定义无为。

讨论题

1. 就老子提出的构成关系取向的五个原则进行讨论。请举例解释每个原则。

2. 就孔子提出的构成关系取向的五个原则进行讨论。请举例解释每个原则。

作业

1. 找一个与你文化背景不同的留学生进行采访,看文化背景是如何影响他或她对不同传播视角的侧重的,如高语境与低语境,间接与直接,含蓄与明确,关系取向与修辞取向。请用一页纸的长度总结调查结果。

质量评估及讨论

说明:请从数字1(非常不同意)到数字5(非常同意)中圈出一个来说明你的看法。另附纸写下你每个选择的理由(SA 指非常同意, SD 指非常不同意)。

a. 介绍部分说明了为什么本研究是一个重要的调查。

SA　5　4　3　2　1　SD

b. 文献评述为本调查提供了语境。

SA　5　4　3　2　1　SD

c. 研究问题或假设都做了恰当陈述。

SA　5　4　3　2　1　SD

d. 研究方法的选择恰当。

SA　5　4　3　2　1　SD

e. 对变量进行了充分而良好地测量。

SA　5　4　3　2　1　SD

f. 结果得到清楚地呈现。

SA　5　4　3　2　1　SD

g. 本研究的内涵得以清晰地阐述。

SA　5　4　3　2　1　SD

h. 讨论得以充分恰当地展示。

SA   5   4   3   2   1   SD

i. 本研究对建立传播学领域内的知识体有所贡献。

SA   5   4   3   2   1   SD

第十一单元
非介入性研究

20 媒介效果文献的 内容分析①

W.詹姆斯·波特,卡林·里德尔

摘要:本研究重点关注大众媒介效果。我们的目的是从测试过的具体媒介、内容类型、理论运用、方法运用和效果类型这几个方面阐述效果类文献。我们对 1993 年至 2005 年出版的 16 种学术期刊上刊载的大众媒介效果类文献进行了内容分析。

学者们很有必要组成团体,以便分享他们在某一研究领域的观点,形成研究准则,共享他们的研究见解。对于团体中的学者们来说,定期总结他们的研究是很重要的,这样他们能够从团体所主导的方向上观察研究模式,并且评估为他们提供思考环境的发现模式。这项研究通过在研究媒介、内容类型、理论方法运用和效果类型等方面考察已发表的文章,描绘出了大众媒介效果类文献的轮廓。

理论基础

苏钥机认为,"自我反省是一种成熟的标志",一个领域的成熟需要定期对其学术活动进行检查。通过"无形的大学"来追踪观点的动向是很重要的,借此可以发现观点来自何处、影响了哪些学者及哪些领域。从实践的角度看,进行自我审视也很重要,这样我们就可以在文献中找到研究模式,从而更好地决定接下来该研究什么。坎哈维和韦弗认为,当我们"从一定的高度去审视文献时,可以发现大众传播研究中更大的模式和趋势。了解它们,可以帮助研究者和学

---

① W.詹姆斯·波特,卡林·里德尔:"媒介效果文献的内容分析",《跨文化传播研究》。美国加利福尼亚州旧金山第 49 届国际传播协会年会论文。再版已获得作者授权。

生识别当中的强势和弱势,充实和欠缺"。

1979 年,劳里注意到,"在大多数情况下,传播研究者们忽视了对他们自己的研究成果进行系统性研究",而这是一个严重的不足,因为这样的研究会让人们注意到本领域中什么得到了重视,什么遭到了忽视。在这几年里,研究者们已经解决了这个问题,詹姆斯·波特教授和圣巴巴拉市加利福尼亚大学的博士生卡林·里德尔分化出了两个派别:文献计量学研究和已发表的研究成果的特点研究。

文献计量学研究通过检查引用模式来判断哪些作者、研究、期刊吸取了其他作者、研究、期刊的观点。例如,里夫斯和博格曼研究了 9 本传播学核心期刊中的引用,发现传播学学者们依赖于传播学之外的期刊。传播学期刊中的文章为他们用到的每个引用列出了其他期刊上的 5 个引用。赖斯、博格曼和里夫斯总结了 3 类引用期刊:人际类期刊、大众媒介期刊、其余的独立期刊。赖斯等人在对《广播与电子媒介杂志》40 年的文献计量学研究分析中发现,1985 年之后的文章引用传播学核心期刊的比例较 1985 年之前有了很大增长。这一发现支持了苏钥机的结论。

文献计量学研究一派认为,随着平衡由领域外引用向自我引用转移,传播学期刊研究不断被其他社会科学期刊引用,一种"领域身份"不断成长。同时,在大众媒介核心期刊上(《传播学期刊》《广播与电子媒介杂志》《新闻学与大众传播学季刊》《人类传播学研究》《舆论季刊》《传播学研究》),发表文章的研究作者很可能会引用核心期刊和其他社会科学期刊,但不会引用其他传播期刊。

并不是所有文献计量学研究都认为传播学领域正形成自己的身份。苏钥机发现:"当前传播学仍在很大程度上依赖于心理学进行智力输入。而这种情形与 20 世纪上半叶传播研究从心理学中分离出来的时候如出一辙。"他注意到,"有迹象表明此领域正在逐渐发展",但是,"与其他社会科学领域相比,传播学仍然不够发达,在知识生态学中只占据着一个次要的位置"。

从另一方面来说,内容分析研究考察已经发表的研究的特点来判别研究者普遍的实践行为。一些分析研究只针对一本期刊,其他的则只针对一种媒介。每一项此类研究都为建立大众媒介研究本质的全貌贡献了有价值的观点。

这项研究内容分析了发表在学术期刊上的大众媒体效果方面的研究成果,旨在创建近期大众媒介效果类文献的基本框架,这样我们就能够将较新的模式和较旧的模式加以比较。而且,我们将从大众媒介效果类文献的那些显著特点是如何影响研究领域的发展的角度,来研究我们找到的模式。

媒介

研究活动似乎与不同媒介的发展相伴随。在早期的对已发表内容分析中,施拉姆分析了 1937 年至 1956 年《舆论季刊》上的文章,他发现印刷媒介占主导,共有 486 篇文章。佩罗夫分析了 1955 年至 1974 年《新闻季刊》上的 1490 篇文章,他发现这些文章都关注某种特定媒介,其中 67％关注印刷媒介,6％关注电子媒介,26％两种都涉及。韦弗和格雷发现 1955 年至 1974 年《季刊》上有 56％的文章是关于印刷的。

到 20 世纪 70 年代早期,电子媒介在研究中变得重要起来。瑞夫和福莱塔格分析了 1971 年至 1995 年的《季刊》,他们发现在所有分析内容当中,报纸内容占了 46.7％,电视内容占了 24.3％,杂志内容占了 13.6％,其他内容占了 15.4％。他们没有提供对于发展趋势的分析,但是在那 25 年里,关于报纸的文章少了,关于电视的文章多了。坎哈维和韦弗的确也报告了这样的趋势,他们发现在 20 世纪 80 年代至 90 年代,广播媒介对于研究者越发重要起来,占到了所有媒介研究的 42.2％,而印刷媒介所占比例因此下降,只占了 28.7％。他们得出结论,认为传统的广播和印刷媒介仍继续主导着大众媒介研究,但是也提出了这样的疑问:"我们进入到网络时代后,这些媒介还能继续主导研究吗?"托马塞罗分析了 1994 年至 1999 年发表在 5 本主要传播学期刊上的 961 篇文章,他发现其中只有 4％的文章是关于网络的。

内容类型

当对已发表文章的分析着眼于媒介研究时,却很少对通常研究的内容类型做出总结。一个特例是瑞夫和福莱塔格进行的一项研究,他们发现在刊载的内容分析类文章中,有 71％是关于新闻和社论,10.1％关于广告,7.2％关于娱乐,11.7％关于图片、图表或其他。

理论

经常检测这些文献的学者们发现理论运用处于一个较低的水平,无论是在经验主义时代还是结论释义时代,我们都需要更加明晰地运用理论。波特、库柏和杜培根分析了 1965 年至 1989 年的 8 本期刊,他们发现在 1326 篇文章中只有 8.1％是由一个理论所指导并验证该理论的,还有 19.5％只是对一些假设的检验,而这些假设并不是源自某个理论。坎哈维和韦弗报告说在 1980 年至 1999 年之间的 10 本传播学期刊中,只有 30.5％的文章明确地提到某个理论,这一发现使得他们认为:"理论发展可能是评估一个领域的学科地位的主要考虑因素。随着我们领域规模的扩大和复杂性的增长,理论整合的压力也变大了。本领域内的学者们似乎应该发展并测试一些理论来解释大众传播的过程和影响。然而,这在我们所研究的范例中还并不明显。"

方法

探讨在研究中哪种方法运用最多已经成为一个热门话题。我们对已出版的文献进行内容分析,致力于辨明一项研究所使用的是定量分析法还是定性分析法。比如,施拉姆在对 1937—1956 年间的《舆论季刊》研究发现,使用定量分析法的文章所占的比例呈上升趋势。佩罗夫在对 1955—1974 年间的《新闻季刊》的研究中发现,其中 56％的文章使用了定量分析法。

一些文献的研究只是集中于统计某一种分析方法的使用频率,比如说内容分析。里夫和弗赖塔格集中研究了《新闻与大众传播季刊》25 年期间所使用的分析方法。研究发现,在那段时期出现的 1977 篇文章中有 486 篇(占总篇数的 24.6％)使用了内容分析的方法。

其他的文献研究则比较了所使用的各种分析方法。劳里分析了在 1970—1976 年间发表于 7 种期刊上的经验性的文章。他发现,30％的文章使用了调查法,19％的文章使用的是实验法,13％的文章使用的是内容分析法。此外,这些文章当中 42％采用了受访者主观性的报告,21％使用的是行为观察法,12％运用的是档案记录法。坎哈维和韦弗研究了 1980—1999 年期间发表于十种传播学期刊上的文章,发现这些文章中 33.3％使用了调查法,30.0％采用了内容分析法,13.3％采用了实验法,4.7％采用了历史分析法,10.3％使用的是其他定性分析法,剩下的 8.4％则采用了各种分析方法的综合。

效果类型

虽然关于媒介效果的相关书籍和大学课程已经普及,但是好像只有一种媒介文献的内容分析在探求各种媒介效果影响的广泛性。库珀、波特和杜培根分析了1965—1989年间发表于美国出版的8类期刊上的1326篇文章,这些期刊都是世界发行并采用同行审查。这些文章当中,25％的文章是关于效果研究的——22.4％的文章是关于对个体产生的效果,2.5％的文章是关于对社会产生的效果。

方法

提出一个大众媒介效果的思考方法和研究模式的图谱是一项艰巨的任务。要想形成完整的图谱,当然需要检测已经出版刊载的期刊文章、书籍、政府报告、产业报告、消费者维权团体的指导材料、论文和学位论文等。在众多的学术期刊当中,大概有数百种的期刊刊载有大众媒介效果的文章。虽然如此,我们还是希望清理一下主流的或核心学术期刊上已刊载的研究,在此基础上提出一个合理的开端,因为研究类期刊被称为"学科的神经"和"学术研究的实质焦点和学科最重要研究方法的晴雨表"。

我们起初选择了五类期刊。不论是从事研究文献内容分析的学者,还是研究书目引用模式的学者,都普遍认为这些期刊是大众媒介研究的核心期刊。这五类期刊分别是:《新闻学与大众传播季刊》《广播与电子媒介杂志》《传播学期刊》《传播学研究》和《舆论季刊》。在这五种核心期刊之外,我们另外增加了三种登载大众媒介效果研究的期刊。但是,这三种期刊太新而没有被包括在之前的研究内。它们是:《大众媒介批评研究》《传播学理论》和《媒介心理学》。我们还另外增加了五种传播学期刊:《人类传播学研究》《传播学专论》《传播学教育》《演讲季刊》和《大众传播学评论》。

最后,我们又增加了一份广告期刊(《广告杂志》)、一份教育期刊(《视听传播学评论》,现在更名为《教育技术研究与发展》)和一份政治科学期刊(《美国政治科学评论》)。

我们研究了1993—2005年这个时期发表于16份期刊上的所有文章,这涵盖了这些年中的109份期刊(《媒介心理学》从1999年开始出版)。在每一期里,只要文章涉及下文定义的大众媒介效果的内容,我们就会给这些文章进行编码。我们不会给社论、书评、研讨会的介绍或者编辑的报告进行编码,但是会对那些标有"简明研究"或有相似名称的文章进行编码。

为了进行这项研究的编码工作,一篇文章首先不得不解决大众媒介效果这个问题。大众媒介被定义为通过重复暴露来吸引和影响受众的注意力,从而实现将信息传播给特定受众的一种渠道。因此,传统的大众媒介包括:电视、广播、电影、报纸、杂志、畅销书、唱片和网络,但是电话交谈、用电脑发邮件等诸如此类的行为都不包括在内。

其次,作者需要对所涉及的大众媒介所产生的影响或显而易见的效果做出说明或提供一些依据,无论是在宏观层面(比如:机构、公众、社会、经济)还是个人的层面。

每篇文章为了识别信息进行了编码,包括:期刊、年度、期号、首页和作者名字。另外,我们对五个关键变量进行了编码:媒介、内容类型、重要理论、方法和效果类型。对于每一个变量,我们首先制作一个编码值的列表,但是在编码的过程当中,当编码员发现初始的列表没有包含能够抓住文章实质的编码时,他们会在列表当中增加编码值。

媒介。最初的编码包括了所有的媒介:电视、广播、报纸、杂志、书籍、唱片、电影、网络、新媒介等。如果一篇文章涉及所有的媒介且没有特殊地指定某一类媒介,那么就把它编码为"全部"。如果一篇文章明确提及不止一个媒介,那么所有涉及的媒介都进行了编码。例如,有一项研究是有关从电视习得和从报纸习得两类对比的实验。在这种情况下,这项研究就会被编码成电视和报纸两种。

内容类型。我们以三类内容作为开始:新闻/信息、广告和娱乐。随着编码工作的进展,又添加了一些子分类。然而在分析的过程当中,这些子分类因为太分散无法在三类内容之外进行频率报道。

重要的理论。这个变量在本质上有两项价值标准:是或者否。要想编码为"是",文章需要突出理论,换言之,也就是某理论的名称出现在了文章的题目、摘要中,或是标题和副标题上,因此编码者也对理论的名称进行了编码。

方法。价值的方法包括:实验、调查、焦点小组、民族志、历史、二级分析、元分析、评论和理论碎片。在编码过程中,我们为批评分析、语篇分析、文本分析和几个其他定性分析添加了价值标准。如果一项研究使用了一个以上的分析方法,那么所有的都会进行编码。

另外,我们也为内容分析添加编码。虽然内容分析不是一种直接产生效果数据的方法,但是有时作者可以通过一项内容分析所产生的数据为效果提供实质的论据。例如培养理论假设的测试需要对电视世界中不同模式进行内容分析。一些研究进行的内容分析更多关注内容模式的假设效果,而不是内容模式本身。然而,这些研究并不典型。还有一个例子,一项研究使用报纸内容分析来为报道主题、素材来源、报道基调及报道者的性别编码。这项研究起初好像是内容分析,但是作者关注的是通过报道者性别来寻找新闻模式,从而对报道者的社会化差异进行归属——因而把这项研究做成了效果研究,也就是报道者是如何被他们的新闻组织所影响的。

效果。首先我们考虑的是效果分析的单位是个人层面的,还是宏观层面的。个人层面的编码包括:态度、信念、情感、认知、生理和行为。态度被认为是一种评估,也就是要求研究的参与者评估某些东西,比如,政治候选人、广告产品、媒介内容的元素,等等。信念是人们对某些东西真实性的感知,比如参与执法的人有多少,等等。情感效应是指参与者所表现出来的情绪反应,情绪状态也包括在内。认知效果关注的是个人实际知识和信息加工的变化。生理效果是指在人体内所激起的自动的变化,比如心率、皮肤电流反应等。行为效果关注的是可观察到的参与者的行为。宏观层面的编码包括:对公众的影响、对机构的影响以及对媒介自身的影响。在编码的过程中,子类别得以运用以便在更多的细节上抓住效果的本质。

表1 16种期刊上大众媒介效果类论文一览

期刊名称	大众媒介效果类论文	期刊总论文数	百分比	平均每年	年出版量
广播与电子媒介杂志	129	219	58.9	18.4	49
新闻与大众传播季刊	120	316	37.9	17.1	82
广告杂志	116	189	61.4	16.6	34
传播研究	113	205	55.1	16.1	32
媒体心理学	64	64	100.0	16.0	7
传播学期刊	110	255	43.1	15.6	55
传媒评论研究	71	149	47.7	10.1	22
大众传播史论	62	110	56.4	8.9	32

续　表

期刊名称	大众媒介效果类论文	期刊总论文数	百分比	平均每年	年出版量
视听传播史论	61	159	38.4	8.7	53
人类传播研究	28	147	19.0	4.0	31
舆论季刊	21	194	10.8	3.8	69
传播学专论	21	151	13.9	3.0	72
传播理论	20	115	17.4	2.9	15
传播教育	13	153	8.5	1.9	54
美国政治科学评论	12	322	3.7	1.7	99
演讲季刊	1	107	0.9	0.1	91
总计	962	2855		144.1	

注:2005 年底年出版量。

测试可靠性:两位编码者(本研究的两位作者)将大约 10％的样本进行了编码来创建出重叠的部分,用于测试可靠性。首先,对统一性进行了测试,并表明在是否要包括这些论文的决定上,其一致性达 92％(这本质上是在决定是否一篇论文是有关媒介影响的)。其次,我们检测分配到由两位编码者选出的样本变量中一致性的百分比。在编码过程中,我们在设计中尽量使用初始价值,而不是精心制作好的编码本。一致性百分比如下:媒介,92％;内容类型,91％;方法,91％;效果类型,88％;理论运用,78％。

结果

在七年的研究过程中,我们从 1993—2005 年的 12 年里 16 种期刊刊载的论文中确定了 962 篇。有关媒介效果论文数量最多的期刊是《广播与电子媒介杂志》,平均每年刊载了 18.4 篇关于媒介效果的论文(见表 1),另外 8 个期刊每年平均刊载 8 篇以上有关媒介效果的论文。这 9 种期刊可以看作大众媒介效果学术研究的核心,占我们在分析中所发现的所有大众媒介效果研究的87.9％。剩余的 7 种期刊也刊载了大量关于大众媒介效果的研究(116 篇),同样不容忽视,但是这些期刊的首要关注焦点却并非大众媒介效果研究。虽然《舆论季刊》过去曾经被选为很多传播文献研究的样本,但是在这次研究的 7 年时间里只有 21 篇关于大众媒介效果的论文。媒介效果研究人员现在更喜欢在新兴的杂志(如《媒体心理学》或《传媒批评研究》)上发表论文,因为这些新兴杂志大众媒介效果研究是编辑们关注的焦点。

媒介:电视是研究中最普遍的单一媒体,占所有编码论文的 41%(表 2)。同时,在大众媒介效果类文献中电子媒介效果的研究是印刷媒介的两倍多。网络作为大众媒介学者研究的媒体正在变得更流行(12.5%)。托马塞罗报道指出,从 1994 年到 1999 年里五份主要传播学期刊(《传播学研究》《人类传播学研究》《广播与电子媒介杂志》《传播学期刊》《新闻学与大众传播学季刊》)中刊载的论文只有 4% 是有关网络的。

内容类型:我们将内容分成三种类型:新闻和信息,广告,娱乐。在目前的媒介效果文献中最常见的内容类型是新闻和信息,占编码研究论文的 33%。探测广告内容效果的研究在编码论文中占 17.8%,探测一般娱乐内容效果的研究占全部论文的 16.4%。一些研究($n=100$,10.4%)并没有关注一种特定类型的内容。另一种忽视内容的次级研究包括这样一些研究($n=208$,21.7%),调查者询问受访者对媒体的整体反应或者他们使用媒介的惯用形式而不是内容。

方法:在这一样本中主要使用了量化研究方法,其中调查、实验、二级分析及内容分析占全部论文的 71.4%(见表 3)。最常用的单一方法是实验室法,其次是课堂调查法。

理论:35% 的编码论文都有很明显的理论特色,这项数字比之前发现的要高。库柏、波特、杜培根发现他们的论文中只有 8.1% 有理论指导,据瑞夫和福莱塔格报道,在《新闻与大众传播季刊》上只有 27.6% 的内容分析研究使用了理论。坎哈维和韦弗发现在他们所分析的 1980 年到 1999 年的论文中只有 30.5% 有理论指导。

表 2　从媒介上看媒介效果研究的概况

媒　　体	数　　量	%
所有媒体	191	19.9
电子媒体	423	44.0
电视	392	40.7
广播	23	2.4

续　表

媒　体	数　量	％
纪录片	8	0.8
印刷媒体	183	19.0
一般印刷物	61	6.3
报纸	91	9.5
杂志	24	2.5
书籍	7	0.7
电影	36	3.7
网络	120	12.5
其他	23	2.4

注：百分比总和不是100％，因为一些研究考察了不止一种媒介。如果没有明确指定一种特殊媒体而是研究一般的媒体效果，那么这些研究就会被编码为"所有媒体"。

我们发现在336篇有明显理论特色的文章里共出现了144种不同的理论。最常被引用的理论是培养理论（在336篇具有明显理论特色的论文中占8％），第三人效应（7.4％），议程设置理论（7.1％），使用与满足理论（5.7％）。只有12个理论出现在5篇以上的论文里，剩余的132种理论被分散到其余突出阐释一种理论的168篇论文里。坎哈维和韦弗发现仅有三个理论（信息加工理论、使用与满足理论、社会现实的媒介建构理论）在10％的分析论文里有所提及，其中仅使用与满足理论在我们的研究中频繁出现。

效果类型：7种效果类型都有相关的论文发表（表4）。认知效果是最普遍的，随后依次是行为效果、态度效果及宏观类型效果。认知效果类型主要出现在对研究过程中获取真实材料进行调查的这类研究中，态度效果类型主要出现在对研究中会形成何种态度进行调查的这类研究中。这两项次分类研究的特点都是实验的设计关注一些人们更容易受媒介影响的条件（通过媒介或者通过内容类型）。

表3　从研究方法上看媒介效果研究的概况

方　法	数　量	％
调查法	308	32.0

方　法	数　量	％
课堂调查	193	
电话调查	100	
邮件调查	13	
实验法	277	28.8
实验室	261	
实地实验	10	
准实验法	6	
定性研究	148	15.4
访问法	28	
批评分析法	27	
野外调查法	24	
文本分析法	20	
历史分析	14	
修辞分析	11	
小组讨论	8	
个案研究	7	
话语分析	6	
受众分析	3	
二次分析法	78	8.4
理论碎片	53	5.5
文献综述	47	4.9
叙述性综述	36	
荟萃分析法	11	
内容分析	24	2.5

注:百分比总和不是100％,因为一些研究考察了不止一种媒介。如果没有明确指定一种特殊媒体而是研究一般的媒体效果,那么这些研究就会被编码为"所有媒体"。

行为效果类型主要出现在专注于媒介使用类型的研究中。相较于在研究中询问参与者在稍后行为中的倾向这类研究,本文献更不大可能涵盖观察研究中的触发行为的这类研究。

　　宏观效果类型主要包括了关注公众(包括公众意见、公众知识、公众行为)或者大众媒介自身是如何受到影响的这些研究。信念效果类型主要包括测量在研究开始前参与者所具有的信念的这类研究。情感效果类型主要是触发性情感的研究。最后,生理效果类型方面的课题少之又少。

表4　从效果类型上看媒介效果研究的概况

效果类型	n	%
认知效果	246	27.6
审查现有知识背景	13	
研究中获得的事实	113	
审查推理过程	48	
做出推论	38	
心智能力	21	
其他	13	
态度效果	202	21.0
审查现有态度	48	
研究中获得的态度	149	
态度形成	3	
其他	2	
信念效果	145	15.1
审查现有信念	104	
研究中获得的信念	14	
信念形成过程	3	
其他	24	
情感效果	90	9.4
触发情感	72	
性格中的情感特征	13	

效果类型	n	%
使用媒体的情感动机	5	
生理效果	7	0.7
行为效果	234	24.3
媒介使用模式	126	
触发行为	25	
延迟行为	33	
情境行为	5	
行为意向	27	
其他	18	
宏观效果	183	19.0
社会影响	82	
制度影响	15	
大众媒介影响	86	

讨论

　　一些早期的内容分析以及文献计量学研究为大众媒介研究以及媒介研究呈现的是这样一个图景,即经常从其他研究领域引入想法和手段。不过,有些迹象表明,大众媒介研究正在"逐渐脱离"这些"母体"领域。比如上面提到的文献计量学方面的研究,显示了这样一种趋势:相对于其他学术领域,传播学研究有更多的引用。这些研究为传播学特别是大众媒介研究确立了核心期刊。这在当前的研究中也十分明显。90%的大众媒介效果的文章集中在分析过的16篇文章中的8篇。

　　另外,大众媒介研究也正在远离心理学所使用的传统手段,也就是远离了苏钥机基于对从早期到20世纪80年代的传播学进行的分析得出的结论,即心理学依旧在传播学研究领域有着重要影响。在心理学领域中,研究者一般都从中层理论开始,通过处理大众媒介信息来实施实验,然后进行一个实验来检测这个假设的影响。我们的发现显示,这不再是刊登在传播学核心期刊上的大众媒介影响方面的研究的模式。我们研究的样本中大约2/3的研究没有提及理论,只有不到3/10的研究运用了实验的方法。

文献计量学认为,传播学研究者建立起一个独一无二的身份和传播学者的群体,他们能够更权威且更有效地集中研究传播学现象,这是很好的事情。不过,从我们的结果来看,传播学者并没有从"母体"研究领域的理论和研究方法"出走"来构建起独一无二的体系。相反,研究者的关注点似乎越来越专业化,甚至碎片化。媒介学者正在制造出大量模糊的个人化的研究,而不是构建起一个有统一的理论和方法的领域来凝聚学者们的注意力。大众媒介效果研究者并没有一个普遍使用的研究方法;而是对几乎所有社会科学和大多数的人文科学的研究方法都有所涉及。当然,需要研究的效果类型的范围也很广。放到一起来看,我们可以乐观地看待这两个发现,它们证明这是一个充满活力的研究领域,这个领域愿意并且能够使用多种不同的工具来研究范围宽泛的效果类型。然而这也有力地证明了这一领域的捉襟见肘,被研究的效果类型宽泛,研究方法多样,研究者的数量却很少,这可能就意味着研究努力很分散,研究工作交叉很少,以及纲领性的研究很有限。这就可能使得学者们很难分享一些关键术语的定义,很难在全领域视角上理解"这幅大的图景"。

也许最能体现大众媒介效果研究的零散性的就是它低水平的理论应用。理论通过把注意力吸引到某些需要检验的阐释体系来引导研究;理论为主要观点提供一以贯之的定义;理论整合与其阐释相关的研究发现,并且综合阐释那些发现。如此一来理论就提供了一个重要的评估功能,准确衡量哪些发现是有效的和重要的,并且通过把发现并入阐释体系来提供重要的综合功能。如果研究者都聚集在一些理论上,那么这个领域就可以分享这个共同焦点,实验所得出的结果就更易于构建一个更大的知识结构,更易于分享。如果这些理论被忽视,研究者就会在课题设计上,在把他们的发现结合为一个知识体的时候,以及在使他们的工作形成概念性力量上,效率都大大降低。低水平的理论应用同样也使得培养新一代的学术人才变得更为困难。那些想要学习我们领域里最尖端的那十几个理论的新手,倾尽全力之后会发现,这一学习使他们看到的是:我们的研究在最新发表的大众媒介效果文献里只占不到18%。

这个研究拓展了现有的文献计量学和内容分析研究。本研究的一些发现是值得我们庆祝的,例如,我们发现了普通期刊中有一套核心的可以发表媒介效果研究的论文。同时,本研究中的另一些发现也引起了我们的担忧。例如,低水平的理论应用以及研究手段和关注点的碎片化,都表明效果研究学者们之间缺乏凝聚和融合。

传播学学者必须更加坚持不懈地努力工作,在他们的研究中应用和检验理论。不过,我们不再争辩说:媒介影响方面的学者作为一个整体,应该尽量使他们的研究方法和专业效果方面的解释不那么分散。毕竟,研究大众媒介的一个吸引力就在于它多种多样的内容领域(比如政治、体育、新闻、暴力或者性)以及可能产生的效果(如态度、行为、情感等)。另外,多种手段的运用可能是为大众媒介现象提供丰富理解的最佳途径。因此,学者们应该在多种多样的大众媒介内容方案下,运用多种多样可以自行支配的研究方法,继续探索研究多种媒介效果。

参考文献

[1] Clement Y. K. So, "Citation Patterns of Core Communication Journals: An Assessment of the Developmental Status of Communication", *Human Communication Research*, 15, winter, 1988.

[2] Christine L. Borgman, "Bibliometrics and Scholarly Communication", *Communication Research*, 16, October, 1989.

[3] Tsan-Kuo Chang and Zixue Tai, "Mass Communication Research and the Invisible College Revisited: The Changing Landscape and Emerging Fronts in Journalism-Related Studies", *Journalism & Mass Communication Quarterly*, 82, autumn, 2005.

[4] Rasha Kamhawi and David Weaver, "Mass Communication Research Trends From 1980 to 1999", *Journalism & Mass Communication Quarterly*, 80, spring, 2003.

[5] Dennis T. Lowry, "An Evaluation of Empirical Studies Reported in Seven Journals in the 70s", *Journalism Quarterly*, 56, summer, 1979.

[6] Byron Reeves and Christine L. Borgman, "A Bibliometric Evaluation of Core Journals in Communication Research", *Human Communication Research*, 10, fall, 1983.

[7] Ronald E. Rice, Christine L. Borgman, and Byron Reeves, "Citation Networks of Communication Journals, 1977 - 1985: Cliques and Positions, Citations Made and Citations Received", *Human Communication Research*, 15, winter, 1988.

[8] Ronald E. Rice, John Chapin, Rebecca Pressman, Soyeon Park, and Edward Funk-

houser, "What's in a Name: Bibliometric Analysis of 40 Years of the Journal of Broadcasting (& Electronic Media)", *Journal of Broadcasting & Electronic Media*, 40, fall, 1996.

[9] So, "Citation Patterns of Core Communication Journals: An Assessment of the Developmental Status of Communication".

[10] So, "Citation Patterns of Core Communication Journals: An Assessment of the Developmental Status of Communication".

[11] Tara M. Emmers-Sommer and Mike Allen, "Surveying the Effect of Media Effects: A Meta-Analytic Summary of the Media Effects Research in Human Communication Research", *Human Communication Research*, 25, June, 1999; Peter Gerlach, "Research About Magazines Appearing in Journalism Quarterly", *Journalism Quarterly*, 64, spring, 1987; Al E. Moffett and Joseph R. Dominick, "Statistical Analysis in the JOB 1970 – 85: An Update", *Feedback*, 28, spring, 1987; Daniel Riffe and Alan Freitag, "A Content Analysis of Content Analyses: Twenty-Five Years of Journalism Quarterly", *Journalism & Mass Communication Quarterly*, 74, autumn, 1997; Guido H. Stempel III, "Trends in Journalism Quarterly: Reflections of the Retired Editor", *Journalism Quarterly*, 67, summer, 1990; G. Cleveland Wilhoit, "Introduction", in *Mass Communication Review Yearbook*, vol. 2, ed. G. Cleveland Wilhoit and Harold de Bock, Beverly Hills, CA: Sage, 1981; Roger D. Wimmer and Richard B. Haynes, "Statistical Analyses in the Journal of Broadcasting, 1970 – 1976", *Journal of Broadcasting*, 22, spring, 1978.

[12] Gerlach, "Research About Magazines Appearing in Journalism Quarterly"; Tammi K. Tomasello, "The Status of Internet-Based Research in Five Leading Communication Journals, 1994 – 1999", *Journalism & Mass Communication Quarterly*, 78, winter, 2001.

[13] Wilbur Schramm, "Twenty Years of Journalism Research", *Public Opinion Quarterly*, 53, spring, 1957.

[14] Richard M. Perloff, "Journalism Research: A Twenty-Year Perspective", *Journalism Quarterly*, 53, spring, 1976.

[15] David Weaver and Richard G. Gray, *Journalism and Mass Communication Research in the United States: Past, Present and Future*, Bloomington, IN: School of Journalism, Indiana University, 1979.

[16] Riffe and Freitag, "A Content Analysis of Content Analyses: Twenty-Five Years of Journalism Quarterly".

[17] Kamhawi and Weaver, "Mass Communication Research Trends From 1980 to

1999".

[18] Kamhawi and Weaver, "Mass Communication Research Trends From 1980 to 1999", 19.

[19] Tomasello, "The Status of Internet-Based Research in Five Leading Communication Journals, 1994 - 1999".

[20] Riffe and Freitag, "A Content Analysis of Content Analyses: Twenty-Five Years of Journalism Quarterly".

[21] Pamela J. Shoemaker and Stephen D. Reese, "Exposure to What? Integrating Media Content and Effects Studies", *Journalism Quarterly*, 67, winter, 1990; Robert L. Stevenson, "Defining International Communication as a Field", *Journalism Quarterly*, 69, fall, 1992.

[22] W. James Potter, Roger Cooper, and Michel Dupagne, "The Three Paradigms of Mass Media Research in Mainstream Journals", *Communication Theory*, 3, November, 1993.

[23] Kamhawi and Weaver, "Mass Communication Research Trends From 1980 to 1999", 20.

[24] Schramm, "Twenty Yearsof Journalism Research".

[25] Perloff, "Journalism Research: A Twenty-Year Perspective".

[26] Moffett and Dominick, "Statistical Analysis in the JOB 1970 - 85: An Update"; Riffe and Freitag, "A Content Analysis of Content Analyses: Twenty-Five Years of Journalism Quarterly"; Francis Goins Wilhoit, "Student Research Productivity: Analysis of Journalism Abstracts", *Journalism Quarterly*, 61, autumn, 1984; G. Cleveland Wilhoit, "Introduction".

[27] Riffe and Freitag, "A Content Analysis of Content Analyses: Twenty-Five years of Journalism Quarterly".

[28] Lowry, "An Evaluation of Empirical Studies Reported in Seven Journals in the '70s".

[29] Kamhawi and Weaver, "Mass Communication Research Trends From 1980 to 1999".

[30] Roger Cooper, W. James Potter, and Michel Dupagne, "A Status Report on Methods Used in Mass Communication Research", *Journalism Educator*, 48, winter, 1994.

[31] David Weaver and G. Cleveland Wilhoit, "A Profile of JMC Educators: Traits, Attitudes and Values", *Journalism educator*, 43, summer, 1988.

[32] Riffe and Freitag, "A Content Analysis of Content Analyses: Twenty-Five Years of Journalism Quarterly".

[33] Joseph R. Dominick, "Citation Analysis of the Journal of Broadcasting & Electronic Media", *Journal of Broadcasting & Electronic Media*, 40, summer, 1997; Reeves and Borgman, "A Bibliometric Evaluation of Core Journals in Communication Research"; Rice, Borgman, and Reeves, "Citation Networks of Communication Journals, 1977–1985: Cliques and Positions, Citations Made and Citations Received"; Rice et al., "What's in a Name: Bibliometric Analysis of 40 Years of the Journal of Broadcasting (& Electronic Media)"; So, "Citation Patterns of Core Communication Journals: An Assessment of the Developmental Status of Communication".

[34] Shelly Rodgers and Esther Thorson, "A Socialization Perspective on Male and Female Reporting", *Journal of Communication*, 53, December, 2003.

[35] Dominick, "Citation Analysis of the Journal of Broadcasting & Electronic Media"; Kamhawi and Weaver, "Mass Communication Research Trends From 1980 to 1999"; Reeves and Borgman, "A Bibliometric Evaluation of Core Journals in Communication Research"; Rice et al., "What's in a Name: Bibliometric Analysis of 40 Years of the Journal of Broadcasting (& Electronic Media)"; Rice, Borgman, and Reeves, "Citation Networks of Communication Journals, 1977–1985: Cliques and Positions, Citations Made and Citations Received"; So, "Citation Patterns of Core Communication Journals: An Assessment of the Developmental Status of Communication".

[36] Tomasello, "The Status of Internet-Based Research in Five Leading Communication Journals, 1994–1999".

[37] Potter, Cooper, and Dupagne, "The Three Paradigms of Mass Media Research in Mainstream Journals".

[38] Riffe and Freitag, "A Content Analysis of Content Analyses: Twenty-Five Years of Journalism Quarterly".

[39] Kamhawi and Weaver, "Mass Communication Research Trends From 1980 to 1999".

[40] Kamhawi and Weaver, "Mass Communication Research Trends From 1980 to 1999".

[41] So, "Citation Patterns of Core Communication Journals: An Assessment of the Developmental Status of Communication".

读后习题

概念与问题

1. 本研究的目的是什么？

2. 对一个专业领域的研究成果进行系统研究的意义是什么？

3. 什么是文献计量学研究？

4. 大众媒介核心期刊有哪些(列举出前六个)？

5. 电子媒介在研究重要性方面有什么发展？

6. 在 1980—1999 年间,哪种研究方法更为常用？

7. 如何检测本研究的可靠性？

8. 本研究中认定的论文有多少篇？

9. 在所研究的时间段中,哪份期刊刊载的媒介效果类论文最多？

10. 在期刊论文中具有明显理论特色的论文所占百分比是多少？

讨论题

1. 本研究中运用内容分析的理由是什么？进行内容分析的程序或步骤是什么？

2. 本研究中运用了什么编码程序？五个主要变量(媒介、内容类型、突出的理论、方法及效果类型)是如何进行编码的？

作业

1. 找一份传播学期刊模仿本研究进行一次研究。以本研究的设计为基础,检验此期刊,通过五个主要变量(媒介、内容类型、突出的理论、方法及效果类型)进行内容分析。

质量评估及讨论

说明:请从数字 1(非常不同意)到数字 5(非常同意)中圈出一个来说明你的看法。另附纸写下你每个选择的理由(SA 指非常同意,SD 指非常不同意)。

a. 介绍部分说明了为什么本研究是一个重要的调查。

SA　5　4　3　2　1　SD

b. 文献评述为本调查提供了语境。

SA　5　4　3　2　1　SD

c. 研究问题或假设都做了恰当陈述。

SA　5　4　3　2　1　SD

d. 研究方法的选择恰当。

SA　5　4　3　2　1　SD

e. 对变量进行了充分而良好地测量。

SA　5　4　3　2　1　SD

f. 结果得到清楚地呈现。

SA　5　4　3　2　1　SD

g. 本研究的内涵得以清晰地阐述。

SA　5　4　3　2　1　SD

h. 讨论得以充分恰当地展示。

SA　5　4　3　2　1　SD

i. 本研究对建立传播学领域内的知识体有所贡献。

SA　5　4　3　2　1　SD